Hitlers Machtergreifung 1933
Vom Machtantritt Hitlers 30. Januar 1933
bis zur Besiegelung des Einparteienstaates
14. Juli 1933

Herausgegeben von Josef und Ruth Becker

Deutscher
Taschenbuch
Verlag

dtv

Originalausgabe
1. Auflage: Februar 1983
2., durchgesehene, im Anhang ergänzte Auflage
Dezember 1992: 11. bis 15. Tausend

Umschlaggestaltung: Celestino Piatti
Vorlage: Parade vor der Neuen Wache in Berlin am 21. 3. 1933
(Bilderdienst Süddeutscher Verlag)
Gesamtherstellung: C. H. Beck'sche Buchdruckerei,
Nördlingen
Printed in Germany · ISBN 3-423-02938-2

Inhalt

Die Herausgeber danken Frau Hilde Domin für die Erlaubnis zum Abdruck der Gedichte, die dem Vorwort voranstehen. Die Verse aus den Gedichten ›Gegenwart‹ und ›Lieder zur Ermutigung‹ (I) sind den Gedichtbänden ›Nur eine Rose als Stütze‹ und ›Rückkehr der Schiffe‹ entnommen (mit freundlicher Genehmigung des S. Fischer Verlags).

Wer auf der Schwelle seines Hauses geweint hat
wie nicht je ein fremder Bettler.
Wer die Nacht auf den Dielen
neben dem eigenen Lager verbrachte.
Wer die Toten bat
sich wegzuwenden von seiner Scham.

Dessen Sohle betritt die Straße nicht wieder,
sein Gestern und Morgen
sind durch ein Jahrhundert getrennt
und reichen sich nie mehr die Hand . . .

Unsere Kissen sind naß
von den Tränen
verstörter Träume

Aber wieder steigt
aus unseren leeren
hilflosen Händen
die Taube auf.

Hilde Domin

Vorwort zur zweiten Auflage

Es gehört zu den Erfahrungen eines jeden von uns, daß die eindeutige Realität des gegenwärtigen Augenblicks, kaum zur Vergangenheit geworden, verrätselt ist, undeutlich und vieldeutig. Und wenn bereits die Erfahrung des Einzelnen in seinem persönlichen Bereich diese Wahrheit bestätigt, um wieviel komplizierter stellt sie sich dar an jenen Wendepunkten der Geschichte, an denen der Zwang der Verhältnisse, der enge Handlungsspielraum einzelner und der rigorose Zugriff oder die fahrlässige Fehleinschätzung und Unterlassung einiger weniger Konstellationen schaffen, die – wie im Fall der Machtergreifung Hitlers – Millionen Menschen zum Verhängnis werden. Konstellationen, von denen Entwicklungen ihren Anfang nahmen, die noch heute, 60 Jahre später, die weltpolitische Situation mitbestimmen.

Bei dem ersten Erscheinen dieses Taschenbuchs – fünfzig Jahre nach der Begründung der totalitären Parteiherrschaft Hitlers in Deutschland – lagen umfangreiche wissenschaftliche Quellenpublikationen zur Geschichte und Vorgeschichte des »Dritten Reiches« bereits vor. Was damals fehlte, war eine handliche Dokumentation, die sich auf die ersten Monate der nationalsozialistischen Machtergreifung zwischen dem Amtsantritt Hitlers als Reichskanzler am 30. Januar 1933 und dem 14. Juli 1933 – der formellen Besiegelung des Einparteienstaates – konzentrierte. Aus der positiven Resonanz in der publizistischen und wissenschaftlichen Kritik dürfen wir schließen, daß unser Taschenbuch für eine große Zahl von Lesern, die sich für die Geschehnisse des Jahres 1933 interessieren, eine Lücke schließt.

Quellenauswahlen setzen Akzente. Bei der Sichtung der Dokumente war es unser Ziel, Zeugnisse verschiedenartiger Provenienz zusammenzustellen, um den Vorgang der nationalsozialistischen Machtergreifung 1933 nach Möglichkeit so facettenreich zu spiegeln, wie ihn die Zeitgenossen erfahren haben und wie er in dem Medium schriftlicher Quellen faßbar werden kann. Dem persönlichen Dokument – Brief, Tagebucheintrag, Protokoll, Rede – wurde daher mehr Platz eingeräumt als offiziellen Erlassen und Gesetzen (z. B. Text des Ermächtigungsgesetzes), die, leicht erreichbar, in anderen Sammlungen nachzulesen sind. Wichtig hingegen schien es uns, einige hellsichtige zeitgenössische Analysen der Vorgänge zwischen Januar und Juli 1933 mitaufzunehmen – z. B. aus der Feder eines Diplomaten wie H. Rumbold oder von Publizisten wie H. v. Gerlach und Th. Heuss.

Eine eigene Gruppe von Dokumenten bilden die Berichte, die von den beiden Dachauer Lokalzeitungen ab März 1933 über das dortige Konzentrationslager veröffentlicht wurden. Sie vermitteln repräsentativ einen Eindruck von den Informationen, die eine unter Verbotsandrohung stehende Presse über die Einrichtung der Konzentrationslager und über die Verhältnisse und Vorgänge in ihnen vermitteln konnte oder mußte, und welche Möglichkeiten genutzt wurden, zwischen den Zeilen auch regimekritische Informationen weiterzugeben.

Nur in zwei Fällen gingen wir von dem Prinzip ab, lediglich Zeugnisse aufzunehmen, die unmittelbar in den Tagen zwischen dem 30. Januar und dem 14. Juli 1933 verfaßt worden sind, und zwar bei den Texten aus den Tagebüchern Erich Ebermayers und der ehemaligen Reichstagsabgeordneten Clara Siebert. Diese Aufzeichnungen erfolgten später in enger Anlehnung an Notizen, die zur Zeit der Ereignisse selbst gemacht wurden.

Das Quellenmaterial wird nicht thematisch geordnet, sondern (mit wenigen Ausnahmen) chronologisch gereiht angeboten. Die Herausgeber sind sich bewußt, richtiger: sie beabsichtigen, dem Leser zugleich etwas zuzumuten und zuzutrauen. Zugemutet wird ihm, sich von einem Dokument zum anderen der Zerreißprobe wechselnder Standpunkte und Blickpunkte auszusetzen. Zugetraut wird ihm, daß er diese Zumutung mit Gewinn auf sich zu nehmen vermag, daß es gerade die Ungereimtheit ist, mit der hier die Äußerungen aufeinanderfolgen, die im Leser Betroffenheit bewirkt.

Auch wenn seit 1983 neue Quellen erschlossen wurden, konnte auf eine Änderung der Dokumentenauswahl verzichtet werden. Die zweite Auflage bot allerdings die willkommene Gelegenheit, einige Druckfehler zu berichtigen, die biographischen Angaben im Personenregister (als notwendigem Bestandteil des knappen historischen Kommentars) wesentlich zu erweitern, Glossar und Abkürzungsverzeichnis zu ergänzen, den Abschnitt »Graphik und Statistik« aus der jüngsten Wahlforschung zu bereichern und zum Schriftenverzeichnis wichtigere neue Titel nachzutragen.

Als dieser Band 1983 erstmals veröffentlicht wurde, waren die glücklichen Wendungen, die zum inneren Zusammenbruch des Sowjetmarxismus als des zweiten totalitären Herrschaftssystems des 20. Jahrhunderts führten, nicht vorhersehbar. Er belegt, daß der Gedanke der Freiheit und das Streben nach individuellem Glück auf Dauer nicht unterdrückt werden können. Die Entwicklungen seit 1989 zeigen aber auch, daß die Gefährdung des Menschen, in die Unmenschlichkeit abzugleiten, niemals endgültig zu bannen ist und daß die alte Einsicht wie die Lehre des Jahres 1933 ihre Gültigkeit behalten: principiis obsta.

Die meisten von denen, die dieses Buch lesen werden – wie wir hoffen: künftig auch junge Menschen in den neuen Bundesländern –, gehören zu Jahrgängen, die die Gegenwart, die seine Dokumente spiegeln, nicht mehr mitzuverantworten haben. Der Nachdenklichkeit und – so ist zu hoffen – jederzeit tapferen Festigkeit dieser Leser, zu denen auch unsere Söhne

Georg, Tilman, Ulrich

und ihre Familien gehören, soll dieses Buch gewidmet bleiben.

Neusäß-Westheim, im Sommer 1992 Ruth und Josef Becker

Hitlers Machtergreifung 1933
Voraussetzungen und Grundzüge der Zerstörung einer »Republik wider Willen«

»Das Jahr 1932 hat Hitlers Glück und Ende gebracht. Am 31. Juli [als die NSDAP aus den Reichstagswahlen als stärkste Partei hervorging] hatte sein Aufstieg den Höhepunkt erreicht, am 13. August begann der Niedergang, als der Reichspräsident von Hindenburg Hitler den Stuhl, den er ihm nicht zum Sitzen anbot, vor die Tür stellte. Seitdem ist das Hitlertum in einem Zusammenbruch, dessen Ausmaß und Tempo nur mit dem seines eigenen Aufstiegs vergleichbar ist. Das Hitlertum stirbt an seinem eigenen Lebensgesetz.«

Gustav Stolper, der in der Weihnachtsausgabe 1932 seiner angesehenen Wochenschrift ›Der deutsche Volkswirt‹ diese Prognose über den bevorstehenden Untergang des Nationalsozialismus veröffentlichte, stand mit seinem Optimismus an der Jahreswende 1932/33 nicht allein. Wenige Wochen zuvor, bei der zweiten Reichstagswahl dieses Jahres, hatte Hitlers NSDAP über zwei Millionen Stimmen und 34 der 230 Reichstagsmandate verloren, die sie bei ihrem größten Wahlsieg im Juli 1932 errungen hatte. Innere Krisen erschütterten die Partei und nährten die Hoffnung, daß die Welle des Rechtsextremismus gebrochen sei.

Rund ein halbes Jahr später schrieb der französische Botschafter André François-Poncet aus Berlin seiner Regierung, der Nationalsozialismus habe »in fünf Monaten eine Wegstrekke« zurückgelegt, für die der italienische Faschismus fünf Jahre brauchte. Hitler habe »nur pusten« müssen, die Weimarer Republik sei zusammengestürzt »wie ein Kartenhaus«.

In den wenigen Monaten, die zwischen diesem harten Verdikt eines bedeutenden ausländischen Diplomaten und der krassen Fehldiagnose eines großen deutschen Publizisten liegen, hat sich eine Entwicklung vollzogen, die für viele »Weimar« zur Chiffre für die Gefährdung und das Scheitern einer liberalen Demokratie im 20. Jahrhundert machte. Diese Entwicklung war nicht unausweichlich – aber sie erscheint im historischen Rückblick als kaum vermeidbar. Letztlich bewirkt wurde sie durch die »fatale Rolle weniger Personen und ihrer Entscheidungen« (K. D. Bracher), aber sie hatte ihre Voraussetzungen in den Strukturen der politischen Gesellschaft des Deutschen Reiches und in seiner politischen Kultur.

1. Voraussetzungen der Machtergreifung Hitlers 1933

Man mißversteht die Gründe für die Zerstörung des parlamentarischen Systems nach 1930, für den Siegeszug des Nationalsozialismus und die Machtergreifung Hitlers 1933, wenn man die Weimarer Republik an dem Idealbild einer liberalen Demokratie mißt. Die Weimarer Republik war eine Republik wider Willen. Sie war nicht das Produkt einer erfolgreichen Revolution, deren Träger systematisch und machtbewußt von langer Hand her auf die Zerstörung der Monarchie und die Errichtung einer demokratischen Republik mit einer parlamentarischen Verfassung hinarbeiteten. Weder die Deutsche Demokratische Partei noch die Mehrheitssozialdemokratie oder die Deutsche Zentrumspartei, die 1919 die Verfassung von Weimar entwarfen und (gemeinsam mit der Bayerischen Volkspartei) verabschiedeten, hatten vor oder nach dem Ausbruch des Weltkriegs entschlossen und zielstrebig die Abschaffung der Monarchie und die Einführung des parlamentarischen Regierungssystems verfochten – die Republik war das Resultat der militärischen Niederlage des Kaiserreichs, und sie wurde im Verlauf des Sommers 1918 zum Rettungsanker der Nation: Der Verzicht der Hohenzollerndynastie auf den deutschen Kaiserthron sollte der Tribut an die alliierten Siegermächte – vor allem an die USA – sein und den Weg öffnen für den Abschluß eines erträglichen Friedens im Zeichen der 14 Punkte Wilsons. Der Versailler Vertrag hat diese Hoffnungen nicht erfüllt und hat damit für die meisten Deutschen der Republik ihre eigentliche politische Legitimität vorenthalten. Bereits bei der ersten Reichstagswahl nach der neuen Verfassung (1920) verlor die Weimarer Koalition aus SPD, Deutscher Demokratischer Partei und Zentrum für die gesamte Dauer der Weimarer Republik die Mehrheit der Stimmen und der Reichstagsmandate. Nicht die Verfassung stiftete einen Grundkonsens zwischen den Parteien, sondern die Forderung nach der Revision von Versailles. Darin fand auch die traumatische Wirkung der militärischen Niederlage ihren Ausdruck, die man – wie die enorme Zugkraft der Dolchstoßlegende zeigte – nicht verstand und die man nicht hinzunehmen gewillt war. Die Art, wie die Weimarer Republik entstand, und die Bedingungen, unter denen sie entstand, sicherten ihrer Verfassung selbst bei den sogenannten Verfassungsparteien SPD, Deutsche Demokratische Partei und Zentrum nur eine »gespaltene Loyalität« (Th. Pirker). Und – gemessen an dem weltmachtpolitischen Status des Kaiserreichs – waren die Erfolge der Revisionspolitik Stresemanns und Brünings 1924 bis 1932 für die Deutschen zu begrenzt und kamen zu spät, um der Republik eine nachträgliche Legitimität zu sichern.

Es entsprach ihrem Charakter einer improvisierten Republik wider Willen, daß die Weimarer Demokratie in ihrer geschriebenen wie in ihrer realen Verfassung den Umschwung von der konstitutionellen Monarchie des Bismarckreiches zur vollen parlamentarischen Demokratie und damit zum Parteienstaat nicht gänzlich realisiert hat. Hierin lag die zweite ihrer konstitutiven Schwächen. Sie wirkte sich vor allem in folgenden drei Bereichen aus: 1. auf die verfassungsrechtliche Position wie die faktische Rolle des Reichspräsidenten; 2. auf die Stellung und das Selbstverständnis der Parteien; 3. auf den Ort der Reichswehr im staatlichen Machtgefüge.

Der Reichspräsident war kraft Verfassung eine Art Ersatzkaiser der Deutschen und erfüllte für sie diese emotionale und in gewisser Weise auch politische Funktion seit der Wahl des Feldmarschalls von Hindenburg zum Staatsoberhaupt im Jahre 1925. In dem vom Bismarck-Reich überkommenen Dualismus von Staatsoberhaupt und Parlament hatte der Reichspräsident mit dem sogenannten Diktaturartikel 48 der Reichsverfassung für Krisenfälle ein Instrument in der Hand, das – so unter dem sozialdemokratischen Präsidenten Ebert – unter befristeter Ausschaltung des Parlaments zur Sicherung von Republik und Verfassung, aber auch – wie seit 1930 – zur beabsichtigten Eindämmung (mit der indirekten Konsequenz einer Aushöhlung) des bestehenden parlamentarischen Systems oder – wie seit 1932 – zu seiner Zerstörung eingesetzt werden konnte. Die Existenz der präsidialen Reserveverfassung des Artikels 48 garantierte zwar die Fortführung der Staatstätigkeit auch beim Fehlen einer koalitionsfähigen parlamentarischen Mehrheit (eine Situation, die 1930 mit dem Scheitern der Großen Koalition eintrat), enthob aber die Parteien und den Reichstag in politischen und wirtschaftlichen Krisensituationen dem heilsamen Zwang zum parlamentarischen und gesellschaftlichen Kompromiß, noch ehe die politische Konsensfähigkeit der Fraktionen einem letzten Härtetest unterworfen war.

Dieser Effekt des präsidialen Notverordnungsrechts nach Artikel 48 verstärkte die überkommene Mentalität der deutschen Parteien, entsprechend den vorparlamentarischen Traditionen des Bismarck-Reiches zwar Einfluß auszuüben, aber nicht im gleichen Maße Verantwortung zu übernehmen. Selbst in der Phase der relativen Stabilisierung der Weimarer Republik zwischen 1924 und 1929 überwogen die Minderheitskabinette, fehlte also das übliche Charakteristikum eines funktionstüchtigen parlamentarischen Regierungssystems: die Herrschaft einer eindeutigen Regierungsmehrheit. Die Krise des Weimarer Parlamentarismus war demnach nicht nur eine Konsequenz des Aufstiegs der extremistischen Parteien von rechts und links in der Weltwirtschaftskrise seit 1929 – sie war nicht zuletzt eine Folge struktureller Defizite der staatstragenden Parteien der Mitte, speziell der Liberalen Stresemanns und der Sozialdemokraten als den wichtigsten Vertretungen von Industriekapital und Arbeiterschaft. Für die mangelnde Kompromißfähigkeit der Weimarer Parteien mag man vor allem ihren Weltanschauungscharakter und die Klassengegensätze, d. h. das Fehlen einer relativen Homogenität der politischen Gesellschaft im Reich verantwortlich machen – letztlich war diese mangelnde Kompromißfähigkeit auch zurückzuführen auf ein Defizit an Erfahrung in politischer und parlamentarischer Verantwortung. Die Strukturkrise des Parlamentarismus in der Weimarer Republik ist so nicht zuletzt eine späte Folge von Bismarcks Sieg im preußischen Verfassungskonflikt der 1860er Jahre, mit dem die Weichen gegen eine Parlamentarisierung Preußens und des kleindeutschen Nationalstaates bis zum Ende des Ersten Weltkriegs gestellt wurden.

Weichenstellungen in der Bismarck-Ära haben auch fortgewirkt in der Position, die das Militär in der Weimarer Republik einnahm. Während des preußischen Verfassungskonflikts der 1860er Jahre hatte der Reichsgründer sichergestellt, daß aus dem monarchischen Königsheer kein parlamentarisch kontrolliertes Bürgerheer wurde. In dem damals verfestigten Dualismus von militärischer und ziviler Gewalt neigte sich die Waagschale im Verlauf der Wilhelminischen Ära zugunsten der Militärs, die schließlich während des Weltkrieges mit Hindenburg und Ludendorff faktisch eine Militärdiktatur ausübten. Auch die November-Revolution 1918 und die Weimarer Verfassungspraxis brachten keine vollständige Auflösung des traditionellen Dualismus von militärischer und ziviler Gewalt: Die Reichswehr konnte sich die Position eines »Staates im Staate« sichern und in scheinbarer politischer Neutralität ihre Stellung als die eines *supremus arbiter*, als eines obersten Schiedsrichters über den politischen Lagern halten, der in einer Krisenlage sein

Machtgewicht zugunsten der militärisch definierten Staatsräson eines fiktiven Reichs, nicht der Republik, in die Waagschale warf. Von der politisierenden Reichswehrspitze um den Obersten und späteren General Kurt von Schleicher, den unmittelbaren Vorgänger Hitlers im Amt des Reichskanzlers, sind schon in einer Regierungskrise an der Jahreswende 1926/27 Versuche nachgewiesen, auf eine parlamentarische Kabinettsbildung zu verzichten, ein sogenanntes Hindenburg-Kabinett zu berufen und unter wenigstens vorübergehender Ausschaltung des Reichstags mit Hilfe des Artikels 48 und seiner Notverordnungsvollmachten zu regieren. Es war dieses Konzept, das nach dem Scheitern der Großen Koalition unter Hermann Müller (SPD) 1930 teilweise zur Geltung kam und schließlich im Sommer 1932 zur Bildung des Konfliktkabinetts Papen mit einer verschwindend schmalen parlamentarischen Basis führte. Zuvor hatte Schleicher Heinrich Brüning gestürzt, den Zentrums-Kanzler einer Präsidialregierung, die für ihre Notverordnungspolitik über eine parlamentarische Tolerierungsmajorität von den Sozialdemokraten bis zu den gemäßigten Konservativen verfügte. Der militärischen Staatsräson Schleichers und seiner Reichswehrführungsgruppe fiel auch Brünings Nachfolger Papen zum Opfer. Unter allen politischen und gesellschaftlichen Machtfaktoren, die für das schließliche Scheitern des parlamentarischen Systems und seiner möglichen Reform Verantwortung tragen, kommt in dem Komplex von strukturellen und individuellen Faktoren der Reichswehr mit ihrer politisierenden Spitze um Schleicher (neben großagrarischen Interessenvertretern aus dem Osten Preußens) ein ausschlaggebender Anteil zu. Insofern Stellung und Rolle des Militärs in der Weimarer Republik von der preußischen Tradition geprägt waren, ging die Republik letztlich an den politischen Vorbelastungen aus der Entwicklung der preußischen Militärmonarchie zugrunde.

Diese Feststellung relativiert eine geläufige Auffassung, die gerade in wirtschaftlichen Krisensituationen der Bundesrepublik immer wieder polemisch verfochten wird, daß nämlich durch eine verfehlte Finanz- und Wirtschaftspolitik in den ersten drei Jahren nach dem Ausbruch der Weltwirtschaftskrise 1929 die Republik den politischen Extremismus von rechts und links selbst großgezogen und daß sie es versäumt habe, durch entsprechende Gegenmaßnahmen Hitlers demagogischer Propaganda und seiner Bewegung das Wasser abzugraben, um auf diese Weise den Weg in den Abgrund zu blockieren. Hitlers

Machtergreifung erscheint in dieser Sicht als die Konsequenz eines verfehlten ökonomischen Krisenmanagements.

Diese Auffassung überschätzt aus mehreren Gründen den inneren wie äußeren Handlungsspielraum der Reichsregierung zwischen 1930 und 1932. Erstens: Es fehlt bis heute jeder überzeugende Beweis dafür, daß bis zum Frühjahr 1931 finanz- und wirtschaftspolitische Therapierezepte vorlagen, mit denen man innerhalb kurzer Zeit den verhängnisvollen Anstieg der Arbeitslosenzahlen auf über 6 Millionen im Winter 1931/32 hätte verhindern oder gar einen erheblichen Abbau der Zahl der Nichtbeschäftigten vor der Talsohle der Konjunktur im Jahre 1932 hätte erreichen können. Die Erfahrungen, die wir seit dem ersten Ölschock 1973 und der anschließenden Rezession wie in der weltweiten Depression Anfang der 1980er Jahre mit dem Tempo gemacht haben, mit dem antizyklische Konjunkturprogramme greifen können, verweisen die Vorstellung, man hätte unter den nationalen wie internationalen Rahmenbedingungen der Weltwirtschaftskrise Hitler gleichsam mit wirtschaftspolitischen Tricks verhindern können, in den Bereich der Illusion.

Zweitens: Selbst wenn dem Krisenkanzler der Jahre 1930 bis 1932, Heinrich Brüning, und seinem Wirtschafts- und Finanzminister rechtzeitig ein Patentrezept zur Bekämpfung der Krise angeboten worden wäre, es hätte ihnen nicht zur freien Verfügung gestanden. Die Reparationsverpflichtungen, die die Reichsregierung erst 1930 im Young-Plan feierlich unterzeichnet hatte, untersagten eine Wirtschafts- und Finanzpolitik, die das Risiko einer Gefährdung der deutschen Währung oder gar ihrer inflationären Entwertung mit sich bringen konnte. Nur eine dem Young-Plan konforme Finanz- und Wirtschaftspolitik eröffnete auch die Aussicht auf eine baldige Revision der Reparationen (als Hebel für eine Gesamtrevision von Versailles). Die vorzeitige Beendigung der Reparationszahlungen rückte nach 1930 um so mehr in den Vordergrund deutscher Revisionspolitik, als die »Tributzahlungen« in der wirtschaftlichen Krise der hemmungslosen Propaganda der radikalen Rechten und Linken die schärfsten Waffen im Kampf gegen die Republik lieferten. Die Reichsregierung war also in ihrer Finanz- und Wirtschaftspolitik nicht souverän; und sie verfügte aus außenpolitischen Gründen – vor dem Ende der Reparationen – nicht über genügend Handlungsspielraum für eine grundsätzliche Kurswende in ihrer zwangsläufig krisenverschärfenden Deflationspolitik. Im übrigen war auch das Inflationstrauma bei der Masse der deutschen Bevölkerung für die staatstragenden Parteien ein entscheidendes Hemmnis für den Versuch, mit einer Politik des leichten Geldes die Krise zu überwinden.

Schließlich drittens: Die Weimarer Republik hatte ihre relative soziale und politische Stabilisierung u. a. der Tatsache zu verdanken, daß die revolutionäre Bewegung ihrer Gründungszeit gewissermaßen in eine Lohnbewegung übergeleitet wurde. Dem vergleichsweise raschen Anstieg der Einkommen entsprach indessen kein gleichartiges Wachstum der Produktivität, so daß noch vor dem Ausbruch der Weltwirtschaftskrise die Situation beim Ausbleiben eines kräftigen Wirtschaftswachstums als nicht mehr dauerhaft regierbar erscheinen konnte – unabhängig davon, ob man die Auffassung teilt, daß die ungelösten Strukturprobleme der deutschen Wirtschaft bereits das Scheitern der Republik noch vor der Weltwirtschaftskrise bedeuteten. Die Überlagerung und Verstärkung einer binnenwirtschaftlichen Strukturkrise durch die Weltwirtschaftskrise nach 1929 brachte die Weimarer Republik an die Grenze ihrer Möglichkeit, Probleme zu lösen. Bis 1932, solange Brüning eine Tolerierungsmajorität (von der SPD bis zu den gemäßigten Konservativen) im Reichstag für sich hatte, konnte man hoffen, daß aus der Staats- und Gesellschaftskrise der Republik der Rechtsstaat unversehrt gerettet werden konnte. Es stand allerdings schon damals fest, daß keine der Parteien, auch keine der Verfassungsparteien SPD, DDP und Zentrum, den bestehenden Parlamentarismus mit seinen Funktionsschwächen unverkürzt fortführen wollte. Was aus der Krise herauskommen würde, war nach allgemeiner Auffassung eine andere Republik – oder auch eine Monarchie mit einem eingedämmten parlamentarischen System als Basis. So anachronistisch uns gerade diese restaurative Lösung der Staatskrise erscheinen mag – sie lag im Horizont der Zeitgenossen und galt dem Sozialdemokraten Friedrich Ebert wie dem Liberalen Gustav Stresemann und dem Konservativen Heinrich Brüning nicht nur als ein legitimes, sondern auch als ein realistisches Fernziel. Es stand jedenfalls fest, daß die Parteien auf dem Weg nach neuen Lösungen waren, daß der krisengeschüttelte Parlamentarismus des ersten Jahrzehnts der Republik mit seinem plebiszitär-demokratischen Mißverständnis des Repräsentativsystems kein Modell für eine reformierte und stabilisierte Demokratie lieferte – wie denn auch das parlamentarische System von Weimar mit seinen Funktionsdefiziten zwei Jahrzehnte später die Negativfolie bei den Beratungen des Parlamentarischen Rats für das Grundgesetz der zweiten deutschen Demokratie in der Bundesrepublik Deutschland abgab.

2. Grundzüge der Machtergreifung Hitlers 1933

Als Reichspräsident Hindenburg am 30. Januar 1933 Hitler zum Reichskanzler ernannte, schien dies im Rahmen der »Zähmungs«-Konzepte zu geschehen, die seit dem ersten großen Wahlerfolg der NSDAP 1930 erörtert worden waren. Außer dem »böhmischen Gefreiten«, wie der greise Feldmarschall an der Spitze des Reiches Hitler überheblich (und irrig) nannte, gehörten der Regierungsmannschaft lediglich zwei weitere Nationalsozialisten an; ihnen standen sieben konservativ-deutschnationale Minister, überwiegend sogenannte Fachminister, und in den als Schlüsselpositionen gedachten Ämtern des Vizekanzlers wie des Reichskommissars für Preußen der Vertrauensmann Hindenburgs, Franz von Papen, gegenüber. »Wir haben ihn (Hitler) uns engagiert!«, so triumphierte Papen, der eigentliche Architekt dieser Kabinettsbildung; und gegenüber einem konservativen Zweifler an der politischen Weisheit dieser Krisenlösung brüstete er sich: »Ich habe das Vertrauen Hindenburgs. In zwei Monaten haben wir Hitler in die Ecke gedrückt, daß er quietscht.«

Das zahlenmäßige Übergewicht der Nichtnationalsozialisten in der neuen Regierung hat auch in der deutschen wie in der internationalen Öffentlichkeit nahezu ausnahmslos den Eindruck erweckt, daß es den traditionellen Eliten gelungen sei, die Vertreter der NSDAP in der Regierung wirksam »einzurahmen«, ihren Anspruch auf totale Machtübernahme abzuwehren und die nationalsozialistische Massenbewegung ihren eigenen politischen Zwecken dienstbar zu machen. Nicht Hitler, sondern Alfred Hugenberg an der Spitze des Wirtschafts- und Landwirtschaftsministerium schien der eigentlich starke Mann des Kabinetts der »nationalen Konzentration« zu sein – jener Führer der Deutschnationalen Volkspartei, der als Presse- und Filmzar wie als Politiker einen kompromißlosen Kampf gegen die parlamentarische Demokratie geführt hatte, von dem man Verfassungsbruch und Zerschlagung der Gewerkschaften, Revision der sozialen Errungenschaften der Republik wie Kulturkampf und insgesamt eine Eskalation der politischen und sozialen Gegensätze erwartete, an deren Ende man den Bürgerkrieg und den Sieg des Kommunismus befürchtete (oder – wie im Lager des internationalen Kommunismus – erhoffte).

Jedes Konzept für eine »Zähmung« Hitlers und seiner Massenbewegung durch die Regierungsbeteiligung der NSDAP konnte nur dann theoretisch verantwortet werden und eine Chance haben, wenn es einige Minimalforderungen erfüllte: 1. die Bedingung einer parlamentarischen Mehrheit und damit die Verweigerung der Notverordnungsvollmachten wie der Reichstagsauflösung; 2. die Garantie gegen einen Zugriff der NSDAP auf die Polizei und die Reichswehr. An beiden Grundvoraussetzungen haben weder der Reichspräsident und seine Berater noch der Kanzlermacher Papen festgehalten: Zum Leiter des Reichswehrministeriums wurde mit Werner von Blomberg ein General berufen, dessen Sympathien für den Nationalsozialismus den Eigenweihten seit geraumer Zeit nicht unbekannt waren und der dann auch dafür sorgte, daß die Reichswehr im Prozeß der Machtergreifung Hitlers »Gewehr bei Fuß« stand. Die Innenministerien im Reich und in Preußen wurden den beiden Nationalsozialisten Wilhelm Frick und Hermann Göring ausgeliefert, dessen reale Machtlosigkeit als Reichsminister ohne Portefeuille durch die Wahrnehmung der Geschäfte des preußischen Innenministers kompensiert wurde. Damit war der Weg zur Beherrschung der Polizei und der Verwaltung des gößten deutschen Flächenstaates wie auch grundsätzlich zur Unterwerfung der Polizei der anderen Länder – durch die Entsendung von Reichskommissaren – frei geworden. Auf eine parlamentarische Basis für das Kabinett der »nationalen Konzentration« verzichteten sowohl Papen als auch Hugenberg und der Reichspräsident, obwohl Zentrum und Bayerische Volkspartei zur Sicherung der Verfassungsmäßigkeit der neuen Regierung wie zur Sicherstellung ihrer eigenen Parteiinteressen unter bestimmten Bedingungen zur Beteiligung am Kabinett oder wenigstens zu seiner Tolerierung bereit waren. So erhielt Hitler in der Perversion früherer »Zähmungs«-Konzepte auch die Chance, in der dritten Reichstagswahl seit sieben Monaten mit dem Vorteil des Kanzlerbonus und unter rücksichtslosem Einsatz aller Möglichkeiten, die die Verfügung über die Regierungsgewalt bot, einen Wahlkampf von bisher nicht gekannter Perfektion und Intensität zu führen, seine parlamentarische Machtbasis auf Kosten seiner konservativen Partner zu erweitern und bis zum Zusammentritt des neuen Reichstags das Notverordnungsrecht nach Artikel 48 der Reichsverfassung als politisches Kampfinstrument zum raschen Ausbau der eigenen Machtposition einzusetzen. Gegen den Widerstand Hugenbergs, der zu Recht um seinen eigenen Einfluß fürchtete, hat Hitler am 30./31. Januar die Reichstagsauflösung innerhalb des Kabinetts durchgesetzt und in Verbindung damit die Zustimmung seiner konservativen Partner zu einem weitreichenden Ermächtigungsgesetz erlangt, mit dem der neue Reichstag sich selbst ausschalten und die formelle Abhängigkeit der Regierung von der präsidialen Notverordnung durch die unbeschränkte Gesetzgebungsbefugnis des Reichskabinetts ersetzt werden sollte.

Neben der Reichstagsauflösung hat keine weitere Entscheidung in den ersten Tagen der Regierungsneubildung so sehr als Initialzündung für die nationalsozialistische Revolution gewirkt und deren Dynamik freigesetzt wie die Betrauung Hermann Görings mit der Wahrnehmung der Geschäfte des preußischen Innenministers. Ohne daß der als Reichskommissar für Preußen bestellte und Göring damit als »Kontrolleur« vorgesetzte Vizekanzler Papen je eine Chance hatte, eine effektive Kontrolle über Göring auszuüben, hat dieser in den kommenden Wochen in rigoroser Weise die Instrumente des Polizeiministers genutzt, um in dem größten deutschen Staat die eigentlichen Schaltstellen der Macht so rasch wie möglich in die Hände der Nationalsozialisten zu bringen. Massenentlassungen von Regierungs-, Ober- und Polizeipräsidenten wie anderer Beamter lieferten auf der Ebene der Provinzen und Kommunen die Bürokratie innerhalb kurzer Zeit den Nationalsozialisten und zunächst noch in einem beschränkteren Umfang ihrem deutschnationalen Juniorpartner aus. Die rigorose Handhabung einer noch Anfang Februar vom Reichspräsidenten erlassenen Notverordnung »zum Schutz des deutschen Volkes« führte vor allem in Preußen zur Knebelung der kommunistischen und sozialdemokratischen Presse und insgesamt zu einer Einschränkung der Presse- und Versammlungsfreiheit aller Kräfte außerhalb des Regierungslagers. Der Aufbau einer Hilfspolizei von 50000 Mann in Preußen, unter denen sich 40000 SA- und SS-Männer befanden, institutionalisierte den Terror der paramilitärischen Organisationen der NSDAP. Wahlveranstaltungen der Regierungspartner wurden unter den besonderen Schutz der staatlichen Organe gestellt, die Beamten der preußischen Polizei durch einen berüchtigten »Schießerlaß« Görings (17. Februar) im Falle von »falscher Rücksichtsnahme« in der Anwendung der Schußwaffe gegen politische Gegner der NSDAP mit dienstrechtlichen Folgen bedroht.

Noch in der Schlußphase des Wahlkampfes vollzog sich dann die eigentliche Machtübernahme Hitlers. Den Brand des Reichstages in der Nacht vom 27. zum 28. Februar nutzte Hitler zum Erlaß der Notverordnung »zum Schutz von Volk und Staat« durch den Reichspräsidenten. Sie hob die wichtigsten Grundrechte auf, begründete auf Dauer den Ausnahmezustand als die Basis der Führerdiktatur Hitlers und verlieh der politischen Verfolgung und Terrorisierung der Gegner der NSDAP einschließlich der Errichtung von Konzentrationslagern die scheinlegalen Voraussetzungen. Es war diese Notverordnung, nicht erst die erzwungene Selbstausschaltung des Parlaments durch das Ermächtigungsgesetz am 23. März 1933, die den Rechtsstaat aus den Angeln hob und Hitler die pseudolegale Handhabe zur Überwindung des verhaßten »Weimarer Systems« bot. Der Reichstagsbrand markiert so die reale Machtübernahme Hitlers und damit den entscheidenden Einschnitt in der innenpolitischen Entwicklung des Frühjahrs 1933. Die tatsächliche Machtergreifung Hitlers zu Lasten seiner konservativen Partner und Kontrahenten vollzog sich mit Hilfe einer großangelegten Manipulation des Reichstagsbrandes, für den man ohne ausreichende Beweise die KPD (und indirekt auch die SPD) verantwortlich zu machen suchte, während bei einem Großteil der kritischen Zeitgenossen die Überzeugung vorherrschte, die auch in der historischen Forschung nicht definitiv widerlegt wurde, daß der Reichstagsbrand als Fanal für die eigentliche Machtübernahme von den Nationalsozialisten selbst gelegt wurde.

Im Zeichen des Terrors, der sich nach dem Reichstagsbrand in erster Linie gegen die KPD, in zweiter Linie gegen die SPD, aber auch – wie schon zuvor – gegen die Zentrumspartei richtete, fand am 5. März 1933 die Reichstagswahl statt. Trotz der propagandistischen Ausschlachtung von Reichstagsbrand und Kommunistenfurcht (die im Hinblick auf das Gewaltregime Stalins verständlich, gemessen an dem revolutionären Potential der KPD aber übertrieben war) brachte diese letzte Mehrparteienwahl der NSDAP mit 43,9 Prozent ein enttäuschendes Resultat. Als stabilste Zentren des Widerstandes gegen den Wählersog zugunsten der Nationalsozialisten erwiesen sich auch in dieser nur mehr halbfreien Wahl die Domänen der Arbeiterparteien und des politischen Katholizismus. Wahlbezirke mit einer agrarisch-protestantischen Bevölkerung, Kleinstädte und allgemein die Angestellten wie das Kleinbürgertum lieferten der NSDAP das Gros der Stimmen. Generell stammten die Zugewinne der NSDAP gegenüber den letzten beiden Wahlen 1932 vor allem aus dem Reservoir der Jungwähler, der bisherigen Nichtwähler und der Wechselwähler der KPD. Einschließlich der Stimmen für die Deutschnationale Volkspartei Hugenbergs verbuchte das Kabinett der »nationalen Konzentration« jetzt eine knappe absolute Majorität von 51,9 Prozent der Wählerstimmen – nicht jene Zweidrittelmehrheit, die für die Verabschiedung eines verfassungsändernden Ermächtigungsgesetzes notwendig gewesen wäre und der Zerstörung von Demokratie und Rechtsstaat den Schein der Legalität hätte verleihen können.

Das Ziel der »legalen Revolution«, mit der die NS-Machtergreifung gerade für das Bürgertum eine verführerische Attraktivität gewinnen und jeden Widerstand rechtlicher, geistiger und politischer Natur außerordentlich erschweren, wenn nicht unmöglich machen sollte, war demnach nur zu erreichen, wenn es gelang, die nichtsozialistischen Parteien, die außerhalb des Kabinetts der »nationalen Konzentration« standen, für ein »Ja« zum Ermächtigungsgesetz zu gewinnen. Die Blendfassade einer Versöhnung von preußischer Tradition und »Drittem Reich« bei der Eröffnung des Reichstags in der Potsdamer Garnisonkirche am 21. März und Hitlers virtuose Taktik, Legalität zu offerieren und mit dem Bürgerkrieg zu drohen, boten den Hintergrund für die Zustimmung von Zentrumspartei, Bayerischer Volkspartei und Deutscher Staatspartei zum Ermächtigungsgesetz zwei Tage danach. Lediglich die durch Verhaftungen und Verfolgungen geschwächte SPD war zu der mutigen Tat eines »Nein« bereit; aber auch ihre Ablehnung war mit der Bereitschaft zur loyalen Zusammenarbeit mit der Regierung der »nationalen Erhebung« und mit der Entscheidung verbunden, den Kurs einer Anpassung an die neuen Verhältnisse zu steuern. Als Hitler knapp zwei Monate später angesichts wachsender außenpolitischer Isolierung – nicht zuletzt im Gefolge erster antisemitischer Maßnahmen – und im Hinblick auf Gerüchte von einem drohenden Präventivkrieg Polens und Frankreichs in einer großen »Friedensrede« sich erstmals (mit Erfolg) dem Ausland als »Staatsmann« zu präsentieren suchte, erlebte er den Triumph, daß der Reichstag ihm einstimmig die Billigung für seine außenpolitische Programmrede aussprach.

Das Ermächtigungsgesetz vom 24. März 1933 verlieh der Regierung auf die Dauer einer Legislaturperiode das Recht, Gesetze auch verfassungsändernder Natur ohne die Mitwirkung von Reichspräsident, Reichstag und Reichsrat zu erlassen und rechtswirksam zu verkünden. Damit war die Regierung der »nationalen Erhebung« – und dies hieß schon kurz danach: Hitler – unumschränkt in Legislative und Exekutive – Gewaltenteilung und Rechtsstaat gehörten formell der Vergangenheit an. In dieser formellen Selbstentmachtung des Reichstags, nicht in einem anders nicht erreichbaren realen Machtzuwachs Hitlers, liegt denn auch die eigentliche Bedeutung des Ermächtigungsgesetzes und seiner durch Druck erpreßten Verabschiedung durch den Reichstag. Die wirkliche Machtgrundlage hatte Hitler bereits mit den Vollmachten der Reichstagsbrandverordnung errungen; und er ließ in seiner Rede bei der Einbringung des Gesetzes auch keinen Zweifel daran, daß er seinen Willen so oder so, mit oder ohne Zustimmung der Parteien der politischen Mitte durchsetzen werde – »Frieden oder Krieg«, mit dieser Alternative schloß er seine Rede. Es war dieses Fehlen einer echten Alternative, die neben der Hoffnung, das Schlimmste durch eigenes Mitwirken verhindern zu können, und der Sorge um die Zukunft der eigenen Partei und ihrer Anhänger das »Ja« der alten Weimarer »Verfassungsparteien« zu den globalen Vollmachten für das Hitler-Kabinett vor allem erklärt.

Noch ehe der Reichstag als politische Instanz eliminiert war, hatte Hitler begonnen, die Länder ihrer politischen Selbständigkeit zu berauben. Konflikte wegen illegalen Hissens von Hakenkreuzflaggen auf Rathäusern und Regierungsgebäuden nach der Wahl vom 5. März boten in der Regel dem Reichsinnenminister den erwünschten Anlaß für die Feststellung, daß die »öffentliche Ordnung und Sicherheit« in dem betreffenden Land nicht mehr gewährleistet sei – die Reichstagsbrandverordnung lieferte dann die Handhabe, um die Polizeigewalt auf einen (nationalsozialistischen) Reichskommissar zu übertragen. Damit wurden – in der bewährten Kombination von Druck, Terror und »Legalität« – die machtpolitischen Voraussetzungen für die »Gleichschaltung« der Länder geschaffen, die durch zwei Gesetze aufgrund des Ermächtigungsgesetzes bis Anfang April vollendet war.

In der Bürokratie wurden dabei (wie im Reich) die Schlüsselpositionen mit Nationalsozialisten besetzt und das Gros der Beamten durch Entlassungen oder entsprechende Drohungen (»Gesetz zur Wiederherstellung des Berufsbeamtentums« vom

7. April) gefügig gemacht. Das reibungslose Weiterfunktionieren des administrativen Apparats wurde durch den Appell an die obrigkeitsstaatlichen und nationalen Traditionen der Beamtenschaft und deren ambivalentes Verhältnis gegenüber der parlamentarischen Demokratie wie durch die Propaganda der »legalen Revolution« erleichtert. Die letzten Reste an Länderstaatlichkeit fielen schließlich einem »Gesetz über den Neuaufbau des Reiches« am ersten Jahrestag der Ernennung Hitlers zum Reichskanzler zum Opfer. Die bisherigen Länder waren danach nur noch abhängige Reichsprovinzen.

Wie die Länder, so hat die Gleichschaltungswelle nach dem Ermächtigungsgesetz auch die Kommunen und mit unterschiedlicher Intensität alle übrigen Bereiche des politischen, kulturellen und gesellschaftlichen Lebens (bis hin zu Gesangs- und Kleingärtnervereinen) erfaßt. Schicksal und Haltung der gesellschaftlichen Großgruppen in diesem Gleichschaltungsprozeß waren dabei unterschiedlicher Art. Bei der Reichswehr als dem bedeutendsten innenpolitischen Machtfaktor hat sich Hitler zunächst mit der Sicherstellung der Loyalität gegenüber seinem Regime und der Nichteinmischung in den Prozeß seiner Machtergreifung begnügt. Die frühe Zusage (3. Februar), daß die Reichswehr das Waffenmonopol behalten und eine Verschmelzung mit der SA (entsprechend den Plänen Röhms für eine milizartige Umgestaltung von Reichswehr und SA) nicht stattfinden werde, war ein erster erfolgreicher Schachzug. Das rasche Ingangsetzen von Maßnahmen zur Aufrüstung und »Wehrertüchtigung« der Jugend bei gleichzeitigem Kampf gegen Pazifismus und »Marxismus« ließ bestehende Bedenken zurücktreten und erweckte den Eindruck, daß unter Hitler endlich die Ziele energisch verwirklicht würden, die in den Jahren der parlamentarischen Republik keine oder nur eingeschränkte Chancen hatten. Daß Hitler den Befehlshabern des Heeres und der Marine wenige Tage nach seiner Ernennung zum Reichskanzler als programmatische Ziele die »Eroberung neuen Lebensraumes im Osten und dessen rücksichtslose Germanisierung« eröffnete, ohne dagegen Widerspruch zu finden, hat die moralische Kompromittierung der militärischen Elite mitbegründet; sie erreichte am 30. Juni 1934 ihren Höhepunkt, als Hitler mit Röhm einen potentiellen Rivalen um die politische Macht im Staat wie einen Konkurrenten der Militärs ermorden ließ und diese Gelegenheit auch zur Ermordung der beiden Generäle Schleicher und Bredow nutzte, ohne daß es bei dieser

Schlußetappe der Machtergreifung Hitlers zum Einschreiten der Reichswehr gekommen wäre.

Wie bei der Reichswehr so hatte Hitler auch bei der Wirtschaft keine entschiedenen Widerstände zu überwinden. Die Berufung des NS-Führers in das Reichskanzleramt war bei gespaltener Industriefront erfolgt. Die Führungsspitzen des Reichsverbandes der deutschen Industrie und des Deutschen Industrie- und Handelstags hatten bis zur letzten Stunde an Schleicher als Kanzler festgehalten, dessen weltmarktorientierte Wirtschaftspolitik den Interessen der Exportindustrie entsprach. Vor allem in der Schwerindustrie und bei kleinen und mittleren Unternehmen (deren Existenz in der Weltwirtschaftskrise besonders gefährdet war) hatte sich zuvor schon eine Wende zur NSDAP vollzogen. Sie verstärkte sich nach dem 30. Januar, als es Hitler und Göring bei einem Treffen mit führenden Industriellen und Finanziers gelang, eine Millionenspende für den Wahlkampf der NSDAP sicherzustellen. Ein restloses Einschwenken der Wirtschaft auf den Kurs der NSDAP erfolgte indessen im Frühjahr 1933 nicht – trotz politischer und rassischer »Säuberungs«-Maßnahmen in den industriellen Spitzenverbänden. Der totalen Gleichschaltung konnte sich die Wirtschaft entziehen – nicht zuletzt wegen der Unentbehrlichkeit der ökonomischen Eliten bei der Überwindung der Wirtschaftskrise und der Vorbereitung der Rüstungswirtschaft.

Soweit in den Gewerkschaften Erwartungen auf einen ähnlichen Freiraum bestanden, sollten sie sich rasch als illusionär erweisen. In ihrer Schlagkraft wie Resistenzfähigkeit gegenüber dem Nationalsozialismus durch die Millionen Arbeitslosen ohnedies geschwächt, hegten sie gewisse Hoffnungen, durch die Lösung ihrer Bindungen an die SPD und durch den Plan einer Einheitsgewerkschaft in gewandelter Form auch unter den neuen Bedingungen ihre traditionellen Aufgaben wahrnehmen oder die eigenen Organisationen bis zum Scheitern des NS-Regimes retten zu können. Der nationalsozialistischen Doppelstrategie fielen die Gewerkschaften allerdings widerstandslos zum Opfer: Hitler proklamierte den 1. Mai zum »Tag der nationalen Arbeit«, ließ die Gewerkschaften an den Massenveranstaltungen dieses ersten Maifeiertags mit Lohnausgleich teilnehmen und nach dieser Demonstration der neuen klassenumspannenden »Volksgemeinschaft« des »Dritten Reiches« am folgenden Tag durch die NS-Organisationen die prominentesten Führer der freien Gewerkschaften in »Schutzhaft« nehmen und den

ADGB auflösen. Einige Wochen später ereilte die christlichen Gewerkschaften das gleiche Schicksal. An die Stelle der Gewerkschaften trat die »Deutsche Arbeitsfront«, die sich noch im Jahre 1933 zu einer Zwangsvereinigung aller Arbeiter, Angestellten und Unternehmer entwickelte.

Nachdem seit dem Ermächtigungsgesetz der Reichstag lediglich als Schemen einer parlamentarischen Institution fortbestand und der Totalitätsanspruch der NSDAP seither immer unverhüllter formuliert wurde, war auch das Ende der traditionellen Parteien nur mehr eine Frage der Zeit. Unter dem terroristischen Druck der NSDAP, der sich jetzt auch zunehmend gegen den deutschnationalen Partner in der Regierung wandte, ging die Agonie der Parteien im Juni und Juli 1933 ihrem Ende entgegen. Auf das Verbot der durch Verfolgung und Flucht dezimierten SPD – begründet mit der antinationalsozialistischen Tätigkeit führender Sozialdemokraten im Exil – folgte die Selbstauflösung der DNVP/DNF und der zu Splitterparteien geschrumpften Parteien des liberalen Bürgertums (DVP und Deutsche Staatspartei). Als letzte Parteien lösten sich das Zentrum und die Bayerische Volkspartei auf.

Das Ende dieser Organisationen des politischen Katholizismus fiel zeitlich nahezu zusammen mit dem Abschluß eines Reichskonkordats zwischen dem Vatikan und der Reichsregierung. Hitler hatte durch seinen katholischen Vizekanzler Papen die Verhandlungen darüber nach dem Ermächtigungsgesetz in die Wege geleitet, um die bis zur Märzwahl nach außen geschlossene Abwehrfront der katholischen Kirche gegen den Nationalsozialismus aufzubrechen, den Klerus aus der Politik zu verdrängen und dem politischen Katholizismus damit eine seiner Voraussetzungen zu entziehen. Die Vermutung, daß ein konkretes Konkordatsangebot bereits die Zustimmung der Abgeordneten von Zentrum und BVP zum Ermächtigungsgesetz erleichtert oder herbeigeführt habe, ist nicht bewiesen. Auch ohne die Hypothese einer solchen »Bestechungsofferte« läßt sich die Haltung der Parteien des politischen Katholizismus bei der erpreßten Selbstentmachtung des Parlaments wie im ausweglosen Untergang der Parteien plausibel erklären. Innen- wie außenpolitisch stellte das Reichskonkordat zunächst eine Trumpfkarte Hitlers dar, ohne daß sich seine Bedeutung darin allerdings erschöpfte. Es fügte sich einerseits ein in einen säkularen Trend der vatikanischen Kirchenpolitik, die Kirche zu »entpolitisieren«, und schuf andererseits eine Rechtsbasis gegen den Totalitätsanspruch des NS-Staates. Insofern entsprach es auch dem Kurs des »Ja, aber«, den der katholische Episkopat nach der Ausschaltung des Reichstags und auf der Grundlage der (trügerischen) Zusicherungen einschlug, die Hitler bei der Verabschiedung des Ermächtigungsgesetzes feierlich abgegeben hatte: es war ein Kurs der Bereitschaft zur loyalen Mitarbeit im neuen Staat bei fortbestehenden Vorbehalten gegen dessen Totalitätsanspruch, gegen die ideologischen »Irrtümer« des Nationalsozialismus (einschließlich seiner Rassenlehre) und gegen die Preisgabe des Rechtsstaats.

Zum gleichen Zeitpunkt – Ende Juni/Anfang Juli – erfolgte innerhalb der evangelischen Kirche ein Signal grundsätzlicher theologischer Opposition gegen den Nationalsozialismus durch Karl Barths Kampfschrift ›Theologische Existenz heute!‹ Sie erschien in einer wesentlich anderen innerkirchlichen Situation, kurz vor der, wie es den Anschein hatte, endgültigen Gleichschaltung von evangelischer Kirche und nationalsozialistischem Staat. Vorkämpfer einer solchen Gleichschaltung der »empirischen Kirche mit dem Volksstaat der nationalen Revolution« – mit der Bereitschaft, Führerprinzip und Arier-Paragraph in die Kirche einzuführen und das Alte Testament preiszugeben – war die wachsende Gruppe der »Evangelischen Nationalsozialisten«; sie schickten sich als »Glaubensbewegung Deutsche Christen« im Frühjahr 1933 an, mit der massiven Unterstützung Hitlers und der NSDAP die Macht innerhalb der einzelnen Landeskirchen und im Deutschen Evangelischen Kirchenausschuß zu ergreifen. Als durch Rechtsbrüche und Gewalteinsatz Anfang Juli die Verfassung einer Evangelischen Reichskirche fertiggestellt und von den Landeskirchen einstimmig gebilligt worden war, schien die rechtliche Voraussetzung für die Machtergreifung der »Deutschen Christen« geschaffen: bei den Kirchenwahlen Ende Juli triumphierten sie mit überwältigender Mehrheit, die Nationalsynode wählte einen Vertrauensmann Hitlers zum Reichsbischof. Zum gleichen Zeitpunkt begann aber auch – im Anschluß an Karl Barths Aufruf zur theologischen Besinnung – die Organisation einer Oppositionsgruppe mit dem »Pfarrernotbund« Martin Niemöllers und den Anfängen der »Bekennenden Kirche«, die (ähnlich wie die katholische Kirche) in der Tradition christlichen Selbstverständnisses zur loyalen Mitarbeit im Staat bereit waren, die Gleichschaltung der Kirche und den Totalitätsanspruch der NSDAP aber ablehnten.

Nach den umfassenden Gleichschaltungsaktionen in den vorausgegangenen Monaten und der Durchsetzung des Führungsanspruchs der NSDAP in Staat und Gesellschaft konnte Hitler am 14. Juli 1933 mit dem Gesetz »gegen die Neubildung von Parteien« die Besiegelung der nationalsozialistischen Diktatur proklamieren. Sie erfolgte an dem Tag, den Frankreich als den traditionellen Gedenktag des Sieges über den monarchistischen Absolutismus feiert.

Unmittelbar zuvor hatte Hitler den »Abschluß der Revolution« festgestellt. Es geschah dies nicht nur, um triumphierend das Ende des verhaßten Weimarer »Systems« zu verkünden; die Ablehnung der Revolution »als Dauerzustand« zielte vor allem gegen diejenigen Kräfte innerhalb der NSDAP, speziell gegen die SA unter Röhm, die sich mit der Eroberung der politischen Macht nicht begnügen wollten und auf eine »zweite Revolution« (im Sinne einer unklaren militaristischen Sozialromantik) drängten. Es gehörte zur Mehrdeutigkeit der innenpolitischen Situation im Reich im Sommer 1933, daß diese Alternative einer »zweiten Revolution« durch das Millionenheer der SA nicht ausgeschlossen schien. Die Machtergreifung Hitlers war daher erst definitiv und formell abgeschlossen, als er ein Jahr später die potentiellen Rivalen in der SA durch die Morde im Zusammenhang mit dem sogenannten Röhmputsch ausschaltete, die Bedeutung der SA innerhalb von Partei und Staat einschneidend zugunsten der SS Himmlers reduzierte und kurze Zeit später, nach dem Tode Hindenburgs (2. August 1934), das Amt des Reichspräsidenten mit dem des Reichskanzlers in seiner Hand vereinigte.

Für kritische und informierte Beobachter der politischen Szenerie in Deutschland gab es schon im Sommer 1933 kaum mehr einen Zweifel daran, daß Hitler seine Herrschaft fest etabliert hatte und daß allenfalls noch das Militär dem Dauerregiment seiner Partei ein Ende setzen könne. Offen schien noch die Frage, ob die NSDAP ihren Totalitätsanspruch auch auf allen gesellschaftlichen und kulturellen Gebieten durchsetzen werde, oder ob sich das »Dritte Reich« zu einer autoritären Diktatur ähnlich jener Mussolinis in Italien entwickelte. Daß die »wilden« Konzentrationslager der SA (und SS) noch im Sommer 1933 zum Teil aufgelöst wurden, daß die Verhängung der »Schutzhaft« (auf der Grundlage der Reichstagsbrandverordnung) als der Inbegriff der politischen Verfolgung von Gegnern nach dem Willen nationalsozialistischer Regierungsinstanzen als ein Monopol staatlicher Organe den Parteiorganisationen entzogen werden sollte, schien eine »Normalisierung« der Verhältnisse anzubahnen, bis Himmler als Reichsführer der SS seit dem Frühjahr 1934 mit der Übernahme der politischen Polizei aller Länder die Handhabung der »Schutzhaft« völlig der Aufsicht der Justiz und Verwaltung entzog und die KZ-Einrichtungen als Instrumente des politischen Terrors und rücksichtsloser Zwangsarbeit systematisierte. Den »Judenboykott« des 1. April mochte die Mehrheit der Deutschen, denen die Phantasie für das noch nicht Dagewesene fehlte, als Ventil für die unzufriedenen Massen der SA verstehen und in den Rahmen des europäischen »Normalantisemitismus« mit seinen wirtschaftlich-sozialen und kulturell-religiösen Wurzeln einordnen; in Wirklichkeit markierte er die zentrale Bedeutung der antijüdischen Rassenpolitik, die – neben der Lebensraumexpansion – zu den wenigen Grundkonstanten der politischen Konzeption und Programmatik Hitlers zählte.

Im übrigen hatten auch bereits die ersten Monate der Machtergreifung die Effizienz der Herrschaftstechnik des Dualismus von Staat und Partei gezeigt, der zur Signatur des »Doppelstaates« der Hitlerdiktatur werden sollte. Der Verzicht auf eine vollständige Verschmelzung von Staat und Partei erleichterte (ähnlich wie die Blendfassade der »legalen Revolution«) die Gewinnung der Fachleute in Verwaltung und Wirtschaft, Wehrmacht und wissenschaftlich-kulturellem Leben und suggerierte das Fortbestehen der bisherigen Ordnung unter gewandelten Verhältnissen. In der Mehrgleisigkeit der Herrschaftsstrukturen stand Hitler über den rivalisierenden Gruppen und konkurrierenden Interessen als oberster Schiedsrichter, dessen Unentbehrlichkeit wie Machtfülle bei allen Teilkonflikten zwischen Partei und Staat, Wirtschaft und Verwaltung, Wehrmacht und SA immer erneut bestätigt und bekräftigt wurde.

Die Gleichzeitigkeit von Ausnahmezustand und Normalität, die schon die ersten Monate der Machtergreifung 1933 kennzeichnete, sollte auch für die Jahre danach bis zur Entfesselung des Zweiten Weltkrieges durch Hitler zum Charakteristikum des totalitären Führerstaates werden. Frühe Einsicht weniger war es, was Joseph Roth Mitte Februar 1933 im Pariser Exil formulierte: »Es ist gelungen, die Barbarei regieren zu lassen. Machen Sie sich keine Illusionen. Die Hölle regiert.«

Josef Becker

I. Vom Machtantritt Hitlers (30. Januar 1933) zum Reichstagsbrand (27. Februar 1933)

Soweit Erläuterungen, die für das Verständnis der Dokumente unerläßlich sind, nicht durch Texteinschübe in eckigen Klammern gegeben werden, finden sie sich in den Quellennachweisen oder lassen sich aus den Angaben in der Zeittafel bzw. dem Personenregister ermitteln. Sperrdruck des Originals wird durch Kursivdruck wiedergegeben.

1. »Wir fürchten die Herren nicht«
Aus dem Tagebuch Julius Lebers (MdR SPD, Lübeck) vom 30. Januar

Jetzt steht es klar vor aller Augen: Hitler Kanzler – Papen Vizekanzler – Hugenberg Wirtschaftsminister. Was wird diese Regierung tun? Ihre Ziele kennen wir. Von ihren nächsten Maßnahmen weiß niemand.

Ungeheuer sind die Gefahren. Aber unerschütterlich ist die Festigkeit der deutschen Arbeiterschaft. Wir fürchten die Herren nicht. Wir sind entschlossen, den Kampf aufzunehmen.

2. »Die Verblüffung war groß«
Aus dem Tagebuch Harry Graf Kesslers (Berlin) vom 30. Januar

Um zwei Uhr kam Max zum Frühstück, der die Nachricht von der *Ernennung Hitlers zum Reichskanzler* mitbrachte. Die Verblüffung war groß; ich hatte diese Lösung, und noch dazu so schnell, nicht erwartet. Unten, bei unserem Nazi-Portier, brach sofort ein Überschwang von Festesstimmung aus.

Abends war ich Gast von Seeckt, Simons und Solf im »Kaiserhof« [. . .] Berlin ist heute nacht in einer reinen Faschingsstimmung. SA-und SS-Trupps sowie uniformierter Stahlhelm durchziehen die Straßen, auf den Bürgersteigen stauen sich die Zuschauer. Im und um den »Kaiserhof« tobte ein wahrer Karneval; uniformierte SS bildete vor dem Haupteingang und in der Halle Spalier, auf den Gängen patrouillierten SA- und SS-Leute; als wir [aus dem »Kaiserhof« . . .] herauskamen, defilierte ein endloser SA-Zug im Stechschritt an irgendwelchen Prominenten (zweite Garnitur, Hitler selbst war in der Reichskanzlei) vorbei, die sich vor dem Hauptportal aufgebaut hatten und ihn mit dem Faschistengruß grüßten; eine richtige Parade. Der ganze Platz gepfropft voll von Gaffern.

3. *»Es ist so unausdenkbar schön«*
Aus dem Tagebuch von Luise Solmitz (Hamburg) vom 30. Januar

[...] Hitler ist Reichskanzler! Und was für ein Kabinett!!! Wie wir es im Juli nicht zu erträumen wagten. Hitler, Hugenberg, Seldte, Papen!!!

An jedem hängt ein großes Stück meiner deutschen Hoffnung. Nationalsozialistischer Schwung, deutschnationale Vernunft, der unpolitische Stahlhelm und der von uns unvergessene Papen. Es ist so unausdenkbar schön, daß ich es schnell niederschreibe, ehe der erste Mißklang folgt, denn wann erlebte Deutschland nach herrlichstem Frühling einen gesegneten Sommer? Wohl nur unter Bismarck. Was Hindenburg da geleistet hat!

4. *Für Generalstreik und proletarische Einheitsfront unter kommunistischer Führung*
Aus dem Aufruf der KPD vom 30. Januar

Dies neue Kabinett der offenen faschistischen Diktatur ist die brutalste und unverhüllte Kriegserklärung an die deutsche Arbeiterklasse, an das werktätige Volk. [...] Die Zuspitzung der Krise, der machtvolle revolutionäre Aufschwung der Massen zwingt die Bourgeoisie, das nackte Gesicht ihrer Diktatur in äußerster Brutalität zu enthüllen. An die Stelle der »sozialen« Phrasen treten die Bajonette der Reichswehr und die Revolver der mordenden SA- und SS-Kolonnen. Schamloser Lohnraub und schrankenloser Terror der braunen Mordpest zertrümmern die letzten kläglichen Rechte der Arbeiterklasse. Hemmungsloser Kurs auf den imperialistischen Krieg. Das alles steht unmittelbar bevor. Die Partei der deutschen Arbeiterklasse, die Partei der Streiks gegen Lohnraub, der Verteidigung der Interessen aller Werktätigen, des Kampfes für die Freiheit der Arbeiterklasse und für den Sozialismus, die KPD, will man verbieten. [...]

Das blutige barbarische Terrorregime des Faschismus wird in Deutschland aufgerichtet. Massen, laßt nicht zu, daß die Todfeinde des deutschen Volkes, die Todfeinde der Arbeiter und armen Bauern, der Werktätigen in Stadt und Land ihr Verbrechen durchführen. Setzt euch zur Wehr gegen die Anschläge und den Terror der faschistischen Konterrevolution, verteidigt euch gegen die soziale Reaktion der faschistischen Diktatur. Heraus auf die Straße! Legt die Betriebe still! Antwortet sofort auf den Anschlag der faschistischen Bluthunde mit dem Streik, mit dem Massenstreik, mit dem Generalstreik! [...]

Es lebe die proletarische Einheitsfront gegen die faschistische Hitlerdiktatur! Fort mit den Hitler, Papen, Hugenberg! Es lebe der Generalstreik! Es lebe der Kampf für die Freiheit der Arbeiterklasse! Es lebe der Kampf für eine Arbeiter- und Bauernrepublik!

5. *»Kühles Blut und Besonnenheit«*
Aufruf des Allgemeinen Deutschen Gewerkschaftsbundes, des Allgemeinen freien Angestelltenbundes, des Gesamtverbandes der christlichen Gewerkschaften und des Gewerkschaftsrings deutscher Arbeiter-, Angestellten- und Beamtenverbände vom 30. Januar

Die politische Lage hat sich in entscheidender Weise geändert. Das Schwergewicht der neuen Reichsregierung liegt bei Parteien und Gruppen, die bisher offen für die soziale Entrechtung der Arbeiter und Angestellten, für die Zerschlagung der Demokratie und für die Ausschaltung des Parlaments eingetreten sind. Die Gefahr liegt nahe, daß sie jetzt ihre Pläne zu verwirklichen trachten.

Gewerkschaftsmitglieder! Die Lebensinteressen der gesamten Arbeitnehmerschaft stehen auf dem Spiel. Um Angriffe gegen Verfassung und Volksrechte im Ernstfalle wirksam abzuwehren, ist kühles Blut und Besonnenheit erstes Gebot. Laßt euch nicht zu voreiligen und darum schädlichen Einzelaktionen verleiten.

6. *»Bündnis zwischen dem Adel und dem Pöbel«*
Aus dem Tagebuch Jochen Kleppers (Berlin) vom 31. Januar

Hitler ist Reichskanzler. Noch einmal ist das verhängnisvollste Bündnis zustandegekommen, das Gustav Freytag die größte deutsche Gefahr nennt: das Bündnis zwischen dem Adel und dem Pöbel. Im Funk müssen wir fast alle mit unserer Entlassung rechnen.

7. *»Wir führen unseren Kampf auf dem Boden der Verfassung« Aufruf des Vorstandes der SPD und der SPD-Reichstagsfraktion vom 31. Januar*

Arbeitendes Volk! Republikaner!
Im Kabinett Hitler-Papen-Hugenberg ist die Harzburger Front wieder auferstanden. Die Feinde der Arbeiterklasse, die einander bis vor wenigen Tagen auf das heftigste befehdeten, haben sich zusammengeschlossen zum gemeinsamen Kampf gegen die Arbeiterklasse, zu einer reaktionären großkapitalistischen und großagrarischen Konzentration.

Die Stunde fordert die Einigkeit des ganzen arbeitenden Volkes zum Kampf gegen die vereinigten Gegner. Sie fordert Bereitschaft zum Einsatz der letzten und äußersten Kräfte.

Wir führen unseren Kampf auf dem Boden der Verfassung. Die politischen und sozialen Rechte des Volkes, die in Verfassung und Gesetz verankert sind, werden wir gegen jeden Angriff mit allen Mitteln verteidigen. Jeder Versuch der Regierung, ihre Macht gegen die Verfassung anzuwenden oder zu behaupten, wird auf den äußersten Widerstand der Arbeiterklasse und aller freiheitlich gesinnten Volkskreise stoßen. Zu diesem entscheidenden Kampf sind alle Kräfte bereitzuhalten.

Undiszipliniertes Vorgehen einzelner Organisationen oder Gruppen auf eigene Faust würde der gesamten Arbeiterklasse zum schwersten Schaden gereichen. Darum her zur Eisernen Front! Nur ihrer Parole ist Folge zu leisten! Kaltblütigkeit, Entschlossenheit, Disziplin, Einigkeit und nochmals Einigkeit ist das Gebot der Stunde!

8. *Fragen der Zentrums-Führung an Reichskanzler Hitler über die künftige Politik der Reichsregierung vom 31. Januar*

1. Die Zentrumspartei wünscht über das Arbeitsprogramm der neuen Regierung genau unterrichtet zu sein.
2. Besonders wichtig wäre die Klärung folgender Einzelfragen:
   a) Welche Sicherheiten können seitens der Regierung dafür gegeben werden, daß ihre Maßnahmen sich im Rahmen der Verfassung halten?
   b) Ist die Reichsregierung insbesondere bereit, bindende Zusicherungen zu geben dafür, daß nicht auf Grund des sogenannten Staatsnotstandes verfassungswidrige Maßnahmen ergriffen werden?

c) Ist die Reichsregierung bereit, die baldige Rückkehr zu normalen verfassungsrechtlichen Verhältnissen in Preußen zuzusagen, und in welcher Weise will sie diese Normalisierung durchführen?
d) Ist die Reichsregierung bereit, im Interesse des bäuerlichen Berufsstandes, wie auch aus volks- und nationalpolitischen Gründen die Wiederaufnahme des umfassenden Siedlungswerks in Angriff zu nehmen und gegen alle Widerstände durchzuführen?
e) Ist die Reichsregierung bereit, die größten sozialen Härten der Notverordnungen zu beseitigen, und welche Einzelmaßnahmen in dieser Richtung sind von ihr vorgesehen?
f) Ist es richtig, daß das Arbeitsministerium abgebaut werden soll und wesentliche Teile seiner Zuständigkeiten dem neu ernannten Krisenminister unterstellt werden sollen?
g) Gedenkt die Regierung, das Koalitionsrecht im bisherigen Umfang aufrechtzuerhalten?
h) Wie steht die Reichsregierung zur Erhaltung der deutschen Sozialversicherung und des Tarifvertragsrechtes?
i) Wie denkt die Reichsregierung einen gerechten Ausgleich zwischen der Förderung des deutschen Binnenmarktes und der lebensnotwendigen Ausfuhr zu sichern?
j) Ist die Reichsregierung bereit, Sicherungen dafür zu schaffen, daß jede Form von Inflation unterbleibt und finanzpolitische Experimente, die von gewisser Seite privat propagiert werden, wirksam abgewehrt werden?

9. *Hitlers Kanzlerschaft bedeutet nicht »in irgendeiner Richtung den Anbruch großer Neuigkeiten«*

Aus einem Brief Prof. Karl Barths (Bonn) an seine Mutter vom 1. Februar

[... jetzt] ist also im deutschen Reich Hitler ans Ruder gekommen. Ich glaube nicht, daß dies in irgendeiner Richtung den Anbruch großer Neuigkeiten bedeuten wird. Deutschland ist nach innen und außen ein viel zu schwer beweglicher Körper, als daß sich durch solche Bewegungen in der Fassade etwas ändern könnte. Dazu sind sicher vor allem auch die beteiligten Personen zu wenig hervorragend. Und ist im deutschen Volk zu wenig von dem Lebensmut vorhanden, den es sowohl zur Durchführung eines Mussolini-Regimentes wie zu der einer Gegenrevolution brauchen würde.

10. *»Das Erbe, das wir übernehmen, ist furchtbar«*
Aus dem Aufruf der Reichsregierung an das deutsche Volk vom 1. Februar

Über 14 Jahre sind vergangen seit dem unseligen Tage, da, von inneren und äußeren Versprechungen verblendet, das deutsche Volk der höchsten Güter unserer Vergangenheit, des Reiches, seiner Ehre und seiner Freiheit vergaß und dabei alles verlor. Seit diesen Tagen des Verrates hat der Allmächtige unserem Volk seinen Segen entzogen. Zwietracht und Haß hielten ihren Einzug. In tiefster Bekümmernis sehen Millionen bester deutscher Männer und Frauen aus allen Lebensständen die Einheit der Nation dahinsiechen und sich auflösen in ein Gewirr politisch-egoistischer Meinungen, wirtschaftlicher Interessen und weltanschaulicher Gegensätze.

Wie so oft in unserer Geschichte, bietet Deutschland seit diesem Tage der Revolution das Bild einer herzzerbrechenden Zerrissenheit. Die versprochene Gleichheit und Brüderlichkeit erhielten wir nicht, aber die Freiheit haben wir verloren. Denn dem Verfall der geistigen und willensmäßigen Einheit unseres Volkes im Inneren folgte der Zerfall seiner politischen Stellung in der Welt.

Heiß durchdrungen von der Überzeugung, daß das deutsche Volk im Jahre 1914 in den großen Kampf zog ohne jeden Gedanken an eine eigene Schuld und nur erfüllt von der Last der Sorge, das angegriffene Reich, die Freiheit und die Existenz des deutschen Menschen verteidigen zu müssen, sehen wir in dem erschütternden Schicksal, das uns seit dem November 1918 verfolgt, nur das Ergebnis unseres inneren Verfalls. Allein auch die übrige Welt wird seitdem nicht minder von großen Krisen durchrüttelt. Das geschichtlich ausgewogene Gleichgewicht der Kräfte, das einst nicht wenig beitrug zum Verständnis für die Notwendigkeit einer inneren Solidarität der Nationen mit all den daraus resultierenden glücklichen wirtschaftlichen Folgen, ist beseitigt.

Die Wahnidee vom Sieger und Besiegten zerstört das Vertrauen von Nation zu Nation und damit auch die Wirtschaft der Welt. Das Elend unseres Volkes aber ist entsetzlich! Dem arbeitslos gewordenen, hungernden Millionenproletariat der Industrie folgt die Verelendung des gesamten Mittel- und Handwerksstandes. Wenn sich dieser Zerfall auch im deutschen Bauer endgültig vollendet, stehen wir in einer Katastrophe von unübersehbarem Ausmaße. Denn nicht nur ein Reich zerfällt dann, sondern eine 2000jährige Erbmasse an hohen und höchsten Gütern menschlicher Kultur und Zivilisation.

Drohend künden die Erscheinungen um uns den Vollzug dieses Verfalls. In einem unerhörten Willens- und Gewaltansturm versucht die kommunistische Methode des Wahnsinns das in seinem Innersten erschütterte und entwurzelte Volk endgültig zu vergiften und zu zersetzen, um es einer Zeit entgegenzutreiben, die sich zu den Versprechungen der kommunistischen Wortführer von heute noch schlimmer verhalten würde, als die Zeit hinter uns zu den Versprechungen derselben Apostel im November 1918.

Angefangen bei der Familie, über alle Begriffe von Ehre und Treue, Volk und Vaterland, Kultur und Wirtschaft hinweg bis zum ewigen Fundament unserer Moral und unseres Glaubens, bleibt nichts verschont von dieser nur verneinenden, alles zerstörenden Idee. 14 Jahre Marxismus haben Deutschland ruiniert. Ein Jahr Bolschewismus würde Deutschland vernichten. Die heute reichsten und schönsten Kulturgebiete der Welt würden in ein Chaos und Trümmerfeld verwandelt. Selbst das Leid der letzten anderthalb Jahrzehnte könnte nicht verglichen werden mit dem Jammer eines Europas, in dessen Herzen die rote Fahne der Vernichtung aufgezogen würde. Die Tausende von Verletzten, die unzähligen Toten, die dieser innere Krieg schon heute Deutschland kostet, mögen ein Wetterleuchten sein der Warnung vor dem Sturme.

In diesen Stunden der übermächtig hereinbrechenden Sorgen um das Dasein und die Zukunft der deutschen Nation rief uns Männer nationaler Parteien und Verbände der greise Führer des Weltkrieges auf, noch einmal wie einst an den Fronten, nunmehr in der Heimat in Einigkeit und Treue für des Reiches Rettung unter ihm zu kämpfen. Indem der ehrwürdige Herr Reichspräsident uns in diesem großherzigen Sinne die Hände zum gemeinsamen Bunde schloß, wollen wir als nationale Führer Gott, unserem Gewissen und unserem Volke geloben, die uns damit übertragene Mission als nationale Regierung entschlossen und beharrlich zu erfüllen.

Das Erbe, das wir übernehmen, ist furchtbar. Die Aufgabe, die wir lösen müssen, ist die schwerste, die seit Menschengedenken deutschen Staatsmännern gestellt wurde. Das Vertrauen in uns allen aber ist unbegrenzt, denn wir glauben an unser Volk und seine unvergänglichen Werte. Bauern, Arbeiter und Bürger, sie müssen gemeinsam die Bausteine liefern zum neuen Reich.

So wird es die nationale Regierung als ihre oberste und erste Aufgabe ansehen, die geistige und willensmäßige Einheit unseres Volkes wieder herzustellen. Sie wird die Fundamente wahren und verteidigen, auf denen die Kraft unserer Nation beruht. Sie wird das Christentum als Basis unserer gesamten Moral, die Familie als Keimzelle unseres Volks-und Staatskörpers in ihren festen Schutz nehmen. Sie wird über Stände und Klassen hinweg unser Volk wieder zum Bewußtsein seiner volklichen und politischen Einheit und der daraus entspringenden Pflichten bringen. Sie will die Ehrfurcht vor unserer großen Vergangenheit, den Stolz auf unsere alten Traditionen zur Grundlage machen für die Erziehung der deutschen Jugend. Sie wird damit der geistigen, politischen und kulturellen Nihilisierung einen unbarmherzigen Krieg ansagen. Deutschland darf und wird nicht in anarchischen Kommunismus versinken. [...]

Der Reichspräsident, Generalfeldmarschall v. Hindenburg, hat uns berufen mit dem Befehl, durch unsere Einmütigkeit der Nation die Möglichkeit des Wiederaufstieges zu bringen.

Wir appellieren deshalb nunmehr an das deutsche Volk, diesen Akt der Versöhnung selbst mit zu unterzeichnen. Die Regierung der nationalen Erhebung will arbeiten, und sie wird arbeiten. Sie hat nicht 14 Jahre lang die deutsche Nation zugrunde gerichtet, sondern will sie wieder nach oben führen. Sie ist entschlossen, in vier Jahren die Schuld von 14 Jahren wieder gutzumachen.

Allein sie kann nicht die Arbeit des Wiederaufbaues der Genehmigung derer unterstellen, die den Zusammenbruch verschuldeten. Die Parteien des Marxismus und seiner Mitläufer haben 14 Jahre lang Zeit gehabt, ihr Können zu beweisen. Das Ergebnis ist ein Trümmerfeld. Nun deutsches Volk, gib uns die Zeit von vier Jahren und dann urteile und richte uns!

Getreu dem Befehl des Generalfeldmarschalls wollen wir beginnen. Möge der allmächtige Gott unsere Arbeit in seine Gnade nehmen, unseren Willen recht gestalten, unsere Einsicht segnen und uns mit dem Vertrauen unseres Volkes beglücken. Denn wir wollen nicht kämpfen für uns, sondern für Deutschland!

Adolf Hitler, v. Papen, Freiherr von Neurath, Dr. Frick, Graf Schwerin von Krosigk, Dr. Hugenberg, Seldte, Dr. Gürtner, von Blomberg, Eltz von Rübenach, Goering, Dr. Gereke.

11. *»Gleichgültige« Aufnahme der Kanzlerschaft Hitlers durch die Bevölkerung*
Aus einem Bericht des britischen Botschafters in Berlin, Rumbold, an Außenminister Simon vom 1. Februar

Überall im Lande nahm die Bevölkerung die Nachricht gleichgültig auf. In der Hauptstadt selbst konnte man ein gewisses Maß an öffentlichem Interesse feststellen, da die Nazi-Führer ihr Talent für Propaganda und theatralische Auftritte bei einem improvisierten Fackelzug entfalteten. Einheiten der SA, denen später der »Stahlhelm« folgte, zogen am Sitz des Reichspräsidenten und des Kanzlers vorbei. Obwohl die Nacht sehr kalt war, stand der Präsident, der sich gewöhnlich um 7 Uhr zur Ruhe begibt, bis nach Mitternacht an seinem Fenster und grüßte die jubelnde Menge – keine geringe Leistung an Ausdauer für einen 85jährigen. Die Nazi-Presse behauptet, daß an die 500000 Menschen an dem Fackelzug teilnahmen, offensichtlich ohne zu wissen, daß 10000, die in Sechser-Reihen marschieren, eine Stunde für eine solche Parade gebraucht hätten und daß für vier Stunden 50000 die Höchstzahl darstellen. Mein Militärattaché, der den Zug begleitete, schätzt die Zahl der Leute auf 15000. Während der Demonstration nahm Herr Göring, der Reichstagspräsident, das Mikrofon und nach einer der üblichen geschwollenen Reden gab er an seine Nachredner weiter. Die Hörer von Radio Berlin wurden so um ihre normale Abendunterhaltung gebracht und mit der absurd sentimentalen Schilderung des Fackelzuges und des endgültigen Triumphs der nationalsozialistischen Bewegung eingedeckt.

12. *»Skepsis und Reserve« in der Großindustrie*
Aus einem Bericht des amerikanischen Geschäftsträgers in Berlin, Kliefoth, an Außenminister Stimson vom 2. Februar

[Schacht] erklärte mir, daß die gesamte Großindustrie das neue Regime mit Sympathie betrachte. Ich habe indessen guten Grund zu der Überzeugung, daß diese Feststellung eine Übertreibung ist. Ein führendes Vorstandsmitglied des Reichsverbandes der deutschen Industrie [Ludwig Kastl] sagte mir erst heute vormittag, daß der von Hitler vergangene Nacht angekündigte Vierjahresplan eine Absurdität sei und daß seine Organisation die jüngste politische Entwicklung mit Skepsis und Reserve betrachte.

13. »Ausrottung des Marxismus mit Stumpf und Stiel« »Eroberung neuen Lebensraumes im Osten« »Keine Verquickung von Heer und SA« Hitler vor den Befehlshabern des Heeres und der Marine am 3. Februar

Ziel der Gesamtpolitik allein: Wiedergewinnung der politischen Macht. Hierauf muß gesamte Staatsführung eingestellt werden (alle Ressorts!).

1. Im Innern. Völlige Umkehrung der gegenwärtigen innenpolitischen Zustände in Deutschland. Keine Duldung der Betätigung irgendeiner Gesinnung, die dem Ziel entgegen steht (Pazifismus!). Wer sich nicht bekehren läßt, muß gebeugt werden. Ausrottung des Marxismus mit Stumpf und Stiel. Einstellung der Jugend und des ganzen Volkes auf den Gedanken, daß nur der Kampf uns retten kann und diesem Gedanken gegenüber alles zurückzutreten hat. (Verwirklicht in den Millionen der Nazi-Bewegung. Sie wird wachsen.) Ertüchtigung der Jugend und Stärkung des Wehrwillens mit allen Mitteln. Todesstrafe für Landes- und Volksverrat. Straffste autoritäre Staatsführung. Beseitigung des Krebsschadens der Demokratie!

2. Nach außen. Kampf gegen Versailles. Gleichberechtigung in Genf; aber zwecklos, wenn Volk nicht auf Wehrwillen eingestellt. Sorge für Bundesgenossen.

3. Wirtschaft! Der Bauer muß gerettet werden! Siedlungspolitik! Künftige Steigerung der Ausfuhr zwecklos. Aufnahmefähigkeit der Welt ist begrenzt und Produktion ist überall übersteigert. Im Siedeln liegt einzige Möglichkeit, Arbeitslosenheer z. T. wieder einzuspannen. Aber braucht Zeit und radikale Änderung nicht zu erwarten, da Lebensraum für deutsches Volk zu klein.

4. Aufbau der Wehrmacht wichtigste Voraussetzung für Erreichung des Ziels: Wiedererringung der politischen Macht. Allgemeine Wehrpflicht muß wieder kommen. Zuvor aber muß Staatsführung dafür sorgen, daß die Wehrpflichtigen vor Eintritt nicht schon durch Pazifismus, Marxismus, Bolschewismus vergiftet werden oder nach Dienstzeit diesem Gifte verfallen.

Wie soll politische Macht, wenn sie gewonnen ist, gebraucht werden? Jetzt noch nicht zu sagen. Vielleicht Erkämpfung neuer Export-Möglichkeiten, vielleicht – und wohl besser – Eroberung neuen Lebensraums im Osten und dessen rücksichtslose Germanisierung. Sicher, daß erst mit politischer Macht und

Kampf jetzige wirtschaftliche Zustände geändert werden können. Alles, was jetzt geschehen kann – Siedlung – Aushilfsmittel.

Wehrmacht wichtigste und sozialistischste Einrichtung des Staates. Sie soll unpolitisch und überparteilich bleiben. Der Kampf im Innern nicht ihre Sache, sondern der Nazi-Organisationen. Anders wie in Italien keine Verquickung von Heer und SA beabsichtigt. – Gefährlichste Zeit ist die des Aufbaus der Wehrmacht. Da wird sich zeigen, ob Frankreich Staatsmänner hat; wenn ja, wird es uns Zeit nicht lassen, sondern über uns herfallen (vermutlich mit Ost-Trabanten).

14. Das neue Kabinett ist »Verwirklichung dessen, was viele der Besten seit Jahren angestrebt«
Reichswehrminister von Blomberg vor den Gruppen- und Wehrkreisbefehlshabern am 3. Februar

Jetzige Lage
Kabinett ist Ausdruck breiten nationalen Wollens und Verwirklichung dessen, was viele der Besten seit Jahren angestrebt. Zwar vertritt es nur eine Volksminderheit, aber doch eine nach Millionen zählende festgefügte Minderheit, die entschlossen ist, für ihre Idee zu leben und – wenn nötig – auch zu sterben. Daraus ergeben sich große Möglichkeiten, wenn die leitenden Männer festes Herz und glückliche Hand beweisen.

Jetzt, nachdem erster Begeisterungsrausch gelegt, melden sich – wie zu erwarten – draußen und drinnen Zweifel und Kritik. Vor allem Frage: Wie will das in sich gegensätzliche Kabinett Wirtschaftsfragen lösen? Eines sei in dieser Hinsicht klar: Lösung der Wirtschaftsfragen sei nicht von heute auf morgen möglich; daher hat Reichskanzler in seinem Aufruf (eigenstes Werk von A bis Z!) keine Versprechungen gemacht, sondern seinen Willen und seine Absicht, in die nach Ansicht des Ministers glückliche Formulierung eines »4-Jahresplans« gebracht. (Wirtschaftliche Absichten auch in Ansprache Hitlers dunkel!)

Bildung der Regierung ohne Zentrum, weil mit Zentrum sich sofort als unmöglich erwiesen. Zentrum habe Moment für Anschluß an die nationale Welle versäumt. Leider sei Brüning im entscheidenden Augenblick krank gewesen und Entscheidung habe bei Kaas, der als »Mann der kleinen Mittel« bekannt, gelegen. In seinem umfangreichen Fragebogen, an Stelle klarem

»Ja« oder »Nein«, habe man mit Recht Verschleppungsversuch gesehen, auf den Kabinett sich nicht einlassen wollte. »Mit gewissem erleichterten Aufatmen« habe Kabinett Entschluß gefaßt, Verhandlungen abzubrechen und Neuwahlen auszuschreiben.

Warum Neuwahlen? Reichspräsident 85 Jahre alt und darauf gefaßt, bald abberufen zu werden. Er wolle nicht mit gebrochenem Wort vor seinen höchsten Richter treten und wirke daher immer wieder auf Einhaltung der Verfassung hin. Sei sich aber klar, daß auch hierfür Grenze. Jetzt solle der verfassungsmäßige Weg der Neuwahlen noch einmal beschritten werden. Mit diesem Wunsch des Reichspräsidenten sei Frage auch für Hitler entschieden gewesen, der überhaupt die Persönlichkeit des Reichspräsidenten mit höchstem Takt würdige.

Bei Bildung des Kabinetts habe Frage des Reichswehrministeriums Hauptrolle gespielt. Eintritt der Nazi in Regierung sei entschieden gewesen, als sich aktiver General zur Mitarbeit unter Hitler bereit fand. (Von Hitler für möglich gehaltene andere Lösung: Führender Nazi als Reichswehrminister wohl für Reichspräsident nicht annehmbar.) Nach Einigung Hitler-Blomberg – Montag 8 Uhr – sei Frage entschieden gewesen und um 11.30 bereits vereidigt.

Aufgaben des Reichswehrministers. Die 3, die in seinem Aufruf an die Wehrmacht genannt:

1. Erhaltung der Reichswehr als überparteiliches Machtmittel.

2. Untermauerung der Wehrmacht durch Wehrhaftmachung des breiten Volkes.

3. Ausbau der Wehrmacht zu einem brauchbaren Instrument zur Wahrung der nationalen Sicherheit.

Zu 1. Überparteilichkeit in Politik – Unterstützung der Wehrhaftmachung. 2 Aufgaben. Keinesfalls erstere weniger wichtig als 2te! Herabsinken zur Parteitruppe hebt Grundlagen auf, auf denen wir stehen!

Zu 2. Hebung und Ausbreitung der Wehrbetätigung im ganzen Volke. Der Mann dazu im Kabinett ist Seldte (Minister-Portefeuille nur vorläufig). Hitlers und Seldtes Denken und Wollen münden in Wunsch auf Wehrhaftmachung des Volkes. Seldte bezeichnet Minister als geeigneten Mann dafür, im Verein mit uns Soldaten diese Aufgabe durchzuführen.

Zu 3. Ausbau als brauchbares Instrument zur Wahrung der staatlichen Sicherheit. Durch Dezember-Abkommen sei die

Anerkennung der Gleichberechtigung theoretisch unumstößlich vollzogen. Deutschlands Lage sei daher nicht ungünstig, denn die Forderung auf Abrüstung der anderen habe solche Logik in sich, daß es zu irgendwelchen positiven Erfolgen für uns kommen muß. [...]

Wahrscheinlich sei, daß Konferenz [in Genf] dramatisch oder in der Stille zerplatzen werde. In jedem Falle Warnung vor übersteigerten Hoffnungen und Erwartungen für das, was bei uns geschehen kann: Maß dessen, was wir zunächst aufbauen wollen und können, ist bescheiden. Braucht Zeit und Geld! Die jetzige Regierung, namentlich auch der hervorragende Finanzminister, werde loyalster Wegbereiter für den Aufbau der Wehrmacht sein. Kämpfe um Geld würden zwar auch nötig sein; sie würden aber ohne Bitterkeit geführt werden.

15. »Das Frühjahr versprach Deutschland an die Spitze der Länder zu bringen, die den Weg aus der Wirtschaftskrise fanden«

Aus einem Artikel Gustav Stolpers in ›Der deutsche Volkswirt‹ vom 3. Februar

Zur selben Stunde, in der gleichen Frist, fast in der gleichen Form, aus dem gleichen Grund wie Heinrich Brüning ist am 28. Januar 1933 der Reichskanzler Kurt von Schleicher entlassen worden. Bis heute hat das deutsche Volk keine Begründung für den Sturz Schleichers erhalten. Wir stecken bereits so tief im autoritären Regime, daß man das deutsche Volk nur noch als Objekt der politischen Künste eines kleinen unverantwortlichen Kreises in der Umgebung des Reichspräsidenten behandelt. Schleichers Schicksal ist typisch für jedes absolutistische Regime. Man hatte ihn für den nächsten Vertrauensmann des Reichspräsidenten gehalten. Das war ein Irrtum. Schleicher hat nie die besondere Sympathie Hindenburgs genossen. Trotzdem hat er durch mehr als anderthalb Jahrzehnte größeren Einfluß auf die deutsche Politik geübt als sonst jemand. Dieser Einfluß schien seinen Höhepunkt beim Sturz Brünings erreicht zu haben. An Schleicher ist Brüning gescheitert. Was wir bei Brünings Sturz warnend vorausgesagt haben, ist eingetroffen. Zwei Jahre lang konnte Brüning mühsam genug das Gefüge des deutschen Staates gegen das Beben der Weltkrise schützen. Seit er weggejagt wurde, gibt es kein Halten mehr. [...]

Die Geschichte der letzten zwei Jahre ist eine Geschichte fortgesetzter Mißverständnisse. Schleicher hatte Papen zum Kanzler gemacht, weil er glaubte, durch ihn das Zentrum zu fesseln oder zu zerschlagen. Das war das erste Mißverständnis. Schleicher glaubte durch Brünings Sturz und die radikale Rechtsschwenkung Hitler an den Staat heranzuführen. Das war das zweite Mißverständnis. Hatte er vorher die S. A. wiederhergestellt und den Reichstag, der eine verfassungstreue arbeitsfähige Mehrheit aufwies, preisgegeben, so zerschlug er am 20. Juli [1932] den Wall der autoritären Macht gegen die andringende Reaktion, indem er die Gewichte allzu einseitig auf die Seite der politischen und sozialen Reaktion verschob und den Rechtsboden erschütterte, auf dem allein wirkliche Staatsautorität gedeihen kann. Aber dem verhängnisvollsten Mißverständnis verfiel Schleicher in seinem Urteil über die Mächte, auf die er sich stützen zu können glaubte und die in Wahrheit gegen ihn standen von dem Augenblick an, da er ihnen unbequem wurde. Anderthalb Jahrzehnte lang fühlte er sich als Meister des politischen Spiels. Auf einmal, während er auf dem Höhepunkt zu stehen schien, mußte er entdecken, daß er gar nicht mehr mitspielte, ja nicht einmal mehr von den entscheidenden Zügen des Spiels Kenntnis erhielt. [...]

Aber uns scheint vor allem ein anderer Aspekt beklemmend: [...]

Deutschland war auf dem besten Weg der wirtschaftlichen Erholung. Die Entwicklung der Arbeitslosigkeit verlief seit dem Juli günstiger, als es Optimisten zu hoffen wagten. Die Arbeitslosigkeit zeigte die unaufhaltsame Tendenz, unter den Vorjahrsstand zu sinken. [...]

Das Frühjahr versprach Deutschland an die Spitze der Länder zu bringen, die den Weg aus der Wirtschaftskrise fanden. Damit ist es zu Ende, wie immer die Wahlen des 5. März ausgehen mögen.

16. Für das neue Schul-Tertial »vornehmlich Nazi-Bekenntnisbücher«
Aus einem Brief Peter Dürrenmatts (Spiekeroog) vom 4. Februar

So abgeschieden wir hier [in Spiekeroog] sind, die politische Welle hat uns doch auch erreicht. Wir haben hier einen »Bücherverein«, dem fast alle Schüler angehören, und der jedes Tertial aus den Mitgliederbeiträgen moderne Literatur (auch politische und wirtschaftliche) ankauft. Nun stürzten die Nazis den alten Vorstand, nach sehr bewegten Tagen, und brachten einen durch, der mehr nach ihrem Geschmack bestellt ist. Das Ergebnis war, daß für das neue Tertial vornehmlich Nazi-Bekenntnisbücher durchkamen.

17. »Adolf Hitler darf reden, Alfred Hugenberg wird handeln«
Aus einem Zeitungsbericht über eine Rede Kurt Schumachers (MdR SPD) in Augsburg am 4. Februar

Adolf Hitler hat den Schein der Macht für sich in Deutschland. Damit ist er seinem einzigen Beruf treu geblieben. Damit erfüllt er seine historische Mission. Früher war er Dekorateur, heute ist er Dekorationsstück. Das Kabinett heißt Adolf Hitler, aber das Kabinett ist Alfred Hugenberg. Adolf Hitler darf reden, Alfred Hugenberg wird handeln. Mit dieser Regierungsbildung ist der letzte Schleier gefallen. Der Nationalsozialismus hat sich als das offen dargestellt, als was wir ihn immer angesehen haben, als die hochkapitalistisch-nationalistische Rechtspartei. Nationalkapitalismus ist die wahre Firma! [...]

Die Nationalsozialisten sind das letzte Bollwerk des bankerotten hochkapitalistischen Systems. Darum ist Adolf Hitler als Kanzler als letzte Reserve eingesetzt worden. Ob die Gegenrevolution, die sich jetzt zusammenfand, einig bleiben wird, das ist eine andere Frage. [...] Warum hat Adolf Hitler am Montag dem so lebhaft zugestimmt, was er am Samstag noch so streng verneinte? Man hörte etwas von Putschplänen der Reichswehrgeneralität. [...] Wenn die Reichswehr gegen Adolf Hitler geputscht hätte, dann hätten wir die nicht dankbare Aufgabe gehabt, die Reichswehr kaputt zu generalstreiken. Es ist schon besser so, daß sich die Gegenrevolution gleich in ihrer letzten Gestalt gezeigt hat. [...]

Hitler war in die Zwangslage versetzt, seine Anhänger mit der Geste der Machtergreifung zu befriedigen, wenn er nicht riskieren wollte, daß ihm die Kredite gesperrt und Rückzahlungen von ihm gefordert würden. Dieser Tatsache danken wir die Existenz der Regierung, die Deutschland retten soll! Die Geschichte der Reaktion ist immer eine Geschichte der Charakterlosigkeit. Aber die Art, wie Adolf Hitler vor der Schwerindustrie kapituliert hat, ist eine Angelegenheit, für die parlamentarische Ausdrücke nicht ausreichen! (Zurufe: Sehr gut!) Erst hat er Hindenburg wütend bekämpft, und jetzt nimmt er mit demütig gekrümmtem Buckel aus Hindenburgs Händen die Macht entgegen. Dr. Goebbels hat gegen das Kabinett der feinen Leute [Papen] gegeifert, und jetzt fühlen sich die Nationalsozialisten im hochkapitalistischen Kreis allem Anschein nach wenigstens sehr wohl. Adolf Hitler ist der erste Reichskanzler der deutschen Republik, der stets vom Vizekanzler v. Papen begleitet wird, wenn er dem Reichspräsidenten Bericht erstattet.

[...] Lange kann dieses Kabinett nicht dauern, sagen die Nationalsozialisten. Wir werden es so machen, wie Mussolini in Italien. Genau so werden wir Zentrum und Deutschnationale über den Haufen rennen, sagen sie. Aber sie vergessen, daß Mussolini die Arbeiterschaft niedergeschlagen hatte, als er die Macht übernahm. Die Herren, die uns niederschlagen wollen, sind freundlichst eingeladen! (Stürmischer, anhaltender Beifall.)

[...] Wenn diese Leute die 51 Prozent Stimmen bekommen, dann hofft Hitler auf die Legitimation, auf die demokratische Rechtfertigung seiner volksfeindlichen Absichten. In diesem Sinne hat er auch sein Wahlprogramm verkündet. [...] Denn dieses Wahlprogramm ist ein geistiger, politischer und moralischer Bankerott! Wenn Hitler 4 Jahre Vertrauen wünscht, dann ist das Schmutzkonkurrenz gegenüber den Kommunisten. (Lebhaftester, stärkster Beifall!) Aber wie kommen wir, die arbeitenden Männer und Frauen, im deutschen Volk dazu, Herrn Adolf Hitler auch nur 4 Minuten vertrauen zu können? Seine bisherige Haltung war diejenige eines ziemlich ungebildeten und unbeherrschten hysterischen Menschen, der nichts als Schreie loslassen kann. Ich habe keine Veranlassung, einer mittelmäßigen Begabung, die nur durch die Unbeherrschtheit ihres Nervensystems auffällt, auch nur einiges Vertrauen entgegen zu bringen. [...]

Was haben die Nationalsozialisten einmal gesagt: wenn sie

nur 24 Stunden einmal an der Macht wären, dann wäre alles anders? Die guten Leute sind 5 mal 24 Stunden an der Macht, aber die langen Messer sind in der Scheide. Zinsen zahlt ihr immer noch und ihr wartet auf die Brechung der Zinsknechtschaft. [...] Die Ungeheuerlichkeit dieses Aufrufs aber ist darin zu sehen, daß er aus Mangel an eigener Erkenntnis und eigenen Zielen mit Phrasen und der ewigen Anrufung Gottes operiert, eine Anrufung Gottes, für die der Gotteslästerungsparagraph zuständig wäre! (Stärkster, anhaltender Beifall!) Mit solchen Mitteln wird eine unerhörte Beschmutzung der Arbeiterklasse betrieben. Dieser Mann sagt, 14 Jahre lang sei Deutschland zugrunde gerichtet worden. Wenn das wahr wäre, nun, dann sind 8 Jahre davon unter der Präsidentschaft des Herrn v. Hindenburg verflossen, und eine Reihe von Jahren waren die Deutschnationalen an der Regierung beteiligt. Wenn einmal die Weltgeschichte ihr Urteil über die letzten 20 Jahre deutscher Geschichte schreibt, dann wird sie sagen, daß der Marxismus – »der innere Feind« – Deutschland gerettet hat! [...]

Was soll die Kommunistenhetze Adolf Hitlers? Er mußte sich klar sein, daß der Angriff aus seinem Munde keine Bekämpfung, sondern eine Förderung der KPD. bedeutet. Hitler muß den Versuch machen, den Kommunismus aufs Haupt zu schlagen. Aber er macht den Versuch nicht mehr in der Gestalt, wie er es angekündigt hat in langen Jahren. Er wird die KPD. verbieten, jawohl, nach den Wahlen. Vor den Wahlen, hofft er, werde die KPD. der Sozialdemokratie Stimmen wegnehmen, und dann würden nach dem Verbot etwa 6–7 Millionen Arbeiterstimmen nutzlos verpulvert sein. Das ist Bauernfängerspiel!

Leider haben die letzten Tage erwiesen, daß man in der kommunistischen Führung immer noch nicht die Situation begriffen hat. Diese neue Phase des Kampfes zwischen Faschismus und Arbeiterklasse sollte auch ein neues Verhältnis zwischen Kommunisten und Sozialdemokraten bringen. Uns ist die Idee der Einheit der Arbeiterklassen etwas anderes als ein Agitationsmittel. [...] Offenbar weiß man in der kommunistischen Zentrale noch nicht, welche Taktik man einzuschlagen habe. Allem Anschein nach fehlen noch die Direktiven aus Moskau. [...] Wir, Genossinnen und Genossen, können uns und unsere Klasse nicht den Interessen der russischen Außenpolitik zum Opfer bringen. Die Russen mögen sehen, daß diese Regierung, von der sie hoffen, daß sie Polen zerschlagen werde, die stärkste Bedrohung von Rußland ist. [...] Wenn die Russen Politik auf weite Sicht machten, dann müßten sie mit aller Kraft die einheitliche Abwehr des Faschismus und der Gegenrevolution fördern. Ich werde freilich die Befürchtung nicht los, daß die Russen entgegengesetzte Politik machen und versuchen, die kommunistische Partei auf Kosten der Sozialdemokratie zu vergrößern. [...] Wir wollen zur Einheit der Klasse. Meinen sie aber, das bringt die Einheit der Klasse, daß man ohne Fühlungnahme mit der SPD., den Gewerkschaften und dem Reichsbanner, Generalstreikparolen ausgibt? [...] Letzte Mittel, wie der Generalstreik, sind nur in letzten Situationen erfolgreich. Wenn einmal angewendet, müssen sie Erfolg bringen, falls sie nicht eine Katastrophe nach sich ziehen sollen. Die schärfsten Patronen verschießt man nicht auf dem Schießplatz, sondern im wirklichen Kampf. Diese Situation ist der Staatsstreich von oben.

Gegen eine solche Situation müssen aber dann alle Arbeiter, von den christlichen Gewerkschaften bis zur RGO, sich spontan erheben. An der Spitze einer echten Volksbewegung, welche das letzte Mittel der Klasse einzusetzen hat, wird die Führung nicht durch irgendwelche Konventikel oder Sonderkonferenzen berufen. Die Arbeiterklasse hat sich im Kampfe gegen den Faschismus ein Instrument geschaffen, die Eiserne Front, und diese bestimmt über den Einsatz der letzten Mittel. [...] Die heutige Führung der KPD. besteht nicht aus den Elementen, denen man das Schicksal und die Zukunft der europäischen Arbeiterschaft anvertrauen könnte. [...]

Die Nationalsozialisten möchten eine Mehrheit, um auf chemisch-kaltem Wege die Rechte der Arbeiterklasse zu zerschlagen und dabei einen Schein des Rechtes auf ihrer Seite zu haben. Diese Mehrheit dürfen wir ihnen nicht geben. Wenn sie uns die letzten Rechte nehmen wollen, dann müssen sie das tun im offenen Staatsstreich. Und diesen Staatsstreich brauchen wir, um unsere außenparlamentarische Kraft entfalten zu können! (Stärkster, anhaltender Beifall!) [...]

Hugenberg und Hitler, beide zusammen, wir hassen sie mit dem gleichen Haß. Jeder ist unser gleich erbitterter Feind. Hugenberg und Hitler, dieses Bollwerk des Hochkapitalismus ist da, aber hinter ihnen kommen wir! (Stürmischer Beifall, immer neu sich stärkend!) [...] Wir, das ist das deutsche Volk, geführt von der deutschen Sozialdemokratie. Deutschland kann leben ohne seine Millionäre, aber nicht ohne seine arbeitenden Massen. Ohne Zerstörung der gesellschaftlichen Kraftquellen der Gegenrevolution, ohne Zerschlagung ostelbischen Grundbesitzes und ohne Zerschlagung der Großbanken gibt es weder Frieden nach außen noch demokratische Freiheit nach innen. Sozialismus war uns oft ein Idol ferner Tage, an das wir hoffend geglaubt haben, aber heute ist Sozialismus Gegenwartsaufgabe des deutschen Volkes geworden. [...]

Die Sozialdemokratie ruft! Ob die Gegenrevolution nach dem 5. März noch Mut und Kraft hat zum Staatsstreich, das wird sich zeigen. Wie es komme: Ich glaube an unseren Sieg. Aber ich warne euch, zu meinen, wenn wir einen Sieg beschert bekommen, dann Genossinnen und Genossen, daß mit einer großen Feldschlacht das Paradies und das Schlaraffenland gewonnen wäre. Mit dem Sieg wäre etwas Grundsätzliches entschieden. Dann erst ist der Weg frei geworden für ein ganzes hartes, schweres Kämpferleben der jungen Generation im Aufbau des Sozialismus und der Freiheit. Es gibt nur ein Deutschland, in dem und für das es sich zu leben lohnt, das Deutschland unter den roten Fahnen mit den drei Pfeilen: Friede, Freiheit und Sozialismus! (Stürmischer, langanhaltender Beifall!)

18. »Wir kämpfen für die Verfassung und die Kommunisten dagegen«
Aus dem Protokoll einer Sitzung des SPD-Parteivorstandes mit Vertretern des ADGB am 5. Februar

Wels erklärt, er habe die Sitzung mit Vertretern der Gewerkschaften einberufen, um zu besprechen, welche letzten Abwehrmaßnahmen eventuell zu treffen wären. Aus den Betrieben kämen immerzu Anfragen, zu welchem Zeitpunkt die Arbeit niedergelegt werden sollte. Die Genossen seien beruhigt worden, die Diskussion in den Betrieben über die Einheitsfront [mit der KPD] sei aber sehr stark. Verhaftungen und Zeitungsverbote mehrten sich, und es bestände die Gefahr, daß aus irgendeinem besonderen Anlaß der Stein ins Rollen käme. Ein gewisser Anstoß dazu sei die Schlägerei und Verhaftung in Lübeck mit Genossen Leber gewesen, die unter der Arbeiterschaft eine große Erregung ausgelöst habe. Dazu käme die Auflösung des [preußischen] Landtags durch Notverordnung und andere reaktionäre Maßnahmen, die so aufpeitschend wirken könnten, daß die Arbeiter nicht mehr zu halten seien.

Wir wüßten uns gewiß fern von jeder Nervosität und Überstürzung, aber wir müßten uns auch einig werden, was gegebenenfalls zu tun wäre. Wenn ein Generalstreik käme, wäre ja an Wahlen nicht zu denken. Wenn die Lawine ins Rollen komme, müßten wir doch versuchen, sie in unsere Bahnen zu leiten. [...]

Leipart teilt mit, daß auch er mit Einheitsfrontvorschlägen bedacht worden sei, und zwar von Leuten wie Käthe Kollwitz und Einstein.

Auch habe man von ihm verlangt, er müßte eine Deutsche Arbeiterpartei gründen. Er führe das hier nur als Kuriosum an.

Der ADGB habe mit den Christlichen und Hirsch-Dunckerschen Gewerkschaften gesprochen. Besonders die Christlichen seien sehr scharf in Abwehrstellung.

Er aber müßte doch die Frage aufwerfen, welches Ziel wir bei einem Generalstreik stellen könnten. Die Arbeiter, die jetzt noch in Stellung seien, würden doch jedenfalls befürchten, ihren letzten Arbeitsplatz zu verlieren. Die Begeisterung würde also wahrscheinlich nicht sehr stark für einen Generalstreik sein. Wahrscheinlich würden sie unseren Parolen folgen.

Dann müsse aber auch bedacht werden, daß die Nazis mit ihrer SA sehr stark seien, die bei einem Streik die Betriebe besetzen würden. Wenn wir als Ziel nur erklären könnten: Wir rufen zum Generalstreik auf, um wieder verfassungsmäßige Zustände zu schaffen, würde das wohl als Parole nicht ausreichend sein, und er frage sich, ob wir andere Parolen hätten.

Und wenn selbst die kommunistischen Arbeiter mitmachten, so sei in der Bewegung doch immer eine gewisse Spaltung, denn wir kämpften für die Verfassung und die Kommunisten dagegen. [...] Er käme [...] zu dem Ergebnis, daß wir doch noch zuwarten müßten, bis ein offener Verfassungsbruch vorliege.

Stampfer: Nach dem gewissen Erfolg, den wir im Landtag bei der Abstimmung über den Auflösungsantrag mit den Kommunisten haben, scheine es ihm doch notwendig, den Kommunisten direkt ein Angebot zu machen.

[...] Er sei nicht so ganz gegen einen befristeten Generalstreik von etwa einem Tage [...] Aber das sei nur möglich, wenn vorher eine Verständigung mit der KPD stattfände. Dabei müßte ihnen ganz klipp und klar gesagt werden, daß unser Ziel nicht die Errichtung eines Sowjetdeutschlands wäre.

Vogel verweist darauf, daß die Leitung der deutschen Kommunistischen Partei ja nicht nur in der Zentrale liege, sondern in Moskau. Wenn bei der nächsten Präsidentenwahl Hindenburg nicht mehr kandidiert, die Kommunisten wieder mit ihren

6 Millionen Stimmen für einen Sonderkandidaten stimmten, so sei mit Wahrscheinlichkeit damit zu rechnen, daß Hitler gewählt werde. Sie scheinen nicht so viel Überlegung zu haben, daß sie sich sagen, daß es auch ihnen dann an Kopf und Kragen gehe.

Graßmann meint, wenn wir Stampfers Ausführungen folgen wollten, wäre es schon am besten, wir würden abdanken. Aus einer Unterredung mit den Kommunisten käme sicher nichts heraus. [...]

Dittmann meint, bei den Kommunisten herrsche sicher eine zwiespältige Stimmung. Sicher sei, daß im wesentlichen die [moskauhörige Fraktion der] Turkestaner die Leitung hätten. Wir hätten keine Ursache, uns von der Reaktion mit den Kommunisten zusammentreiben zu lassen. Stampfer sollte nicht dieser ewigen Idee nachhängen, sondern im ›Vorwärts‹ uns scharf gegen die Kommunisten abgrenzen.

Hilferding bedauert, daß Stampfer sich immer wieder mit der Idee beschäftige, wir müßten mit den Kommunisten reden. Eine Besprechung habe doch überhaupt nur mit der Leitung einen Zweck, unter keinen Umständen dürfte der Gedanke einer gemeinsamen Kampfleitung aufkommen. Wenn die Situation sich verschärfe und die Beunruhigung wachse, müßten wir die Führung in der Hand behalten. Es wäre doch nicht damit zu rechnen, daß ein Generalstreik einen so friedlichen Verlauf nehme wie der beim Kapp-Putsch. Es müßte doch schon in den ersten Stunden mit dem Bürgerkrieg gerechnet werden.

Schlimme bemerkt, daß die Stimmung in den Betrieben für einen Generalstreik nicht sehr stark sei. Auch die Beamten hätten wir nicht mehr völlig auf unserer Seite. Jetzt müßte zunächst Stimmung für die Wahlen gemacht werden. [...]

Wels: Die Aussprache habe wohl gezeigt, daß wir in unseren Ansichten völlig einig gingen und daß jeder der Meinung sei, wir müßten uns an die Spitze der Bewegung stellen.

19. *»Einigkeit, endlich, endlich und wie lange?!«*
Aus dem Tagebuch von Luise Solmitz (Hamburg) vom 6. Februar

Fackelzug der Nationalsozialisten und Stahlhelmer! Ein wunderbar erhebendes Erlebnis für uns alle. Göring sagt, der Tag der Ernennung Hitlers und des nationalen Kabinetts sei gewesen, wie 1914, und etwas, wie 1914 war auch dies. [...]

Es wurde 22 Uhr, ehe die ersten Fackeln kamen, und dann folgten sich, wie Wellen im Meer, an 20000 Braunhemden, begeistert leuchteten die Gesichter im Fackelschein. »Unserm Führer, unserm Reichskanzler Adolf Hitler ein dreifaches Heil!« ... Sie sangen »Die Republik ist Schiet« und von den Farben »Schwarz-rot-Senf« und »Der Rotmord hat ein blutiges Gesicht, und wir vergessen den Mord an der Sternschanz nicht.« – Dreckmann wurde da gemordet, und ich erhaschte seinen Namen zufällig auf einer der Fahnen, wohl der, zu deren Abteilung er gehört hat. Die Feldzeichen gleichen zu sehr den römischen.

Nun kamen die Stahlhelmer, eine graue Flut; ruhiger, durchgeistigter vielleicht. Sie brachten auf ihren schönen Fahnen unsere alten Farben schwarz-weiß-rot, oben mit dem Trauerflor. [...]

Wie schön und erhebend, daß der Bruderzwist, der uns so betrübte, beigelegt ist! So, wie heute abend, so müßte es sein und bleiben.

Zwischen den SA-Leuten und dem Stahlhelm aber marschierte eine Abordnung nationaler Studenten. Und sie haben Hamburg erobert. Die Gemüsefrauen und ihre Kundinnen, die gesamte Weiblichkeit ist sich einig: »Nein, diese Studenten! Entzückend. Sie waren doch am schönsten, nech?!«

Es war ein prachtvoller Anblick, die schneeweißen, die zinnoberroten, die moosgrünen und schwarzen Farben, die phantastischen Baretts, Stiefel und Stulpen im zuckenden Licht der Fackeln, die Schläger, die Fahnen. Ihnen folgte dann mit klingendem Spiel, mit den alten preußischen Armeemärschen und dem blitzenden Schellenbaum der Stahlhelm.

Den Beschluß des Zuges bildeten die SS-Leute.

Wir waren wie berauscht vor Begeisterung, geblendet vom Licht der Fackeln gerade vor unsern Gesichtern und immer in ihrem Dunst, wie in einer süßen Wolke von Weihrauch. Und vor uns Männer, Männer, Männer, braun, bunt, grau, braun, eine Flut von einer Stunde und 20 Minuten. Im zuckenden Licht der Fackeln meinte man nur einige Typen zu sehen, die immer wiederkehrten, aber es waren an 22–25 000 verschiedene Gesichter! [. . .]

»Juda, verrecke«, wurde auch mal gerufen und vom Judenblut gesungen, das vom Messer spritzen solle. [Späterer Zusatz von L. Solmitz: Wer nahm das damals ernst?!]

20. »Die Deutschnationalen werden zunächst für ihre Leute ernten, die Nationalsozialisten ernten nichts als das Odium« Aus einem Artikel ›Kavaliere und Rundköpfe‹ Carl von Ossietzkys in ›Die Weltbühne‹ vom 7. Februar

Wenn irgend etwas die Meinung über die neue Reichsregierung zu verwirren geeignet ist, so sind das die ersten Äußerungen von Zeitungen, die seit Jahren die Übertragung der Macht an die geeinte Rechte gefordert haben. In der ›DAZ‹, die sich doch immer für die Hinzuziehung der Nationalsozialisten eingesetzt hatte, schreibt Herr Doktor Fritz Klein: »Eine gewagte und kühne Entscheidung ist es in jedem Fall, und kein verantwortungsbewußter Politiker wird zum Jubeln geneigt sein.« Was ist los? Warum bleibt Herrn Klein der Triller in der liederreichen Kehle stecken?

Noch viel melancholischer wird Herr Hans Zehrer in der ›Täglichen Rundschau‹, der doch wie kein andrer den Nationalsozialismus salonfähig gemacht hat: »Wie steht es mit dem nationalen Sozialismus, der das Volk erfaßte und der es in die Reihen der nationalsozialistischen Partei trieb? Wer wird denn in diesem Kabinett den nationalen Sozialismus in die Wirklichkeit umsetzen? Wird ihn etwa Herr Hugenberg, der jetzt seine Diktatur aufgerichtet und die Herrschaft über die zukünftige Wirtschaftsgestaltung in Deutschland erlangt hat, durchführen? Derselbe Hugenberg, der seit Jahren einen erbitterten Kampf gegen den Sozialismus der NSDAP führte?« [. . .] Und Zehrer resümiert mit Bitterkeit: »Ist das alles also ein Sieg Adolf Hitlers? Sieht so die Frucht aus, die ihm nach zwölfjährigem Ringen reif in den Schoß fällt? Ist das die Führung, die er erstrebte?«

Wenn die Leute, die eigentlich begeistert sein müßten, schon so niedergeschlagen gratulieren, wenn sich bei ihnen der Katzenjammer schon vor dem Gelage einstellt, die Ermattung schon vor der Lust, so enthebt das die Gegner des neuen Regimes der unfreundlichen Pflicht, sich um eigne Formulierungen zu bemühen. [...]

Diese Regierung ist das Produkt eifriger Vermittlungen, überraschender Improvisationen, verborgener Kulissenspiele. Ihre Zusammensetzung verrät deutlich ihren Ursprung. Die »Kavaliere«, wenn wir die Vertreter der »hauchdünnen Schicht« so nennen wollen, haben die wirtschaftlichen Schlüsselstellungen besetzt; die andern, die »Rundköpfe«, die Verfechter eines nationalistischen Rigorismus, die Männer, die aus dem Volke kommen, haben die politischen Instrumente in der Hand, die notfalls in Bewegung gesetzt werden müssen, um die Maßnahmen der »Kavaliere« durchzuführen und zu verteidigen. Die Deutschnationalen werden zunächst für ihre Leute ernten, die Nationalsozialisten ernten nichts als das Odium. [...]

Die Rechtsparteien sind unsern Freunden von links in manchem unterlegen. Aber den kalten, harten Machtwillen, das Fingerspitzengefühl für die wirklich entscheidende Position, das haben sie ihnen voraus. Die Republik hat diese Bataille verloren, nicht weil sie sich des »Novemberverrats« und andrer Schandtaten schuldig gemacht haben soll, sondern weil es ihr an dem notwendigen Lebenswillen fehlte, über den die Rechte in hohem Maß verfügt. Das Volk hat eine gute Witterung dafür, und deshalb ging es zu den Extremen rechts und links.

21. Gegen »legalistische Illusionen«
Aus einer Rede des KPD-Vorsitzenden Ernst Thälmann auf der Tagung des KPD-Zentralkomitees bei Zeuthen am 7. Februar

Mit Hitler ist der Mann Reichskanzler geworden, der die Kriegserklärung an die Sowjetunion zur Richtschnur seiner Außenpolitik gemacht hat. Das Proletariat und die Werktätigen der ganzen Welt blicken auf uns und auf das deutsche Proletariat. Die russischen Arbeiter und Bauern blicken auf uns ...

Schon die ersten Taten der Hitlerregierung beweisen den ganzen tiefen Ernst der Situation. Es wäre ein Verbrechen, irgendwelche legalistischen Illusionen in unseren Reihen zu dulden. Wir müssen in der ganzen Arbeiterklasse darüber Klarheit schaffen, daß es wahrscheinlich keine andere Art der Ablösung dieser Regierung geben kann, als ihren revolutionären Sturz.

Das bedeutet nicht, daß der Sturz der Hitlerregierung und der Sieg der proletarischen Revolution unbedingt ein und dasselbe sein müssen. Wir stellen die Frage des Kampfes für den Sturz der Hitlerregierung, die Frage der Beseitigung der Hitler-Hugenberg-Regierung als unmittelbare Aufgabe ...

Zusammengefaßt, Genossen: [...] Konzentration aller Kräfte auf die Entfaltung jeder Form des Massenwiderstandes, der Massenaktionen und Massenkämpfe auf der Linie: Demonstrationen, Streiks, Massenstreiks, Generalstreik gegen die faschistische Diktatur! – Einheitsfrontpolitik zur Kampfmobilisierung in höheren Formen mit kühnerer Initiative! – Stärkster Kurs auf die Zerschlagung aller parlamentarischen Illusionen, auf die Erziehung der Massen zum außerparlamentarischen Massenkampf!

22. »Übernahme bolschewistischer Terminologie« und »wirtschaftliche Vernunft«
Aus einem Artikel Gustav Stolpers in ›Der deutsche Volkswirt‹ vom 10. Februar

Der Aufruf der Reichsregierung, der in der vorigen Woche durch den Rundfunk verkündet wurde, prangt nun an allen Litfaßsäulen des Deutschen Reiches. Er verspricht die zwei Vierjahres-Pläne für Bauern und Arbeiter. [...] Wir wissen nicht, ob die Übernahme der bolschewistischen Terminologie in die deutsche Amtssprache bei den Massen Begeisterung oder Enttäuschung weckt. [...] Gemeint ist ja wohl auch nur in aller Unverbindlichkeit, daß in der vierjährigen Regierungsdauer, auf die sich dieses Kabinett einrichtet, weil es so lange den nächsten Reichstag, der ihm eine Mehrheit schaffen soll, beisammen halten will, irgendwie die deutsche Wirtschaftskrise in Landwirtschaft und Industrie überwunden werden soll. Daß die Regierung sich dafür eine vierjährige Frist setzt, ist eigentlich bescheiden. Denn alle Sachverständigen waren sich vor dem politischen Umsturz, der sich in der vorigen Woche vollzogen hat, darin einig, daß die Krisenwende international und besonders deutlich in Deutschland bereits eingetreten war. Für dieses Frühjahr war mit größter Wahrscheinlichkeit ein starkes Absinken der Arbeitslosigkeit unter den Vorjahrsstand zu erwarten. Das Tempo der wirtschaftlichen Erholung seit der Mitte des vorigen Jahres ist erstaunlich: Die Statistik weist für den 1. Februar zum erstenmal die deutsche Arbeitslosigkeit unter dem Vorjahrsstand auf. Vier Jahre – die Weltwirtschaftskrise, die im Herbst 1929 nach dem amerikanischen Krach ausgebrochen ist, dauert erst drei. Wir waren an ihrem Ende – wir sollten noch vier Jahre warten, bis sie auch für Deutschland überwunden wäre?

23. »Bekenntnis zum Christentum«

Aus einem Bericht des ›Völkischen Beobachters‹ vom 10. Februar

Soltau, 9. Februar

Schon frühmorgens bewegte sich ein Zug von Braunhemden durch Soltau zum Kirchgang, wo Vikar Plöger predigte. Legten die Soltauer Parteigenossen in dieser stillen sinnvollen Weise ein sichtbares Bekenntnis zum Christentum ab, so gaben sie wenige Stunden später durch einen Ummarsch zu verstehen, daß sie auch durch Schneid und militärische Disziplin für die Bewegung zu werben wußten. [. . .]

Gifhorn, 9. Februar

Nach dem Kirchgang marschierten Teile der Standarte 232 unter Führung des Sturmbannführers Behm unter Teilnahme des Stahlhelms durch die Stadt. Die Bevölkerung begrüßte die braun-graue Front mit stürmischen Rufen. Schätzungsweise waren 1500 Menschen auf unserer Kundgebung. [. . .]

Uelzen, 9. Februar

Wie überall im Gau, so hatten die Uelzener Parteigenossen schon am frühen Morgen sich zum Gottesdienst in die Kirche begeben. Im Laufe des Vormittags verwandelte sich unser Städtchen trotz des unfreundlichen kalten Wetters in ein braunes Heerlager.

1200 Mann SA und Stahlhelm wußten durch einen wirkungsvollen Ummarsch durch Uelzen die ganze Stadt für die anschließende Kundgebung aufzurütteln.

24. *»Welch eine Wendung durch Gottes Fügung!«*
Rundfunk-Hörbericht des Reichspropagandaleiters der NSDAP, Joseph Goebbels, von der Programmrede Hitlers zum Reichstagswahlkampf im Berliner Sportpalast vom 10. Februar

Meine Volksgenossen und Volksgenossinnen!
Als Vertreter der veranstaltenden Partei habe ich das Bedürfnis, Ihnen zuerst unsere warmen, brüderlichen Grüße entgegenzusenden. Wir grüßen unsere Brüder und Schwestern im Reich und jenseits der Grenzen, in Ost und West und Nord und Süd. Wir befinden uns hier im Sportpalast und sind Augen- und Ohrenzeugen dieses wunderbaren, einzigartigen Massenereignisses, wie es in diesem Umfang in Deutschland bisher wohl niemals festzustellen gewesen ist. Ich glaube, wir greifen nicht zu hoch, wenn wir sagen, daß in Deutschland (Marschmusik setzt ein) mindestens zwanzig Millionen Menschen Zeugen dieses einzigartigen Ereignisses sind. Oben im ersten Rang über dem Sportpalast, in einer Loge, sitzen wir. Unten bietet sich unseren Augen das imposante Bild einer hinreißenden, einzigartigen, großen Massenkundgebung, einer Volkskundgebung im wahrsten Sinne des Wortes: Männer und Frauen, Arbeiter, Bürger, Studenten, ringsum flankiert von SA- und SS-Männern. Über der ganzen Masse liegt eine heiße, fieberhafte Spannung und eine vibrierende Erwartung, – dieselbe heiße, fieberhafte Spannung und Erwartung, die am heutigen Abend sich über die ganze Riesenstadt Berlin gelegt hat. Schon bei der Anfahrt zum Sportpalast mußten wir das feststellen. Auf allen Plätzen ein wimmelndes Gewoge von Menschen. Der Gau Berlin hat an zehn öffentlichen Plätzen große Riesenlautsprecher aufgestellt, und vor diesen Lautsprechern nun ballen sich die Menschenmauern zusammen, um Zuhörer zu sein der großen Rede, die unser Führer, der Reichskanzler Adolf Hitler, in einigen Minuten von der Tribüne des Sportpalastes aus halten wird. Sie hören schon an dem sich vermehrenden Geräusch, wie die fieberhafte Spannung zu wachsen beginnt. Die Männer und Frauen haben sich von ihren Plätzen erhoben. Der ganze Sportpalast gleicht einem wimmelnden Ameisenhaufen. Überall hören Sie schon Rufe der Begeisterung, der Zustimmung, Jubel- und Heilgerufe. Es ist, als wenn dieser Sportpalast noch niemals in dieser Massenkundgebung sich zu Gesicht gebracht hätte. Und doch ist uns dieses Bild so alt und so lieb und so vertraut. Wir, die wir

hunderte Male von den Tribünen des Sportpalastes heruntergeredet haben, ehemals als die Vertreter einer verlästerten und befehdeten Opposition, heute als die Inhaber der Macht und als die Inhaber der Verantwortung.

Ich bitte Sie nun, Ihre Phantasie zu beflügeln. Stellen Sie sich vor: dieses Riesengebäude, unten ein riesiges Parterre, an den beiden Seiten die Seitenparterres aufflankiert, der erste Rang, der zweite Rang – alles *eine* Masse Mensch! Die einzelnen Menschen sind schon gar nicht mehr zu erkennen, man sieht (einzelne Rufe und Sprechchöre heben an) nur noch Menschen, Menschen, Menschen, – Masse Mensch. Sie hören, wie aus der Masse herauf die Rufe »Deutschland erwache!« erklingen, wie auf den Führer der Bewegung (Kommandos ertönen), auf den Reichskanzler Adolf Hitler, Heilrufe ausgebracht werden. Der SA-Führer –, der Standartenführer Voß, gibt eben das Signal zum Einmarsch der Fahnen und Standarten. Unten, vom Ende des Sportpalastes aus, bewegen sich die vier Berliner Standarten, gefolgt von den Hunderten Berliner Parteifahnen. (Das Deutschlandlied wird intoniert und gesungen.) Nach und nach steigen diese Fahnen aus dem Kellergewölbe des Sportpalastes herauf. Unter den Klängen des Deutschlandliedes werden die Fahnen durch den weiten Raum getragen. Die ganze Masse singt begeistert das Deutschlandlied mit. – Näher und näher rücken die Fahnen, eben hat die Spitze schon die Empore des Saales erreicht. Im Hintergrunde des Riesenraumes ist ein Viertel freigelassen zum Aufmarschieren der Fahnen. Eben bewegen sich die vier Standarten vor das Rednerpodium. Die Fahnen begeben sich in den hinteren Teil, in das letzte Viertel des Saales. Noch steigen Fahnen über Fahnen aus dem Kellergewölbe heraus. Die ganzen Seitengänge des Sportpalastes sind überfüllt mit den leuchtenden roten Hakenkreuzfahnen. Das Publikum im ganzen Sportpalast ist aufgestanden, mit erhobenen Händen singt es die Nationalhymne mit. (Ende des Deutschlandliedes.) Unten in der ersten Reihe sitzen die Vertreter der Reichsregierung und der preußischen Staatsregierung; in den zweiten, dritten und vierten Reihen haben die Vertreter der Gesandtschaften und Botschaften Platz genommen. Dort (die zweite Strophe des Deutschlandliedes wird intoniert) sieht man Amerikaner, Engländer, Italiener, – kurz und gut: das ganze politische Berlin. Das ganze politische Berlin und das ganze politische Ausland, das in Berlin stationiert ist, hat sich hier ein Stelldichein gegeben.

Immer noch marschieren die Fahnen. Eben rücken unten an unseren Augen vorbei die Fahnen der Hitler-Jugend, eben die Fahne des Sturmbannes, aus dem der Junge, der sechzehnjährige Junge Norkus, vor einigen Monaten erschossen wurde. – Eben haben die letzten Fahnen oben im letzten Viertel des Saales Platz genommen. Nun bietet der Sportpalast ein wunderbares, imposantes Bild der Massendemonstration. Die Menschen stehen und warten und singen mit erhobenen Händen, man sieht nur Menschen, Menschen, Menschen. Ringsum sind die Emporen flankiert von großen Parolen für die Nation, gegen die Internationale. Das ganze Haus ist ausgeschmückt mit Hakenkreuzfahnen. Die Stimmung beginnt zu wachsen, und die Erwartung ist bis zur letzten Spannung verdichtet. Unten vor dem Podium steht ein Heer von Fotografen, ein Heer von Filmoperateuren. Die ganze Rede des heutigen Abends soll tonfilmisch aufgenommen werden, um in den nächsten Wochen propagandistisch zur Verwendung zu kommen. Unten am Leitungstisch (Ende des Gesangs, Kommandos) haben sich die Führer der Berliner Organisation versammelt, hinter ihnen sitzen die Gauleiter aus dem Reich versammelt. Ungezählte SA- und SS-Führer haben hinter den Leitungstischen Platz genommen. Alles ist nun voll spannungsvoller Erwartung, jeden Augenblick kann der Reichskanzler eintreffen.

[...] (Anschwellende Heilrufe und Begeisterungsgeschrei.) Sie hören eben: der Führer ist eingetroffen! Das ganze Publikum steht auf und ruft ihm entgegen. Die ersten Heilrufe erschallen. Unten sieht man die Begleitungen vorauskommen. Erst ein SA-Führer bahnt den Weg durch die Gassen der SA-Männer, dann eine Reihe von höheren SS-Führern. Ganz allein, ernst und gemessen schreitet, freundlich grüßend, durch die Massen der Führer, der Reichskanzler Adolf Hitler, der Führer des jungen Deutschland! Vor einem Monat noch sprach er hier im Sportpalast als der Führer einer verlästerten, einer verfemten und verlachten Opposition. Man kann schon sagen: Welch eine Wendung durch Gottes Fügung! Jetzt betritt er nach knapp drei Wochen Frist als Kanzler des Deutschen Reiches das Podium des Sportpalasts, um zum ersten Male eine Verlautbarung der Reichsregierung abzugeben. Allerdings nicht vor einem Parlament, sondern vor dem deutschen Volk, – vor jenem deutschen Volk, das vierzehn Jahre lang geduldet und gelitten und geblutet hat: das deutsche Volk, das sich jetzt erhebt und das dem Führer, dem Reichskanzler des neuen Reiches, zujubelt und zuruft.

Die Versammlung wird sofort ihren Beginn nehmen. Ich nehme noch einmal Gelegenheit, all' unsere Brüder im Reich zu grüßen. Wir grüßen sie in Nord und Süd und Ost und West, unsere Brüder jenseits der Grenzen und vor allem unsere Brüder in Deutsch-Österreich.

Der deutsche Reichskanzler spricht zur Nation!

25. »Deutsches Volk! gib uns vier Jahre Zeit – dann richte und urteile über uns!«
Aus der Programmrede Hitlers zum Reichstagswahlkampf im Berliner Sportpalast am 10. Februar

Am 30. Januar haben wir eine Regierung übernommen. Schlimmste Zustände sind in unser Volk hereingebrochen. [...] Um Gott und dem eigenen Gewissen Genüge zu tun, haben wir uns nun noch einmal an das deutsche Volk gewendet. [...] Wir wollen, daß mit der Zeit der Wiedererhebung der deutschen Nation nicht nur einzelne Namen verknüpft sind, sondern der Name des deutschen Volkes selbst, daß eine Millionenmasse hinter diese Regierung tritt, daß sie mithilft mit ihrer Kraft und ihrem Willen, uns wieder zu stärken zu diesem großen und schweren Werk. Ich weiß, daß, wenn heute sich die Gräber öffnen würden, die Geister der Vergangenheit, die einst für Deutschland stritten und litten und starben, würden emporschweben, und hinter uns würde heute ihr Platz sein. Alle die großen Männer unserer Geschichte – ich weiß, sie stehen hinter uns und sehen auf unser Werk und unser Wirken. Vierzehn Jahre haben die Parteien des Verfalls, des Novembers, der Revolution das deutsche Volk geführt und mißhandelt, vierzehn Jahre lang zerstört, zersetzt und aufgelöst. Es ist nicht zu vergessen, wenn ich heute vor die Nation hintrete und sie beschwöre: Deutsches Volk! gib uns vier Jahre Zeit – dann richte und urteile über uns! Deutsches Volk, gib uns vier Jahre, und ich schwöre dir, so wie wir und wie ich dieses Amt antrat, tat ich es nicht um Gehalt und um Lohn, ich tat es um deiner selbst willen. Es ist der schwerste Entschluß meines Lebens gewesen. Ich habe ihn gewagt, weil ich glaubte, daß es sein muß; ich habe ihn gewagt, weil ich überzeugt bin, daß nun nicht mehr länger gezögert werden darf; ich habe ihn gewagt, weil ich der Überzeugung bin, daß endlich unser Volk doch wieder zur Besinnung kommen wird und daß, wenn es heute ungerecht urteilt und wenn Millionen uns verfluchen, sie einmal doch hinter uns marschieren werden. [...] Denn ich kann mich nicht lossagen von dem Glauben an mein Volk, kann mich nicht lossagen von der Überzeugung, daß diese Nation wieder einst auferstehen wird, kann mich nicht entfernen von der Liebe zu diesem meinem Volk und hege felsenfest die Überzeugung, daß einmal doch die Stunde kommt, in der die Millionen, die uns heute verfluchen, hinter uns stehen und mit uns begrüßen werden dann das gemeinsam geschaffene, mühsam erkämpfte neue Deutsche Reich der Größe und der Ehre und der Kraft und der Gerechtigkeit. Amen.

26. *»Welch ein Aufmarsch! Welche Begeisterung!« Aus dem Tagebuch von Luise Solmitz (Hamburg) vom 10. Februar*

Hitlerrede im Sportpalast Berlin, riesige nationalsozialistische Feier. Wir gingen zu dem alten M. und erlebten alles mit im Rundfunk. Welch ein Aufmarsch! Welche Begeisterung! Die Regierung vertreten, das Diplomatische Korps, die Eltern der gemordeten SA-Leute in der 4. Reihe. Und Standarten über Standarten aufsteigend aus der Unterwelt der Kellerräume, ein brausendes Gewirr von Abertausenden von Stimmen und Heilrufen. Erst sprach Goebbels, – dann sprach der Führer und Reichskanzler. Er schilderte die Not, den Abstieg, die Verworfenheit, den Schmutz dieser furchtbaren 14 Jahre, er sprach aus, was wir empfunden haben, er versprach nicht, daß es von morgen an besser werden könne, aber er versprach, daß von nun an der deutsche Geist wieder Deutschland leiten solle, d. h. das sagte er nicht, es war der Sinn. [...] Er ließ die Rede auf Deutschland vaterunserartig und mit »Amen« ausklingen, und er übersteigerte sich etwas. Ist ja auch nicht Redner sondern genialer Führer ... Nach der Rede brach die Übertragung sofort ab, und es wurde die Egmont-Ouvertüre gespielt ...

27. *»Die Massen im Sportpalast geraten in Taumel«*
Aus dem Tagebuch Erich Ebermayers (Leipzig) vom 11. Februar

Gestern die erste Riesen-Massen-Monster-Versammlung im Berliner Sportpalast seit der »Erhebung«. Die Veranstaltung wurde auf alle Sender übertragen. Der »Führer« eröffnet den Wahlkampf! Vorher sprach Goebbels und gab, äußerst geschickt, ein Bild der Atmosphäre der Massenversammlung. Hitler wird mit einem Beifallssturm ohnegleichen empfangen. Dann hält er eine weit ausholende Rede, die sich zu hinreißendem Schwung steigert. Der Mann wächst sichtlich durch die Aufgabe, die ihm geworden. Zum Schluß beginnt er sozusagen zu beten und schließt mit dem Wort »Amen«. Genau die richtige Mischung für seine Hörer: Brutalität, Drohungen, Kraftprotzentum und dann wieder Demut vor dem oft zitierten »Allmächtigen«. Die Massen im Sportpalast geraten in Taumel.

Die Versammlung, der, wie Goebbels behauptet, zwanzig bis dreißig Millionen Deutsche an den Lautsprechern lauschten, ist zweifellos ein großer Erfolg für Hitler. Welch ein Instrument der Massenpropaganda ist heute der Rundfunk! Und wie wenig haben Hitlers Gegner bisher damit anzufangen gewußt! Hat es denn vor dem 30. Januar überhaupt kein Radio gegeben? Unbegreiflich! Arme, gottverlassene bürgerliche Parteien, wie leicht habt ihr euch die Macht aus den Händen schlagen lassen! [...]

Merkwürdig, wie kühn unsere demokratische Presse immer noch ist. ›Berliner Tageblatt‹ und ›Vossische‹ greifen heute die Hitler-Rede im Sportpalast scharf an, machen die ganze Versammlung vielzusehr *lächerlich*, was sie nicht war. Ist es der Mut der Verzweiflung bei den Besiegten?

28. *»Und da begann das Werk der Rettung«*
Aus einer Wahlrede von Reichsminister Hugenberg für die »Kampffront Schwarz-Weiß-Rot« im Berliner Sportpalast vom 11. Februar

Es war einmal ein großes, reiches und edles Volk. Über dieses Volk war ein Unglück gekommen. Seine Nachbarn hatten es mit Krieg überzogen. In Einigkeit hielt es seine vielen Feinde von den Grenzen fern. Aber dann kam Hunger über das Volk. Es bildeten sich Parteien und innere Feindschaften. Einer kämpfte gegen den anderen. Arm gegen reich. Reich gegen arm. Sozialer Haß flammte auf. Das Volk wurde besiegt, verstümmelt und gebrandmarkt. Es vergaß sich selbst und seine Größe. Lange Jahre des Siechtums, der Würdelosigkeit und der Ohnmacht folgten. Allmählich aber regten sich wieder die guten alten Kräfte des Volkes und strebten nach neuer Gestaltung. Nur waren sie geteilt in verschiedene Gruppen und konnten sich nicht zusammenfinden. Da stand ein alter Patriarch unter ihnen auf, der sie im Kriege geführt hatte. Er rief sie zusammen und machte einen Bund unter ihnen, der Macht und Aufgaben verteilte. Es wurde vereinbart, daß dies ein fester Bund auf Treu und Glauben sein sollte. Und da begann das Werk der Rettung.

An diesem Punkt befindet sich heute Deutschland. Es hängt alles davon ab, daß die rettenden Kräfte die Macht behalten – wie sie es auf alle Gefahr hin wollen. Es hängt aber auch alles davon ab, daß sie untereinander einig und in dem Vertrag bleiben, den sie miteinander geschlossen haben. Wer etwa davon reden sollte, daß das nur ein Übergangszustand sei, der bald einer anderen Machtverteilung weichen werde, der versündigt sich am deutschen Volke, der ruft die bisher waltenden zerstörenden Kräfte wieder auf den Plan. Er wäre der Vater des Chaos und des deutschen Bolschewismus, der, wenn auch noch so national, Deutschland zerstören würde. Denn Deutschland ist nicht Rußland. Ich sage es offen: – ich muß es sagen, weil mir aus den eigenen Reihen heraus Bedenken entgegengetreten sind, ich wollte keine Neuwahl. Seit 1919, seit Weimar, sitze ich im deutschen Parlament – und bin nie Parlamentarier geworden. All die Jahre hindurch haben wir Deutschnationale gegen den Parlaments- und Parteistaat gekämpft. Das neue Kabinett ist keine Neuauflage einer der zahlreichen parlamentarischen Regierungen, die wir gehabt haben. Sonst wäre ich nicht hier . . .

Ich konnte und durfte den Zusammenschluß nicht an dem einen Punkt scheitern lassen, über den wir uns nicht verständigen konnten – an der Frage, ob noch einmal gewählt werden sollte. Ich konnte es schon deshalb nicht, weil ich die Wahl nicht fürchte. Wir wählen also am 5. März noch einmal. Und Deutschland möge bezeugen, daß es das Wählen gründlich satt hat, indem es die Kampffront Schwarz-Weiß-Rot wählt! . . .

29. *»Diese ›nationale Erhebung‹ ist furchtbar«*
Aus dem Tagebuch Jochen Kleppers (Berlin) vom 11. Februar

Die Arbeitswoche im Funk schloß mit einer dreistündigen Besprechung zwischen allen Leuten der Vortragsabteilung ab. Welch merkwürdige Einheitsfront hat sich jetzt den Nationalsozialisten gegenüber ergeben! Nun gelten wir alle als gleich verdächtig, gleich demokratisch, gleich liberal, gleich kulturbolschewistisch.

Diese »nationale Erhebung« ist furchtbar.

Hitler verkündet über alle Sender ein neues deutsches Reich »in Einigkeit, Kraft und Herrlichkeit, Amen!« Vom Sportpalast aus!

30. *»Die Leute haben Angst«*
Aus einem Brief Rudolf G. Bindings (Berlin) an F. T. Gubler (Winterthur) vom 12. Februar

Ich hätte Ihnen gern von Berlin erzählt. Die Stadt ist gedrückt – merklich. Die Leute haben Angst. Einige National-Sozialisten besserer Erziehung und Herkunft, die ich sprach, behaupten mit Festigkeit, daß die jetzige Front der Partei nicht die eigentliche und hauptsächliche sei. Vielmehr stehe hinter ihr eine andere bereit, geistigere und anständigere.

Solche Erscheinungen wie etwa den »Kampfbund für deutsche Kultur« verlachen sie einfach; sie behaupten man könne dagegen nichts machen, aber der Bund habe ja auch gar keine Wirkung. Andererseits sollen sie zugeben – was ich freilich nicht aus eigener Anschauung und eigenem Hören weiß – daß sie keine geistigen Kräfte zur Verfügung hätten.

31. »Für autoritäre Staatsführung« und gegen eine »Parteiregierung« der Rechten
Aus einem Schreiben Ewald von Kleists-Schmenzin an Reichsminister Hugenberg vom 13. Februar

Wie ich bereits am 29. v. M. ankündigte, habe ich meinen Austritt aus der Deutschnationalen Partei vollzogen. Ich wiederhole, daß ich selbstverständlich zu keiner anderen Partei übergehen werde. [...]

Trotz meiner rücksichtslosen Ablehnung der Linksparteien als solcher habe ich keinen Zweifel, daß unter der Masse der Wähler, auch der Kommunisten, viel gutes Material ist, das vielfach nur aus Verzweiflung oder durch wenig erfreuliche Beispiele von Vertretern von Besitz und Bildung auf Irrwege gedrängt worden ist. Nur eine von allen Partei- und Interessenrücksichten völlig unabhängige Staatsführung wird, mag sie anfänglich auch nur eine ganz schmale Basis haben, auf die Dauer die notwendige Gewinnung der Besten aus allen Volksschichten erreichen, nie aber eine Parteiregierung. Diese kann es außerdem gar nicht verhindern, daß sie sich auf politisch und sittlich minderwertige Anhänger stützen muß, die in jeder Partei zahlreich vertreten sind. Ich habe gegen das parlamentarische System und für autoritäre Staatsführung gekämpft, nicht um unter diesem Deckmantel eine Parteiregierung der Linken durch eine entgegengesetzte Parteiregierung abzulösen, sondern, als Konservativer, ehrlich um eine wirklich unabhängige, selbstverständlich entschlossen vaterländische Regierung.

32. »Ironische Reserve« im Bildungsbürgertum gegenüber der »neuen Zeit«
Aus dem Tagebuch Erich Ebermayers (Leipzig) vom 13. Februar

Gestern abend war große Gesellschaft bei Max Brockhaus, dem bekannten Musikverleger und Vorsitzenden der Gewandhaus-Gesellschaft. Ein gut Teil des geistigen und musikalischen Leipzigs war erschienen. [...]

Die Herren im Rauchzimmer diskutieren die neue politische Situation. Ich unterhalte mich eine Weile mit Dr. Goerdeler, unserem Oberbürgermeister. Diesem ausgezeichneten, vornehmen, klar denkenden Manne scheint keine Gefahr zu drohen.

Er steht ziemlich weit rechts, ohne sich wohl allzusehr festgelegt zu haben, und wird von Hindenburg besonders geschätzt. Er ist ein Freund der Musen, vor allem auch meiner geliebten Thomasschule, die seine Söhne zur Zeit als Schüler besuchen. Solange er sich als Oberbürgermeister in Leipzig halten kann, dürften der Thomanerchor und das Gewandhaus gesichert sein. Auch Detlef Sierck, den äußerst fähigen jungen Direktor des Städtischen Schauspiels, will Goerdeler unter allen Umständen halten. Trotz seiner jüdischen Frau.

Im Kreis der Gewandhaus-Gesellschaft und ihres Vorstandes, der zum größten Teil heut abend hier ist, ist man jedenfalls entschlossen, jeder »kulturellen Revolution« in Leipzig kühn die Stirn zu bieten, Erhebung, Aufbruch der Nation, Wirtschaftskonjunktur, Kampf gegen die Kommunisten, in Grenzen auch gegen die Ostjuden – für all das sind die Leipziger Patrizier durchaus zu haben. Aber an die geheiligten Grundfesten der konservativen Hauspolitik des Gewandhauses lassen die Herren nicht rühren.

Später sitze ich mit Brockhaus, Dr. Bumke, dem Reichsgerichtspräsidenten, Professor Thiemann, dem Direktor der Kunstakademie, und Anton Kippenberg, dem Verleger der »Insel« zusammen – lauter erfahrenen, klugen Männern, deren ironische Reserve gegenüber der neuen Zeit wohltut, wenngleich ich leidenschaftlichen Widerstand lieber gesehen hätte. Das Gespräch kommt auf Bruno Walter. Allgemein herrscht die Überzeugung, daß der Antisemitismus des Hitlerschen Programms, sollte er überhaupt zur Verwirklichung kommen, vor den großen künstlerischen und geistigen Persönlichkeiten haltmachen wird, schon um sich nicht im Ausland zu blamieren. Man wird die Zuwanderung der Ostjuden verhindern, was übrigens bereits die bisherigen Regierungen seit ein oder zwei Jahren getan haben – man wird vielleicht auch zur Ausweisung der Ostjuden kommen. Mehr erwartet niemand. Bruno Walter soll jedenfalls das Gewandhaus behalten.

Bumke ist für das Reichsgericht ohne jede Sorge. Hier gibt es nur »getaufte Juden« – und auch nur einen sehr geringen Prozentsatz.

33. »Auf die Dauer kann in Deutschland nicht radikal regiert werden«
Aus einem Brief von Oberbürgermeister Robert Lehr (Düsseldorf) an Vizekanzler von Papen vom 13. Februar

Mit allergrößtem Interesse verfolge ich Ihre Bestrebungen, einen christlich-sozialen Wahlblock zustande zu bringen ... Ein verheißungsvoller Anfang ist gemacht, aber die Front muß erweitert werden. Es ist eigentlich nicht zu begreifen, daß auch unter der gegenwärtigen Not es solche Schwierigkeiten macht, die bürgerliche Rechte jenseits des Zentrums zu sammeln. Wir kommen aus taktischen Parteierwägungen, Wahlbündnissen und allen Fesseln, die uns jahrelang das politische Leben verunstaltet haben, nicht heraus. Es wird deshalb der Aufmarsch wohl schwerlich im Rahmen der alten Parteien gelingen und es müssen schon neue Gedanken und Formen in Erscheinung treten. Es darf aber auf der anderen Seite auch keine Zeit mehr verloren werden, denn die kommende Entwicklung verlangt eine solche breite Basis der Rechten. Möge Ihnen die Liste dazu im einzelnen dienlich sein. Am Schluß, Ceterum censeo, auch die neue umfassende christlich-soziale und konservative Bewegung soll nicht vergessen, daß auf die Dauer in Deutschland nicht radikal regiert werden kann. Rechtzeitige Fühlungnahme mit der Mitte ist notwendig.

34. »Die rechte Sprache Polen und Frankreich gegenüber«
Aus dem Tagebuch von Luise Solmitz (Hamburg) vom 14. Februar

Der eiserne Besen über Preußen! Endlich auch die rechte Sprache Polen und Frankreich gegenüber in Genf, und Hitler zu einem amerikanischen Journalisten, nachdem man sich mehr als ein Jahrzehnt nicht genugtun konnte in Sack und Asche in Selbstschändung Abbitte zu tun für nie Begangenes ... Hitler aber hält nichts von der Litanei von »Siegern und Besiegten«. Er fordert ohne Wimpernzucken Revision von Versailles, er will den polnischen Korridor.

*35. »Mord, Totschlag, Gewalttaten jeder Art, Postenjägerei«
Aus einem Brief Friedrich Thimmes (Berlin) an seinen Bruder Karl vom 14. Februar*

Im Augenblick sorge ich mich weit mehr um das Schicksal Deutschlands als um das meinige und das der Meinen, auf das schließlich sehr wenig ankommt. Daß ich schärfster Gegner der Nazis bin, die sich mehr im Großen als eine Mord- und Verbrecherbande, bestenfalls als eine Maulheldengesellschaft vorstellt, wird Dich nicht wundern. Für mich ist jeder, der an ihre großen Verheißungen, gar an ihre christliche Gesinnung glaubt, ein Tor. An ihren Früchten sollt Ihr sie erkennen, und diese Früchte heißen eben Mord, Totschlag, Gewalttaten jeder Art, Postenjägerei. Ich würde ganz einfach, hielte mich nicht Tradition und Vorliebe für eine kommende freiheitliche und soziale Monarchie zurück, die freilich nur ein frommer Wunschtraum ist, schon aus Gerechtigkeitsgefühl zu den »Marxisten« gehen, so viel Fehler sie auch 1918 und seither begangen haben. Nebenbei bemerkt plane ich ein Sammelwerk: ›Marxismus. Ein Buch der Gerechtigkeit‹, an dem sich Bürgerliche und Sozialisten ähnlich wie in meinem früheren Sammelwerk ›Die Arbeiterschaft im neuen Deutschland‹ [1915] zu beteiligen hätten. Es ist mir aber noch zweifelhaft, ob sich genug Bürgerliche von Bedeutung zusammenfinden, die den persönlichen Mut zur Mitarbeit aufbringen. Heute herrscht ja die Parole »Und willst Du nicht mein Nazi-Bruder sein, so schlag ich Dir den Schädel ein.«

Das Bitterste von allem ist übrigens mir die Haltung der Kirche zu dem Naziverbrechertum. Jetzt bringt es ja sogar ein Dibelius fertig, dem Christentum der Nazi eine besondere Kraft beizulegen. Jawohl, die Kraft der Brachialgewalt. Natürlich weiß ich, daß es sehr viele Ausnahmen gibt, und zähle auch dich gern dazu, aber die Gesamthaltung der Kirche und der Kirchenbehörden gegenüber dem organisierten Haß, am Morden und Davonjagen ist einfach schandbar.

Politisch gesehen liegen die Dinge wohl so, daß bei den Wahlen die Harzburger Front die Mehrheit, ihr Ziel, nicht erreichen wird und daß dann die Kombination Nazi – Zentrum – Bayrische Volkspartei ans Ruder kommt, die ich immerhin erträglich finden würde, da das Zentrum Staatsklugheit und Mäßigung mit sich bringt. Mir scheint es daher auch als das einzig Richtige, das Zentrum so stark wie möglich zu machen. Splitterparteien wie den Volksdienst zu wählen, ist, da die Wahlen kein

Bekenntnis, sondern eine praktische Lösung der Staatskrise sein sollen, nach meiner Auffassung ein Unding. Ich habe aus dieser Auffassung heraus fast stets Zentrum gewählt, auch dann noch, als ich die lange genährte Hoffnung aufgeben mußte, es zu einer christlichen Volkspartei mit einem evangelischen Flügel erweitert zu sehen.

36. *»Nun knallen die Verbote, daß es nur so eine Art hat« Aus dem Tagebuch Goebbels' vom 15. Februar*

Jetzt haben wir auch eine neue Handhabe gegen die Presse, und nun knallen die Verbote, daß es nur so eine Art hat. [...]

Ich fliege nachmittags mit dem Führer nach Stuttgart. Spreche zu seiner Versammlung eine Einleitung, und dann redet er. Er wendet sich sehr scharf gegen den noch immer amtierenden Staatspräsidenten Boltz und die schmierigen Intrigen des Zentrums. Ein Teil der Rede kann nicht übertragen werden, weil infolge der Unzulänglichkeit der amtlichen Vorbereitungen ein Kabel durch Kommunisten zerstört worden ist.

Da wir in der Nacht nicht zurückfliegen können, lasse ich gleich die verantwortlichen Herren vom Rundfunk im Hotel antanzen und geige ihnen die Meinung in einer Art und Weise, daß ihnen Hören und Sehen vergeht. Gleich am anderen Tage sollen zwei von ihnen telegraphisch ihres Amtes enthoben werden. Jetzt wird den anderen wohl die Lust vergehen, uns durch Sabotage zu stören.

Es scheint sich im übrigen in Deutschland noch nicht herumgesprochen zu haben, daß eine Revolution im Gange ist. Man hat unsere anfängliche Duldsamkeit als Schwäche ausgelegt und glaubt, uns auf der Nase herumtanzen zu können. Man wird sich auf das grausamste getäuscht sehen. Eines Tages wird das Schwert unseres Zornes auf die Übeltäter herniedersausen und sie in ihrem frechen Hochmut zu Boden schlagen.

37. »Die Hohenzollern müssen wiederkommen«
Aus einem Brief Peter Dürrenmatts (Spiekeroog) vom 15. Februar

Deutschland ist mitten im Wahlkampf drin. Jetzt zeigen sich auch die Gegensätze zwischen den Deutschnationalen und den Nazi ziemlich klar. Dabei ist es offensichtlich, daß die Deutschnationalen zielbewußter sind, während die Nazi immer noch auf Agitation ausgehen. Es ist ausgeschlossen, daß die Nazi 51% der Stimmen bekommen. Vermutlich werden sie – kommt es hoch – auf 40% steigen. Das halte ich für das Äußerste. Gestützt darauf werden sie noch einen Ministerposten verlangen, sicher aber die Wirtschaft nicht bekommen. Hugenberg bleibt. Was will er? Ankurbelung der Wirtschaft mit allen Mitteln, die nicht irgendwie sozialistisch sind, und politisch: die Monarchie. Die große Kundgebung der Deutschnationalen im Sportpalast eröffnete der Parteivorsitzende mit den Worten »Eure königliche Hoheiten, deutsche Volksgenossen und Volksgenossinnen«! Die Hohenzollern-Prinzen sind bei allen offiziellen Kundgebungen mit dabei. Unsere Provinz Hannover soll als Oberpräsidenten den Prinzen August Wilhelm von Preußen bekommen. Endlich sprechen es die deutschnationalen Redner offen aus: die Hohenzollern müssen wiederkommen. Was heute noch zu Hitler strömt, sind aufgescheuchte Beamte, subalterne Leute, die um ihre Stellung bangen. Denn Göring räumt jetzt radikal auf. Es hagelt nur so auf die Regierungspräsidenten und Polizeipräsidenten herunter.

38. »Die Hölle regiert«
Aus einem Brief Joseph Roths (Paris) an Stefan Zweig von Mitte Februar

Inzwischen wird es Ihnen klar sein, daß wir großen Katastrophen zutreiben. Abgesehen von den privaten – unsere literarische und materielle Existenz ist ja vernichtet – führt das Ganze zum neuen Krieg. Ich gebe keinen Heller mehr für unser Leben. Es ist gelungen, die Barbarei regieren zu lassen. Machen Sie sich keine Illusionen. Die Hölle regiert.

39. *»Deutschland darf nicht den Extremen ausgeliefert werden«*
Wahlaufruf katholischer Organisationen vom 17. Februar

Wir haben den entschiedenen und unbeugsamen Willen, an der Schicksalsgestaltung unseres Reiches und Volkes zu neuer Größe und allgemeiner Wohlfahrt mitzuwirken. Was wir aus tiefster Verantwortung als unsere pflichtmäßige Aufgabe an und in der Nation betrachten, kann uns von niemand streitig gemacht werden. Aus dieser gewissenhaften Verantwortung heraus sagen wir: Was sich seit Mitte März vorigen Jahres in unserem Lande ereignet hat, ist ein nationales Verderben.

Das Volk verwirrt, das Rechtsbewußtsein erschüttert, die Kluft zwischen den sozialen Schichten vertieft, Haß, Feindschaft und Gewalttat überall – das ist die Lage. Angesichts dieser Not, die tiefer geht als alles andere, erheben wir unsere Stimme. Recht und Gerechtigkeit ist die Sehnsucht, die durch unsere Zeit geht. Weite Kreise des Volkes haben den Eindruck, daß gewisse Machthaber keine Hochachtung vor den verfassungsmäßigen Volks- und Landesrechten haben, und daß sie messen mit zweierlei Maß. [. . .]

Der Reichstag wurde aufgelöst ohne Not und der preußische Landtag im Widerspruch zur Verfassung. Die kommunalen Vertretungen in Preußen verfielen derselben Maßnahme. Alles das geschieht zu dem Zwecke, den in der Macht stehenden Gruppen die Möglichkeit zu geben, durch Neuwahlen die Mehrheit zu erobern, um sich dadurch in Gesetzgebung und Verwaltung endgültig festzusetzen.

Wir fragen: Was werden die Früchte einer solchen Herrschaft sein, wenn sie sich einmal im Besitze dauernder Macht weiß? Eine Staatsordnung, in der an Stelle des Rechts Willkür und Parteilichkeit, an Stelle des Gemeinwohls Gruppeninteressen entscheiden; eine Wirtschaftsordnung, in der ein gerechtes Abwägen der Lebensbedürfnisse aller Stände verdrängt wird durch einseitige Bevorzugung bestimmter Schichten; die Beseitigung jener Staatspolitik, die als Gebot des Gemeinwohles die Sorge für die bedrängten Stände durch eine ausgebaute Sozialgesetzgebung als heilige Aufgabe betrachtet.

In der Zusammensetzung und in den Maßnahmen der neuen Regierung suchen wir vergebens die Bürgschaften für die Erneuerung unseres Volkes in christlichem und nationalem Sinne. Wir hören stolze Worte von deutschem Geist, deutscher

Treue, deutscher Freiheit und Ehre, wahrem Christentum und reiner Religion.

Deutsch ist nach unserer Überzeugung Treue gegenüber dem Schwur, den man der Verfassung leistet.

Deutsch ist, die Freiheit lieben, auch die Freiheit des Gegners achten und Gewalttätigkeiten nicht straflos lassen.

Wahres Christentum ist, seinem Stifter folgen, der selig nannte die Friedfertigen und jene, die Hunger und Durst nach der Gerechtigkeit haben.

Für uns sind deutsches Wesen und Christentum heilige Verpflichtung. Wie recht diejenigen hatten, die ausreichende Sicherungen für die Zukunft verlangten, lehren die Ereignisse. Mit tiefer Entrüstung folgen wir den Verirrungen, die in unser Volk hineingetragen werden. Eine Sünde an der deutschen Einheit nennen wir es, wenn man Männer, die für Volk und Reich geblutet haben, als Landesverräter beschimpft, nur weil sie sich dieser Entwicklung entgegenstemmen; eine Versündigung an der Jugend, wenn man sie zu Haß- und Rachegedanken aufruft und Andersdenkende vor ihr als vogelfrei erklärt. Das ist Verwüstung deutscher Jugend und Vernichtung der Grundlagen eines gesunden Staatswesens.

Rechts jene, die den Kampf gegen den Marxismus führen, links Marxisten zweier Richtungen, die zu einem gefährlichen Zusammenspiel gedrängt werden. Was wird das Ende sein? Ein Kampf auf Leben und Tod, Front gegen Front, Deutschland ein Bürgerkriegsgebiet.

Dem Bolschewismus und der Gottlosigkeit sagt man den Kampf an. Aber man versucht nicht, sie von innen her zu überwinden, wie es unsere Volksverbände in ernster Anstrengung seit Jahren getan haben. Statt dessen ahmt man Bolschewismus nach, in Wortprägungen und Losungen. Wir erfahren es: Bolschewismus kann auch werden unter nationalem Vorzeichen.

Wir erklären, daß wir den Kampf führen werden gegen alle Formen des Bolschewismus.

Wer unser Land und Volk erhalten, wer der Nation wahrhaft dienen will, muß mit uns heute bekennen:

Deutschland darf nicht den Extremen ausgeliefert werden; weder rechts noch links. [. . .]

Uns ist die Freiheit ein hohes Gut. Darum lehnen wir eine Diktatur ab, die dem Volke nichts weiter zugesteht, als sich regieren zu lassen. Wir kämpfen im Geiste der großen Papstenzykliken gegenüber unchristlichem Staatsabsolutismus für die

Selbständigkeit volkhafter Lebensordnung in Familie und Gemeinde, in Beruf und Stand, in Stamm und Landschaft.

Wir wollen die Erhaltung des Rechtes im öffentlichen Leben, die Heilighaltung des Verfassungseides, die Wahrung der staatsbürgerlichen und sozialen Grundrechte der Reichsverfassung.

Zu diesem Einsatz aller geistigen und staatsbürgerlichen Kräfte für Verständigung, Versöhnung, Ausgleich, für Rechtsordnung, Wirtschafts- und Kulturordnung rufen wir alle auf. Nur so wird der Selbstzerfleischung Einhalt geboten und das deutsche Volk zurückgeführt auf den Weg der Gesundung. Für Wahrheit, Recht und Freiheit!

40. »Göring ›mistet aus‹«
Aus dem Tagebuch Erich Ebermayers (Leipzig) vom 17. Februar

Göring »mistet aus«, wie es in der Nazi-Presse heißt. Ein Oberpräsident nach dem anderen wird gefällt. [...] Levetzow wird zum Polizeipräsidenten von Berlin ernannt, Admiral und ein alter Kämpfer der Partei. Ein Herr Lutze, alter Gefolgsmann, wird Nachfolger Noskes in Hannover. Mein Vetter Philipp Bouhler hat in München in der Parteileitung irgendeinen hohen Posten übernommen.

Seit drei Tagen sind das ›8 Uhr Abendblatt‹ und der ›Vorwärts‹ verboten. Mein gutes, altes ›8 Uhr Abendblatt‹, in dem ich jahrelang schrieb, und das immer so anständig und großzügig zu mir war! Außerdem war es gewiß die amüsanteste Zeitung Berlins. Armer Victor Hahn, Besitzer und Herausgeber des ›8 Uhr Abendblattes‹! [...] Er wird den Schlag kaum fassen und versuchen, den »Rechtsweg« zu beschreiten. Ob all diese Menschen fühlen, daß wirklich eine *neue* Zeit anbricht, die über sie und ihre wohlerworbenen Rechte mit Siegerlachen hinwegschreitet –?

41. »Schutz des Volkes und seiner Freiheit«
Kommentar der Zeitschrift ›Die Hilfe‹ vom 18. Februar zur Beschränkung der Versammlungs- und Pressefreiheit

Metternich ist für uns nie das Vorbild eines deutschen Staatsmannes gewesen. In anderen politischen Gruppen mag das anders sein; jedenfalls ist der Eindruck der Notverordnung zum Schutz des deutschen Volkes, in der die Presse unter Kuratel gestellt und die Versammlungsfreiheit wesentlich eingeschränkt wird, nicht viel anders als der Ausdruck eines diktierenden Machthabers, der um die wirklichen Nöte des Volkes nicht weiß. Hochverrat ist schnell begangen oder vorbereitet, wie das Vorwärtsverbot erweist. Es würde zu weit führen, auch nur die einzelnen Abschnitte auf ihre Anwendbarkeit hin zu überprüfen; auch bleibt die Praxis abzuwarten, aus der man ersehen wird, ob die Regierung der Versuchung der einseitigen Anwendung widerstehen wird, die angesichts der Anlage und Gestaltung der Verordnung groß werden kann. Man sieht aus dem Wandel der Zeiten, daß Selbstverständliches zum Streit- und besonderen Wertobjekt werden kann und man wird sich auf manche Erschütterung gefaßt machen müssen. Was seit dem Sturz Brünings vor sich ging hinter den Kulissen, war die Vorbereitung einer sehr zielbewußten Reaktion, Restauration sagen andere. Unsere Aufgabe wird klarer, schärfer umrissen als wir selbst es gekonnt hätten und wenn jemals mit Recht gesagt wurde, es geht um die Entscheidung, so ist es heute.

42. Runderlaß (»Schießerlaß«) des Reichskommissars für das Preußische Innenministerium, Hermann Göring, an alle preußischen Polizeibehörden vom 17. Februar

Ich glaube, mir einen besonderen Hinweis darauf ersparen zu können, daß die Polizei auch nur den Anschein einer feindseligen Haltung oder gar den Eindruck einer Verfolgung gegenüber nationalen Verbänden (SA, SS und Stahlhelm) und nationalen Parteien unter allen Umständen zu vermeiden hat. Ich erwarte vielmehr von sämtlichen Polizeibehörden, daß sie zu den genannten Organisationen, in deren Kreisen die wichtigsten staatsaufbauenden Kräfte enthalten sind, das beste Einvernehmen herstellen und unterhalten. Darüber hinaus ist jede Betätigung für nationale Zwecke und die nationale Propaganda mit allen Kräften zu unterstützen. Von polizeilichen Beschränkungen und Auflagen darf insoweit nur in dringendsten Fällen Gebrauch gemacht werden. Dafür ist dem Treiben staatsfeindlicher Organisationen mit den schärfsten Mitteln entgegenzutreten. Gegen kommunistische Terrorakte und Überfälle ist mit aller Strenge vorzugehen und, wenn nötig, rücksichtslos von der Waffe Gebrauch zu machen. Polizeibeamte, die in Ausübung dieser Pflichten von der Schußwaffe Gebrauch machen, werden ohne Rücksicht auf die Folgen des Schußwaffengebrauchs von mir gedeckt. Wer hingegen in falscher Rücksichtnahme versagt, hat dienststrafrechtliche Folgen zu gewärtigen.

Der Schutz der immer wieder in ihrer Betätigung eingeengten nationalen Bevölkerung erfordert die schärfste Handhabung der gesetzlichen Bestimmungen gegen verbotene Demonstrationen, unerlaubte Versammlungen, Plünderungen, Aufforderung zum Hoch- und Landesverrat, Massenstreik, Aufruhr, Pressedelikte und das sonstige strafbare Treiben der Ordnungsstörer.

Jeder Beamte hat sich stets vor Augen zu halten, daß die Unterlassung einer Maßregel schwerer wiegt, als begangene Fehler in der Ausübung.

Ich erwarte und hoffe, daß alle Beamten sich mit mir eins fühlen in dem Ziel, durch die Stärkung und Zusammenfassung aller nationalen Kräfte unser Vaterland vor dem drohenden Verfall zu retten.

43. »Für Recht, Freiheit und Verfassung«
Aus Zeitungsberichten über die erste Wahlkampfrede von Reichskanzler a.D. Heinrich Brüning (Zentrum) in Würzburg am 18. Februar

Bayerische Volkspartei und Zentrum seien [...] besonders durch die Ereignisse der letzten Monate zusammengeschmiedet worden im Kampfe für Recht, Freiheit und Verfassung. Wenn die Reichsregierung an der von ihr beschworenen Verfassung festhält, gibt es keine Mainlinie in Deutschland; wenn man aber von dem Gedanken des Reichskommissars nicht absehen kann, dann wird die Mainlinie von der Reichsregierung selbst aufgerichtet. Wir aber, Zentrum und Bayerische Volkspartei werden unter allen Umständen wie in der Vergangenheit so auch in der

Zukunft die lebende Mainbrücke sein und bleiben, die Verbindung des politischen Gedankens für Nord und West und Süd zur Gesundung der politischen und wirtschaftlichen Lage in Deutschland.

Man kann ein Volk wie das deutsche nicht mit Auffassungen regieren, die nur in einer kleinen Schicht in Deutschland verbreitet sind. Den Parlamentarismus im Reichstag habe ich zurückgedrängt ohne jede Verfassungsverletzung. Der Artikel 48 existierte auch schon zu einer Zeit, wo ich noch nicht Kanzler war; die Ausbeutung dieses Artikels, wie es später geschah, hat mit der Entstehung und dem Sinn dieses Artikels nichts mehr zu tun.

Über die Weimarer Verfassung wird viel geschimpft; sehr zu Unrecht; denn es hat noch keine Verfassung in der modernen Zeit gegeben, die so elastisch ist, wie die Weimarer.

[...] Ich sehe nicht ein, was es dem deutschen Volke nützen kann, wenn es alle drei Monate terminmäßig zu einer Reichstagswahl aufgerufen wird. [...] Seit dem Mai vorigen Jahres haben die Regierungen eine eigentümliche Scheu vor dem Reichstag. Sie ziehen es vor, vor dem Reichstag erst dann zu erscheinen, wenn sie wieder eine Auflösungsurkunde in der Tasche haben.

Der Rundfunk und die Freiheit der Presse scheint nur noch für diejenigen zu bestehen, die es nicht gewagt haben, vor dem Reichstag Rede und Antwort zu stehen. Man versucht es gar nicht einmal mehr, ob man im Reichstag für seine Maßnahmen eine freiwillige Zustimmung erreicht. [...]

⟨Zentrum und Bayerische Volkspartei seien, entgegen dem Wunsche Hindenburgs, nicht vor der Kabinettsbildung befragt worden; auf die wohlwollenden Fragen des Zentrums: »Gedenkt die Regierung im Rahmen der Reichsverfassung zu arbeiten? – Kommen Milderungen der Notverordnungen usw.?« keine Antwort! Das Zentrum hätte auch fragen können über die Mißbräuche der Osthilfe, hätte, nachdem die Nationalsozialisten 2 Jahre lang Siedlungen forderten, Auskunft darüber gewünscht, – keine Antwort. [...] Nirgends Konkretes. »Was wir wissen müssen, ist: Wie sieht der Vierjahresplan aus?« – Dr. Brüning will seine Meinung hier in Bayern sagen – in Preußen könnte es ihm morgen verboten sein –: »Der Vierjahresplan hat wohl nur politischen Inhalt, nämlich den, die Parteien, die jetzt in der Regierung sitzen, vier Jahre lang an der Macht zu halten.« (Brausender Beifall.)⟩ [...]

Die Wirtschaftskrise ist nicht hervorgerufen durch eine Mißwirtschaft, sondern durch Ereignisse, die über die ganze Welt hinweggerast sind. [...] Mit der jetzigen Verhandlungspolitik mit den auswärtigen Staaten wird man keine Verminderung der Arbeitslosigkeit in Deutschland erreichen. Es ist immerhin interessant, daß der Monat Januar nur noch einen Ausfuhrüberschuß von 23 Millionen erbrachte; das ist der niedrigste Stand, den Deutschland bisher hatte. Es ist nicht abzusehen, ob wir überhaupt noch über die Schwierigkeiten dieses Jahres hinwegkommen können. Ich muß davor warnen, daß man glaubt, einfach durch handelspolitische Maßnahmen die Lage in Deutschland verbessern zu können. Uns ist es gelungen, die Einfuhr in zwei Jahren um 60 Prozent herunterzubringen, ohne daß wir politisch oder handelspolitisch den Weg verbaut haben. Ja wir konnten sogar die Ausfuhr nach andern Ländern ganz gewaltig steigern. Trotz der furchtbaren Härten, die wir vor zwei Jahren dem deutschen Volke durch Kürzung der Gehälter und Sozialleistungen aufbürden mußten, ist der Fleischverbrauch pro Kopf bis zum Sommer 1932 gleich geblieben und damit die gefahrvolle Lage der Landwirtschaft in der Fleischwirtschaft abgewendet worden. Seit dem Sommer 1932 aber ist unter der neuen Regierung der Fleischverbrauch um 27 Prozent zurückgegangen; was zur Folge hatte, daß auch die Preise für landwirtschaftliche Produkte gesunken sind und in dem gleichen Ausmaß die Lebenshaltung des deutschen Volkes verschlechtert wurde. [...]

Daß man jetzt Beamte ohne die notwendige Vorbildung einstellt, die den Verfassungseid nicht geleistet haben, bedeutet für das Berufsbeamtentum eine schwere Gefahr; schon um deswillen, weil man an die Stelle der vorgebildeten Beamten solche setzt, die einer solchen Vorbildung völlig entbehren. Seit 1920 wurde in der Reichsregierung nur ein einziger Parteibuchbeamter eingestellt, der Staatssekretär für die besetzten Gebiete Dr. Schmitt, der von der jetzigen Regierung als Kommissar für Sonderaufträge ins Ministerium berufen worden ist und auf Grund seiner Vergangenheit sich wohl am besten in dem sogenannten »Trümmerhaufen« auskennt.

Dieser Wahlkampf ist von einer furchtbaren Schwere; wir sind heute in einer ähnlichen Situation wie im Jahre 1919 bei der Wahl zur Nationalversammlung. Damals war unsere Kampffront gerichtet gegen die neuen Machthaber, namentlich in der Kulturverwaltung. Diesmal muß sich unser Kampf gegen diejenigen richten, die den Kampf aufgenommen haben gegen die öffentliche Meinung durch die täglich sich mehrenden Zeitungsverbote, die sich ausschließlich gegen solche Zeitungen richten, die die Wahl des Reichspräsidenten möglich gemacht haben und die im schwersten Kampfe gestanden sind gegen die Presse der Parteien in der heutigen Regierung, die den Herrn Reichspräsidenten aufs schwerste verleumdete. Durch solche Einseitigkeit wird die öffentliche Weltmeinung gegen uns selbst eingenommen. [...] Es ist ein schlimmes Zeichen, wenn man sogar Zentrumszeitungen deshalb verbietet, weil sie den Aufruf der katholischen Verbände veröffentlicht haben. [...]

Zum Hitler'schen Wahlaufruf erklärte Dr. Brüning: Wenn ein wirklicher Frontsoldat im Kriege zur Ablösung ging, dann hielt er nicht lange Reden über die Fehler seines Vorgängers im Graben, sondern er stellte sich vor die Feinde. [...] Wenn man uns vorwirft, wir hätten ein Trümmerfeld geschaffen, so hätte man wenigstens etwas Rücksicht üben sollen auf das Staatsoberhaupt, das in den vergangenen 8 Jahren alle internationalen Verträge unterschrieben und alle Regierungen berufen hat. Ich bedauere es, daß man den Wahlaufruf der Reichsregierung mit den Beleidigungen des Staatsoberhauptes sogar in den Schulen anschlagen ließ. Wenn man von einem Trümmerhaufen spricht, so muß ich daran erinnern, daß in diesen 14 Jahren die Deutschnationalen zweimal in der Regierung waren und dabei die schwersten innenpolitischen Fehler gemacht haben, die ich dann wieder ausräumen mußte.

Ist es ein Trümmerhaufen, wenn man das Rheinland befreit, wenn man die Reparationszahlungen abwälzt und wenn man in der Abrüstungsfrage die Gleichberechtigung Deutschlands durchsetzt?

Ich werde mir erlauben, in jeder Wahlversammlung es anzusprechen: Wenn die Stimmung in der Welt für uns Deutsche nicht verloren gehen soll, dann müssen wir uns einer Redeweise und eines Gehabens befleißigen, daß Deutschland nicht wieder in eine Isolierung hineinkommt.

Es wird nicht gelingen, den verständigen Teil des deutschen Volkes über die 20 Jahre hinwegzutäuschen. Es gibt einen alldeutschen Typ in der deutschen Geschichte, der immer wiederkehrt und meint, nur mit starken Worten und starken Drohungen Deutschland wieder in eine Machtposition hineinbringen zu können. Es gibt Menschen, die nur an die Macht glauben. Das ist die verkehrteste Politik, die sich denken läßt; sie führt nicht zur Höhe, sondern in den bodenlosen Abgrund. [. . .]

Ich vertraue auf unsere sturmerprobte Wählerschaft, daß sie in diesem Endkampf um Deutschland mit vollem Erfolg besteht. Verbote von Zeitungen, Erschwerungen von Versammlungen und SA-Hilfspolizei werden mich nicht schrecken. Wer Führer sein will, muß eine Überzeugung haben, muß für diese Überzeugung kämpfen und muß auch bereit sein, für seine Überzeugung zu leiden und Opfer auf sich zu nehmen. Wir werden uns durch keine Verleumdung irre machen lassen. Wenn man sagt, wir hätten gegenüber dem Kommunismus versagt, so ist das eine große Lüge. Solange ich an der Regierung war, habe ich durch vernünftige Bekämpfung des Kommunismus die Zahl der Anhänger scharf zurückgedrängt; heute aber, wo man meint, mit Gewaltmaßnahmen den Kommunismus bekämpfen zu können, ist die Zahl ihrer Anhänger um Millionen gestiegen. [. . .]

Bayerische Volkspartei und Zentrum werden sich nicht unterdrücken lassen, wir haben keine Angst vor der Gewalt, wir kämpfen für das deutsche Vaterland, für unser christliches Ideal. Wir wollen nicht kommandieren, aber auch keine Knechte sein. Wir werden diesen Kampf gewinnen, wie lange er auch dauern mag; denn er dient zu unserem Besten, zur Rettung unserer Verfassung und unseres deutschen Vaterlandes. Wir kämpfen für Freiheit, Recht und Vaterland.

44. Der Kampf ist Hitler »zum Selbstzweck geworden, wie die Macht zu einem angebeteten Begriff«
Aus einem Artikel von Theodor Heuss (MdR DStP) vom 18. Februar

Das Ausland hatte sich seit einiger Zeit an den Gedanken gewöhnt, daß Hitler einmal Besitzer der deutschen Regierungsmacht oder doch Teilhaber an ihr sein werde [. . .] Hitler versichert, daß er nie »Brandreden« gehalten habe; er weiß nur zu gut, wie sehr er mit kurzem Gedächtnis in dieser turbulenten Zeit rechnen darf und kann gewiß annehmen, daß keiner seiner so Angesprochenen das Buch ›Mein Kampf‹ völlig durchgelesen hat. Das geht also, und Neurath bildet gewisse Garantien, daß nicht experimentiert wird. Aber bietet er sie auch im ganzen Umfang? [. . .] Einstweilen wartet die Welt, ein wenig erstaunt, ein wenig belustigt – da und dort, in Paris bei Herriot, in Moskau bei Litwinow sieht man deutliche Tendenzen zur Umgruppierung. [...]

So zögerlich das Verhalten der neuen Regierung in ihrer wirtschaftlichen und sozialen Programmatik, so turbulent war ihre Installation im Geistigen und Seelischen. Wir möchten glauben dürfen, daß jene echt-konservativen Kräfte, die noch bei den Deutschnationalen und im Stahlhelm vorhanden sein mögen, nicht wenig erschrocken sind, wie jetzt der »preußische Stil« aussehen wird, den Moeller van den Bruck als eine geistige Haltung beschrieben hatte. In der regnerischen Nachmittagsstunde, da am Mikrophon eine nationalsozialistische »Reportage« über das Begräbnis eines ermordeten SA.-Mannes gesprochen wurde, wurde ein Stück Deutschland begraben, in dem derlei unmöglich gewesen wäre. Das war vermutlich ein ganz durchschnittlicher Pg., der da seine Kitschvisionen von Friedrich dem Großen erzählte und vor der z. T. fatalen Grabrede eines Geistlichen den »Mordsturm 33« feierte – aber gerade diese Durchschnittlichkeit, diese Brutalität, aus einem traurigen Akt eine gestellte Renommage zu machen, war geradezu beelendend. Das wird noch so weiter gehen. Viele Menschen haben in diesen Tagen darauf gewartet, daß die evangelische Kirche ein Wort zu dem Verfahren sage, daß die kirchliche Sitte in den Sport der Parteiagitation einbezogen, in ihm verbraucht werde. Bis jetzt schweigt sie. Wird sie als der Punkt des geringeren Widerstandes empfunden, dann steht sie vor der Gefahr, die Einbruchstelle einer Gesinnung roher Weltlichkeit, brutaler Tagesmacht zu sein. Solch ein Nachmittag erschüttert stärker ihren Kern als zehntausend Traktate der »Gottlosen«, die von außen an den Rand stoßen, während hier die Kräfte der »Zersetzung« ins Innere getragen sind.

Im beginnenden Wahlkampf werden diese Fragen noch nicht voll empfunden werden. Er hat im wesentlichen einen auf den Staat als solchen bezogenen Sinn. Vor dem Novemberwahlgang konnte man fragen: wozu? [...] Diesmal ist es anders. Die Regierung, oder wenigstens ihr Chef, wird kämpfen. Das Ziel ist ihm nicht völlig klar, der Kampf ist ihm seit Jahren zum Selbstzweck geworden, wie die Macht zu einem angebeteten Begriff, den er noch nie mit festen inhaltlichen Vorstellungen gefüllt hat. Daß einer seiner Unterführer den Gedanken der monarchischen Restauration soeben mit Nachdruck zurückgewiesen hat, zeigt, daß man sich in der Leitung der NSDAP durchaus darüber klar ist, daß manche Kreise ihre Kraft als das Instrument dynastischer Restauration betrachten – der frühere Kronprinz legt sich jetzt bei Hitler an, wie er es noch vor ein paar Jahren bei Stresemann besorgt hatte. Den Nationalsozialisten ist das nur halb willkommen; einigen von ihnen schmeichelt das wohl, aber sie wittern auch Konkurrenz. Vielleicht weiß auch der eine oder andere von ihnen, daß hinter solchem Gedankenspiel, das sie in ihrer Nähe wittern, mit der preußischen die deutsche Frage aufbricht.

Dringlicher ist, dem engen Gewaltwillen, der sich mit dem Lebenssinn der Nation gleichzusetzen wagt, eine Gesinnung entgegenzustellen, die das Nationale und Soziale als Einheit auf einer höheren Ebene begreift als der eines einschüchternden, reißerischen, patronisierenden Parteibetriebs. Deutschland ist zu angefüllt mit landsmannschaftlicher, sozialökonomischer, religiöser Problematik, um ein taugliches Objekt für die grobe Eindeutigkeit politischer Losungen zu sein – es wird, zwischen allen Schwankungen seiner Seele, heute mehr als seit langem das Land bleiben, das des Ausgleichs bedarf. Das fordert die Kraft der inneren Unbefangenheit und Unabhängigkeit, die gegenüber der Phrase das Sachliche, gegenüber der Gewalt das Recht, gegenüber dem zerstörenden Haß als Gewerbe die verstehende Liebe als Pflicht kennt.

Auch der Wahltag muß darüber entscheiden, ob für solche Gesinnung in Deutschland noch oder wieder Lebensraum vorhanden ist.

45. *»Ich sehe bei Hitler Parteibuch gegen Parteibuch ausgetauscht«*
Aus dem Tagebuch von Luise Solmitz (Hamburg) vom 19. Februar

Ich muß nun leider sagen, daß die politische Wagschale nicht zur Ruhe kommt ... Ich sehe bei H[itler] Bonzen gegen Bonzen, Parteibuch gegen Parteibuch ausgetauscht, höre ihn von Sozialismus reden ...

Die schwarz-weiß-rote Kampffront ist Verantwortlichkeit, ist die Bürgerlichkeit, der Anstand, der Schutz der Persönlichkeit, des Eigentums, des freien Unternehmertums, ohne Experimente, ohne Gewalt, – ist ein machtloses Häuflein ohne Hitlers gewaltigen Schatten. Was tun?

46. *Amtliche Verlautbarung über die Aufhebung eines Verbots katholischer Zeitungen vom 19. Februar*

1) Heute hat eine Besprechung zwischen dem RK a.D. Dr. Marx und dem RT-Abgn. Dr. Vockel auf der einen Seite und dem Reichsminister Göring auf der anderen Seite stattgefunden. Die Herren Marx und Vockel erklärten, daß sie im Sinne der den bekannten Aufruf unterzeichnenden kath. Verbände glauben feststellen zu können, daß diesen bei der Abfassung des Aufrufes eine böswillige Verächtlichmachung und Beleidigung der Reg. ferngelegen habe, daß der Aufruf vielmehr aus der ernsten Sorge um die polit. Entwicklung entstanden sei. 2) Nach dieser Erklärung wurde von einer Erörterung der beanstandeten Sätze abgesehen. 3) Darauf erklärte der Reichsminister Göring, daß er die bereits ergangenen Verbote aufheben werde.

47. *»Wir müssen uns in der Tat auf schlimmste Dinge gefaßt machen«*
Aus einem Brief Prof. Friedrich Meineckes (Berlin) an Prof. Walter Goetz (Leipzig) vom 20. Februar

Wir müssen uns in der Tat auf schlimmste Dinge gefaßt machen, und wir dürfen nicht schweigend sie abwarten. Ich habe auf Wunsch der Staatspartei schon einen Artikel geschrieben. An eine Erklärung von Historikern und Staatsrechtlern habe ich auch schon gedacht und mit Thimme darüber, der noch andere Pläne hat, korrespondiert. Er würde unterschreiben. Auch auf G. Ritter könnte man hoffen. Oncken? Zweifelhaft.

Mir fällt noch ein Anderes, was Sie überlegen könnten, ein. Wie wäre es, wenn wir statt einer öffentlichen Erklärung, die doch nicht dem Reichspräsidenten sicher vor Augen kommt, eine private Eingabe an ihn, von 20–30 der allerbesten Namen der Professoren unterzeichnet, machten, in der wir ihn warnen vor dem sich öffnenden Abgrunde. Namen wie Rickert, Vossler, R. Otto würden sich vielleicht dafür finden*.

Ein Hauptmotiv, das den Reichspräsidenten am 30. 1. bestimmt hat, scheint gewesen zu sein: »Es wäre doch entsetzlich, wenn man die prachtvollen jungen Leute der S.A.s in die Staatsfeindschaft triebe und niederknallen müsse.« – Ich melde das als Tip für einen event. Entwurf einer Eingabe.

Es müssen ganz merkwürdige Dinge in der Nacht vom 29. zum 30. Jan. gespielt haben. Darüber mündlich am 7. und 8. 3.

* Bei richtiger Fassung könnte vielleicht selbst Marcks zur Unterschrift sich entschließen.

48. *»Peinliche Überraschung« über den »schwächlichen Rückzug«*

Aus einem Brief von 14 Freiburger Mitgliedern und Wählern der Zentrumspartei an den Parteivorsitzenden Ludwig Kaas vom 20. Februar

[Wir haben es bedauert, daß ein Teil der bad. kath. Presse nur Auszüge aus diesem Mahnruf gebracht hat.] Noch mehr sind wir peinlich davon überrascht, daß der Präs. des Vv [Volksverein für das katholische Deutschland] und der GS [Generalsekretär] der Dt. Z[entrums]-Partei gegenüber der als maßgebend auftretenden preuß. Reg. in dieser Angelegenheit eine Haltung eingenommen haben, die sicher unter den selbständig denkenden kath. Volkskreisen als schwächlicher Rückzug aufgefaßt wird, in den unselbständig denkenden aber nur Verwirrung und neue Unklarheiten schafft. Man hätte den Mut haben müssen, in Berlin auch ein mehrtägiges Verbot der gesamten Z-Presse auf sich zu nehmen, da dadurch der latente Kulturkampf zum offenen Ausbruch gekommen wäre und der gesamte kath. Volksteil zu erhöhter Einigkeit und grundsatzfester Haltung aufgerüttelt worden wäre.

49. *»Privatwirtschaft im Zeitalter der Demokratie ist nicht aufrechtzuerhalten«*

Aus einer Niederschrift über zwei Ansprachen Hitlers und Görings vor etwa 25 Industriellen am 20. Februar

Die Revolution, die uns das Jahr 1918 brachte, war nur bedingt. Sie brachte uns jedenfalls nicht die Umwälzungen wie in Rußland, sondern nur eine neue Geisteswelt, die langsam die Auflösung des Bestehenden einleitete. Das Wort Bismarcks: »Der Liberalismus ist der Schrittmacher der Sozialdemokratie« ist jetzt bei uns wissenschaftlich begründet und bewiesen. Eine bestimmte Geisteswelt – Geistesrichtung – kann ungewollt, kann ungeahnt zur Auflösung der Grundlagen des Staates führen. Auch bei uns hat eine neue Geistesrichtung Boden gewonnen, die langsam zu einer inneren Zersetzung führte und Schrittmacher des Bolschewismus wurde.

Privatwirtschaft im Zeitalter der Demokratie ist nicht aufrechtzuerhalten; sie ist nur denkbar, wenn das Volk eine tragende Idee von Autorität und Persönlichkeit besitzt. Alles, was in der Welt an Positivem, an Gutem und Wertvollem auf dem Gebiete der Wirtschaft und Kultur geschaffen worden ist, beruht ganz allein auf der Bedeutung der Persönlichkeit. Wird die Verteidigung des Geschaffenen, seine politische Verwaltung, aber einer Majorität überantwortet, so geht es rettungslos unter. Alle Lebensgüter, die wir besitzen, verdanken wir dem Kampfe von Auserlesenen. [...]

Vielfach sagt man ja, der Kommunismus sei die Endstufe der Menschheit. Ich bin gerade entgegengesetzter Ansicht: er ist der Ausgangspunkt menschlicher Entwicklung. Er stellt die primitivste Form menschlichen Lebens dar. Je tiefer man in die Natur hinabsteigt, um so einander ähnlicher werden ihre Leistungen, sie werden, wie beim Kommunismus, immer gleichartiger. Das kommunistische Prinzip läßt sich nicht halten. Es ist auch nicht ein Spiel des Zufalls, daß der eine Mensch mehr leistet als der andere. In dieser Tatsache wurzelt der Begriff des Privateigentums, der langsam in den allgemeinen Rechtsbegriff übergegangen ist und zu einem komplizierten Vorgang des wirtschaftlichen Lebens geworden ist. Der Weg, den wir zu gehen haben, ist klar vorgezeichnet. Es genügt aber nicht zu sagen: Wir wollen keinen Kommunismus in der Wirtschaft. Gehen wir politisch den Weg weiter wie bisher, dann gehen wir zugrunde. Wirtschaft und Politik lassen sich, das haben wir in den vergangenen Jahren genugsam erfahren, nicht trennen. Die politische Durchführung des Kampfes ist das primär Entscheidende. Deshalb müssen auch politisch klare Verhältnisse geschaffen werden. Wie die Wirtschaft allein nicht das Deutsche Reich geschaffen hat, hat auch die Politik nicht die Wirtschaft geschaffen. Aber eins baute auf dem anderen immer höher auf. [...]

Wir stehen jetzt vor der letzten Wahl. Sie mag ausfallen wie sie will, einen Rückfall gibt es nicht mehr, auch wenn die kommende Wahl keine Entscheidung bringt. So oder so, wenn die Wahl nicht entscheidet, muß die Entscheidung eben auf einem anderen Wege fallen. Ich bin dafür eingetreten, daß man dem

Volke noch einmal Gelegenheit geben soll, selbst über sein Schicksal zu entscheiden. [...] Bringt die Wahl keine Lösung, gut. Deutschland wird nicht zugrunde gehen. Wie nie zuvor obliegt heute allen die Verpflichtung, sich für den Erfolg einzusetzen. Nie ist die Notwendigkeit, Opfer zu bringen, größer als dieses Mal gewesen. Für die Wirtschaft habe ich nur den einen Wunsch, daß sie parallel mit dem inneren Aufbau einer ruhigen Zukunft entgegengeht. Die Frage der Herstellung der Wehrmacht wird nicht in Genf [auf der Abrüstungskonferenz], sondern in Deutschland entschieden werden, wenn wir durch innere Ruhe zur inneren Kraft gekommen sind. Innere Ruhe gibt es aber nicht eher, als bis der Marxismus erledigt ist. Hier liegt die Entscheidung, der wir entgegengehen müssen und ist der Kampf auch noch so schwer. Ich setze für den Kampf tagtäglich mein Leben ein wie alle diejenigen, die sich mit mir in diesen Kampf gestellt haben. Es gibt nur zwei Möglichkeiten, entweder ein Zurückdrängen des Gegners auf dem Boden der Verfassung und zu diesem Zwecke noch einmal diese Wahl, oder es wird ein Kampf mit anderen Waffen geführt werden, der vielleicht größere Opfer fordert. Ich möchte sie gern vermieden sehen. Hoffentlich erkennt also das Deutsche Volk die Größe der Stunde, sie entscheidet über die nächsten 10, ja vielleicht 100 Jahre. Sie wird ein Wendepunkt der deutschen Geschichte werden, für den ich mich mit glutvoller Energie einsetze.

Goering: Auch er rechne damit, daß mit der politischen Befriedigung auch die Wirtschaft zur Ruhe kommen werde. Experimente würden nicht gemacht. Um aber zum Ziele zu kommen, müssen am 5. März alle Kräfte aufgeboten werden. [...] Die inneren politischen Widerstände seien zum größten Teil ausgeräumt. [...] Die heute vorhandene Einigung [mit anderen sinnesverwandten Gruppen] müßte aber noch vertieft werden. Wie auch die Wahl ausfalle, die Kräfteverteilung [zwischen NSDAP und DNVP] solle dieselbe bleiben. In dem bevorstehenden Kampf hat jeder an seiner Stelle zu wirken. Die Deutschnationalen werden da angreifen, wo Erfolge für die Nationalsozialisten nicht mehr zu erzielen sind. Andererseits wird den Nationalsozialisten eine Arbeit aufgegeben, die für die anderen aussichtslos ist. Ohne Zweifel haben wir die meiste Arbeit zu leisten, denn wir müssen mit unseren S.A.-Leuten in die dunkelsten Quartiere der Großstädte vordringen und dort von Mund zu Mund wirken und um jede einzelne Selle kämpfen.

Goering ging ziemlich eingehend auf die großen mit diesem

Wahlkampf verbundenen Gefahren ein. Er leitete dann sehr geschickt über zu der Notwendigkeit, daß andere nicht im politischen Kampf stehende Kreise wenigstens die nun mal erforderlichen finanziellen Opfer bringen müßten. Sie seien umso notwendiger, da das Geld der Steuerzahler auch nicht mit einem Pfennig in Anspruch genommen werde. Staatsmittel würden nicht verwandt. Das erbetene Opfer würde der Industrie sicherlich umso leichter fallen, wenn sie wüßte, daß die Wahl am 5. März die letzte sicherlich innerhalb 10 Jahren, voraussichtlich aber in 100 Jahren sei.

50. Notiz Gustav Krupps von Bohlen und Halbach vom 22. Februar über sein Dankwort nach Hitlers Ansprache vor etwa 25 Industriellen am 20. Februar

Dem Reichskanzler Hitler habe ich am 20. ds. Mts. den Dank der anwesenden etwa 25 Herren aus der Industrie zum Ausdruck gebracht dafür, daß er uns ein so klares Bild des Aufbaues seiner Gedankenwelt gegeben habe. Ich habe dabei betont, daß es nicht angebracht sein würde, in eine Diskussion im Einzelnen einzutreten, daß ich aber gerne 3 Punkte hervorheben möchte, in denen wohl alle Anwesenden ihm beistimmen würden;

1. daß es höchste Zeit sei, endlich einmal in Deutschland Klarheit in den innerpolitischen Fragen zu schaffen.
2. daß wir gleich ihm die Aufgabe jeder Regelung darin sähen, das Gesamtinteresse des deutschen Volkes zu fördern, nicht dasjenige einzelner Berufe oder Stände.
3. daß auch unserer Überzeugung nach nur in einem politisch starken, unabhängigen Staate Wirtschaft und Gewerbe zur Entwicklung und zur Blüte kommen könnten.

51. »Er muß schon eine abgrundtiefe Abneigung gegen das junge nationalsozialistische Deutschland haben«
Aus einem Artikel ›Adenauer und der Nationalsozialismus‹ im ›Westdeutschen Beobachter‹ vom 21. Februar

In diesen Tagen und Wochen der Erhebung des deutschen Volkes gegen Marxismus und Judentum und internationale Sklaverei entlarven sich [. . .] jene, die in der hinter uns liegenden Zeit sich hier und da den Anschein zu geben versuchten, als hätten sie doch etwas von Größe an sich.

Zu diesen zählt zweifellos Herr Dr. h. c. Adenauer, Oberbürgermeister von Köln und Präsident des Preußischen Staatsrates. Er muß schon eine abgrundtiefe Abneigung gegen das junge nationalsozialistische Deutschland haben. Anders ist sein Verhalten in diesen Tagen, welches nicht nur unklug und kleingeistig, sondern auch im höchsten Maße herausfordernd ist, nicht zu erklären!

Sein Widerspruch im Drei-Männer-Kollegium [des Preußischen Staatsrats] gegen die Auflösung eines unmöglichen Landtags zeigte seine innere Verbundenheit mit dem Marxismus, von dem das Zentrum wie auch Herr Adenauer persönlich offenbar nicht mehr loskommen. Die Ablehnung der Rheinbeleuchtung gelegentlich der Anwesenheit des Reichskanzlers [in Köln am 19. Februar], die er mit dem angeblich »parteipolitischen« Charakter der Veranstaltung begründete, bewies, daß Adenauer ein Mann des Parteienstaates und der Klassen- und Konfessionsgegensätze geblieben ist! [...]

Derselbe Herr Adenauer ordnete persönlich (!) die Entfernung der Hakenkreuzfahnen von den Masten der Hängebrücke [anläßlich der Hitler-Kundgebung] an. [...]

Herr Adenauer mag wissen, daß solche Herausforderungen sich in Zukunft rächen werden!

52. »Kann man da eigentlich mitmachen?«
Aus einem Privatbrief des deutschen Gesandten in Oslo, Ernst Freiherr von Weizsäcker, vom 22. Februar

Nun tauchen wieder die von 1918/19 gewohnten Probleme auf: Kann man da eigentlich mitmachen? Wie sichert man dem noch intakten Teil der Bürokratie den nötigen Einfluß? Wie bringt man die richtige »mesure« in das neue System? Wie sorgt man für die Rücksicht auf Reichs-Einheitsfragen?

53. *»Hitler mag kein Staatsmann sein, aber er ist ein ungewöhnlich geschickter und kühner Demagoge«*
Aus einem Bericht des britischen Botschafters in Berlin, Rumbold, an Außenminister Simon vom 22. Februar

5. Die Regierung ist z. Zt. mit dem Wahlkampf beschäftigt. In den meisten zivilisierten Ländern würden die Reden der Nazi-Führer als bewußte Aufhetzung zu Gewalttätigkeiten angesehen werden. Tatsächlich haben sie schon ihre Billigung für politischen Mord zum Ausdruck gebracht, indem sie einem Nazi-Gangster, einem gewissen Maikowski, der Anfang Dezember einen Kommunisten umgebracht hatte und nun selbst in der Nacht vom 30. Januar von Kommunisten erschossen wurde, als er an der Spitze seines Sturmes vom Fackelzug zurückkehrte, ein Staatsbegräbnis bereiteten. Am 5. Februar wurden Maikowski und ein Polizist, der am gleichen Abend ermordet worden war, auf Hitlers Befehl zusammen beerdigt, wahrscheinlich mit dem Hintergedanken, die Sympathien der republikanischen Polizei für das neue Regime zu gewinnen. Ich erwähne diese Feier nur, weil sie in gewisser Weise charakteristisch ist für die erstaunlichen Verhältnisse, die jetzt in diesem Land herrschen. Der Polizist, der ein Katholik, und der Gangster, der ein Freidenker war, lagen im lutherischen Dom von Berlin aufgebahrt und – als Krönung dieser Travestie einer feierlichen Handlung – legte der Ex-Kronprinz Kränze an den Särgen des Gangsters und des Polizisten nieder, der, wie sich herausstellte, ein treuer Anhänger der Linken gewesen war. [. . .]

8. Hitler mag kein Staatsmann sein, aber er ist ein ungewöhnlich geschickter und kühner Demagoge mit einem enorm feinen Gespür für das Volksempfinden. Durch das einfache Verfahren der ständigen Wiederholung hat er die Jugend dieses Landes überzeugt, daß die gegenwärtige Arbeitslosigkeit das Werk der aufeinanderfolgenden Linksregierungen sei. Deutschland, so behauptet er, ist ein Trümmerhaufen. Die Grundwahrheit aber ist, daß Deutschland 1918 ein Trümmerhaufen war und die deutschen Linksparteien, die sogar in Versailles auf gewisse Sympathien stießen, das Gefüge des Reiches retteten, seine Einheit bewahrten und es schließlich wieder aufbauten. [. . .]

9. Sowohl die Linksparteien als auch das Zentrum ringen mit einer schwierigen Lage, sind aber noch nicht ernsthaft erschüttert. Die Kommunisten, deren Obstruktionstaktik im Reichstag und [preußischen] Landtag dazu beigetragen hat, das Land in

seine derzeitige Lage zu bringen, stehen unter sehr starkem Druck und haben zur Zeit ihr Überlegenheitsgefühl verloren. Die Nazi-Stürme sind jetzt mit dem guten Modell einer automatischen Pistole ausgerüstet, und die Polizei, der vom preußischen Innenminister, Herrn Severing, der Waffengebrauch nur in dringenden Fällen der Selbstverteidigung erlaubt war, ist nun angewiesen worden, erst zu schießen und danach zu untersuchen. [...]

10. Die Sozialdemokraten [...] sind ganz offensichtlich durch die ungeheuren Schwierigkeiten entmutigt, denen sie gegenüberstehen. [...] Sie spüren, daß sie die Geprellten der Erfüllungspolitik waren, die dazu führte, daß sie nun zwischen zwei Stühlen sitzen. Solange sie an der Macht waren und diese Politik verfolgten, wurden ihrer Regierung von den Franzosen Demütigung auf Demütigung zugefügt. Als Herr von Papen das Reichskanzleramt übernahm, erfolgte in der französischen Politik ein radikaler Wandel; und die Frucht, die sie und das Zentrum so sorgfältig hatten wachsen lassen, wurde nun von ihren Gegnern gepflückt. Die Politik der Bedrängung und Demütigung Deutschlands schien für sie mit dem Sturz der Regierung Müller [1930] beendet, so daß die Nationalsozialisten und Deutschnationalen behaupten können, der Aufstieg ihres Glücks falle zusammen mit einem grundlegenden Wandel in der Haltung der früheren Feindmächte gegenüber Deutschland. Zweifellos kann die Rechte den Anspruch erheben, daß sie die Aufhebung der Reparationen und die Anerkennung des Gleichberechtigungsprinzips [in der Rüstungsfrage] erreicht hat. Vernünftige Leute erkennen an, daß die Vorarbeit hierzu von Dr. Brüning und seinen Vorgängern geleistet wurde, aber der Pöbel ist in keinem Land vernünftig. [...]

12. [...] ich bin ernsthaft in Sorge wegen der Aussicht, daß die Fundamente der bürgerlichen Freiheiten und des parlamentarischen Regierungssystems in diesem Land endgültig unterminiert werden, wenn die Wähler nicht zur Vernunft kommen oder wenn Präsident von Hindenburg Geist und Buchstaben der Verfassung nicht mehr Achtung bezeugt, als er dies in der letzten Zeit tat. Ich erfuhr aus zuverlässiger Quelle, daß Hindenburg dem Einwand gegenüber sehr zugänglich geworden sei, seine Haltung 1918 sei nicht ganz untadelig gewesen und daß sein Verhalten als preußischer Offizier, als er dem König von Preußen den Rat gab, aus seinem Land zu fliehen, seiner selbst unwürdig gewesen sei und daß er jetzt die Gelegenheit

nutzen solle, durch die Wiedereinsetzung der Rechtsparteien in die Macht vor der Geschichte Wiedergutmachung zu leisten.

54. *Gerüchte über eine geplante Bartholomäus-Nacht und ein simuliertes Attentat auf Hitler*
Aus dem Tagebuch Harry Graf Kesslers (Berlin) vom 22. Februar

Abegg bestätigte die Nachricht von der Absicht der Nazis, ein Attentat auf Hitler zu simulieren. Löbe beabsichtige, die Sache in den nächsten Tagen in einer Rede publik zu machen. Aber auch das werde nichts mehr nützen. Glücklicherweise werde der Spuk nicht lange dauern, weil die Nazis und Papen-Hugenberg aneinandergeraten müßten. Er schätze etwa sechs Wochen, spätestens aber bis in den Juli. Dann werde aber Abrechnung gehalten werden; nicht wie 1918! Mich warnte Abegg noch einmal eindringlich; ich solle ja vor den Wahlen fortgehen. Es handele sich jetzt nur darum, die nächsten Wochen zu überleben.

Mein Diener Friedrich bestätigte indirekt und unabsichtlich die Warnungen Abeggs. Er kam gestern zu mir und bat um Urlaub, weil sein Vater, ein alter Beamter a. D. und Nazi in Pankow, ihn dringend zu sprechen wünsche. Heute kam er und sagte, er müsse von mir fort; sein Vater habe das ihm absolut befohlen, weil in der nächsten Zeit ›Unangenehmes‹ bei mir im Hause zu erwarten sei und er nicht wünsche, daß sein Sohn darein verwickelt würde. Der Junge war kreidebleich. Ich sagte ihm, er könne gehen, wenn er Angst habe; ich wolle niemanden in Gefahr bringen. Aber vielleicht werde er es später einmal bereuen, seinen Herrn in einer kritischen Stunde verlassen zu haben. Schließlich sagte er, er wolle sich die Sache noch überlegen und mir morgen Antwort geben.

55. Beschwerde-Telegramm der württembergischen DDP an Reichspräsident Hindenburg wegen der Störung von Wahlveranstaltungen des württembergischen DDP-Vorsitzenden und Wirtschaftsministers Reinhold Maier vom 22. Februar

Die NSDAP, deren Führer Sie zum höchsten Beamten des Reichs ernannt haben, macht durch ein System von Gesetzwidrigkeiten einem anders denkenden bürgerlichen Politiker den Vortrag seiner politischen Anschauungen unmöglich, schüchtert die ruhige Bürgerschaft ein und leitet den Wahlkampf in einen offenen Bürgerkrieg über. Die ortspolizeilichen Organe leisten das Menschenmögliche. Sie können zwar die Person des Redners schützen, nicht aber die verfassungsmäßig gewährleistete Versammlungs- und Redefreiheit. Durch die Dezemberamnestie ist jede nachhaltige Achtung vor dem Gesetz geschwunden. Das besonnene Bürgertum in Württemberg blickt auf Sie, hochverehrter Herr Reichspräsident, als den letzten Hort für Recht und Ordnung in Deutschland. Wir geben Ihnen davon Kenntnis, wie eine große Regierungspartei vor der Entscheidungswahl des deutschen Volkes das Gesetz mit Füßen tritt, und bitten Sie, darauf einzuwirken, daß die NSDAP die Wahlfreiheit nicht weiter durch Mittel der Gewalt beeinträchtigt.

56. »Eberts Sohn an Hindenburg«
Bericht der ›Vossischen Zeitung‹ vom 22. Februar

Friedrich Ebert, der älteste Sohn des ersten Reichspräsidenten, veröffentlicht einen offenen Brief an Hindenburg, in dem er darauf hinweist, daß er drei Jahre in der Hölle von Verdun, im Schnee und Eis der Karpaten, in den Sümpfen Rußlands und in Oberitaliens Sonnenlandschaft unter des Marschalls Oberbefehl gekämpft und geblutet habe, zwei seiner Brüder seien vor Monastier und am Chemin-de-Dames gefallen. Gegenüber Hitlers Behauptung, »14 Jahre Marxismus hätten Deutschland ruiniert«, erinnert Eberts Sohn an das Schreiben Hindenburgs vom 8. Dezember 1918. Er wende sich, so hieß es darin, an Ebert, weil ihm berichtet wurde, »daß auch Sie als treuer deutscher Mann Ihr Vaterland über alles lieben unter Hintanstellung persönlicher Meinungen und Wünsche, wie auch ich es habe tun müssen, um der Not des Vaterlandes gerecht zu werden. In diesem Sinne habe ich mich mit Ihnen verbündet zur Rettung unseres Volkes vor dem drohenden Zusammenbruch ...« Weiter zitiert Friedrich Ebert die Rede, die Hindenburg bei seinem Amtsantritt, dem 12. Mai 1925, hielt. Darin nahm der neue Reichspräsident Bezug auf die vorausgegangene Würdigung seines Amtsvorgängers durch den Reichskanzler Luther und erklärte weiter: »Unbestritten ist sein Verdienst um die Wiederherstellung von Ruhe und Ordnung in Deutschland nach dem Zusammenbruch unseres Volkes. Das wird jederzeit dankbar im deutschen Volke auch von seinen politischen Gegnern anerkannt werden. *Sein Streben war immer darauf gerichtet, dem deutschen Volke treu zu dienen.«*

Zum Schluß wirft Eberts Sohn die Frage auf, warum Hindenburg nichts zur Ehrenrettung seines Vaters tue und warum auch seine verstorbenen Mitarbeiter Stresemann und Hermann Müller schutzlos geblieben seien, vor deren Särgen Hindenburg in Ehrfurcht sein greises Haupt geneigt habe.

57. Terrormaßnahmen gegen die Zentrumspartei und die Linksparteien

Ein Bericht des amerikanischen Botschafters in Berlin, Sackett, an Außenminister Stimson vom 23. Februar

Göring erließ gestern Sonderanweisungen an die preußische Polizei, in denen er praktisch verlangt, die SA und den »Stahlhelm« im Wahlkampf zu schützen, jedoch ähnliche Organisationen der Oppositionsparteien als Staatsfeinde zu behandeln, die rücksichtslos unterdrückt werden müssen. Diese Anweisungen haben die Nazis ermutigt, im Wahlkampf sowohl gegen die Zentrumspartei als auch gegen die Linksparteien Terrormethoden anzuwenden. Die Auflösung einer Zentrums-Versammlung in Krefeld, bei der der Hauptsprecher, der frühere Reichsarbeitsminister Stegerwald, von Nazis tätlich mißhandelt wurde, wird mit Bestürzung als ein Anzeichen für den Gang der Entwicklung in der Schlußphase dieses ungewöhnlich stürmischen Wahlkampfes betrachtet. In einem Leitartikel hat die Zentrums-Zeitung ›Germania‹ an Hindenburg appelliert, seine Autorität als Reichspräsident einzusetzen, um derartigen politischen Ausschreitungen Einhalt zu gebieten.

Gestern forderten Hitler und Göring ihre Anhänger in öffentlichen Appellen dazu auf, Disziplin zu wahren. Dabei schreiben sie die Attacken auf Zentrums-Versammlungen »provokatorischen Elementen« zu. Dies ist nur ein taktisches Manöver.

Alarmierende Gerüchte, wonach die Regierung die offene Verletzung der Verfassung plane, wenn bei der Wahl die machthabenden Parteien keine klare Mehrheit erhielten, finden weite Verbreitung. Die wiederholte Knebelung der Presse trägt zum Umlauf derartiger Gerüchte bei.

Die Säuberung der Verwaltung von republikanischen Beamten wird fortgesetzt.

58. »Mit der Reichsverfassung nicht vereinbar«
Von Konrad Adenauer (Zentrum) begründeter Protest des Preußischen Staatsrats gegen Maßnahmen der Reichsregierung und der Reichskommissare für Preußen vom 23. Februar

1. Die durch Verordnung vom 4. Februar 1933 verfügte allgemeine Auflösung aller kommunalen Vertretungskörperschaften widerspricht den gesetzlichen Bestimmungen. Der Staatsrat beschließt, die Auflösung derjenigen Wahlkörper, von denen die Mitglieder des Staatsrats gewählt sind (Provinziallandtage usw.), durch Klage beim Staatsgerichtshof anzufechten.
2. Die am 6. Februar 1933 erlassene »Verordnung zur Herstellung geordneter Regierungsverhältnisse in Preußen« ist mit der Reichsverfassung und dem Urteil des Staatsgerichtshofs vom 25. Oktober 1932 nicht vereinbar.
3. Die am 6. Februar 1933 durch den Präsidenten des Landtags und den Reichskommissar für das Land Preußen beschlossene Auflösung des Preußischen Landtags ist verfassungswidrig.
4. Die im ›Amtlichen Preußischen Pressedienst‹ mitgeteilten Runderlasse des Kommissars des Reiches für das preußische Ministerium des Innern vom 10. und 17. Februar 1933 verstoßen gegen die Artikel 109 und 114 der Reichsverfassung, da sie eine verschiedene Behandlung der Staatsbürger durch Staatsorgane anordnen.
5. Diese Erlasse entehren nicht nur weite Schichten des deutschen Volkes, sondern sie schaffen ganz offensichtlich zweierlei Recht, beeinflussen die Polizeibehörden in einseitigem Maße und schaffen dadurch eine Rechtsunsicherheit, die der Herstellung geordneter Verhältnisse im Lande Preußen widerspricht.

Der Staatsrat ersucht seinen Präsidenten, dem Reichspräsidenten die schweren Bedenken gegen den Fortbestand dieser Erlasse zu unterbreiten und den Reichspräsidenten persönlich zu bitten, für die Aufhebung der Erlasse Sorge zu tragen.

59. *»Die Weimarer Parteien wollten das gleiche, was die gegenwärtige Regierung will«*
Aus einer Berliner Rede Wilhelm Piecks (MdR KPD) vom 23. Februar

Die gegenwärtige Regierung hat scharfe Anklagen gegen die 14 Jahre seit der November-Revolution gerichtet, und in ihrem Wahlaufrufe vom 1. Februar hat sie vier Jahre gefordert, um das Elend dieser vierzehn Jahre zu beseitigen. So berechtigt die Anklagen sind gegen die Politik der 14 Jahre, die Kommunisten haben unausgesetzt diese Anklagen erhoben, so muß doch gesagt werden, daß die nationalsozialistische Partei nicht befugt ist, Anklage zu erheben, weil sie die gleiche Politik übernimmt, die von den Parteien der Weimarer Koalition geführt wurde. Falsch ist die Behauptung, daß in diesen 14 Jahren eine marxistische Politik getrieben wurde. In diesen 14 Jahren wurde eine echt kapitalistische Politik getrieben, und die Weimarer Parteien wollten das gleiche, was die gegenwärtige Regierung will: den Kampf gegen den Kommunismus zum Schutze des kapitalistischen Systems.

60. *»Fritz Schäffer spricht gut bayerisch«*
Aus einem Zeitungsbericht über eine Rede des Vorsitzenden der Bayerischen Volkspartei und Leiters des bayerischen Finanzministeriums Fritz Schäffer auf dem Bauerntag des Christlichen Bauernvereins in Würzburg am 23. Februar

Wir haben den anderen Parteien gesagt: alle Parteien haben dem Vaterlande und dem deutschen Volk zu dienen und in Ruhe und Ordnung und ohne Bürgerkrieg den Willen des Volkes zu vollziehen. Unter diesen Bedingungen sind wir bereit, mit jeder Partei zusammenzuarbeiten, die guten Willens ist. Wir haben in Bayern seit dem Bestehen der Bayerischen Volkspartei eine schwarz-rote Koalition nicht gekannt, und ein Regieren mit den Sozialdemokraten stets abgelehnt. Wir gehen aber in Bayern nicht soweit, daß wir die Leute, die neben uns im Schützengraben gelegen haben, als nicht national verschreien und sie aus den Listen des deutschen Volkes streichen. Das Volk geht zugrunde, das Partei und nationalen Namen miteinander verwechselt. Wir lehnen es ab, die Millionen deutscher Sozialdemokraten, die für das Vaterland gekämpft haben, als vaterlandslose Gesellen zu bezeichnen.

Wir sind auch bereit mit den Nationalsozialisten zu regieren, wenn sie nur dem Vaterlande und dem Staate dienen wollen. Das gibt es aber nicht, daß wir eine Partei in die Regierung hineinnehmen, welche die Regierung ihren Parteizwecken dienstbar machen will. Da wird man in Bayern ein ehernes Nein finden, eine Grenze, die nie überschritten werden darf. [...]

Hitler mußte 48 Stunden vor der Regierungsbildung genau wissen, daß Papen die Frage, ob Zentrum und Bayerische Volkspartei bereit wären, sich an der Regierungsbildung zu beteiligen, mit Ja beantworten würde; er mußte wissen, daß nach der Regierungsbildung beide Parteien, obwohl sie nicht gefragt worden waren, die Regierung Hitler dulden würden, ohne daß diese ein Mißtrauensvotum zu befürchten gehabt hätte. [...]

Hugenberg erklärte Schäffer persönlich, daß er zu einer Regierungsbildung mit Zentrum und Bayerische Volkspartei nicht bereit sei. [...]

Bayern ist ein Land des konfessionellen Friedens und der konfessionellen Toleranz, die viele Jahrhunderte älter ist als die Kultur östlich der Elbe. Der Dom zu Bamberg hat bereits bestanden, als auf dem Boden, wo heute Berlin steht, noch die Wildschweine herumliefen. Wenn man im ganzen Deutschen Reiche nach der bayerischen Toleranz gehandelt hätte, gäbe es keine konfessionellen Gegensätze. Hugenbergs Geist kommt aus einer antikatholischen Anschauung, die er aus dem Osten von Deutschland bezogen hat. Wir Katholiken möchten den deutschnationalen Führer fragen:

Waren wir deutsche Katholiken, wir Bayern nicht gut genug, auch im Schützengraben zu liegen, waren unsere Frauen nicht gut genug dazu, ihre Tränen über deutsche Gräber zu weinen; haben unsere katholischen Kinder nicht genauso Hunger gelitten, wie die andern? Haben die deutschen Katholiken den Kampf gegen die Revolution im Jahre 1918 nicht am leidenschaftlichsten durchgeführt? [...]

Wir Bayern haben uns der Vergangenheit nicht zu schämen. Bayern war das Land, wo der nationale Gedanke nach der Revolution am ersten wieder guten Klang gefunden hat; das Land, das den Kampf gegen die Kriegsschuldlüge aufgenommen hat, das im Jahre 1925 in schwerem Gewissenskonflikt Hindenburg gegen Marx als Reichspräsidenten empfohlen hat und trotz mancher Bedenken ihm auch im Jahre 1932 wieder im Kampfe gegen Hitler zum Siege verholfen hat.

Und heute müssen wir es erleben, daß in einem Regierungsaufruf alle die Millionen Deutschen, die nicht das Hakenkreuz oder das Hugenberg-Abzeichen tragen, als unnational verschrien werden. [...]

Diese Regierungserklärung hat in Deutschland eine Kluft aufgerissen und hat alles zerschlagen, was in den 14 Jahren geleistet wurde. Wir hatten die Straßen dem Verkehr zurückerobert, die Parteifahnen von den Amtsgebäuden heruntergeholt, der Presse die Freiheit in Deutschland wieder gegeben, die Sicherheit im Staat wieder hergestellt. Und heute ist das alles wieder gefährdet. Wir erleben heute wieder den Bürgerkrieg auf den Straßen, der Terror ist in den Versammlungen wieder eingerissen, Leute wie Stegerwald werden niedergeschlagen, es werden Feuerüberfälle auf die Bayern- und Pfalzwacht unternommen, die Presse wird wieder geknebelt, die freie Meinung versklavt, es regnet täglich Presseverbote. Die Regierungspresse darf aber schreiben, was sie will, ohne verboten zu werden. So durften die Hamburger Nachrichten kürzlich schreiben: Schmeißt die katholischen Bayern aus dem Reichsverbande hinaus, mit den andern werden wir schon fertig. Die gleiche Zeitung durfte auch Hindenburg zum Verfassungsbruch auffordern. Die Zeitung wurde nicht verboten, wohl aber die katholische ›Germania‹, die nichts weiter getan hat, als einen Aufruf der katholischen Verbände abzudrucken, die voller Sorge über die kritische Entwicklung Deutschlands waren. [...]

Die Selbständigkeit der Länder ist stark gefährdet, weil die Freiheit der Länder ein großes Hindernis ist, um das preußische Polizeisystem weiter auszubreiten. Papen hat erklärt, daß die Nationalsozialisten in alle Länder Reichskommissare senden wollen, deren Regierung nicht nationalsozialistisch gesinnt ist. [...] Dazu will ich erklären, daß ein Reichskommissar, der nach Bayern kommen soll, von der bayerischen Polizei an der bayerischen Grenze verhaftet wird. (Stürmischer Beifall) [...]

Haben wir [...] nicht die Pflicht, vor der gesamten deutschen Öffentlichkeit zu mahnen und zu warnen, daß der Staat zugrunde geht, in dem Recht und Freiheit nicht mehr geachtet werde? Deutschland wird nur solange eine einige Nation sein, als Recht und Freiheit geachtet wird.

Die Monarchie [... war] besser vor dieser Gefahr geschützt als die heutige Republik (Bravo!). Es ist unsere innere Überzeugung, daß die Hugenberg-Regierung gewollt hat, daß die katholischen Kräfte in Deutschland im politischen Leben keinerlei Einfluß haben sollen! Und deshalb habe man das Zentrum und die Bayerische Volkspartei ausgeschlossen.

Wir wollen den konfessionellen Frieden! Gibt man uns ihn nicht freiwillig, so werden die deutschen Katholiken als geschlossene Einheit sich ihren Willen erkämpfen. Wir fordern auch, daß die deutschen Länder ihre Selbständigkeit behalten. Bevor wir uns in Bayern von Berlin aus einen Hohenzollernprinzen nach Bayern schicken lassen, werden wir uns wieder einen Vertreter unseres angestammten Königshauses Wittelsbacher holen.

Lieber als eine Parteidiktatur, lieber als eine Sklaverei, ist uns die Erinnerung an eine Vergangenheit, wo wir als freie Bürger unter der Krone Bayerns glücklich gelebt haben.

Wenn Verfassung und Recht nicht mehr geachtet werden, wenn die obersten Hüter der Verfassung die Entscheidungen des Reichsgerichtshofes nicht mehr achten, wenn Verfassung und Recht in Berlin keine Bindung mehr bedeuten, dann sind wir in Bayern frei geworden, uns die Staatsform zu wählen, die wir wollen. Damit weiß die Öffentlichkeit, daß es ein gefährliches Beginnen ist, den dickköpfigen Bayern in seinem Rechtsgefühl und Freiheitsgefühl anzugreifen. Wir wollen keinen Konflikt in Deutschland suchen, gerade in diesen Tagen wollen wir unsere Ruhe bewahren. Wenn aber der Konflikt an uns herangetragen wird, wird es in Bayern Leute genug geben, die bereit sind, sich für die Eigenstaatlichkeit Bayerns mit ihrem Leben einzusetzen.

Ich habe keinen Zweifel, daß unsere Weltanschauungspartei aus diesem Kampf machtvoll und geschlossen als Sieger hervortritt. Der katholische Volksteil Bayerns beugt sich auch keinem Terror. Wir suchen keine Händel, wir reichen die Hand zu gemeinsamer deutscher Arbeit, aber auf den Bahnen unserer bayerischen Politik. Wir sind entschlossen, unser bayerisches Haus und unsere bayerische Heimat in Ordnung zu halten. In uns lebt der Wunsch, Einigkeit und Recht und Freiheit wieder miteinander in Einklang zu bringen und dann werden wir auch wieder singen können »Gott mit dir, du Land der Bayern«.

61. »Dieser ›nationalen‹ Regierung schäme ich mich als Deutscher und als evangelischer Christ«
Aus einem Brief Prof. Karl Ludwig Schmidts (Bonn) an Martin Buber vom 23. Februar

Ich kann mir nicht helfen: dieser »deutschen«, dieser »nationalen« Regierung schäme ich mich als Deutscher und als evangelischer Christ.[. . .] Gegenüber der offiziellen Parole des Evangelischen Bundes, daß sich jeder Evangelische für *diese* Regierung einzusetzen habe, gegenüber den Nazi-Anträgen, die »Religion« auf Berufsschulen obligatorisch zu machen usw. usw., wird man gerade um der recht verstandenen Kirche willen die Freiheit des Gewissens – schließlich handelt es sich hier nun doch nicht um einen liberalen Ladenhüter – betonen müssen. Dabei wird es bei aller Sympathie für das Zentrum, das in Bonn natürlich sehr mächtig ist, nicht ohne Kampf mit dem Katholizismus abgehen.

62. ». . . bitte ich daher, von den mit mir als Redner vorgesehenen Veranstaltungen abzusehen«
Aus einem Schreiben des ehemaligen preußischen Innenministers und Berliner Polizeipräsidenten A. Grzesinski (SPD) an die SPD-Parteisekretäre in Dortmund, Frankfurt/M., Altona und Kiel vom 24. Februar

Mir sind mehrere Versammlungen gesprengt worden und ein erheblicher Teil der Versammlungsbesucher mußte schwer verletzt weggeschafft werden. Im Einverständnis mit dem Parteivorstand bitte ich daher, von den mit mir als Redner vorgesehenen Versammlungen abzusehen. Nach Lage der Dinge gibt es offenbar auch keinen polizeilichen Schutz mehr, der ausreichen würde, dem aggressiven Vorgehen der SA und SS in meinen Versammlungen zu begegnen.

In Hindenburg ist Genosse Nölting mit knapper Not dem Totschlag entronnen. Bei mir war es in Langenbielau ähnlich. Einer meiner Begleiter wurde niedergeschlagen. In Breslau ist gestern abend nur durch eine zufällige Verzögerung eingesetzter SA-Formationen namenloses Unglück verhindert worden. Eine große Anzahl von Verwundeten hat es trotzdem gegeben, in einer Stadt, die bisher stets Versammlungssprengungen von Andersgesinnten hat vorbeugend verhindern können.

Ich bedauere selbst am tiefsten, Euch diese Mitteilung machen und diesen Entschluß fassen zu müssen. Es ist auch erst nach reiflicher Überlegung mit Mitgliedern des Parteivorstandes geschehen und nachdem auch in bezug auf andere Genossen ähnlich entschieden worden ist.

63. *Die »Praxis der permanenten Revolution« zerstört die »Grundlagen des Rechtsstaates«*

Aus einem Artikel von Heinrich Scharp in der ›Rhein-Mainischen Volkszeitung‹ (Frankfurt a. M.) vom 27. Februar

Es ist die Praxis der permanenten Revolution, die im Begriffe steht, die Grundlagen des Rechtsstaates ... zu untergraben und zu zerstören. Es ist ein revolutionärer Prozeß, der den Staat aus der Stellung über den Parteien herausstößt und eine Partei an seine Stelle setzen will, die sich anmaßt, für sich allein den Staat darzustellen und zu beherrschen. Die Machtverteilung, mit der der Nationalsozialismus sich bei der Bildung der gegenwärtigen Reichsregierung abfinden mußte, macht diesen Umwälzungsprozeß nicht an allen Stellen sichtbar. Aber in dem Machtbereich, der dem Reichskommissar Göring anvertraut ist, wird der Faschismus als Gegenbewegung gegen den Rechtsstaat am weitesten vorgetrieben. Daran ist tatsächlich, wie immer auch die Dinge juristisch liegen mögen, kein Zweifel mehr möglich.

64. *Unterdrückung der Pressefreiheit*

Aus einem Bericht des amerikanischen Botschafters in Berlin, Sackett, an den amerikanischen Außenminister Stimson vom 27. Februar

Im Laufe dieses Monats wurden ungefähr 150 Zeitungen verboten – meistens sozialdemokratische oder kommunistische Blätter, wenngleich auch eine große Anzahl von Zeitungen der Zentrumspartei wegen der Veröffentlichung eines Wahlappells führender katholischer Vereine unterdrückt wurden. Nach einer Unterredung zwischen Führern der Zentrumspartei und Minister Göring ist dieses Verbot, nachdem es einen Tag in Kraft war, allerdings wieder aufgehoben worden. Das Verbot vieler linker Zeitungen in Preußen wird täglich vom Staatsgerichtshof für nichtig erklärt, aber die Unterdrückungsaktionen halten unvermindert an.

Exakte Beschreibungen der Verhältnisse in Deutschland erscheinen nur in der ausländischen Presse. Die im Reich veröffentlichten Blätter fürchten sich nicht nur, zu berichten, was in Deutschland geschieht, sondern sind auch sehr vorsichtig im Abdruck von Meldungen der ausländischen Presse über die Lage in Deutschland. [...] Selbst sehr vorsichtige Kritik an den Taten der Regierung wird immer mehr zu einer Seltenheit.

65. »Den ham's doch natürlich selber ang'steckt«
Aus dem Tagebuch Erich Ebermayers (Leipzig) vom 27./28. Februar

[...] plötzlich, zu Beginn der Mitternachtsnachrichten, kommt die erregte Stimme des Ansagers aus dem Radio: *»Der Reichstag brennt!«* Jedes Gespräch in dem kleinen Café erstickt. Wir erfahren: der Deutsche Reichstag in Berlin ist heute abend von Kommunisten in Brand gesteckt worden. Der ganze Bau steht in hellen Flammen. Die Kuppel droht einzustürzen. Einer der Täter, ein junger holländischer Kommunist namens van der Lubbe, ist verhaftet.

Wir sind wie erstarrt. Diese Wahnsinnstat kurz vor den Wahlen, kurz vor dem von Goebbels so groß vorbereiteten »Tag der erwachenden Nation« ist nicht zu begreifen! Was sollte die Kommunisten zu einer solch herostratischen Verzweiflungsaktion getrieben haben? Wissen sie nicht, daß dies den Nazis nur höchst willkommen sein kann? [...]

Mein Vater sitzt noch arbeitend an seinem Schreibtisch. Ich bringe ihm die Nachricht. Er schweigt ein paar Sekunden, dann sagt er in seinem reinsten Bayrisch:

»Den ham's doch natürlich selber ang'steckt –!«

Aber der verhaftete Kommunist? Können sie den einfach erfinden? Der große Kriminalist mit fünfzig Jahren Erfahrung lächelt ...

II. Von der Machtübernahme Hitlers zu ihrer Scheinlegalisierung durch Reichstagsbrandverordnung (28. Februar 1933) und Ermächtigungsgesetz (23. März 1933)

66. »Ein historischer Tag ersten Ranges«
Aus dem Tagebuch Harry Graf Kesslers (Berlin) vom 27. Februar

Ein historischer Tag ersten Ranges. Das geplante Attentat hat heute stattgefunden, aber nicht auf Hitler, sondern auf das Reichstagsgebäude. [. . .] Nachmittags bin ich bei Hilferding gewesen. Er teilte mir streng vertraulich und »nur für mich« mit, daß Schleicher, der weiterhin im Reichswehrministerium wohnt, äußerst aktiv gegen die jetzige Regierung wirke. Hilferding weiß von dem geplanten Blutbad und sagte, daß er selbst mit Gerlach und Braun unter den ersten fünf Namen auf der Proskriptionsliste stehe. Er geht nach München, da es keinen Zweck hat, sich nutzlos in Berlin abschlachten zu lassen.

67. Hitlers »Ruhm steigt zu den Sternen, der Heiland ist er einer bösen, traurigen deutschen Welt«
Aus dem Tagebuch von Luise Solmitz (Hamburg) vom 28. Februar

Die Kommunisten haben den Reichstag angesteckt, furchtbares Feuer, planmäßig an den verschiedensten Stellen angelegt.

Das ganze Denken und Fühlen der meisten Deutschen ist von Hitler beherrscht, sein Ruhm steigt zu den Sternen, der Heiland ist er einer bösen, traurigen deutschen Welt . . . Was wir an Menschen jeder Bildung, jeden Standes fragen »Was wählt ihr?« – »Na, was jeder wählt; Liste 1. Nur Hitler.« Und einige, wie wir, schwanken zw. 1 und 5 . . . An uns vorüber zog ein ordentlicher junger Mann, sah nichts, hörte nichts, sang mit dröhnender Stimme sein Nazilied, ganz allein. »Es wird geradezu Anbetung, es wird Religion!« sagt Fr.–

Papen brachte in geschickter Weise: »Der deutschen Zwietracht mitten ins Herz!« . . . Er sprach auch von den Konjunkturpolitikern, lehnte sie ab, – baute aber goldene Brücken denen, die noch im letzten Augenblick aus Überzeugung ins nationale Lager hinüberwechseln würden. Er ist ein wundervoller Mensch und Politiker, Papen. Hitler schuf ihn und er wieder war Wegbereiter für Hitlers Kanzlerschaft in vollendeter Großzügigkeit, man möchte sagen in fürstlicher Verschwendung. Die Nazis und die Schwarz-weiß-roten unterscheiden zwei Säulen, die das Dach tragen: braunes Heer und Stahlhelm. Papen kennt eine dritte: die christlich konservative. Um die Leute, die Hitler nicht erfaßt, ringt Papen. Es ist eine einzigartige Arbeitsteilung.

68. *»Verwirrende Umstände« des Reichstagsbrandes*

Aus einem Bericht des französischen Botschafters in Berlin, François-Poncet, an Außenminister Paul-Boncour vom 28. Februar

In der Angelegenheit des Reichstagsbrands sind mehrere Umstände verwirrend. Wenn wirklich die Dokumente, die vorgestern [im Karl-Liebknecht-Haus der KPD] gefunden wurden, Attentate gegen öffentliche Gebäude befürchten ließen, und wenn bereits Überwachungsmaßnahmen organisiert worden waren, dann kann man sich kaum vorstellen, wie in den ersten Nachtstunden im Reichstag mit Teer, Benzin und Stoffteilen unbemerkt eine erhebliche Anzahl von Brandherden gelegt werden konnte.

Die Anwesenheit des Schuldigen selbst am Tatort, während alle seine Komplizen geflüchtet waren, und die Bereitwilligkeit, mit der er sofort alle Geständnisse machte, die die Polizei wünschen konnte, ist ebenfalls erstaunlich. Nicht weniger frappierend ist der Versuch, in diese Affäre die Sozialdemokratische Partei zu verwickeln, die damit ganz offensichtlich nichts zu tun hat, und die Existenz einer sozialistischen Einheitsfront zu beweisen, während allgemein bekannt ist, daß diese Front nicht gebildet werden konnte.

Schließlich ist auch die Eile, mit der das preußische Innenministerium aus dem Attentat eine Rechtfertigung seiner jüngsten, heftig kritisierten Erlasse abgeleitet hat und mit der es zur sofortigen Bildung einer Hilfspolizei geschritten ist, nicht geeignet, den Verdacht zu zerstreuen, den diese ganze Episode erregt. [...]

Man kann sich des Eindrucks nicht erwehren, daß die Gefahr von Links systematisch übertrieben wird, um auf die Wähler einzuwirken, um die Hitler-Bewegung in der Rolle des Retters erscheinen zu lassen und ihr mit Hilfe der dadurch hervorgerufenen Erregung mit legalen Mitteln die Herrschaft zu sichern.

Die Annahme, daß der Reichstagsbrand die Tat des verhafteten holländischen Kommunisten und so, wie er gesteht, gelegt worden ist, kann nicht gänzlich ausgeschlossen werden. Man kann allerdings auch behaupten, daß sie nicht alle Elemente der Wahrscheinlichkeit für sich hat und daß die Polizei und die Regierung das Attentat nicht anders ausgeschlachtet hätten, wenn die Affäre in allen Einzelheiten gestellt worden wäre.

69. »Die Revolution schafft neues Recht«
Aus dem Tagebuch Erich Ebermayers (Leipzig) vom 28. Februar

Jetzt geht's erst richtig los! Gewaltige Empörung in der gesamten, auch der bürgerlichen Presse! Tiefster Abscheu vor dem »bestialischen Angriff auf das geheiligte Symbol der freien Volksvertretung«! Wie auf ein Signal hin fordert die Presse schärfstens rückhaltloses Durchgreifen gegen die hinter den Tätern stehenden Parteien und Gruppen.

Der Reichstag brennt noch immer. Das Gebäude ist auf Jahre, wenn nicht für immer, unbenutzbar. Man wird nachdenklich. Ist dieses Abbrennen des alten Bismarckschen Reichstages nicht mehr als eine Wahnsinnstat Verzweifelter – ist es nicht ein *Symbol?* Geht in diesen Tagen nicht wirklich die Bismarckzeit, das Bismarckreich, endgültig zugrunde? Und ist dieser Reichstag, der nun in Staub und Asche sinkt, nicht *vorher* schon zerstört, unbrauchbar, überholt und nur noch eine Illusion gewesen?

Im Lauf des Tages jagt eine Nachricht die andere. Die gesamte kommunistische und sozialdemokratische Presse ist verboten. Warum denn auch die sozialdemokratische Presse? Die Sozialdemokraten sind die erbittertsten Feinde der Kommunisten und verurteilen die Tat gewiß nicht weniger als die Bürgerlichen. Zwei SA-Männer in Berlin sind in der Nacht erschossen worden, SA und Stahlhelm sind im ganzen Reich als Hilfspolizei alarmiert.

Abends
Sämtliche kommunistische Reichstagsabgeordnete sind unter Bruch des Immunitätsgesetzes verhaftet. Sämtliche kommunistische Parteifunktionäre sind verhaftet. Angeblich auch die Führer der Sozialdemokraten. Warum? Nimmt man an, daß sie hinter der Reichstagsbrandstiftung stehen? Will man behaupten, daß sie Anstiftung und Beihilfe zu dieser Tat geleistet ha-

ben? Aber es scheint, daß man sich abgewöhnen muß, nach juristischen Argumenten zu suchen. Die Revolution schafft neues Recht . . .

Jetzt erst, gestern abend, hat die Revolution wahrhaft begonnen!

70. »Niemand, den ich gesprochen habe, glaubt an eine ›kommunistische Brandstiftung‹«
Aus dem Tagebuch Harry Graf Kesslers (Berlin/Weimar) vom 28. Februar

Beim Reichstagsbrand ist als Brandstifter ein armer Hascher, ein angeblicher holländischer Kommunist, Marinus van der Lubbe, festgenommen worden und hat prompt ausgesagt, er sei von kommunistischen Abgeordneten zu der Tat angestiftet worden; auch mit der SPD habe er in Verbindung gestanden. Dieser etwa Zwanzigjährige soll an mehr als dreißig Stellen im Reichstag Brandmaterial verteilt und angesteckt haben, ohne daß seine Anwesenheit oder Tätigkeit oder die Hereinschaffung dieses massenhaften Materials von irgend jemandem bemerkt worden sei. [. . .]

Niemand, den ich gesprochen habe, glaubt an eine »kommunistische Brandstiftung«. Nebenbei mußte die Zerstörung des verhaßten Reichstages den NSDAP-Leuten auch, abgesehen von jedem politischen Zweck, sympathisch sein.

Nachmittags, als ich gerade auf einen Tag nach Weimar verreisen wollte, kam ein junger Mann, der mich dringend im Auftrage von Plievier sprechen wollte. Er brachte einen Brief von Plievier, der mich bat, ihn zu empfangen. Der junge Mensch, der kreidebleich war, erzählte, Plievier wohne bei ihm; heute früh um sechs seien plötzlich SA-Leute gekommen, um Plievier zu holen. Als sie ihn nicht antrafen, hätten sie die ganze Wohnung zerstört, einen jungen Menschen, der im Bett lag und den sie für Plievier hielten, schrecklich verprügelt und dabei immerfort gebrüllt, an dem Schwein Plievier würden sie sich doch noch rächen. Plievier säße nun irgendwo ohne einen Pfennig Geld und könne nicht fort. Er selbst, der junge Mensch, der mit mir sprach, habe später, als er nach seiner Wohnung zurückkehrte, um zu sehen, was noch aus der Zerstörung zu retten sei, erlebt, wie ein naher Bekannter vor seiner Tür von Nazis niedergeschlagen und wie ein Stück Vieh mißhandelt wurde.

Mit dem Abendzug nach Weimar [...] In Weimar am Bahnhof empfing mich der alte Gepäckträger mit einem ganz verschüchterten Gesichtsausdruck. Hier in Weimar sei es schrecklich, überall »Hilfspolizei« (SA), man wage nicht mehr ein Wort zu sagen.

71. Das Grundgesetz von Hitlers »Drittem Reich« Die Reichstagsbrandverordnung des Reichspräsidenten vom 28. Februar

Auf Grund des Artikels 48, Absatz 2 der Reichsverfassung wird zur Abwehr kommunistischer staatsgefährdender Gewaltakte folgendes verordnet:

§ 1. Die Artikel 114, 115, 117, 118, 123, 124 und 153 der Verfassung des Deutschen Reiches werden bis auf weiteres außer Kraft gesetzt. Es sind daher Beschränkungen der persönlichen Freiheit, des Rechtes der freien Meinungsäußerung, einschließlich Pressefreiheit, des Vereins- und Versammlungsrechtes, Eingriffe in das Brief-, Post-, Telegraphen- und Fernsprechgeheimnis, Anordnungen von Haussuchungen und von Beschlagnahme sowie Beschränkungen des Eigentums auch außerhalb der sonst hierfür bestimmten gesetzlichen Grenzen zulässig.

§ 2. Werden in einem Lande die zur Wiederherstellung der öffentlichen Sicherheit und Ordnung nötigen Maßnahmen nicht getroffen, so kann die Reichsregierung insoweit die Befugnisse der obersten Landesbehörde vorübergehend wahrnehmen.

§ 3. Die Behörden der Länder und Gemeinden (Gemeindeverbände) haben den auf Grund des § 2 erlassenen Anordnungen der Reichsregierung im Rahmen ihrer Zuständigkeit Folge zu leisten.

§ 4. Wer den von den obersten Landesbehörden oder von den ihnen nachgeordneten Behörden zur Durchführung dieser Verordnung erlassenen Anordnungen oder den von der Reichsregierung gemäß § 2 erlassenen Anordnungen zuwiderhandelt oder wer zu solcher Zuwiderhandlung auffordert oder anreizt, wird, soweit nicht die Tat nach anderen Vorschriften mit einer schwereren Strafe bedroht ist, mit Gefängnis nicht unter 1 Monat oder mit Geldstrafe von 150 bis zu 15000 Reichsmark bestraft.

Wer durch Zuwiderhandlung nach Absatz 1 eine gemeine Gefahr für Menschenleben herbeiführt, wird mit Zuchthaus, bei mildernden Umständen mit Gefängnis nicht unter 6 Monaten und, wenn die Zuwiderhandlung den Tod eines Menschen verursacht, mit dem Tode, bei mildernden Umständen mit Zuchthaus nicht unter 2 Jahren bestraft. Daneben kann auch auf Vermögenseinziehung erkannt werden.

Wer zu einer gemeingefährlichen Zuwiderhandlung (Absatz 2) auffordert oder anreizt, wird mit Zuchthaus, bei mildernden Umständen mit Gefängnis nicht unter 3 Monaten bestraft.

§ 5. Mit dem Tode sind die Verbrechen zu bestrafen, die das Strafgesetzbuch in den Paragraphen 181 (Hochverrat), 229 (Giftbeibringung), 307 (Brandstiftung), 311 (Explosion), 312 (Überschwemmung), 315, Absatz 2 (Beschädigung von Eisenbahnen), 324 (Gemeingefährliche Vergiftung) mit lebenslangem Zuchthaus bedroht.

Mit dem Tode oder, soweit nicht bisher eine schwerere Strafe angedroht ist, mit lebenslangem Zuchthaus oder mit Zuchthaus bis zu 15 Jahren wird bestraft:

1. wer es unternimmt, den Reichspräsidenten oder ein Mitglied oder einen Kommissar der Reichsregierung oder einer Landesregierung zu töten, oder wer zu einer solchen Tötung auffordert, sich erbietet, ein solches Erbieten annimmt oder eine solche Tötung mit einem anderen verabredet;
2. wer in den Fällen des § 115, Absatz 2 des Strafgesetzbuches (schwerer Aufruhr) oder des § 125, Absatz 2 des Strafgesetzbuches (schwerer Landfriedensbruch) die Tat mit Waffen oder in bewußtem und gewolltem Zusammenwirken mit einem Bewaffneten begeht;
3. wer eine Freiheitsberaubung (§ 239 des Strafgesetzbuches) in der Absicht begeht, sich des der Freiheit Beraubten als Geisel im politischen Kampfe zu bedienen.

§ 6. Diese Verordnung tritt mit dem Tage der Verkündung in Kraft.

72. »Hitlers Außenpolitik«
Ein Artikel Hellmut von Gerlachs in ›Die Weltbühne‹ vom 28. Februar

Ein französischer Journalist, der zur Beobachtung der Wahlen nach Berlin gekommen ist, hatte dieser Tage ein Gespräch mit einem nationalsozialistischen Unterführer. Dieser suchte vor allem die Befürchtung des Franzosen zu zerstreuen, die Übernahme der Alleinmacht durch Hitler bedeute Kriegsgefahr: »Wir wissen ganz genau, daß Deutschland fünfzehn Jahre braucht, um wirtschaftlich wieder zur Macht zu kommen, und weitere fünfzehn, um militärisch auf der Höhe zu sein.« Zweifelnd warf der Franzose ein: »Aber der Korridor?« Worauf der Nationalsozialist mit überzeugter Miene: »Die Frage des Korridors beantwortet sich ganz von selbst ohne Krieg. Es dauert doch nicht mehr lange, bis Rußland platzt. Dann lassen wir den Polen die Ukraine bis nach Odessa und bekommen dafür den Korridor und Danzig.« [...]

Das kleine Erlebnis des Franzosen ist bezeichnend für die außenpolitischen Gedankengänge, die auf dem Boden der NSDAP aufsprießen können. Schreiendes Unrecht aber wäre es, die Partei als solche dafür verantwortlich zu machen. Sie ist streng hierarchisch gegliedert. Was der Führer sagt, ist für sie absolut verbindlich. Nur für das, was er sagt, kann sie verantwortlich gemacht werden. [...]

Die Bibel der NSDAP ist Hitlers Buch ›Mein Kampf‹. Seine Lektüre für den Nicht-Pg ist nicht ganz einfach. Er versteht manches nicht. Aber das liegt natürlich nicht an dem Buch, sondern an der Nichtzugehörigkeit des Lesers zur Partei.

Das außenpolitische Programm seiner Partei faßt Hitler also zusammen:

»Die Außenpolitik des völkischen Staates hat die Existenz der durch den Staat zusammengefaßten Rasse auf diesem Planeten sicherzustellen, indem sie zwischen der Zahl und dem Wachstum des Volkes einerseits und der Größe und Güte des Grund und Bodens andrerseits ein gesundes, lebensfähiges, natürliches Verhältnis schafft. Als gesundes Verhältnis darf dabei immer nur jener Zustand angesehen werden, der die Ernährung eines Volkes auf eignem Grund und Boden sichert.«

Was Hitler unter der »durch den Staat zusammengefaßten Rasse« verstanden wissen will, ist nicht ersichtlich. Eine deutsche Rasse gibt es bekanntlich nicht, selbst nicht nach Auffassung der völkischen Rassegelehrten. Es wohnen vielmehr in Deutschland Angehörige der nordischen, der ostischen, der dinarischen und noch andrer Rassen. [...] Ob Hitler diesem Rassenmischmasch im Reichsgebiet die Existenz sicherstellen oder vorerst eine sogenannte reine Rasse schaffen will, kann man nicht einmal ahnen.

Sicher scheint nur das Eine, daß er für Autarkie eintritt: die Ernährung des Volkes muß auf eignem Grund und Boden gesichert sein. Der Gedanke der internationalen Arbeitsteilung wird also verworfen. Als Gegenpol eines völkischen Staates muß demnach England erscheinen, das für neun Zehntel seiner Bevölkerung die Nahrung nur durch Handel und Industrieexport gewinnen kann.

Wie kommt der völkische Staat zur Autarkie? Klar lautet Hitlers Antwort:

»Nicht West- und nicht Ostorientierung darf das künftige Ziel unsrer Außenpolitik sein, sondern Ostpolitik im Sinn der Erwerbung der notwendigen Scholle für unser deutsches Volk.«

Also – gen Ostland wollen wir reiten! Wie weit, wird nicht spezialisiert. Auf Rußland ist Hitler sehr schlecht zu sprechen. Er nennt die Regenten des heutigen Rußland »blutbefleckte, gemeine Verbrecher, den Abschaum der Menschheit«. Aber Rußland grenzt nicht an Deutschland. Wenn Deutschland durch seine Ostpolitik die ihm notwendige Scholle erwerben soll, wird es die zwischen Deutschland und Rußland liegenden Staaten nicht gut auslassen können. Daß die an Deutschland grenzenden Teile Polens nicht volksleer sondern sogar doppelt so stark bevölkert sind wie die deutsche Ostmark, weiß Hitler natürlich. Wo soll daher, selbst wenn wir staatsrechtlich in den Besitz gewaltiger Landstrecken im Osten kämen, Siedlungsraum für deutsche Bauern herkommen? Dies Thema wird von Hitler nicht behandelt, obwohl ihm eine gewisse realpolitische Bedeutung nicht abgesprochen werden kann. Das Ziel bezeichnet er deutlich. Der Weg zum Ziel bleibt unerörtert.

Als Haupthindernis auf dem Wege zum Ziel sieht er offenbar Frankreich an. Gegen Frankreich kann er nicht Worte genug der Verurteilung finden:

»Der unerbittliche Todfeind des deutschen Volkes ist und bleibt Frankreich ... Dieses an sich immer mehr der Vernegerung anheimfallende Volk bedeutet in seiner Bindung an die Ziele der jüdischen Weltbeherrschung eine lauernde Gefahr für den Bestand der weißen Rasse Europas. Denn die Verpestung durch Negerblut am Rhein im Herzen Europas entspricht ebensosehr der sadistisch-perversen Rachsucht dieses chauvinistischen Erbfeindes unsres Volkes, wie der eisig-kalten Überlegung des Juden, auf diesem Wege die Bastardierung des europäischen Kontinents im Mittelpunkt zu beginnen und der weißen Rasse durch die Infizierung mit niederem Menschentum die Grundlage zu einer selbstherrlichen Existenz zu entziehen.

Was Frankreich, angespornt durch eigne Rachsucht, planmäßig geführt durch die Juden, heute in Europa betreibt, ist eine Sünde wider den Bestand der weißen Menschheit und wird auf dieses Volk dereinst alle Rachegeister eines Geschlechts hetzen, das in der Rassenschande die Erbsünde der Menschheit erkannt hat.«

Hitlers Außenpolitik rechnet also mit zwei benannten Zahlen: der Erbfreindschaft Frankreichs und dem deutschen Willen zur territorialen Ausdehnung nach dem Osten. Das X in seiner Rechnung ist: wie kommen wir zum Ostritt trotz der ewigen Gegnerschaft Frankreichs?

Er löst dies X durch Einsetzung von Italien und England als unsern Verbündeten in seine Rechnung.

Des Bündnisses mit Italien glaubt er sich sicher infolge seines Verzichts auf die Deutschen Südtirols und kraft der Seelengemeinschaft mit Mussolini.

Daß es auf englischer Seite gewisse Schwierigkeiten geben könnte, scheint er zu sehen. Aber da ist er erst recht zu großen Konzessionen bereit. Die ganze deutsche Vorkriegspolitik gibt er preis:

»Ich gestehe offen, daß ich schon in der Vorkriegszeit es für richtiger gehalten hätte, wenn sich Deutschland unter Verzicht auf Handels- und Kriegsflotte, mit England im Bunde, gegen Rußland gestellt hätte und damit von der schwachen Allerweltspolitik zu einer entschlossenen europäischen Politik kontinentalen Bodenerwerbs übergegangen wäre.«

Ganz konsequent erklärt er deshalb für die Zukunft:

»Daß der Schrei nach einer neuen Kriegsflotte, der Wiedergewinnung unsrer Kolonien usw. wirklich bloß ein albernes Geschwätz ist, ohne auch nur einen Gedanken praktischer Ausführbarkeit zu besitzen, wird man bei ruhigem Überlegen wohl kaum zu bestreiten vermögen. Wie man aber in England diese unsinnigsten Ergüsse teils harmloser, teils verrückter, immer aber im stillen Dienste unsrer Todfeinde stehender Protestkämpen politisch ausnützt, kann nicht als günstig für Deutschland bezeichnet werden.«

Wie die Herren von der Kolonialgesellschaft sich zu diesem Antikolonialprogramm stellen, weiß ich nicht. Aber das ist ihre Sache. Überraschen wird die Pazifisten die energische Stellungnahme Hitlers gegen eine neue Kriegsflotte. Um so mehr wird sie sie überraschen, als die Parteigenossen Hitlers im Reichstag ausnahmslos für die neuen Panzerkreuzer gestimmt haben.

Ob man jemals in dem urdemokratischen England Neigung empfinden wird, auf Hitlers Bündnisangebot einzugehen, muß die Zukunft lehren. Etwas bedenklich dürfte es die ausnahmslos jedem neuen Krieg abholden Engländer stimmen, wenn Hitler schreibt: »Ein Bündnis, dessen Ziel nicht die Absicht zu einem Kriege umfaßt, ist sinn- und wertlos.«

In der Bibel finden sich mancherlei Stellen, die schwer miteinander in Einklang zu bringen sind. In der Laienbibel Hitlers entdeckt man stellenweise sehr gescheite Aussprüche. So wenn er den Diplomaten zuruft:

»Eine Diplomatie hat dafür zu sorgen, daß ein Volk nicht heroisch zugrunde geht, sondern praktisch erhalten wird. Jeder Weg, der hierzu führt, ist dann zweckmäßig, und sein Nichtbegehen muß als pflichtvergessenes Verbrechen bezeichnet werden.«

Andrerseits macht er den verflossenen Regierungen einen Vorwurf daraus, daß sie nicht den Vertrag von Versailles dazu benutzt haben, um »die nationalen Leidenschaften bis zur Siedehitze aufzupeitschen«. Sein Wunsch jedenfalls ist es, »daß das Angstgebet unserer heutigen Vereinspatrioten ›Herr, mach uns frei!‹ sich in dem Gehirn des kleinsten Jungen verwandelt zur glühenden Bitte: ›Allmächtiger Gott, segne dereinst unsre Waffen; sei so gerecht, wie du es immer warst; urteile jetzt, ob wir die Freiheit nun verdienen; Herr, segne unsern Kampf!‹«

Wenn man über Hitlers Außenpolitik sich ein objektives Urteil bilden will, tut man gut daran, sich Bismarcks ›Gedanken und Erinnerungen‹ wieder einmal vorzunehmen. Sie wirken selbst heute noch sehr stark, wenn sie auch der starken Ausdrücke entbehren.

73. »Die Nationalsozialisten zur Zeit sehr scharf, aber nach den Wahlen wird Ruhe eintreten«
Aus der Niederschrift Kardinal Michael Faulhabers (München) über ein Gespräch mit Vizekanzler Franz von Papen am 1. März

Sehr plötzlich angekommen. Küßt gewaltsam den Ring. Am Schluß bittet er um den Segen und wieder Ringkuß. Am Anfang: In diesen schweren Stunden, die manchmal überschwer auf seinen Schultern liegen. Die Stimme versagt und die Tränen steigen in die Augen, wie auch am Schluß. Sonst macht er im Gespräch einen sehr sicheren Eindruck.

Wie das alles gekommen sei. Er habe das Vertrauen des Reichspräsidenten gehabt. Schleicher habe immer erklärt, er werde einen Teil der Nationalsozialisten [he]rüberbringen und eine parlamentarische Mehrheit schaffen. Dann aber zeigte sich, daß Gregor Strasser nicht einen einzigen Abgeordneten, geschweige 60 hinter sich hatte. Der Präsident habe ihn wieder gerufen: Gibt es gar keinen Ausweg? Ja, wenn Hitler Reichskanzler wird. [...]

Hitler sei sehr mäßig in seinen Forderungen gewesen. Eine autoritäre Regierung, aber Hitler wollte nichts vom Zentrum wissen und trotzdem [...]

Ich: An seinem guten Willen nie gezweifelt. Mißtrauen nur gegen Hugenberg, ob der nicht übermächtig würde gegen die Kirche. Die [...] Verordnung gegen [öffentliche Unsittlichkeit] von Dr. Bracht seien doch sein Werk gewesen. [Mit] Parlament wäre das nie gegangen. Endlich einmal durchgreifen. Ich wünschte, wir hätten auch im Süden einen solchen Reichskommissar gehabt.

[Papen:] Die Geschichte der letzten Tage: Der Brand im Reichstag, 40 Brandstellen. Im Liebknechthaus, daß bis heute dieser unterirdische Gang nicht entdeckt wurde, zeigt, wie das Zentrum mit den Sozialdemokraten befreundet war und nie ernst gesucht wurde. [Die kommunistischen Revolutionäre würden] nicht wie früher Regierungsgebäude stürmen, sondern das Volk zermürben, an hundert Stellen gleichzeitig Brände legen, Bauernhöfe anzünden, Schienen aufreißen, die Beamtenkinder auf dem Schulweg wegfangen und bei Streik vorantreiben, die Speisen vergiften, in die Häuser eindringen und den Pförtner und [das] Personal niederschießen. [...]

Die Nationalsozialisten zur Zeit sehr scharf, aber nach den

Wahlen werden sie ruhig werden, dann wird Ruhe eintreten, auch Unpopuläres [durchzuführen]. Wenn doch in Bayern der Gegendruck gegen die Nationalsozialisten nicht so scharf wäre.

Königsfrage: Er werde es heute Mittag auch seiner Majestät sagen. Man solle doch bedenken, daß Hitler sofort seine Leute marschieren lasse und daß die Reichswehr eingesetzt würde und es gäbe einen furchtbaren Todeskampf. Das könne nur gemacht werden mit Preußen und den größeren Ländern. Er sei selber Monarchist und Legitimist und für ihn lieber heute als morgen, aber doch abzuwarten.

Ich: Es war vor Wochen ein Herr bei mir und erklärte: Ganz Bayern [monarchistisch]. Ich sagte ihm: Auf den Firmungsreisen nichts davon gemerkt. Natürlich im Büro des Kronprinzen laufen die Zustimmungen ein. Man müsse auch an morgen denken. Was dann ...

74. »Es klingt wie eine Räubergeschichte – wenn nicht Rußland wäre«
Aus dem Tagebuch von Luise Solmitz (Hamburg) vom 1. März

I. rief an ... sie hatte nie was für Hitler übrig. Ich fragte, was sie wählten zu Hause? Sie war beinah beleidigt. »Hitler natürlich! [...] Man muß doch jetzt seine Sache mit allen Mitteln stützen!« Das hat für mich den Ausschlag gegeben ... da ihn alle die wählen, für die er damals nicht in Frage kam, ihn, den einzigen, der mich politisch wirklich begeistern kann, weil er ohne Programm (!!) genau das will, was ich, und auch ohne Programm! Deutschland! [...]

Die Reichsregierung sprach ... Göring, der wie ein alter, ergrauter Beamter trocken, voll schwersten Ernstes sachlich Bericht erstattete über die fürchterlichen Mordpläne der Kommunisten, – die sich in die Hochburg Hamburg zurückgezogen haben. Es fing an mit der Überholung des Karl Liebknecht Hauses, wo man ein ganzes System unterirdischer Gänge, oberirdischer Galerien entdeckte ... Es wurden Belege zentnerweise zutage gefördert. Geiseln aus Bürgerkreisen, Frauen und Kinder von Polizeibeamten als Kugelfang, Zerstörung aller Kulturgüter, wie in Rußland: Schlösser, Museen, Kirchen. – Man fing an mit dem Reichstag. 28 Brandherde, Schutzhaft über die gesamten kommunistischen Parteiführer. [...] Man wollte bewaffnete Rotten zu Mord und Brand auf die Dörfer schicken, inzw. sollte sich der Terror der von der Polizei entblößten Großstädte bemächtigen. Gift, kochendes Wasser, vom raffiniertesten bis zum ursprünglichsten Werkzeug sollte alles zur Waffe werden. Es klingt wie eine Räubergeschichte, – wenn nicht Rußland wäre, das asiatische Foltermethoden und -orgien erlebt hat, die ein germanisches Hirn selbst dann nicht ersinnen kann, wenn es krank, und nicht glauben, wenn es gesund ist.

75. Indizien für eine nationalsozialistische Urheberschaft am Reichstagsbrand
Aus einem Bericht des französischen Botschafters in Berlin, François-Poncet, an Außenminister Paul-Boncour vom 2. März

[Zahlreiche Indizien nähren die Auffassung, daß der Reichstagsbrand] nicht auf einen mysteriösen Holländer, der von der kommunistischen Reichstagsfraktion unterstützt wurde, sondern eher auf das Geschick und die Verwegenheit von Männern zurückgeht, die unbekannt blieben, obwohl sie in engen Beziehungen entweder zur preußischen Polizei oder zur nationalsozialistischen Hilfspolizei stehen.

76. »Der neue Reichstag wird kein Parlament sein«
Aus einem Kommentar der ›Rhein-Mainischen Volkszeitung‹ (Frankfurt a. M.) vom 3. März zur Reichstagswahl

Jener holländische Attentäter hat den deutschen Reichstag gerade in dem Augenblick angesteckt, als er seine Funktion verlor. Der neue Reichstag . . .wird kein Parlament sein, sondern er wird eine vollzogene Tatsache zu akklamieren haben. Das hat mit Bismarcks Reichstag, dem Reichstag der Weimarer Verfassung nicht mehr viel zu tun – dieser Reichstag ist zu Ende. Das will – symbolisch gesprochen – die brennende Kuppel des Wallotbaus bedeuten.

77. Keine freien Wahlen mehr im Zeichen der Reichstagsbrandverordnung
Aus einem Bericht des amerikanischen Botschafters in Berlin, Sackett, an Außenminister Hull vom 3. März

[...] Der Reichstagsbrand gab den Nazis den Vorwand, den sie für weitere Unterdrückungsmaßnahmen gegen ihre politischen Gegner benötigten. [...] aufgrund der unbeschränkten Machtvollkommenheit, die ihm die Notverordnung verlieh, hat Minister Göring sofort eine generelle Verhaftung der kommunistischen Abgeordneten im Reichstag und im Preußischen Landtag angeordnet, ebenso die Inhaftierung prominenter Pazifisten, Journalisten, Schriftsteller, Erzieher und Anwälte, die Kommunisten in politischen Prozessen verteidigt hatten, und einer Reihe von Sozialdemokraten. Mehrere tausend Personen, von denen viele Intellektuelle und keine eingeschriebenen Mitglieder einer politischen Partei sind, werden nun aufgrund der Notverordnung, die ihre Inhaftierung für eine unbegrenzte Zeit und ohne Angabe von Gründen erlaubt, in Schutzhaft gehalten. Auf einer Parteiveranstaltung in der vergangenen Nacht hat Minister Göring sich damit gebrüstet, daß allein im Rheinland und Westfalen 2000 Personen hinter Gitter gebracht wurden.

In Preußen wurden alle kommunistischen Zeitungen für vier Wochen verboten, sozialdemokratische Zeitungen für zwei Wochen. Ein ähnliches Verbot wurde für alle periodischen Druckschriften, Flugblätter und Plakate der beiden Parteien erlassen.

In anderen Ländern mit Ausnahme derer, die von den Nazis und von den Deutschnationalen kontrolliert werden, wurde nur die kommunistische Presse unterdrückt. In Preußen wurden sowohl sozialdemokratische wie kommunistische Versammlungen verboten, und die Polizei hat die Plakate dieser Parteien an Anschlagebrettern und Reklamekiosken abgerissen. [...]

Von den Oppositionsparteien ist – neben der sehr kleinen Staatspartei – lediglich die Zentrumspartei noch in der Lage, ihren Wahlkampf in Preußen und anderen von den Nazis beherrschten Staaten fortzuführen [...]. Soweit die Linksparteien betroffen sind, war für sie der Wahlkampf indessen unmittelbar nach dem Reichstagsbrand zu Ende. Für diese Parteien ist die Wahl am 5. März eine Farce, da sie während der letzten und wichtigsten Wahlkampfwoche ihres verfassungsmäßigen

Rechts, sich an ihre Anhänger zu wenden, vollständig beraubt waren. In den meisten Teilen Deutschlands sind die Sozialdemokraten so geknebelt und unterdrückt worden, daß sie wenigstens dem äußeren Anschein nach nicht mehr zu existieren scheinen.

Auf der anderen Seite kurbelten die Nazis die Wahlkampagne in einem sehr eindrucksvollen Stil an. Die zahlreichen braunen Uniformen, die riesigen Nazi-Plakate, mit denen die Städte und das Land übersät sind, die häufigen Aufmärsche der braunen Heerscharen, die Massenveranstaltungen und die täglichen Übertragungen von Wahlreden der Nazi-Führer durch den Rundfunk zielen darauf ab, den Eindruck gerade jetzt zu erwecken, daß es in Deutschland nur eine große Partei gibt.

78. »Hier habe ich keine Gerechtigkeit zu üben, hier habe ich nur zu vernichten und auszurotten, weiter nichts!«
Aus einer Rede Görings in Frankfurt a. M. vom 3. März

Ich denke nicht daran, in bürgerlicher Manier und in bürgerlicher Zaghaftigkeit nur einen Abwehrkampf zu führen. Nein, ich gebe das Signal, auf der ganzen Linie zum Angriff vorzugehen!

Volksgenossen, meine Maßnahmen werden nicht angekränkelt sein durch irgendwelche juristischen Bedenken. Meine Maßnahmen werden nicht angekränkelt sein durch irgendeine Bürokratie. Hier habe ich keine Gerechtigkeit zu üben, hier habe ich nur zu vernichten und auszurotten, weiter nichts! Dieser Kampf, Volksgenossen, wird ein Kampf gegen das Chaos sein, und solch einen Kampf führe ich nicht mit polizeilichen Machtmitteln. Das mag ein bürgerlicher Staat getan haben. Gewiß, ich werde die staatlichen und die polizeilichen Machtmittel bis zum äußersten auch dazu benutzen, meine Herren Kommunisten, damit Sie hier nicht falsche Schlüsse ziehen, aber den Todeskampf, in dem ich euch die Faust in den Nacken setze, führe ich mit denen da unten, das sind die Braunhemden! Ich werde dem Volke klarmachen, daß das Volk sich selbst zu wehren hat. Ich werde ihm klarmachen, daß die lebendigen Kräfte des Volkes hier mobilisiert werden müssen. Und darum habe ich mit voller Absicht erklärt: In Zukunft, meine Herren, kommt in den Staat nur mehr hinein, wer aus den nationalen Kräften stammt, und nicht, wer sich herandrängt und heranheuchelt. Mich stört es nicht, wenn gewisse »Kritiker« sich scheinheilig über diese meine Maßnahmen aufregen und nach »mehr Gerechtigkeit« schreien. Ich messe mit zweierlei Maß. Ich wäre nicht gerecht, wenn ich nicht endlich die roten Bonzen zum Teufel jagen würde. Sie haben schon zu lange für unser Geld sich in den Sesseln herumgewälzt, es war allerhöchste Zeit.

79. Die Entlassung des Chefredakteurs des ›Berliner Tageblatts‹, Theodor Wolff
Aus dem Schreiben des Verlegers Hans Lachmann-Mosse (Berlin) an Theodor Wolff (München) vom 3. März

Für unabsehbare Zeit wird sich das ›Berliner Tageblatt‹, innerpolitisch im wesentlichen neutral, auf die Bearbeitung der großen wirtschaftlichen und außenpolitischen Fragen konzentrieren müssen. Aber wahre Demokratie und Gerechtigkeit verlangen, daß positive Leistungen des Staates, auch dann, wenn dieser Staat eine wesentlich andere Gestalt angenommen hat, sachliche Anerkennung erfahren. Ich kann mir nicht denken, daß Sie sich der Gefahr aussetzen wollen, von der Öffentlichkeit mißverstanden zu werden, wenn Sie das ›Berliner Tageblatt‹ auch dann noch verantwortlich zeichnen wollen.

80. »Ich begreife zum ersten Mal, was echter Nationalismus ist«
Aus dem Tagebuch Jochen Kleppers (Berlin) vom 3./4. März

Über alledem lähmend und beunruhigend die bevorstehende Wahl. Daß sie eine Entspannung, eine Entscheidung bringt, glaube ich nicht. Und ob es nicht am schlimmsten kommt, wenn die Nationalsozialisten nicht den erwarteten Erfolg haben?

Daß ich immer bei einer Partei bleibe, das kann man nach meinem (nicht bereuten, wenn auch peinlichen) Austritt aus der SPD nicht behaupten. Aber man wird mich immer dort finden, wo keine Splitterpartei ist und wo man das in seinen Entschlüssen selbständige, maßvolle Bürgertum suchen zu müssen glaubt. Diesmal ist sein Mann Brüning. Und so spielen Hanni und ich an diesem großen Wahltag »Nathan der Weise« – die Jüdin und der Protestant wählen Zentrum.

In dieser krankhaften Verzerrung des Nationalismus jetzt schlage ich zwar nicht ins Extrem um, aber ich begreife zum ersten Mal, was echter Nationalismus ist!

81. *»Reich, Bayern und Österreich«*
Eine Korrespondenz aus Wien in der Zeitschrift ›Die Hilfe‹ vom 4. März

Mit schwerer Sorge betrachtet in Deutschösterreich selbst derjenige die jüngste reichsdeutsche Entwicklung, der sich der deutschen Rechten oder der äußersten Rechten verbunden fühlt. Der Anschluß hängt, das haben wir in der ›Hilfe‹ oft schon betont, von den Österreichern ab. Das Ausland kann ihn verzögern, aber eines Tages kommt er, wenn Österreich an ihm festhält. Das aber wäre ein schlechter österreichischer Deutscher, der über der Entschlossenheit, sich an jedes Deutschland anzuschließen, den Wunsch vergäße, dieses Deutschland nach seiner eigenen politischen Neigung sich entwickeln zu sehen. Und so muß man es sich hart und nüchtern eingestehen, daß der Grad der Anschlußsehnsucht in Österreich, das katholisch und zu vier Zehnteln sozialdemokratisch ist, geschwächt wird, wenn im Reich gerade diese beiden Richtungen verfemt werden. Das ist eine Feststellung, die sich natürlich nicht anmaßen kann, von den Brüdern im Reich zu verlangen, daß sie ihre Innenpolitik von der Rücksicht auf Österreich bestimmen lassen. Zum zweiten aber hängt der Anschluß von Deutschland ab. Nur wenn es die Arme offen hält, kann Österreich seinen natürlichen Zukunftsweg gehen. In Österreich ist nun eine doppelte Sorge entstanden. Die Reichsregierung setzt sich zusammen aus Nationalsozialisten und erklärten Monarchisten. Jene sind ihrem Programm nach großdeutsch, aber, so fragt man sich, wird ihre Freundschaft mit Italien nicht ihre Donaupolitik beeinflussen? Die Monarchisten hinwieder sind ihrer ganzen geschichtlichen Herkunft nach kleindeutsch. Werden sie ihre Hoffnungen mit der Hohenzollernfeindschaft der Österreicher belasten wollen? Vielleicht ist dieses Mißtrauen unbegründet. Aber es bliebe die Tatsache, daß man in Österreich auf den Widerstand großer Massen stieße, wenn man für einen Anschluß an ein Hohenzollernreich würbe. Und was die andere Möglichkeit, die faschistische, anbelangt, so könnte es nicht wundernehmen, wenn das demokratische Österreich sich berufen fühlte, sich zum Piemont der gesamtdeutschen Demokratie zu machen und mit dieser Sendung vorläufig außerhalb des Reichsverbands bleiben.

82. *»Im Namen der Freiheit«*
Spitzenartikel von Wolfgang Bretholz zur Reichstagswahl im ›Berliner Tageblatt‹ vom 4. März

Der Reichspräsident hat den preußischen Bischöfen, die sich bei ihm über die Beeinträchtigung der Wahlfreiheit beschwerten, geantwortet, er werde alles in seinen Kräften Liegende tun, um die Wahlfreiheit der Staatsbürger zu sichern, er sei auch überzeugt, daß die Reichsregierung von derselben Ansicht geleitet sei . . .

Ein Blick auf die Ziffern der letzten Wahl, der Reichstagswahl im November des vergangenen Jahres: Es erhielten damals die beiden sozialistischen Parteien, Sozialdemokraten und Kommunisten, zusammen:
im Reich 14¼ Millionen Stimmen oder 37,3 Prozent der Gesamtstimmenzahl,
in Preußen 8¼ Millionen Stimmen oder 54,3 Prozent der Gesamtstimmenzahl,
in Groß-Berlin 1½ Millionen Stimmen oder 54,3 Prozent der Gesamtstimmenzahl.

Diese Millionen deutschen Wähler, diese gewaltigen Teile der Nation, sind im jetzigen Wahlkampf, im größten Teil des Reichs, ohne Sprache, sind zum Schweigen verurteilt. Ihre Stimme fehlt in dem Chor der Parteien, die zur Wahl aufrufen. Ihre Plakate sind überklebt, ihre Zeitungen dürfen nicht erscheinen, ihre Versammlungen, ihre Umzüge, ihre Propagandamärsche werden aufgelöst oder nicht genehmigt, die meisten ihrer Wahlredner dürfen nicht sprechen, ihre Flugblätter und Propagandaschriften werden zentnerweise beschlagnahmt, die Räume, von denen ihre Wahlpropaganda ausging, sind zum großen Teil gesperrt, versiegelt. Zum Schweigen verurteilt ist in diesem Wahlkampf ein Drittel des deutschen Volkes.

Dieser Zustand wird von den Regierungen begründet, mit der Bedrohung der öffentlichen Sicherheit und Ordnung durch kommunistische Bürgerkriegspläne, mit der Brandstiftung im Reichstagsgebäude, die für den Beginn planmäßigen Terrors der Linksradikalen gehalten wird. Der zivile Ausnahmezustand wurde verhängt, die wichtigsten Grundrechte wurden außer Kraft gesetzt, die Allmacht der Obrigkeit über den Bürger, seine persönliche Freiheit und sein Recht zur Meinungsäußerung, statuiert. Den Beweis für die Notwendigkeit dieser Maßnahmen will die Regierung alsbald vor der Öffentlichkeit erbringen. An der Tatsache, daß die große Aktion gegen die Linke zusammenfällt mit der letzten, mit der entscheidenden Woche des Wahlkampfes vermag ein solcher Beweis nichts zu ändern. Er wird zweifellos die Annahme, daß zwischen diesen beiden Ereignissen ein kausaler Zusammenhang besteht, widerlegen; denn mit Maßnahmen, von denen bewiesen wird, daß sie im Interesse der öffentlichen Sicherheit erforderlich sind, kann nicht gezögert werden. Aber das zeitliche Zusammenfallen von Wahlkampf und Ausnahmezustand läßt sich mit Beweisen für die Notwendigkeit der getroffenen Maßnahmen nicht aus der Welt schaffen, und es erhebt sich die Frage: durfte in solcher Situation gewählt werden?

Die Pressekorrespondenz des deutschen Nationalvereins, eines Vereins, der bekanntlich die Sammlung der bürgerlichen Kräfte zum Ziele hat, sagt dazu folgendes: »Es taucht allerdings die Frage auf, ob Wahlen in dieser Situation, wie sie jetzt geschaffen ist, als rechtsgültig angesehen werden können, selbst wenn man nicht so weit geht, die auf kommunistischen Listen Gewählten von der Ausübung des Mandats praktisch auszuschließen. Aber über die Ära juristischer Zwirnsfäden sind wir hinaus, so daß diese Frage im Augenblick unerörtert bleiben kann.«

Wir sind anderer Ansicht: Es handelt sich nicht um »juristische Zwirnsfäden«, sondern um eine Frage von vitaler Bedeutung. Und wer vielleicht bisher der Ansicht gewesen sein mag, daß wir über die Ära hinaus seien, in der solche Fragen eine Rolle spielen, der wird durch die Antwort Hindenburgs an die deutschen Bischöfe eines anderen belehrt: Der Reichspräsident will, daß auch in diesem Wahlkampf die Wahlfreiheit »der Staatsbürger« – und das kann nur heißen: aller Staatsbürger – gesichert sei, und er ist davon überzeugt, daß die Reichsregierung von derselben Ansicht geleitet sei. Niemand hat ein Recht zu glauben, der in so unmißverständlicher Weise geäußerte Wille des Reichspräsidenten sei – ein juristischer Zwirnsfaden.

Um so größer ist die Verantwortung derer, die in diesem Wahlkampf ein Drittel der deutschen Wähler zum Schweigen verurteilt haben. Sie haben dabei die Kommunistische und die

Sozialdemokratische Partei gleichmäßig behandelt, beide als Parteien des Terrors, beide als Parteien, die die öffentliche Sicherheit gefährden, beide als Parteien, die die Beziehungen zu den Brandstiftern im Reichstag hatten. Diese Gleichsetzung von radikalen und gemäßigten Sozialisten wird der Regierung die Beweisführung für die Notwendigkeit der getroffenen Maßnahmen nicht erleichtern. Sie gab der Regierung die Möglichkeit, die Presse der sozialistischen Linken, ihre Führerschaft, ihre Propaganda nahezu ganz zum Schweigen zu bringen. Niemand vermag vorauszusagen, wie sich solcher Zwang zum Schweigen im Wahlergebnis auswirkt, ob die Häuserfronten der Berliner Arbeiterviertel, die diesmal keine einzige Fahne schmückt, ob überklebte Plakate und verbotene Zeitungen auch eine Sprache sprechen. Sicher aber ist eines: die Kostbarkeit der bürgerlichen Freiheiten, der Freiheit des Wortes und der Schrift und des Drucks und der Freiheit im Wahlkampf ward dem Volke sehr eindringlich demonstriert.

Millionen verfassungstreuer Wähler, nicht nur Sozialdemokraten, sondern auch Angehörige des Zentrums und der Staatspartei, hatten in diesem Wahlkampf nur beschränkte Werbe- und Bewegungsfreiheit. Sie wissen darum vielleicht den Wert des Stimmzettels doppelt zu schätzen. Sie werden ihn – schweigend und vertrauend – in die Urne werfen, – für das Recht – für die Freiheit.

83. »Es lag Jubel, Erlösung, Frühling, Rausch in der Luft« Aus dem Tagebuch von Luise Solmitz (Hamburg) vom 5. März

Der große Tag. Unsere Kippingstraße schwarz-weiß-rot und Hakenkreuz, wohin man sieht. Festlich, wie noch nie.

Sollte keine Mehrheit erreicht werden mit Liste 1 und 5, so hoffen wir doch, daß Hitler nicht um einen Fingerbreit weicht. [...]

Hitlers Rede gestern in Königsberg sei so erhebend gewesen, daß sie (Frau H.) geweint hätte; das niederländische Dankgebet, die sachte anschwellenden, immer mächtiger werdenden Glokken der Schloßkirche, dann 5 Minuten Funkstille, die ergreifend wirkte. Hitlers letzte Rede vor der Wahl, der Gipfelpunkt. [...]

Ernst H., mein Vetter, goß gestern abend Wasser in den brausenden Wein, beim Hitler-Vortrag im Zoo sei ihm in seiner

Tennishalle ein Koffer erbrochen, an den nur eine kleine Zahl von Nazis hätte herankönnen, sonst niemand. Schaden 350,– RM, und er würde nicht Hitler wählen. [...]

Wahlergebnisse Hamburg; Sitze: Hitler 5, Schwarz-weiß-rot 1, Sozis 3, Kommunisten 2. – Ein herrlicher, ein ungeahnter und berauschender Sieg! Mehrheit! Endlich. Ein Sieg, den wir alle, die vaterländisch Gesinnten, für Hitler erstritten haben. Wir Kleingläubigen, die wir Hitlers Willen bewunderten, mit dem er der Wahl zustimmte. Wieder einmal war dieser geniale Mensch klüger, – gläubiger als wir. [...] Es lag Jubel, Erlösung, Frühling, Rausch in der Luft. [...]

In Thüringen ein Zentralverband jüdischer Staatsbürger, oder so etwas, aufgelöst, hatte im Ausland verbreitet, Hitler bereite Pogrome vor! Wie ja auch behauptet worden war, Hitler hätte den Reichstag anstecken lassen ... der brennende Reichstag hat ... der Wahl unendlich genützt. [...]

12 [24] Uhr ... und nun auf meinen Wunsch: los! Zu den Kasernen, fröhliche Siegesstimmung dort; da wehten unsere Fahnen auf den Dächern, in breiten Falten zogen sie sich unter den Fenstern hin – Hakenkreuz und Schwarz-weiß-rot. Es begegneten uns die Züge der Braunhemden, des Stahlhelms, die die Flaggenhissung am Rathaus mitgemacht hatten.

Weiter durch die milde Frühlingsnacht. Da wallte von der Laube des Rathauses eine riesige Hakenkreuzflagge! ... »Sieg Heil, Sieg Heil« schallte es ringsum, freudetrunkene und neugierige Menschen, Hitlerjungens und Stahlhelm. Die Rathausuhr schlug eins. Da gingen wir heim. Über der Alster lag ein milder Opalglanz, reizend spiegelte sich das Licht der Kandelaber der Lombardsbrücke. – Ich fiel ins Bett, wie ein sattes Kind – die geliebten Farben gingen leise in den Traum über.

84. »Das Umkippen des Bürgertums als das Beschämendste dieser ganzen Zeit«
Aus dem Tagebuch Erich Ebermayers (Leipzig) vom 5. März

Das Bürgertum, eine Weile schwankend und verprellt durch die Robustheit und Nichtgesellschaftsfähigkeit der Nazis, ist durch den Reichstagsbrand endgültig gewonnen und verängstigt. Die Besitzenden fürchten, durch einen »roten Terror« ihren geheiligten Besitz zu verlieren! Alle staatserhaltenden

Kräfte sind auf das geschickteste für die »Erneuerung« eingefangen.

Ich empfinde das Umkippen des Bürgertums als das Beschämendste dieser ganzen Zeit. Den Nazis kann man ihren Sieg und die geschickte Ausnutzung ihres Sieges nicht übelnehmen. Sie waren und sind eine antibürgerliche, revolutionäre Partei und haben daraus nie ein Hehl gemacht. Aber die Bürger! Daß sie wie im November 1918 auch jetzt wieder versagen, beim ersten Anstoß umfallen und sich selbst, ihre Tradition und ihre Vergangenheit verraten – das ist, wenn nicht überraschend, so doch tief schmerzlich.

Nur wenige innerhalb der führenden Schicht bleiben fest, behalten ihren klaren Kopf. Welch seltsames Glück für mich, daß meine Eltern dazugehören! Ich würde es ihnen, dem Pfarrerssohn und der Offizierstochter, wahrhaftig nicht übelnehmen, wenn es anders wäre. [...] Mein Vater, als alter unpolitischer Richter, der aus Tradition und Gewohnheit immer seine Deutsche Volkspartei, die Stresemann-Partei, wählte, hat es dabei am schwersten. Er muß zum erstenmal sich anders entscheiden, da ja die Volkspartei zur »Kampffront Schwarz-Weiß-Rot« gehört, was im Grunde natürlich dasselbe ist wie die Nationalsozialisten. Meine Mutter, politisch viel leidenschaftlicher interessiert als mein Vater, weiß als Katholikin, wo sie hingehört.

Durch ein Flaggenmeer geht's zum Wahllokal! Ich wähle aus Trotz heute *offen*, unter Verzicht auf mein Recht der geheimen Wahl. Als ich mein Kreuz mache, bin ich mir völlig der Sinnlosigkeit meines Handelns bewußt. Ich will, wenn es nottut, als letzter »Demokrat« mit wehender schwarz-rot-goldener Flagge untergehen! Eigentlich ist es schön, für eine verlorene Sache zu kämpfen. Der Wahlvorsteher macht ganz entsetzte Augen, als ich, dicht vor seiner Nase, das Kreuz setze. Dann beginnen sie am Wahltisch zu tuscheln.

Abends mit Vater in Auerbachs Keller, unserem alten Stammlokal, um die Wahlergebnisse zu hören. Der »Sieg« ist keineswegs so groß, wie wir erwarteten, an den Vorbereitungen gemessen, sogar überraschend knapp. Die Nationalsozialisten allein sind noch weit von der absoluten Mehrheit entfernt, und das, nachdem es keine kommunistische Partei mehr gibt! Mit dem Verräterblock Schwarz-Weiß-Rot zusammen haben sie eine knappe Mehrheit von 51,8 Prozent. Also selbst nach dieser gigantischen

Propaganda, nach brutalster Zertrümmerung und Ausschaltung aller wirklichen Gegner, nach dem Glücksfall (oder dem Verbrechen?) des Reichstagsbrandes und dem propagandistisch geschicktesten Pressefeldzug, den je eine Partei in Deutschland entfesselt – *noch immer nicht annähernd eine Nazimehrheit im deutschen Volk!*

Prächtiges deutsches Volk! Unerschüttert steht die Arbeiterschaft, trotz allem, zu ihrer Führung. Unerschüttert stehen die Katholiken zu ihrer Kirche. Noch gibt es aufrechte Demokraten! 48,2 Prozent aller Wähler haben den Mut gehabt, gegen Hitler zu stimmen oder zu Haus zu bleiben. Ich empfinde diesen Tag als einen Sieg und eine Beruhigung.

Schwach, feige und geneigt zu jedem Verrat und jedem Kompromiß ist immer nur das Bürgertum – also meine, unsere Gesellschaftsschicht! Der Teil des Bürgertums, der jetzt den Nazis zur totalen Macht, zur »legalen« Durchführung der Revolution verhilft, trägt die *wahre Schuld* an allem, was vielleicht noch über uns kommen wird. Darüber sind mein Vater und ich uns [. . .] klar.

85. Wahlgeographie und Konfessionsgeographie
Aus dem Tagebuch Erich Ebermayers (Berlin) vom 6. März

Interessant ist eine Karte im ›Berliner Tageblatt‹, aus der graphisch die Verteilung der Stimmen der Nazis im Reich zu ersehen ist. Am wenigsten Anhänger haben sie – außer in Hamburg, Bremen und Berlin – im ganzen *Süden* des Reiches: in Bayern und Württemberg. Ebenso »ungünstig« liegt es in Westfalen, Köln, Koblenz, Düsseldorf. Hier bleiben sie überall *unter* 35 Prozent! Die Macht der katholischen Kirche ist also noch keineswegs gebrochen! Den größten »Sieg« haben sie im Osten des Reiches errungen: Ostpreußen, Pommern, Schlesien, aber auch Schleswig und Hannover sind überwiegend nationalsozialistisch. Mittlere Ergebnisse erzielten sie in Mitteldeutschland.

86. »Mutig vorwärts in der Antifaschistischen Aktion!« Aufruf des KPD-Zentralkomitees nach der Märzwahl 1933

Unsere Partei hat sich unter den Bedingungen der Pogrom- und Terrorwahlen glänzend geschlagen.

Der Faschist Göring ließ auf Vorschlag des Horst-Wessel-Sturmes den Reichstag anzünden als Auftakt zum Pogrom gegen die Kommunistische Partei und das revolutionäre Proletariat. Die Regierung des Bürgerkrieges ließ den Führer unserer Partei und der deutschen Arbeiterklasse, den Genossen Ernst Thälmann, in den Kerker werfen und plant den Meuchelmord gegen den Führer unserer Partei. Sie ließ Tausende von Antifaschisten verhaften. Die faschistischen Banden mordeten Arbeiter und brannten Arbeiterwohnungen nieder, alles im Interesse des Profits der Millionäre, der Großkapitalisten und Krautjunker. [...]

Die Hitlerregierung, die Regierung des Bürgerkriegs gegen das arbeitende Volk, kann den Werktätigen weder Brot noch Arbeit geben. Ihre ganze Regierungstätigkeit bestand in der Brandstiftung im Reichstag, in der Erschießung von Arbeitern, in der Erhöhung der Zölle im Interesse der Krautjunker und in der weiteren Steigerung der Arbeitslosigkeit, in der Verschlechterung der Tarifverträge, in neuen Kriegsrüstungen. [...]

Der 5. März ist trotz der pompösen Regierungserklärung kein Sieg des Faschismus, sondern zeigt, daß die Massen des arbeitenden Volkes gewillt sind, kühn und entschlossen den Kampf gegen Hitlers Vierjahresplan des Hungers, des faschistischen Terrors und der Ausbeutung aufzunehmen. Jetzt gilt es, diesen Kampfwillen zur kühnen, revolutionären Tat zu machen. Durch den Massenwiderstand gegen jede Maßnahme der faschistischen Regierung gilt es, die Festigung der faschistischen Diktatur zu verhindern und die Massenaktionen zum politischen Generalstreik, zum Sturze der faschistischen Regierung zu steigern.

87. »Die Wahl war nicht frei«
Aus einem Bericht des französischen Botschafters in Berlin, François-Poncet, an Außenminister Paul-Boncour vom 7. März

Es wäre vergebliche Mühe, das Ausmaß des Sieges und die Bedeutung des Tages bagatellisieren zu wollen, die es Hitler von jetzt an ermöglichen, Herr der Lage zu sein. Man darf allerdings darüber einige der Gründe nicht vergessen, die seinen Sieg erklären.

Trotz der Zusicherungen, die Marschall Hindenburg in seiner Antwort auf den Schritt der preußischen Bischöfe gab, war die Wahl nicht frei. Den Kommunisten und den Sozialisten wurden die Zeitungen verboten, Wahlplakate und öffentliche Versammlungen verweigert. Auch die Katholiken konnten Feder und Wort nicht frei gebrauchen. Die Öffentlichkeit war einem Druck, einer Einschüchterung und, man könnte sagen, einer Hypnotisierung ausgesetzt, die System hatten. Sie fanden ihren Ausdruck in der Entlassung von Beamten, durch die Praxis individueller Gewaltanwendung, durch die Benutzung des Rundfunks ausschließlich zugunsten der Freunde der Regierung, durch die Organisation von riesigen Veranstaltungen mit theatralischem Pomp, durch die Demonstration der brutalen Gewalt in unablässigen Aufmärschen, durch die Erhebung von Braunhemden in den Rang regulärer Polizei, die auf diese Weise in den Städten und mehr noch auf dem Land freie Hand erhielten, die Bevölkerung zu beeinflussen. Zudem hat Reichspräsident Marschall Hindenburg den Nazis seine offizielle Schirmherrschaft gewährt. Er hat sie mit seiner moralischen Autorität unterstützt und mit seiner Zustimmung dazu, daß sein Bild neben dem Hitlers auf den gleichen Plakaten erschien, hat er diesen offen den Wählern empfohlen.

[... Hinzu] kam die Wirkung des Reichstagsbrandes; dieses Ereignis hat eine erhebliche Erregung ausgelöst, deren Auswirkungen man nicht überschätzen kann. Die schlichten, naiven Massen in der Provinz sahen darin die volle Bestätigung der Behauptungen, nach denen die Ordnung und Sicherheit des Landes nicht allein durch das Komplott der Bolschewisten, sondern allgemeiner noch durch die Politik der Linksparteien gefährdet seien, die wenigstens der Schwäche und der Verblendung schuldig seien. Im Volk breitete sich ein Gefühl der Angst und des Abscheus aus und gleichzeitig ein Gefühl der Dankbarkeit und der Begeisterung für jene, die soviel Energie bewiesen und Deutschland dank der Kühnheit ihrer Entscheidungen und der Härte ihrer Maßnahmen gerettet hatten.

In den Erfolg der Anhänger Hitlers mischt sich daher auch ein Element des Betrugs und der Unehrlichkeit. Man muß dies um so mehr unterstreichen, als Hitler in seiner letzten Rede [vor den Reichstagswahlen] in Königsberg angekündigt hatte, die Ära der Lüge sei abgeschlossen und die Nationalsozialisten würden in Deutschland die Herrschaft der Wahrheit begründen.

88. Flaggenkrieg um die Rathäuser
Aus einem Bericht des ›Düsseldorfer Tageblatts‹ vom 7. März

Die Nationalsozialisten hatten in der vergangenen Nacht und am heutigen Montag mehrfach auf dem Balkon des Essener Rathauses ein Hakenkreuzbanner angebracht, das aber stets bald darauf auf Anordnung des Oberbürgermeisters durch städtische Polizeibeamte entfernt wurde. Gegen Mittag wurde wiederum, während Oberbürgermeister *Schäfer* mit einem Vertreter des Polizeipräsidenten und dem Kreisleiter der NSDAP. verhandelte und dabei die *Unzulässigkeit* der Flaggenhissung betonte, wiederum die Hakenkreuzfahne auf dem Rathausbalkon angebracht. Schließlich hielt der NSDAP.-Kreisleiter vom Balkon aus eine Ansprache, in der er erklärte, daß der Oberbürgermeister auf Grund des Gesetzes berechtigt sei, die Entfernung der Flagge zu verlangen, daß die Nationalsozialisten sie aber selbst einholen würden. Vom Reichskommissar für das preußische Innenministerium, *Göring*, sei eine *grundsätzliche Entscheidung* zur Frage der Flaggenhissung auf öffentlichen Gebäuden *erbeten* worden. Die Flagge wurde sodann von den Nationalsozialisten unter Absingen des Horst-Wessel-Liedes eingeholt, worauf die Menschenmenge sich in Ruhe auflöste.

Auch in *Duisburg* hatten die Nationalsozialisten auf dem Rathausturm am Montagmorgen zwei Hakenkreuzfahnen aufgezogen. Als später einige nationalsozialistische Führer sich beim Oberbürgermeister Dr. *Jarres* entschuldigten, daß die Flaggenhissung ohne seine Genehmigung erfolgt sei, gab Dr. Jarres die Genehmigung, daß die beiden Fahnen wie auch die schwarz-weiß-rote Fahne, die späterhin gehißt wurde, *für den*

Montag auf dem Rathausturm verbleiben. Sie werden Dienstag vormittag wieder eingeholt werden [...]

Weiter wurde auf den öffentlichen Gebäuden in den Städten Krefeld, Bochum, Wuppertal, Hagen, Kassel, Bielefeld usw. die Hakenkreuzfahne gehißt.

89. »Durch primitive Existenzkämpfe verängstigt«
Aus dem Tagebuch Jochen Kleppers (Berlin) vom 8. März

Auf dem Funkhaus die Hakenkreuzfahne! Haben uns die Deutschnationalen, die einzigen, die uns halten können, schon aufgegeben?

Was uns schon jetzt an Antisemitismus zugemutet wird, ist furchtbar. Selbst Schnabels Beethovenabende mußten ganz plötzlich abgesetzt werden. Und das gerade in den Tagen, in denen ihm die Universität Oxford den Ehrenbürger für die »einzigartige Interpretation deutscher Kunst« verleiht. Wir im Funk können unsere Situation gegenseitig verstehen, aber die Achtung vor einander ist hin. Müde, dreißigjährige, vierzigjährige Kompromißler, durch primitive Existenzkämpfe verängstigt.

90. »Es werden unter uns nur wenige sein, die sich dieser Wendung nicht von ganzem Herzen freuen«; aber: »Nicht das Volkstum sondern das Gottesreich ist der Gegenstand evangelischer Verkündigung«
Aus einem vertraulichen Rundbrief des Generalsuperintendenten Otto Dibelius (Berlin) an die Pastoren der Kurmark vom 8. März

Hinter uns liegt die große politische Entscheidung des 5. März. Diese Entscheidung ist auch für unsere gemeinsame Arbeit von so großer Bedeutung, daß ich ein Wort dazu sagen muß.

Zunächst sind wir uns gewiß alle darüber klar, was das bedeutet, daß wir nun wieder klare verfassungsrechtliche Verhältnisse haben [...]. Zum Wesen des Staates gehört eine feste Rechtsordnung und eine Autorität, die sich auf diese Rechtsordnung gründet. Wird die Rechtsordnung zweifelhaft und damit die Autorität der Obrigkeit fraglich, so wird der Staat im Innersten getroffen. Am Staat aber liegt uns allen, so gewiß wir evangelische Christen sein wollen!

Aber der 5. März hat noch mehr gebracht. Er hat zum erstenmal seit der Revolution eine parlamentarische Mehrheit von bewußt nationaler Haltung gebracht. Was für ein Gegensatz zwischen dem neuen Reichstag und zwischen der Nationalversammlung von Weimar! Es werden unter uns nur wenige sein, die sich dieser Wendung nicht von ganzem Herzen freuen. Und es wird, wie ich denke, niemand unter uns sein, der nicht empfindet, *auf welche Probe unsere evangelische Kirche durch diesen Wandel der Dinge gestellt wird!*

Vor vierzehn Jahren hat die evangelische Kirche die Losung ausgegeben, daß sie über den Parteien stehe. Diese Losung ist viel angefochten worden. Aber die Kirche hat an ihr festgehalten. Das eben sollte der Unterschied zwischen der alten Bindung an den Staat und zwischen den neuen Verhältnissen sein, das sollte der klare Grundsatz einer Kirche sein, die endlich wieder Kirche geworden ist: Unabhängigkeit von der staatlichen Gewalt, Unabhängigkeit von den politischen Parteien! Nicht Neutralität gegenüber den Fragen, die im politischen Kampf behandelt werden, aber ein klares Bewußtsein davon, daß die Kirche diesen Fragen auf einer anderen Ebene begegnet als die politischen Parteien.

Mit dieser Losung hat unsere Kirche inmitten unfreundlich gesinnter Machthaber ihre Existenz behauptet. [...] Jetzt sind Macht und Masse wieder bei denen, die die Kirche bejahen und zu denen sich die treuen Besucher der Kirche in ihrer erdrükkenden Mehrheit politisch bekennen. Jetzt kommt der Kirche das Verlangen, ja die selbstverständliche Erwartung entgegen, daß sie auch als Kirche sich klar und offen zu der neuen politischen Mehrheit bekennen müsse. [...] Jetzt muß es sich zeigen, ob unsere Kirche in der bitteren Schule von fast anderthalb Jahrzehnten gelernt hat, Kirche zu sein! [...]

Wir mögen, liebe Brüder, mancherlei verschiedene theologische Überzeugungen haben. Aber darin müssen und werden wir einig sein, daß das Evangelium nicht den eigenmächtigen Menschen, sondern den gerechtfertigten Sünder kennt, daß es nicht den Haß, sondern die Liebe predigt, daß nicht das Volkstum, sondern das Gottesreich Gegenstand evangelischer Verkündigung ist. Wir werden darin einig sein, daß das Evangelium im Gegensatz zu jeder menschlichen Ideologie steht, sie mag nationalistisch oder sozialistisch, liberal oder konservativ sein, daß das Evangelium den Menschen in seinen selbstischen Wünschen nicht bestätigt, sondern richtet, und daß erst von der Beugung unter das Evangelium her der Aufbau erfolgen kann, in dem Volk und Staat, Tradition und Freiheit und alle die anderen menschlichen Dinge ihr christliches Recht gewinnen. Dies Evangelium sollen wir predigen! [...]

Wir müssen dies Evangelium predigen lauter und rein – auch in unserer Ausdrucksweise. Angleichung an die Terminologie der politischen Rede muß schließlich zur Entfremdung vom Geist des Evangeliums führen. Es geht nicht an, von den Opfern des politischen Kampfes zu sagen, daß sie »versammelt seien zum himmlischen Sturm Horst Wessels«. [...]

Es gilt die Verantwortung der Kirche für die Gesamtheit unseres Volkes! Wir haben einen Auftrag an alle, die unsere Kirche getauft hat – sie seien Nationalsozialisten oder Sozialdemokraten, Stahlhelmer oder Reichsbannerleute. Wir haben darüber hinaus einen missionarischen Auftrag an die, die das Band mit der Kirche zerschnitten haben. [...] Mag die Politik Gräben ziehen, mögen Staatsmänner von Vernichten, Ausrotten und Niederschlagen reden, mögen Haßbotschaften bei Massenaufmärschen einen Beifall finden, »der nicht enden will« – wir haben einen anderen Geist empfangen! Wir fallen gewiß der Staatsgewalt nicht vorschnell in den Arm, sondern denken an Luthers furchtbare Worte aus den Tagen des Bauernkrieges, denken freilich gleichzeitig daran, daß Luther – was die sozialdemokratische Presse geflissentlich unterschlägt – diesen furchtbaren Worten immer sofort nicht minder kraftvolle gegen die Machthaber angefügt hat, die nun an den besiegten Bauern ihr Mütchen kühlen wollten. Aber das Amt, in das wir berufen sind, ist das Amt, das die Versöhnung predigt. [...] Wo der Haß gepredigt wird, und nun gar der Haß gegen Glieder des eigenen Volkes, da ist der Geist Jesu Christi nicht. [...] Unser junger Freund, der sich auf dem letzten Potsdamer Kirchentag als »betender Sozialdemokrat« bekannte, soll im Gottesdienst seiner Kirche das Evangelium finden, ohne politische Spitzen und ohne Jubelreden, die ihn und seine Freunde als nicht zugehörig zur Nation behandeln. [...]

Das führt zu dem Letzten: *es geht jetzt darum, daß die Kirche das Gewissen des Staates bleibe!* Es ist sehr leicht, das Gewissen von Menschen darzustellen, von denen man durch eine Kluft getrennt ist – vollends dann, wenn die Worte nicht von ihnen selbst, sondern nur von den anderen gehört werden. Es ist sehr leicht, auf einer Generalsynode Beschwerde zu führen, daß Severing eine Polizeiparade am Sonntagvormittag um ½11 Uhr abhält – ich habe das selbst getan –; es ist sehr viel schwerer, öffentlich zu rügen, daß der Rundfunk eine Hitler-Rede auf Schallplatten am Sonntagvormittag um ½11 Uhr wiederholt und damit zum erstenmal seit Bestehen des Reichsrundfunks die Zeit des Gottesdienstes nicht respektiert hat. [...]

Diese ganze große Aufgabe werden wir nur dann erfüllen können, wenn wir mehr als je zuvor in kirchlicher Disziplin zueinander stehen. [...] Es darf nicht sein, daß Pfarrer mit politischen Abzeichen durch ihre Gemeinden gehen und ihren Gemeindegliedern mit Parteigruß begegnen. Es darf nicht sein, daß wir dem Druck irgendwelcher politischen Mächte nachgeben und uns zu Maßnahmen drängen lassen, die der Kirche nicht würdig sind und die sich eines Tages bitter rächen müssen.

Was für Ansinnen werden bisweilen an uns gestellt! Völlig naiv und gutgläubig! »Was wollen Sie?« – sagte mir jemand bei den unsagbar schwierigen Verhandlungen über die Hergabe der Potsdamer Garnisonkirche für den neuen Reichstag, – »die Kirche ist doch eine Kultureinrichtung des Staates; wenn das Kabinett etwas bestimmt, dann muß die Kirche gehorchen!« [...] Alles, was wir zehn Jahre lang über Wesen und Aufgabe der Kirche geredet und geschrieben haben, ist in unserer engen Welt geblieben. Die große Menge draußen lebt noch heute in den Vorstellungen der alten Zeit. Und so kommen die Zumutungen am laufenden Bande: Wenn Hitler redet, müssen alle Kirchenglocken läuten; wenn ein SA-Mann erschossen wird, muß er in der Kirche aufgebahrt werden; für politische Versammlungen mit nationalem Vorzeichen müssen Kirchen und Pfarrer selbstverständlich zur Verfügung stehen; und so fort! Alles oft gut gemeint – aber wenn wir hier nicht Widerstand leisten, dann sind wir in kurzer Frist wieder Staatskirche und sind es in viel schlimmerem Sinn, als wir es unter einem *Summus episcopus* waren. [...]

Für den Volkstrauertag [12. März] wird Folgendes zu beachten sein: [...]

3. Wo Dankgottesdienste erbeten werden, sollte versucht werden, sie mit dem Volkstrauertag zu verbinden. Dabei muß Dank und Lob so zum Ausdruck kommen, daß politisch andersdenkende Gemeindeglieder nicht verletzt werden – was am sichersten zu erreichen sein wird, wenn nicht der Sieg einer politischen Bewegung, sondern die Rettung des Vaterlandes vor

der kommunistischen Revolution Gegenstand des Dankens ist. Die kommunistischen Aktionspläne (Brandstiftung, Vergiftung, Geiseln, Frauen und Kinder als Kugelfang) sind Tatsache.

4. [...] Denjenigen, die es in den Zeitungen noch nicht gelesen haben, möchte ich bei dieser Gelegenheit sagen, daß das Glockengeläut, das am 4. März während der Königsberger Rede Adolf Hitlers zu hören war, nicht das Geläut des Königsberger Doms war, wie Herr Dr. Goebbels im Rundfunk behauptete, geschweige denn, daß die anderen ostpreußischen Kirchen geläutet hätten. Das Konsistorium hatte das verboten. Das Verbot ist respektiert worden. Man hat im Rundfunk eine Schallplatte mit Glockengeläut laufen lassen, und den Hörern eingeredet, das wäre der Königsberger Dom! Die kirchliche Disziplin ist in Ostpreußen gewahrt worden. Sie muß auch bei uns gewahrt werden! [...]

Wir können dem Vaterland keinen besseren und heiligeren Dienst tun, als indem wir uns mit ganzer Person dafür einsetzen, daß die evangelische Kirche Kirche bleibt!

91. *»Die christlich-nationalen Gewerkschaften für Freiheit und Ordnung«*
Entschließung des Vorstandes des Gesamtverbandes der christlich-nationalen Gewerkschaften Deutschlands vom 8. März

Die letzten Wochen haben erneut gezeigt, daß unser Volk noch weit von der ersehnten Einigkeit und einer sicheren Ordnung in Freiheit entfernt ist. Politische und wirtschaftliche Sorgen lasten schwerer denn je auf allen. Besonders hart ist die Lage der Arbeitslosen. Über den sich häufenden politischen Ereignissen ist die allgemeine Aufmerksamkeit stark von ihrem traurigen Schicksal sowie von dem Bemühen um *Belebung des Arbeitsmarkts* abgelenkt worden.

Der Vorstand des Gesamtverbandes spricht die Erwartung aus, daß nunmehr, nachdem die Wahlen getätigt sind, alle maßgebenden Stellen sich mit ganzer Kraft mit der *Bekämpfung der Wirtschaftskrise und der Arbeitslosigkeit* befassen.

Vom Gelingen oder Mißlingen dieses Kampfes hängt nicht nur das Schicksal von Millionen deutscher Mitbürger, sondern des Staates und der Kultur ab. In diesem Bewußtsein setzen die christlich-nationalen Gewerkschaften ihre eigene Kraft für diesen Kampf nach wie vor restlos ein. Der Sieg kann aber nur errungen werden, wenn alle zur Mitwirkung geeigneten Kräfte im Volke mobilisiert und angespannt werden, so daß ein allseitig vertrauensvolles Zusammenarbeiten die Aufgabe erleichtert und ihr einen höheren Sinn verleiht.

Die christlich-nationalen Gewerkschaften sind der Ansicht, daß es gelingen muß, jene Ordnung zu verwirklichen, nach der sie seit ihrer Begründung strebten, nämlich eine organische, vom Willen zur Selbstverantwortung getragene *berufsständige Sozialordnung*. Jeder aufrechte Deutsche soll darin Schutz und Freiheit, Achtung und Möglichkeit zur sinnvollen Gestaltung seines Lebens finden können.

Deutsch muß dieser Aufbau sein, und deshalb muß er *genossenschaftlichen Charakter* im besten Sinne des Wortes tragen. Er muß das freie Werk freier Männer sein.

In der *Freiheit* sehen wir ein hohes Gut. Soll in Freiheit geschafft werden können, so muß eine starke, objektive Staatsgewalt die freiheitliche Rechtsordnung gewährleisten, die dem einzelnen die Entfaltung seiner Persönlichkeit und den vom Volke her gebildeten und zu bildenden berufsständischen Organisationen kraftvolles Gedeihen sichert.

Diese Bestrebungen der christlichen Gewerkschaften entsprechen dem Gründungsprogramm der christlich-nationalen Gewerkschaften, wie sie auf dem *Mainzer Kongreß* 1899 verkündet wurden. Dieses Programm brauchte in seinem wesentlichen Inhalt in der Vergangenheit keine Änderung; es hält auch jetzt, 1933, stand. Es braucht nur verwirklicht zu werden. *Jede Zeit ist dafür die richtige.*

92. *»In der Durchführung der Revolution dürfen wir jetzt keine Rücksicht mehr kennen«*
Aus dem Tagebuch Goebbels' vom 8. März

Die deutsche Revolution geht unentwegt weiter und macht nirgendwo halt. Auf allen öffentlichen Gebäuden wehen schon die Hakenkreuzfahnen. Hier und da leistet eine Beamtenseele Widerstand, aber ein gelinder Druck genügt, um sie in die Knie zu zwingen.

Bisweilen taucht auch irgendwo eine Gruppe des deutschnationalen Kampfringes auf und zieht da, wo von uns noch keiner war, ihre Fahne hoch. Die typischen Schlachtenbummler, die immer zu treffen sind, wenn die Gefahr vorbei ist.

In Baden, Sachsen und Württemberg sind nationalsozialistische Kommissare eingesetzt worden. Alles geht glatt in Ordnung, nirgendwo wird Widerstand geleistet.

Abends sind wir alle beim Führer; dort wird beschlossen, daß nunmehr Bayern an die Reihe kommen soll. [. . .]

In der Durchführung der Revolution dürfen wir jetzt keine Rücksicht mehr kennen; denn wir haben ja die Macht, um sie zu gebrauchen. Widerstand haben wir nicht zu befürchten. Unser Feind ist so zu Boden geworfen, daß er keine Hand mehr zu rühren wagt.

93. »Das Dritte Reich ist Wirklichkeit geworden«
Aus einem Bericht des amerikanischen Botschafters in Berlin, Sackett, an Außenminister Hull vom 9. März

Obwohl die Freiheit der Stimmabgabe gewährleistet war [. . .], kann die Wahl vom 5. März nicht gut als eine freie Wahl betrachtet werden. Die terroristischen Methoden der Nazis während der Wahlkampagne und vor allem das Außer-Kraft-Setzen der elementarsten Freiheitsrechte, ohne die ein zivilisierter Staat kaum denkbar ist [. . .], beraubten die Wahl ihres fundamentalen Charakters eines freien Ausdrucks des Volkswillens. Wenn in einer künftigen allgemeinen Wahl in Polen oder in der Tschechoslowakei die deutsche Minderheit so unterdrückt und eingeschüchtert werden würde wie die Links- und Mittelparteien in Deutschland in diesem Wahlkampf, würden die Nazis zweifellos die ersten sein, die laut protestieren.

Dennoch: Die Tatsache bleibt bestehen, daß Hitler einen beispiellosen Triumph errungen hat. Die Demokratie in Deutschland hat einen Schlag erlitten, von dem sie sich wohl nicht wieder erholen wird. Deutschland ist in einer riesigen Nazi-Welle untergegangen. Das vielverkündete Dritte Reich ist Wirklichkeit geworden. Welche Form dieses Dritte Reich schließlich annehmen wird, ist in diesen kritischen Tagen politischer Verwirrung und Ungewißheit noch nicht klar.

94. *»Als Behördenangestellter stehe ich vor einem Scheidewege«*
Aus einer Austrittserklärung an die SPD Hannover vom 9. März

Als Behördenangestellter stehe ich vor einem Scheidewege. Einerseits sehe ich, wie sich mit Sicherheit bei meinem Arbeitgeber, dem Reich, die Tendenz durchsetzt, diejenigen Arbeitskräfte, die regierungsfeindlichen Vereinigungen angehören, nicht mehr zu dulden. Auf der anderen Seite steht die Treue zur Partei. Leider sehe ich keine andere Möglichkeit, als meinen Austritt. Steht doch die Existenz meiner Familie auf dem Spiele. Sollte dennoch das Los der Arbeitslosigkeit nicht abzuwenden sein, das aus eigener Anschauung *sehr sehr* hart sein kann, so brauche ich mir nicht vorzuwerfen, nicht alles getan zu haben im Interesse meiner Frau und meines Kindes.

95. *Nach der Gleichschaltung der Länder*
Aufruf Hitlers an NSDAP, SA und SS vom 10. März

Parteigenossen, SA.- und SS.-Männer! Eine Umwälzung hat sich in Deutschland vollzogen. Sie ist das Ergebnis schwerster Kämpfe, zähester Ausdauer, aber auch höchster Disziplin. Gewissenlose Subjekte, hauptsächlich kommunistische Spitzel, versuchen, die Partei durch Einzelaktionen zu kompromittieren, die in keiner Beziehung zum großen Werk der nationalen Erhebung stehen, sondern höchstens die Leistungen unserer Bewegung belasten und herabsetzen können. Insbesondere wird versucht, durch Belästigen von Ausländern und Autos mit ausländischen Fahnen die Partei bzw. Deutschland in Konflikt mit dem Ausland zu bringen. SA.- und SS.-Männer, ihr müßt solche Kreaturen sofort selbst stellen und zur Verantwortung ziehen. Ihr müßt sie weiter unverzüglich der Polizei übergeben, ganz gleich, wer sie auch sein mögen.

Mit dem heutigen Tag hat in ganz Deutschland die nationale Regierung die vollziehende Gewalt in den Händen. Damit wird der weitere Vollzug der nationalen Erhebung ein von oben geleiteter planmäßiger sein. Nur dort, wo diesen Anordnungen Widerstand entgegengesetzt wird oder wo aus dem Hinterhalt, wie früher, Angriffe auf einzelne Männer oder marschierende Kolonnen erfolgen, ist dieser Widerstand sofort und gründlich zu brechen. Belästigungen einzelner Personen, Behinderungen oder Störungen des Geschäftslebens haben grundsätzlich zu unterbleiben. Ihr müßt, meine Kameraden, dafür sorgen, daß die nationale Revolution 1933 nicht in der Geschichte verglichen werden kann mit der Revolution der Rucksack-Spartakisten im Jahr 1918. Im übrigen laßt euch in keiner Sekunde von unserer Parole abbringen: Sie heißt: Vernichtung des Marxismus.

96. »Das eine ist sicher: Der Staat von Weimar kehrt nicht wieder«
Aus einem Kommentar zur Reichstagswahl in der »Wochenschau« der ›Allgemeinen Evangelisch-Lutherischen Kirchenzeitung‹ vom 10. März

Wenn es noch eines Beweises bedurft hätte, daß wir in einer großen geschichtlichen Wende leben, – durch die *Wahlen des 5. März* ist der Beweis in einer überwältigenden Eindeutigkeit erbracht worden. [. . .] Die Mehrheit des deutschen Volkes hat sich zu den vorbereitenden Ereignissen der letzten Monate bekannt: zur Beseitigung der schwarz-roten Parteiherrschaft in Preußen und anderen Ländern, zu der Schließung des Bundes vor allem zwischen Hindenburg und der nationalen Bewegung. Nicht einmal die Anhänger des demokratischen Gedankens können sich nun noch beklagen, daß ihnen Unrecht geschähe, denn mit dem demokratischsten Wahlrecht der Erde wurde die Demokratie in ihrer bisherigen Form erschlagen. Wie immer auch die weitere Entwicklung gehen möge, das eine ist sicher: Der Staat von Weimar kehrt nicht wieder.

97. »Ein scharfer Wind der Reinigung geht durch das öffentliche Leben«
Aus den »Kirchlichen Nachrichten« der ›Allgemeinen Evangelisch-Lutherischen Kirchenzeitung‹ vom 10. März

Ein scharfer *Wind der Reinigung* geht durch das öffentliche Leben, seit die Nationalsozialisten am Ruder sind. Der *Reichskommissar* für das Preußische Innenministerium, *Göring*, der unlängst ein schärferes Vorgehen gegen Auswüchse der Großstadtunkultur ankündigte, hat jetzt den preußischen Polizeibehörden einen Runderlaß zur *Bekämpfung anstößiger Auslagen* zugehen lassen. Es wird festgestellt, daß noch immer Kioske,

Mietbüchereien, Buchhandlungen und ähnliche Geschäfte in ihren Auslagen Bücher und Druckschriften erotischer Art zeigen. Zum Teil handle es sich um Schriften, deren Vertrieb gegen § 184 und § 184a des Strafgesetzbuches verstoße, oder die als Schund- und Schmutzschriften im Sinne des Schundgesetzes anzusehen seien. Es wird deshalb angeordnet, daß die Buchhandlungen usw., die solche Bücher und Schriften auslegen, schärfstens überwacht werden. Bei Verstößen gegen das Strafgesetzbuch sind unverzüglich Strafprozesse einzuleiten. Den Inhabern der in Frage kommenden Buchhandlungen usw. ist durch polizeiliche Verfügung aufzugeben, daß sie Auslagen, die eine Gefahr für die öffentliche Ordnung bedeuten, vermeiden. Nichtbefolgung wird mit Zwangsgeldern bestraft. Hinsichtlich der Mietbüchereien wird durch eine in nächster Zeit in Kraft tretende Ergänzung der Reichsgewerbeordnung die Möglichkeit eröffnet werden, den Betrieb einer Mietbücherei zu untersagen, wenn in dieser Schriften usw. geführt werden, die in sittlicher oder in religiöser Beziehung Ärgernis zu geben geeignet sind. Der Runderlaß schließt: »Bei den durchzuführenden Maßnahmen empfiehlt sich enge Zusammenarbeit mit den innerhalb der christlichen Kirchen bestehenden Vereinigungen zur Bekämpfung der öffentlichen Unsittlichkeit«. – Soeben wird auch ein scharfer Erlaß gegen die *Nacktkultur*-Bewegung bekannt: Ihre Veranstaltungen und Übungsabende werden verboten, die Verträge der Badeanstalten mit ihnen sind aufzulösen.

98. »Wo gehobelt wird, fallen Späne«
Aus einer Rede Görings in Essen vom 11. März

Ich habe erst angefangen zu säubern, es ist noch längst nicht fertig. Für uns gibt es zwei Teile des Volkes: einen, der sich zum Volk bekennt, ein anderer Teil, der zersetzen und zerstören will. Ich danke meinem Schöpfer, daß ich nicht weiß, was objektiv ist. Ich bin subjektiv. Ich stehe einzig und allein zu meinem Volke, alles andere lehne ich ab. Wenn sie sagen, die Bevölkerung ist in furchtbarer Erregung, weil jüdische Warenhäuser vorübergehend geschlossen waren, so frage ich: Ist es nicht natürlich, wenn wir Deutsche endlich erklären: Kauft nicht bei Juden, sondern beim deutschen Volk. Ich werde die Polizei rücksichtslos einsetzen, wo man das deutsche Volk zu schädigen weiß. Aber ich lehne es ab, daß die Polizei eine Schutztruppe jüdischer Warenhäuser ist. Es muß endlich einmal der Unfug aufhören, daß jeder Gauner nach der Polizei schreit. Die Polizei ist nicht dazu da, die Gauner, Strolche, Wucherer und Verräter zu schützen. Wenn sie sagen, da und dort sei einer abgeholt und mißhandelt worden, so kann man nur erwidern: Wo gehobelt wird, fallen Späne. Wir haben jahrelang die Abrechnung mit den Verrätern angekündigt. Ruft nicht so viel nach Gerechtigkeit, es könnte sonst eine Gerechtigkeit geben, die in den Sternen steht und nicht in euren Paragraphen! Und wenn diese Gerechtigkeit leuchtet, ist euer Ende gekommen. Man klagt über die Unterdrückung von Zeitungen. Wundert euch das? Mich wundert, daß sie noch existieren. Ich würde pflichtwidrig handeln, wenn ich länger dieses Gift ins Volk hineinträufeln ließe. Wenn wir auch vieles falsch machen, wir werden jedenfalls handeln und die Nerven behalten. Lieber schieße ich ein paarmal zu kurz oder zu weit, aber ich schieße wenigstens. Obwohl der Feind auf der ganzen Linie kneift, hat er seine alte Anmaßung und Frechheit behalten. Wenn die Wahlen eine Bedeutung hatten, dann war es die, daß es gelang, das Zentrum aus der Schlüsselstellung hinauszujagen. Wenn sie jetzt glauben, ihre Niederlage mit Anmaßung verbrämen zu können, dann haben sie sich getäuscht. Wenn auch der Marxismus der Todfeind des deutschen Volkes war, und die Sozialdemokratie Deutschland verraten hat, so dürfen wir nicht vergessen: Überall dort, wo diese roten Gauner deutsches Gut gestohlen haben, hat der Schwarze Schmiere gestanden. Der Hehler ist nicht viel besser als der Stehler. Wenn wir vom vergangenen System reden, dann meinen wir das System der drei Internationalen: der schwarzen Internationale, der roten Internationale und der gelben Internationale des jüdischen Finanzkapitals. Wir haben sie aus den politischen Stellungen hinausgejagt, jetzt gilt es, die letzten Bastionen zu erstürmen.

99. Einer von vielen »Märzgefallenen«
Die Austrittserklärung eines Schulrats gegenüber dem Vorstand der SPD von Hannover vom 11. März

Da ich stets die Auffassung vertreten habe, daß es für keine Behörde und Regierung auf die Dauer tragbar ist, ihre Beamten parteipolitisch in Opposition zu wissen, erkläre ich hiermit meinen Austritt aus der Partei.

100. Protest gegen »Gewalttätigkeiten« und »Amtsbehinderung«
Ein Schreiben des Magdeburger Oberbürgermeisters Ernst Reuter (SPD) an Reichspräsident Hindenburg vom 11. März

Der unterzeichnete Oberbürgermeister von Magdeburg sowie sein Stellvertreter Bürgermeister Goldschmidt sind heute vormittag durch schwer bewaffnete SA unter Anwendung von Gewalt und schweren Demütigungen an der Ausübung ihres Amtes behindert worden. Der unterzeichnete Oberbürgermeister ist schweren Demütigungen nur dadurch entzogen worden, daß ein hinzukommender höherer Polizeioffizier ihn in Schutzhaft nahm. Der Bürgermeister wurde gezwungen, sich einem großen SA-Trupp zu zeigen, die Hakenkreuzfahne zu grüßen und an der gewaltsamen Besetzung der Verwaltungsgebäude des Reichsbanners persönlich teilzunehmen. Erst nach einer Stunde ist er durch Inschutzhaftnahme durch die Polizei in Sicherheit gebracht worden.

Ich bitte den Herrn Reichspräsidenten und Ehrenbürger der Stadt Magdeburg, die Verwaltung unserer Stadt durch entsprechende Anweisungen an den zuständigen Kommissar des Reiches vor der Wiederholung solcher Gewalttätigkeiten und Amtsbehinderung zu schützen.

101. »... ob für meinesgleichen fortan überhaupt noch Raum sein wird in Deutschland«?
Aus einem Brief Thomas Manns (Arosa) an Lavinia Mazzucchetti vom 13. März

Nur ganz zufällig bin ich außerhalb Deutschlands. Am 10. Februar reiste ich mit meiner Frau nach Amsterdam zur Wagner-Feier und von dort programmgemäß weiter nach Brüssel und Paris. [...] da ich vorher angestrengt gearbeitet hatte, so fanden wir es gut, von Paris aus zur Erholung auf ein paar Wochen hierher zu gehen. [...]

Nun, aus der Erholung ist nichts oder das Gegenteil geworden, und unser Aufenthalt zieht sich erzwungenermaßen in die Länge. Wir hatten auf Bayern gerechnet und erwartet, daß dank der Stärke der katholischen Volkspartei dort jedenfalls alles so ziemlich beim Alten bleiben werde. Ein Wahl-Resultat wie es auch dort und gerade dort tatsächlich zustande gekommen, hätten die kundigsten Leute sich nicht im Entferntesten träumen lassen. Die Nachricht wirkte als unsinnige Katastrophe. Wir sahen uns in unserem ganzen Vertrauen getäuscht, aber gerade unsere innere Unruhe zog uns mächtig nach Hause, und unsere Koffer waren schon gepackt. Da kamen von allen möglichen befreundeten Seiten Abmahnungen und Warnungen; meine persönliche Sicherheit sei zur Zeit keineswegs gewährleistet, und ich möchte unbedingt die nächsten Wochen abwarten und bleiben, wo ich glücklicherweise sei.

Wir sind also wohl oder übel noch geblieben. Solange die terroristischen Einzelaktionen im ganzen Lande andauern, die die Machthaber ihren Leuten nach allen Versprechungen in gewissem Umfange wohl konzedieren müssen, wäre es wirklich unvernünftig, heimzukehren, denn die Siegerpresse hat nach Kräften gegen mich gehetzt, und ich stehe auf der Liste derer, die sich »pazifistischer Exzesse« schuldig gemacht haben, des »geistigen Landesverrates«. Möglich ist immerhin, daß in Bayern zuerst und schon in absehbarer Zeit eine Art von Rechtssicherheit, eine leidlich gutartige Lebensform sich herstellt, so daß ich mit den Meinen zurückkehren kann. Zieht der Schrekken sich in die Länge, so muß ich für meine Person draußen bleiben, – ich weiß noch nicht, wo; in Tirol vielleicht oder Zürich.

Übrigens fragt es sich ja, ob für meinesgleichen fortan überhaupt noch Raum sein wird in Deutschland, ob die Luft dort für mich zu atmen sein wird.

102. Gleichschaltung, Terror und Illusionen

Aus einem Bericht des Münchener Domdekans Anton Scharnagl (MdL BVP) für Kardinal Michael Faulhaber vom 13. März

Seit der Einsetzung des Herrn Generals von Epp als Reichskommissar ist die Lage die, daß die derzeitige bayerische Staatsregierung noch im Amte ist, daß aber die Ausübung der Polizeigewalt auf den Reichskommissar und auf die von ihm bestellten Unterorgane übergegangen ist. Von der Bestellung solcher Unterkommissare hat der Reichskommissar General von Epp einen sehr weitgehenden Gebrauch gemacht. Er hat nicht nur für das Staatsministerium des Innern zur Handhabung der Polizeiangelegenheiten, sondern auch für die Ministerien der Finanzen und der Justiz Unterkommissare bestellt, für ersteres den national-sozialistischen Landtagsabgeordneten Siebert, Oberbürgermeister von Lindau, für letzteres den national-sozialistischen Reichstagsabgeordneten Frank II, Rechtsanwalt in München. Letzterer hat bereits verfügt, daß die Nationalsozialisten, die wegen Vergehen gegen das Sprengstoffgesetz in Untersuchungshaft waren und die von Angehörigen der nationalsozialistischen Wehrverbände aus dem Gefängnis befreit worden sind, in Freiheit belassen werden müssen, weil es nicht angängig sei, daß nach dem Siege der Freiheitsbewegung Hitlers Freiheitskämpfer strafrechtlich verfolgt werden.

In der Nacht vom 9. und 10. März, also nach der Bestellung des Reichskommissars zur Aufrechterhaltung von Ruhe und Ordnung, sind zahlreiche Ruhestörungen und Freiheitsberaubungen durch Angehörige der national-sozialistischen Wehrverbände verübt worden. So wurde Herr Minister Dr. Stützel nachts aus dem Bett geholt, mit Anwendung von Gewalt und notdürftig bekleidet in das Braune Haus geschleppt und dort mißhandelt. Ebenso wurde Staatsrat Schäffer nachts aus der Wohnung geholt und ins Braune Haus gebracht, jedoch hat man ihn insofern anständiger behandelt, als Zeit gelassen wurde, sich anzukleiden und er auch keinen tätlichen Angriffen ausgesetzt war. Nach einiger Zeit wurden auf Anordnung des Herrn Generals von Epp die beiden Herren wieder freigegeben und später hat auch General von Epp sein Bedauern über diesen Vorfall im Ministerrat ausgesprochen. Auch der Stadtrat Ostermaier der B. V. P. wurde von S. A.-Leuten aus der Wohnung geholt und mißhandelt. Staatsrat Mantel, der Vorstand der Forstabteilung im Finanzministerium, wurde in Schutzhaft genommen. Das Redaktionslokal des ›Geraden Wegs‹ wurde vollständig demoliert. Der Herausgeber des ›Geraden Wegs‹ Dr. Gerlich schwer mißhandelt und in Schutzhaft genommen. In dem Hause der ›Münchner Post‹ wurden sämtliche Druckereimaschinen zerstört.

Die Lage, die durch Eingreifen des Reiches in Bayern geschaffen wurde, ist unhaltbar. Die bayerische Regierung ist zwar noch im Amte, aber unsere Minister sind in ganz unwürdiger Weise an der Ausübung ihrer Arbeitsgeschäfte behindert. Es ist deshalb eine Notwendigkeit, möglichst bald zu einer Neubildung der Regierung zu kommen. Dabei gibt es nach der Lage der Verhältnisse für die B. V. P. nur zwei Möglichkeiten.

Die eine Möglichkeit bestünde darin, der national-sozialistischen Partei die Regierungsbildung und damit die Verantwortung allein zu überlassen. So gerechtfertigt das nach einer Beziehung wäre, so würde es doch nach der anderen Seite bedeuten, daß die Staatsgewalt in Bayern der national-sozialistischen Partei allein und unbeschränkt ausgeliefert werden würde. Es bestünde die Sicherheit, daß sie diese Staatsgewalt in rücksichtsloser Weise ausnützen würde, und bestünde daraus die Gefahr, daß namentlich in kulturpolitischer Beziehung Maßnahmen getroffen werden würden, die für ganz Bayern und insbesondere für die katholische Kirche und die katholischen Organisationen sehr nachteilig sein würden. Die Meinung der B. V. P. geht deshalb dahin, daß es vorzuziehen sei, daß die B. V. P. sich auch weiterhin an den Regierungsgeschäften beteilige und einen möglichst großen Einfluß darauf zu nehmen suche. Das bedeutet, daß eine Koalition mit den Nationalsozialisten und eine Koalitionsregierung mit ihnen gebildet werden muß. Darüber werden seit heute Verhandlungen geführt, deren Abschluß in den ersten Tagen der nächsten Woche zu erwarten ist.

103. *»Wir sind geschlagen, wir haben nichts anderes zu tun, als wieder von vorn anzufangen«*
Aus dem Protokoll der Sitzung des SPD-Parteiausschusses am 14. März

Wels: [...] Als am 5. März das uns alle erschreckende Wahlresultat [...] aus den Urnen gezählt wurde, mußte es dem enragiertesten Anhänger der Gewalt [...] klar werden, es hätte ein Bakunin selber aus der Erde kommen können, er hätte erkennen müssen, daß die Hälfte des Volkes sich zu einer Auffassung bekannt hatte, die nicht im Barrikadenkampf niedergerungen werden kann, sondern durch die Entwicklung und den geistigen Kampf, wie wir ihn immer geführt haben, revidiert werden kann. Jede andere Abwehr wäre Illusion gewesen. [...]

Wir sind geschlagen, wir haben nichts anderes zu tun, als wieder von vorn anzufangen. Das ist schwer, wenn man sich auf der Höhe der Macht fühlte. [...]

Lange-Chemnitz: [...] Was kann unsere Parteileitung tun, um unsere Häftlinge zu sichern und sie freizubekommen? Die ungeheure Gefahrenzone, in der sich die Häftlinge befinden, wird noch dadurch vergrößert, daß die Kommunisten immer wieder individuellen Terror versuchen und die Nationalsozialisten nur darauf warten. Den Gefangenen wurde mitgeteilt, daß jede Meldung eines Terroraktes gegen einen Nationalsozialisten mit einem Terrorakt gegen die Inhaftierten beantwortet wird. Ein kommunistischer Stadtverordnetenvorsteher, der am Abend aus der Haft entlassen wurde, wurde noch am selben Abend in den Rücken geschossen. Der tödliche Schuß auf Landgraf erfolgte, weil er nicht sofort gesagt hat, wo das Geld liegt. [...]

Löbe: Ich möchte noch einige Ausführungen über die nächsten Aufgaben machen. Unsere Tätigkeit wird noch einige Tage in der Weise fortgesetzt werden müssen wie in der letzten Woche. Zwei Dinge gehören vor allem dazu: Die Genossen, die jetzt in schlimme Bedrängnis gekommen sind, zu befreien, und die Bemühungen, auf schriftlichem Wege durch Flugblätter, Zeitungen usw. wieder mit unseren Genossen in Verbindung zu kommen.

Die Richtlinien für das erste waren bei uns die, daß wir zunächst uns der Leute annehmen, die in die Hände irregulärer Banden gekommen sind. Da drohten Gefahren. Wenn die offizielle Polizei jemand in Schutzhaft genommen hat, wird das mit Ausnahme von wenigen Fällen nicht die größte Gefahr sein. Die Ängstlichkeit für diejenigen, die in Schutzhaft genommen sind, ist bis auf einige Ausnahmefälle unangebracht. Sie sind meistens, wenn der Grund zur Inhaftierung gefunden war, wieder entlassen worden.

Bei den Verhandlungen mit den Behörden habe ich den Eindruck gehabt, daß neben Nationalsozialisten eine Reihe deutschnationaler Beamter auch im Polizeipräsidium in Berlin vorhanden sind, denen die ganze Eigenmächtigkeit und Brutalität, die ja in Berlin noch in fast jedem Fall mit Diebstahl verbunden gewesen ist, natürlich furchtbar gegen den Strich geht, daß sie uns aber offen ins Gesicht sagten, sie seien nicht imstande, gegenwärtig von sich aus der Sache Herr zu werden. Ein sehr namhafter Deutschnationaler hat gesagt: Wenn ich schärfer vorgehen würde, als es die Regierung verlangt, dann sitzt in zwei Tagen ein Nationalsozialist an seiner Stelle, und die Häftlinge sind noch viel schlimmer dran. So ist die Situation. Göring hat mir im Fall Sollmann ausdrücklich gesagt: Etwas hätten die Herren für ihre Sicherheit auch selber tun müssen, denn wir können doch nicht überall sein. Er hat damit nicht auffordern wollen, daß man nun den Leuten mit dem Revolver entgegentreten soll, aber wenn sie es tun, dann würde er sie in dem Bemühen nicht aufhalten.

Die Situation wird sich heute, so nehme ich an, so gestalten, daß die ordnungsmäßigen Gewalten ein klein bißchen mehr sich durchsetzen werden gegenüber den irregulären Banden.[...]

Im allgemeinen würde ich Euch empfehlen, sich an die örtlichen alten Behörden zu wenden, wo irreguläre Angriffe geschehen sind, und die Zentrale nur dann zu bemühen, wenn der Appell an die örtlichen Behörden erfolglos geblieben ist. Kommen wir mit einem oder drei Dutzend Sachen, so überschreitet das die Möglichkeit, die Sachen so zu verfolgen, wie es notwendig wäre. [...]

Wenn es sich bestätigt, daß unsere Presse weitere 14 Tage verboten ist, werden wir immer wieder von unten bohren müssen, wir dürfen uns nicht ergeben. Wir müssen dann über Papen den Reichspräsidenten angehen. Wir dürfen auf keinen Fall nachgeben, es muß jeder Weg versucht werden. Denn, Genossen, in dem Grade, wie wir zurückweichen, marschieren die anderen vor. Jeder Fußbreit Boden muß verteidigt werden. Dazu möchte ich mit meinen Worten aufgefordert haben.

104. Die Ermordung des israelitischen Güterhändlers Otto Selz, Straubing am 15. März
Aus dem Halbmonatsbericht des Regierungspräsidenten von Niederbayern und der Oberpfalz vom 30. März

Am 15. ds. Mts., früh gegen 6 Uhr, erschienen in einem Kraftwagen mehrere Männer in dunkler Uniform vor der Wohnung des israelitischen Güterhändlers Otto Selz in Straubing. Selz wurde von ihnen in Nachtkleidern aus der Wohnung geholt und im Kraftwagen entführt. Etwa um 9.30 [Uhr] wurde Selz in einem Wald bei Weng, Bezirksamt Landshut, erschossen aufgefunden. Der Kraftwagen soll aus der Richtung München-Landshut gekommen und auf der gleichen Strecke wieder zurückgefahren sein. Er war mit sechs Uniformierten besetzt und trug das Zeichen: II A. Die Nummer konnte nicht festgestellt werden. Mehrere Landleute wollen bei einigen Insassen des Wagens die rote Armbinde mit dem Hakenkreuz bemerkt haben.

105. »Diese Situation wird durch eine neue Völkerschlacht bei Leipzig entschieden«
Aus einem Brief Felix Somarys an den neuen Reichsbankpräsidenten Hjalmar Schacht aus der zweiten Märzhälfte

Ich kann es nicht verstehen, daß Du in diese Regierung eingetreten bist. Mir ist es klar, daß diese Situation durch eine neue Völkerschlacht bei Leipzig entschieden werden wird, wo sich die Russen mit Engländern, Franzosen und Amerikanern zum gemeinsamen Kampf gegen Deutschland treffen werden – und was wird dann das Schicksal Deutschlands und was das von Europa sein?

106. »Der erste große Lichtblick seit 1918«
Aus einem Brief Generalleutnant Ludwig Becks (Frankfurt a. d. Oder) an Julie von Gossler vom 17. März

Wie sehr würde Ihr Herr Vater [General v. Gossler, gest. 7. Febr. 1933] wohl noch an dem politischen Umschwung teilgenommen haben, ich habe ihn seit Jahren erhofft und freue mich, daß die Hoffnung nicht getrogen hat; es ist der erste große Lichtblick seit 1918.

107. »Nationale Revolution«
Aus einem Kommentar aus der Zeitschrift ›Die Hilfe‹ vom 18. März

Diese Bezeichnung, die eine Zeitlang vermieden worden war, ist nach dem 5. März offiziös geworden. Die Theoretiker der Revolution mögen sich darüber unterhalten, ob ein Wahlakt eine »Revolution« sein kann oder der Formenwelt der »Evolution« angehört. Daß die Begleiterscheinungen der Machtumwälzung das typische Bild revolutionärer Aktionen zeigten, wie wir sie aus dem Unruhewinter 1918/19 kennen, sieht jeder. Bloß hatte damals das eigentlich Revolutionäre einen vielfach verwirrten und selbst in der Roheit dilettantischen Zug; die Männer aber, die an die Führung des Staates traten, sahen sich, Ebert, Noske, um des Staatsgefüges willen sehr bald vor eine durchaus konservative Aufgabe gestellt und mußten es erleben, als »Gegenrevolutionäre« beschrieben zu werden (was sie in ihren Instinkten auch waren). Die gegenwärtige Aktion hat einen bewußteren Charakter und kann ihn auch haben, weil ihr ein den Willen stählender Kampf um die Macht vorangegangen war und kein Erbe der Verzweiflung und Desillusionierung, keine Hungersnot in ähnlichem Sinn zu übernehmen war, so groß heute die seelische und materielle Not in der Volkstiefe ist. Um so größer auch die Verantwortung. Der Reichskanzler hat wiederholt seiner Gefolgschaft den Befehl zur Disziplin gegeben; es ist zu wünschen, daß er gehört wird und daß nicht durch Jahre erhitzte und jetzt gestaute Rachgefühle zu Vorgängen führen, die den deutschen Namen schädigen und die innere Atmosphäre noch weiter verdumpfen.

108. »Eine Epoche, wo man nicht riskiert, Mörder Mörder zu nennen«

Ein Brief Ernst Barlachs (Güstrow) an Sieker vom 18. März

Ich habe heute meine Bewerbung um das Stralsunder Ehrenmal zurückgezogen, nicht ohne stichhaltige Gründe. Diese dem Tragischen sich annähernde Geschichte hat mich rund ½ Jahr gekostet, in einer Epoche, wo man nicht riskiert, Mörder Mörder zu nennen, wo man selbst in sonst nicht maulfaulen Blättern nur von »Tätern« zu lispeln wagt, unterdrückt unsereiner treffende Bezeichnungen und sagt vielleicht das Wort Nervenraub, denkt aber dabei schon an die Notverordnung vom 28. Februar und an die Beschränkung, unter anderem des Brief-Post-Telegraphen- und Fernsprechgeheimnisses.

109. »Kindische Barbarei und Prinzipienreiterei«

Aus dem Tagebuch Thomas Manns (Lenzerheide) vom 19. März

Wir sprachen beim Frühstück über die Verbote der Bruno Walter-Konzerte in Leipzig u. Berlin. Die Welt wird über diese kindische Barbarei und Prinzipienreiterei die Hände über dem Kopf zusammenschlagen. K. hörte gestern im Radio beim benachbarten Hausherrn eine rabiate Schimpfrede gegen das Centrum, das »eine christliche Partei sein wolle« und »14 Jahre lang dem Kommunismus Schmiere gestanden habe«. Nie in Welt u.

Geschichte ist eine idiotischere Demagogie getrieben worden. Es ist etwas Infernalisches darin, so jedes Wort auf die letzte Dummheit, auf die es ankommt, zu berechnen und jedes bessere Wissen, jede anständige Wahrheit frech dabei unter die Füße zu treten.

110. »Sehnsucht nach Bindung«
Aus dem Tagebuch Erich Ebermayers (Leipzig) vom 20. März

Eben kommt ein Brief von Otto von H., der mich stark bewegt. Er will in den Stahlhelm eintreten.

»Die Gründe für meine Absicht sind nicht leicht zu erklären. Zunächst wirst Du mir hoffentlich glauben, daß es nicht die Konjunktur ist. Die wird ja sowieso sehr schnell vorüber sein, denn schon jetzt lassen ja die Nazis niemand neben sich aufkommen. Vor allem ist es die äußere Bindung, die ich suche. Du weißt ja, daß ich eine Vagantennatur bin und daß ich mich nirgends recht zugehörig fühlen kann. Gerade darum habe ich immer das Bedürfnis, mich in eine feste Gemeinschaft zu stellen ... Ich habe das Bedürfnis, Menschen dienen zu können ... Ich habe große Achtung vor den Zielen des Stahlhelms, die man nicht nach den Reden der Kanonen, sondern nach dem einfachen Mann beurteilen muß. Und wenn zu fürchten ist, daß man den Geist dabei zu kurz kommen läßt, so ist es um so lohnender, wenn man gerade dorthin etwas Ehrfurcht vor dem Geistigen trägt...«

So also sieht einer der Besten unserer Jugend, ein Dreiundzwanzigjähriger, die Dinge! Sehnsucht nach Bindung, nach Dienst am anderen und für andere, auch hier! Hitler hat mit seiner Forderung »Dienen und Gehorchen« eine dumpfe, seit fünfzehn Jahren unerfüllte Sehnsucht der Jugend getroffen. Was Otto von H. in den Stahlhelm treibt, ist genau das gleiche, was Millionen Deutscher zu den Nazis trieb – es ist nur ein Unterschied im Niveau.

111. »Die ehemalige Pulverfabrik in Dachau ein Konzentrationslager für politische Gefangene«
Ein Bericht des ›Dachauer Volksblatts‹ über die Mitteilungen des kommissarischen Münchener Polizeipräsidenten Heinrich Himmler an die Presse vom 20. März

In einer Pressebesprechung am 20. März teilte der kommissarische Polizeipräsident von München [Heinrich Himmler] mit: Am Mittwoch wird in der Nähe Dachaus das erste Konzentrationslager eröffnet. Es hat ein Fassungsvermögen von 5000 Menschen. Hier werden die gesamten kommunistischen und – soweit notwendig – Reichsbanner- und marxistischen Funktionäre, die die Sicherheit des Staates gefährden, zusammengezogen, da es auf die Dauer nicht möglich ist, wenn der Staatsapparat nicht zu sehr belastet werden soll, die einzelnen kommunistischen Funktionäre in den Gerichtsgefängnissen zu lassen, während es andererseits auch nicht angängig ist, diese Funktionäre wieder in Freiheit zu lassen. Bei einzelnen Versuchen, die wir gemacht haben, war der Erfolg der, daß sie weiter hetzen und zu organisieren versuchen. Wir haben diese Maßnahme ohne Rücksicht auf kleinliche Bedenken getroffen in der Überzeugung, damit zur Beruhigung der nationalen Bevölkerung und in ihrem Sinne zu handeln. Weiter versicherte Polizeipräsident Himmler, daß die Schutzhaft in den einzelnen Fällen nicht länger aufrecht erhalten werde, als notwendig sei. Es sei aber selbstverständlich, daß das Material, das in ungeahnter Menge beschlagnahmt wurde, zur Sichtung längere Zeit benötigt. Die Polizei werde dabei nur aufgehalten, wenn dauernd angefragt werde, wann dieser oder jener Schutzhäftling freigelassen werde. Wie unrichtig die vielfach verbreiteten Gerüchte über die Behandlung von Schutzhäftlingen seien, gehe daraus hervor, daß einigen Schutzhäftlingen, die es wünschten, wie z. B. Dr. Gerlich und Freihr. von Aretin, priesterlicher Zuspruch anstandslos genehmigt worden sei. – Das Konzentrationslager der ehem. Pulverfabrik erhielt am Mittwoch, 22. März seine erstmalige Belegung mit 200 Insassen. Das Lager Dachau umfaßt insgesamt über 20 ein- bis zweistöckige Steinbauten, die jeweils 200 bis 250 Mann aufnehmen können. Die Besetzung des Lagers wird zunächst langsam auf 2500 Mann gesteigert, um später eventuell auch auf 5000 Mann erweitert zu werden. Die Baracke für die ersten 200 Mann wurde in den letzten Tagen von einem Arbeitsdienstkommando hergerichtet und zunächst einmal mit einem dreifachen Stacheldrahtverhau gesichert. Erste Arbeit der Lagerinsassen wird sein, die weiteren Steinbauten, die sich in recht heruntergekommenem Zustand befinden, selber wieder herzurichten. Ist dies einmal geschehen, dann wird man sie in kleineren Trupps von vielleicht je 50 Mann ins Moos hinausführen, wo umfangreiche Kultivierungsarbeiten der Durchführung harren. Hier wird sich später vielleicht einem Teil der Lagerinsassen auch die Möglichkeit eigenen Siedelns bieten. Die Bewachungsmannschaft des Lagers besteht zunächst aus einer Hundertschaft Landespolizei, die durch SA.-Hilfspolizei-Posten noch weiter verstärkt werden soll. Das Essen wird im großen Speisesaal der früheren Munitionsfabrik, der bis zu 1500 Mann fassen kann, eingenommen. Gekocht aber wird in Feldküchen. *Das Konzentrationslager in Dachau darf nicht besucht werden.*

112. Mißhandlung der sozialdemokratischen Stadträtin und Bezirksverordneten von Berlin-Köpenick Maria Jankowski durch SA am 20./21. März
Aus dem Vernehmungsprotokoll der Berliner Kriminalpolizei vom 17. Mai

In der Nacht vom 20. zum 21. März d. Js. gegen ½ 2 Uhr wurde an meiner Wohnungstür heftig geklingelt und geklopft. Im Glauben, daß meine Kinder nach Hause gekommen waren, stand ich sofort auf und fragte »Wer ist da?« Mit einer barschen Stimme wurde mir darauf geantwortet: »Machen Sie sofort auf, hier ist die Polizei, sonst wird gewaltsam geöffnet.« ... Mein Mann schloß die Tür auf. Es traten 6–8 Mann herein. Verschiedene waren mit Karabinern bewaffnet. Bis auf einen Mann, der ein blaues Jackett und eine blaue Mütze trug, waren alle in SA-Uniform. Die Leute, die in meine Wohnung eintraten, kenne ich vom Sehen alle. Es sind alles junge Leute, die mit meinen Kindern zusammen in die Schule gegangen sind. [...] Einer von denen, der sicher der Führer war, forderte mich mit den Worten »Bitte ziehen Sie sich an. Sie kommen mit« auf. Ich forderte von diesem Mann einen Ausweis. Er antwortete mir mit flotter Armbewegung: »Ach Quatsch, machen Sie keinen Heckmeck. Sie kommen mit!« ... Der Führer dieser Kolonne trat an mich heran und sagte zu mir: »Schreien Sie nicht etwa, an das Fenster kommen Sie nicht ran, es hat gar keinen Zweck.« Diese

NSDAP-Angehörigen, die keine Hilfspolizeibinden trugen, hatten vier Fahnen, davon zwei schwarzrotgoldene, zwei rote mit den drei Pfeilen [der Eisernen Front] und ein Transparent, auf dem geschrieben stand »Wählt Liste 1 Sozialdemokratie«, die in der kleinen Kammer waren, zusammengesucht und mitgenommen. Die fünf großen Pappschilder mit dem Bilde Hindenburgs, die von der letzten Reichspräsidentenwahl stammen, haben sie zerbrochen und in die Ecke geworfen. [...] Nachdem ich mich nun angezogen hatte, ging ich mit den Leuten die Treppe hinunter. Mir fiel sofort auf, daß einer der Leute beim Verlassen des Hauses hinter uns (der Mann blieb oben in der Wohnung) das Haus zuschloß. Ich mußte nun das Auto (ein Wäscheauto), das vor dem Hause bereit stand, mit den Leuten, die bei mir in der Wohnung waren, besteigen und mitfahren. Mein Mann sowie mein Sohn haben sofort nach der Abfahrt vom Balkon aus festgestellt, daß unten eine Wache vor dem Haus stehenblieb, ungefähr bis 4 Uhr. Wahrscheinlich wollten die Leute verhindern, daß mein Mann oder mein Sohn das Haus verlassen konnten.

Die Fahrt ging von meiner Wohnung nach der Kaiserin-Auguste-Viktoria-Str. 15 zum Lokal von Sonntag. Dort wurden die Fahnen, das Transparent und noch im Wagen befindliche Trommeln und Bücher abgeladen und in das Lokal geschafft. Etliche von den Leuten, die bei mir waren, blieben nun zurück, und es stiegen jetzt andere NSDAP-Angehörige zu, und die Fahrt ging weiter nach der Elisabethstraße in die SA-Kaserne. [...] Dort auf dem Hof mußte ich aussteigen und mit in das Hintergebäude des Hofes (unten Stall, oben sicher Heuboden) mitgehen. Erwähnen will ich noch, daß sich außer mir noch ein gewisser Herr Heber und Herr Flieger im Wagen befanden. Diese Leute mußten ebenfalls mit mir in das Gebäude gehen. [...] Der Führer, der auch in meiner Wohnung mit war, meldete uns dem dort befindlichen Führer. Als der Führer, der mich aus der Wohnung holte, dem dort befindlichen Führer meinen Namen Jankowski nannte, antwortete der dort anwesende Führer »Ach Jankowski, die alte, fette Sau!« Wir wurden aufgefordert, uns in eine Ecke zu stellen. Jetzt mußte der junge Mann, Heber [...], vortreten, und es wurden ihm die Haare geschnitten. Es wurden jetzt von uns dreien die Personalien aufgenommen. Bei der Aufnahme der Personalien fielen allerlei Bemerkungen, zum Beispiel »Aas, dreckiges Luder« usw. Als dem Heber die Haare geschnitten waren, mußte er sich auf den in der Mitte stehenden Tisch mit dem Oberkörper legen. Unter das Gesicht wurde ihm eine schwarzrotgoldene Fahne gelegt. Die Hosen wurden dem Heber vom Körper heruntergerissen. Der Führer bestimmte nun, wieviel Schläge Heber bekommen sollte. Er sagte nur die Zahl 20. Zwei Mann drückten nun mit den Händen den Heber ins Genick und zwei Mann von rechts und links schlugen nun mit Stöcken (Spazierstockstärke) auf das nackte Gesäß ein. Nachdem wurde Flieger gleichfalls wie Heber auf dieselbe Art und Weise mißhandelt. Die beiden Leute mußten sich wieder in die Ecke stellen, und nun kam ich ran. Ich mußte nun ebenfalls vor den Führer treten. Der Führer richtete nun an mich die Frage, wieviel Gehalt ich von der Stadt beziehe. Ich gab ihm zur Antwort, daß ich nur eine Aufwandsentschädigung von 48,75 RM den Monat beziehe. Der Führer antwortete mir »Du verschwindeltes Aas, du kriegst kein Gehalt, dir werden wir schon« und gab dann den Leuten, die zum Schlagen bereit standen, die Zahl 20 an. Als ich am Tisch stand, trat der Führer an mich heran und sagte zu mir »Wo habt ihr die Fahnen her?« Ich sagte ihm, daß die Fahnen mein Eigentum seien. Er antwortete mir darauf: »Vom Rathaus habt ihr das Geld geklaut und dafür Fahnen gekauft.« Ich mußte nun meinen Mantel ausziehen und mich ebenfalls wie Heber und Flieger auf den Tisch legen. Es wurden mir nun die Röcke hochgehoben und die Schlüpfer mit Gewalt heruntergezogen, und ich erhielt ebenfalls die vorher bestimmten Schläge auf das Gesäß. Nach Verabfolgung der Schläge mußte ich mich zu Flieger wieder in die Ecke stellen. Jetzt kamen Heber und Flieger wieder an die Reihe und wurden zum zweiten Mal geschlagen. Als ich zum zweiten Mal herankam, beschuldigte der Führer mich, daß ich Listen verbreitet hätte, wonach nationalsozialistische Geschäftsleute boykottiert werden sollten. Ich erklärte ihm, daß ich nichts davon weiß. Er antwortet mir: »Du weißt ja überhaupt nichts«, und ich bekam zum zweiten Mal 20 Schläge. Dieser Raum war nur mit schwarzrotgoldenen, roten Fahnen und Wimpeln der Wassersportabteilung ausgeschmückt. Der Führer trat nun an mich heran, hatte einen Rohrstock in der Hand und zeigte mit diesem auf die Fahnen, und ich mußte ihm erklären, was das für Farben seien. Er richtete nun an mich Fragen, und ich mußte ihm die drei Farben hintereinander sagen. Wenn ich nun zu der Farbe »gold« kam und ich das Wort »gold« gesagt hatte, bekam ich mit dem Rohrstock Schläge ins Gesicht, und er sagte zu mir die Worte »Sagst du Aas bald Scheiße!« Nach einer gewissen Zeit wurde ich wieder in Ruhe gelassen und es kamen jetzt wieder Heber und Flieger und ich heran, sich auf den Tisch zu legen und zum dritten Male Schläge zu bekommen ... Wir mußten uns nachdem in eine Reihe stellen und das Deutschlandlied durchsingen. Nach Absingen des Deutschlandliedes erklärte uns der Führer, daß er uns jetzt eine halbe Stunde in Ruhe lassen würde. Er würde jetzt hinuntergehen, und wenn er wiederkäme, würde er an uns bestimmte Fragen richten. Sollten wir die Fragen nicht beantworten, »so wird uns nochmal so eine Wucht verabfolgt« »und dann wird uns der Arsch mit Essig eingerieben, wir bekommen noch eine Portion Rizinus und dann werden wir in den Wagen eingeladen und nach Schmöckwitz gefahren, wo wir uns unsere Kute [Grube] graben können.« Während der Abwesenheit des Führers sowie einigen anderen SA-Leuten, wurden wir von der zurückbleibenden Wache mit allerlei Schimpfworten bedacht. Was für schmutzige Wörter von den Leuten zu uns gesagt wurden, kann ich heute hier nicht mehr wiedergeben. Nach Rückkehr des Führers bekamen wir der Reihe nach, Heber, Flieger und ich, auf dieselbe Art und Weise wie vorher zum 4. Mal je 20 Schläge ...

Mir wurde jetzt erklärt, daß ich jetzt entlassen werde, müßte aber vorher noch ein Revers unterschreiben. Das Revers war schon mit der Maschine vorgeschrieben. Es enthielt, daß ich alle Ämter niederzulegen habe, daß ich aus der Partei austrete und mich politisch nicht mehr betätige. Außerdem solle ich mich von Donnerstag, den 23. 3. 33 ab in der dort befindlichen SA-Kaserne, wo ich geschlagen wurde, abends von 19–20 Uhr täglich melden. Am Donnerstag, den 23. 3. 33, hätte ich auch die Liste sämtlicher Funktionäre der Partei mitzubringen ... Da ich nun allein auf der Straße stand und nicht laufen konnte, war es mir nicht möglich, meinen Heimweg anzutreten. Später begegnete mir eine Frau, die ich bat, mir ein Auto herzuschicken, damit ich meinen Heimweg antreten könnte. Ich bin aber ein Stück mit der Straßenbahn gefahren, und es gelang mir, mich nach Hause zu schleppen.

Vermerk: Aus Rücksicht auf den Gesundheitszustand der Frau Jankowski wird die Vernehmung auf kurze Zeit unterbrochen und dann wieder fortgesetzt.

Die Vernehmung wird nach ¾stündiger Pause fortgesetzt.

Am Dienstag, den 21. 3. 33, gleich morgens ließ ich den Arzt Dr. Kosswig, Köpenick, Auguste-Viktoria-Str. 10, zu mir rufen. Da Kosswig die Verantwortung nicht allein übernehmen wollte, kam er am gleichen Nachmittag mit einem nationalsozialistischen Arzt Dr. Krafftmeier, Köpenick, Oberspree-Ecke Gutenbergstraße wohnhaft, zu mir, und beide nahmen eine Untersuchung vor. Da ich kein Urin und Stuhlgang hatte sowie die Bindehaut am rechten Knie zerrissen war und ich noch dazu sehr große Schmerzen hatte, suchte ich auf eigenen Wunsch mit Einverständnis der beiden Doktoren das St. Antonius-Krankenhaus in Karlshorst auf. Am 31. März wurde ich auf Grund einer Verfügung des Hauptgesundheitsamts aus dem Krankenhaus entlassen. Ich befinde mich heute noch in ärztlicher Behandlung . . .

Da mir mein Mann im Krankenhaus erzählt hatte, daß am Freitag, den 24. März 33, um 9 Uhr der Führer Scharsich, Bln.-Köpenick, Kaiser-Wilhelm-Str. 92 wohnhaft, in der Wohnung gewesen sei, um nachzufragen, warum ich mich am Donnerstag Abend nicht in der fraglichen SA-Unterkunft (wo ich die Prügel bekommen habe) gemeldet habe, ging ich aus diesem Grunde nicht in meine Wohnung, denn ich befürchtete, daß mir evtl. noch mal in ungerechter Art und Weise solches, wie es am 21. März geschehen ist, passieren würde. Seit meiner Entlassung aus dem Krankenhaus bis zum 8. Mai d. Js. habe ich mich ohne Wissen meines Mannes und Sohnes bei Bekannten auf dem Lande aufgehalten . . .

Ich bin bereit, zu jeder Zeit ein ärztliches Attest hier einzureichen.

Aus Furcht, daß mir evtl. nochmals dieses Unglück widerfahren könnte und damit ich nun in Ruhe gelassen werde, stelle ich gegen die Täter keinen Strafantrag.

Ich erwähne hiermit, daß ich mir bis jetzt in meinem Leben nie irgend etwas habe zuschulden kommen lassen. Auch in der amtlichen Eigenschaft als Ehrenbeamter der Stadt Berlin nicht.

113. Feierliche Eröffnung des Reichstags in der Garnisonkirche in Potsdam am Jahrestag der Eröffnung des ersten deutschen Reichstags 1871
Aus dem Tagebuch Erich Ebermayers (Leipzig) vom 21. März

Der »Tag von Potsdam«! Ein Flaggenmeer in allen Straßen. Auch wir konnten uns nicht ausschließen. Ich hole also die alte schwarz-weiß-rote Fahne aus dem Weltkrieg vom Boden herunter und hisse sie. Die schwarz-rot-goldene, das gute, geschändete, verratene und niemals genug geschätzte Stück wandert dafür auf den Boden. [...]

Am Vormittag Übertragung der Feiern in Potsdam über den Rundfunk. Alles geschickt, eindrucksvoll, ja hinreißend, jedenfalls für die Massen. Aber auch wir können und dürfen die Augen nicht verschließen vor dem, was hier geschieht. Heute und hier gelang die Vermählung, wenn nicht für ewig, so doch auf Zeit, zwischen den von Hitler geführten Massen und dem »Geist von Potsdam«, dem Preußentum, repräsentiert durch Hindenburg.

Welch großartige Inszenierung durch den Meisterregisseur Goebbels! Die Fahrt Hindenburgs, der Regierung und der Abgeordneten geht von Berlin bis Potsdam durch ein einziges geschlossenes Spalier jubelnder Millionen. Ganz Berlin scheint auf der Straße zu sein. Regierung und Abgeordnete gehen von der Nikolai- zur Garnisonkirche zu Fuß. Glockenläuten und Kanonenschießen. Hindenburg betritt mit Hitler zusammen die Garnisonkirche. Der Rundfunksprecher weint fast vor Rührung.

Dann verliest Hindenburg seine Botschaft. Einfach, stark, aus schlichtem Herzen kommend und deshalb wohl zu schlichten Herzen sprechend. Allein die Tatsache, daß ein Mann dasteht, der Generationen deutscher Geschichte vereinigt, der 66 mitkämpfte, 71 bei der Kaiserkrönung in Versailles dabei war, 14 bis 18 zum Nationalhelden emporwuchs, dem keine verlorene Schlacht und kein verlorener Weltkrieg bei unserem merkwürdigen Volk etwas an Popularität nehmen konnten, den im Gegenteil erst die Niederlage zu mythischer Verklärung erhob, der dann als Greis noch einmal und schließlich ein zweites Mal die Führung des Reiches übernahm, nicht aus Eitelkeit oder Machtsucht, sondern zweifellos aus preußischem Pflichtgefühl – er vollzieht nun, kurz vor dem Grab, die Vermählung seiner Welt mit der neu aufgestiegenen, die der österreichische Gefreite Hitler repräsentiert.

Dann spricht Hitler. Es ist nicht zu leugnen: er ist gewachsen. Aus dem Demagogen und Parteiführer, dem Fanatiker und Hetzer scheint sich – für seine Gegner überraschend genug – der wirkliche Staatsmann zu entwickeln. Also doch ein Genie, in dessen rätselhafter Seele ungeahnte und unerhörte Möglichkeiten liegen? Die Regierungserklärung zeichnet sich durch auffallende Mäßigkeit aus. Kein Wort des Hasses auf die Gegner, kein Wort von Rassenideologie, keine Drohung nach innen oder außen. Nur was sie wollen, davon spricht Hitler. Erhaltung der großen Tradition unseres Volkes, Festigkeit der Regierung statt ewigen Schwankens, Berücksichtigung aller Erfahrungen im Einzel- und Gemeinschaftsleben, die sich in Jahrtausenden als nützlich für die Wohlfahrt der Menschen erwiesen haben.

Hindenburg legt an den Gräbern der preußischen Könige Kränze nieder. Der greise Feldmarschall reicht seinem Gefreiten aus dem Weltkrieg die Hand. Der Gefreite neigt sich tief über die Hand des Feldmarschalls. Kanonen donnern über Potsdam – über Deutschland.

Niemand kann sich der Erschütterung entziehen. Auch Vater ist tief beeindruckt. Mutter stehen die Tränen in den Augen. [. . .]

Am Abend eine stille Stunde mit M. Er ist völlig unberührt von den Geschehnissen des Tages, wie wenn ihn eine dichte Schutzhaut umgäbe. Er hält alles nur für abgekartetes Theater, wird keinen Augenblick schwankend in seiner instinktiven Abneigung. »Ihr werdet's schon noch erleben!« sagt der Einundzwanzigjährige.

Ich schweige beschämt und zerrissen.

114. »Ein Reich, ein Volk, ein Gott«

Aus der Predigt des Generalsuperintendenten der Kurmark Otto Dibelius in der Potsdamer Nikolaikirche am 21. März

»Ist Gott für uns, wer mag wider uns sein?«
(Römer 8, 31)

Über diesen Text hat D. v. Dryander bei der Eröffnung des Deutschen Reichstages am 4. August 1914 gepredigt. Es war ein Tag, an dem das deutsche Volk das Höchste erlebte, was eine Nation überhaupt erleben kann: einen Aufschwung des vaterländischen Gefühls, der alle mit sich fortriß; ein Aufflammen neuen Glaubens in Millionen Herzen; eine heiße Bereitschaft, das eigene Leben zu opfern, damit Deutschland lebe – ein Reich, ein Volk, ein Gott! An einem solchen Tage gemeinsamer Erhebung drängte dies Wort sich auf, dies Wort voll Glaubenstrotz und Siegeszuversicht: Ist Gott für uns, wer mag wider uns sein?

Der heutige Tag ist jenem Tage ähnlich, und ist doch wieder anders. Durch Nord und Süd, durch Ost und West geht ein neuer Wille zum deutschen Staat, eine Sehnsucht, nicht länger, um mit

Treitschke zu reden, »eine der erhabensten Empfindungen im Leben eines Mannes« zu entbehren, nämlich den begeisterten Aufblick zum eigenen Staat. Noch sind wir nicht wieder ein einiges Volk. [...]

Ein neuer Anfang staatlicher Geschichte steht immer irgendwie im Zeichen der Gewalt. Denn der Staat ist Macht. Neue Entscheidungen, neue Orientierungen, Wandlungen und Umwälzungen bedeuten immer den Sieg des einen über den anderen. Und wenn es um Leben und um Sterben der Nation geht, dann muß die staatliche Macht kraftvoll und durchgreifend eingesetzt werden, es sei nach außen oder nach innen.

Wir haben von Dr. Martin Luther gelernt, daß die Kirche der rechtmäßigen staatlichen Gewalt nicht in den Arm fallen darf, wenn sie tut, wozu sie berufen ist. Auch dann nicht, wenn sie hart und rücksichtslos schaltet. Wir kennen die furchtbaren Worte, mit denen Luther im Bauernkrieg die Obrigkeit aufgerufen hat, schonungslos vorzugehen, damit wieder Ordnung in Deutschland werde. Aber wir wissen auch, daß Luther mit demselben Ernst die christliche Obrigkeit aufgerufen hat, ihr gottgewolltes Amt nicht zu verfälschen durch Rachsucht und Dünkel, daß er Gerechtigkeit und Barmherzigkeit gefordert hat, sobald die Ordnung wiederhergestellt war.

Das muß die doppelte Aufgabe der evangelischen Kirche auch in dieser Stunde sein. Wenn der Staat seines Amtes waltet gegen die, die die Grundlagen der staatlichen Ordnung untergraben, gegen die vor allem, die mit ätzendem und gemeinem Wort die Ehe zerstören, den Glauben verächtlich machen, den Tod für das Vaterland begeifern – dann walte er seines Amtes in Gottes Namen! Aber wir wären nicht wert, eine evangelische Kirche zu heißen, wenn wir nicht mit demselben Freimut, mit dem Luther es getan hat, hinzufügen wollten: staatliches Amt darf sich nicht mit persönlicher Willkür vermengen! Ist die Ordnung hergestellt, so müssen Gerechtigkeit und Liebe wieder walten, damit jeder, der ehrlichen Willens ist, seines Volkes froh sein kann. Die beiden Reiche, die Luther so sorgfältig auseinander hielt, das Reich der weltlichen Gewalt und das göttliche Reich der Gnade, werden eins in der Person des Christen. [...]

115. »Rückblick auf das alte Preußen«
Aus der Ansprache des Reichspräsidenten Hindenburg in der Potsdamer Garnisonkirche am 21. März

Der Ort, an dem wir uns heute versammelt haben, mahnt uns zum Rückblick auf das alte Preußen, das in Gottesfurcht durch pflichttreue Arbeit, nie verzagenden Mut und hingebende Vaterlandsliebe groß geworden ist und auf dieser Grundlage die deutschen Stämme geeint hat. Möge der alte Geist dieser Ruhmesstätte auch das heutige Geschlecht beseelen, möge er uns freimachen von Eigensucht und Parteizank und uns in nationaler Selbstbesinnung und seelischer Erneuerung zusammenführen zum Segen eines in sich geeinten, freien, stolzen Deutschland!

116. »Die Regierung der nationalen Erhebung ist entschlossen, ihre von dem deutschen Volke übernommene Aufgabe zu erfüllen«
Aus der Ansprache Hitlers in der Potsdamer Garnisonkirche am 21. März

Die Regierung der nationalen Erhebung ist entschlossen, ihre von dem deutschen Volke übernommene Aufgabe zu erfüllen. Sie tritt daher heute hin vor den Deutschen Reichstag mit dem heißen Wunsch, in ihm eine Stütze zu finden für die Durchführung ihrer Mission. Mögen Sie, meine Männer und Frauen, als gewählte Vertreter des Volkes den Sinn der Zeit erkennen, um mitzuhelfen am großen Werk der nationalen Wiedererhebung.

In unserer Mitte befindet sich heute ein greises Haupt. Wir erheben uns vor Ihnen, Herr Generalfeldmarschall. Dreimal kämpften Sie auf dem Felde der Ehre für das Dasein und die Zukunft unseres Volkes. Als Leutnant in den Armeen des Königs für die deutsche Einheit, in den Heeren des alten deutschen Kaisers für des Reiches glanzvolle Aufrichtung, im größten Kriege aller Zeiten aber als unser Generalfeldmarschall für den Bestand des Reiches und für die Freiheit unseres Volkes. Sie erlebten einst des Reiches Werden, sahen vor sich noch des großen Kanzlers Werk, den wunderbaren Aufstieg unseres Volkes und haben endlich geführt in der großen Zeit, die das Schicksal uns selbst miterleben und mit durchkämpfen ließ.

Heute, Herr Generalfeldmarschall, läßt Sie die Vorsehung

Schirmherr sein über die neue Erhebung unseres Volkes. Dieses Ihr wundersames Leben ist für uns alle ein Symbol der unzerstörbaren Lebenskraft der deutschen Nation. So dankt Ihnen heute des deutschen Volkes Jugend, und wir alle mit, die wir Ihre Zustimmung zum Werk der deutschen Erhebung als Segnung empfinden. Möge sich diese Kraft auch mitteilen der nunmehr eröffneten neuen Vertretung unseres Volkes. Möge uns dann aber auch die Vorsehung verleihen jenen Mut und jene Beharrlichkeit, die wir in diesem für jeden Deutschen geheiligten Raum um uns spüren, als für unseres Volkes Freiheit und Größe ringende Menschen zu Füßen der Bahre seines größten Königs.

117. »Die Revolution konnte ganz friedlich und ohne Blutvergießen durchgeführt werden, wenn ihre Urheber es so im Sinne hatten«
Aus einem Bericht des britischen Botschafters in Berlin, Rumbold, an den englischen Außenminister Simon vom 21. März

Die Revolution hat sich im ganzen milde vollzogen. Obwohl zweifellos viele unschuldige Menschen ermordet, eingekerkert oder mißhandelt wurden und Deutschlands guter Name als der eines zivilisierten Landes im Ausland ernsthaft gelitten hat, so hätte der Übergang doch blutiger sein können. Die meisten Revolutionen sind von einer Terrorherrschaft begleitet, besonders wenn ein großer Teil des Volkes den Versuch unternimmt, auf seinem Kurs zu verharren. Im gegenwärtigen Fall bestand eine derartige Opposition nicht, und die Revolution hätte sich ganz friedlich und ohne alles Blutvergießen vollziehen können, wenn ihre Urheber dementsprechend gesonnen gewesen wären. Dies war, wie wir wissen, nicht der Fall. Dessenungeachtet muß zugebilligt werden, wenn wir uns die Drohungen der Nationalsozialisten vor ein oder zwei Jahren ins Gedächtnis zurückrufen, daß die Opposition verhältnismäßig glimpflich davongekommen ist. Hitler selbst hat bei einer berühmten Gelegenheit erklärt, daß, sobald er sein Amt antrete, »die Köpfe der Novemberverbrecher rollen würden«. Bis jetzt haben nur wenige der führenden »Novemberverbrecher« wirklich ihr Leben verloren, obwohl viele mißhandelt wurden, und die Zahl der ermordeten oder bei politischen Schlägereien schwer verletzten

Personen in die Hunderte gehen muß. Den bedeutenderen Persönlichkeiten ist es gelungen, aus dem Land zu fliehen, eine große Anzahl von ihnen hält sich noch in Grenznähe versteckt.

2. Die Gefängnisse und Haftlokale sind im Augenblick mit politischen Gefangenen überfüllt. Es ist offensichtlich, daß der Vorschlag, Konzentrationslager für Kommunisten und Sozialdemokraten zu errichten, hauptsächlich veranlaßt ist durch die Schwierigkeiten und Unkosten, eine große Anzahl von Häftlingen in den zur Verfügung stehenden Gefängnissen mit ihrer begrenzten Kapazität unterzubringen. Die Konsuln Seiner Majestät berichten, daß im ganzen Lande summarisch die Haft über Beamte und Politiker, die der Linken angehörten, im allgemeinen mit der Begründung verhängt wurde, daß es nötig sei, »die Erregung der Massen davor zu bewahren, in persönliche Gewalttätigkeiten auszuarten«. In einer sehr großen Zahl von Fällen wird das Schicksal der Personen, die während der Revolution verschwanden, offensichtlich ein Geheimnis bleiben. Die Nationalsozialistische Partei übernahm die Reste der sogenannten Vaterländischen Verbände, die das Land seit dem Waffenstillstand von 1918 bis ungefähr in die Jahre 1925 und 1926 hinein unsicher machten. Die Berüchtigteren dieser Gangster wurden bereitwillig in die ersten SA-Formationen aufgenommen. Sie brachten eine Tradition mit sich, die als »Femegericht« bekannt wurde, d. h. die summarische gerichtliche Untersuchung und Bestrafung – entweder durch Tod oder durch Prügelstrafe – von Soldaten, die von einem selbsternannten Gerichtshof des politischen Verrats bezichtigt wurden. Viele der führenden »Feme«-Mörder wurden später zum Tode oder zu schweren Zuchthausstrafen verurteilt, lediglich, um auf Grund einer der vielen Amnestien wieder freigelassen zu werden. Von diesen sind wenigstens drei, nämlich die Herren Heines, Schmid und Schulz bei den letzten Juliwahlen [1932] nationalsozialistische Abgeordnete geworden. Die Auffindung nichtidentifizierbarer Leichen in den Außenbezirken von Berlin während der letzten Wochen ruft die Erinnerung an ähnliche Entdeckungen vor einigen Jahren ins Gedächtnis zurück, als »Feme«-Gerichte und Mörder im Schwange waren. Es geht ein Gerücht, daß die für den Reichstagsbrand Verantwortlichen ebenfalls auf diese Weise ihren Tod gefunden hätten. Im Falle der Küstriner Morde vor rund acht Jahren wurden die Henker, die den Befehl der »Feme«-Gerichte ausgeführt hatten, daraufhin selbst von Heines hingerichtet auf Grund der Tatsache,

daß sie selbst für schuldig befunden und heimlich zum Tode verurteilt worden waren. Das reduzierte die Zahl der eingeweihten Personen ganz beträchtlich, was der darauffolgende Prozeß gegen Heines in Stettin bewies. [. . .] Es ist zu hoffen, daß diese Gewalttätigkeiten jetzt beendet sind, soweit sie sich gegen Mitglieder der Opposition richteten, die Kommunistische Partei ausgenommen. Letztere wird noch als außerhalb des Gesetzes stehend betrachtet. Anscheinend wird noch einige Zeit verstreichen, ehe sich der volkstümliche Haß gegen den Kommunismus legen wird. [. . .]

4. Die Feindschaft gegen die Juden, ein Punkt des Nazi-Glaubensbekenntnisses, wurde in einer Fülle von Vorfällen in unerfreulichem Maße bestätigt. So bringen die heutigen Tageszeitungen die Meldung, daß Professor Einsteins Haus von SS- und SA-Trupps nach Sprengstoff durchsucht wurde. Herr Bruno Walter, der berühmte Dirigent, wurde vor kurzem daran gehindert, ein Konzert in Leipzig zu dirigieren und dann eins in Berlin, mit der jetzt klassischen Entschuldigung, daß eine derartige Tätigkeit seinerseits eine Störung der öffentlichen Ordnung zur Folge haben würde. Herr Furtwängler wurde aufgefordert, seine Stelle einzunehmen, aber er lehnte verächtlich ab. [. . .]

5. Es gibt viele Beispiele von Musikern und Beamten jüdischer Rasse, die aus den Orchestern und Theatern entlassen wurden. In einer Stadt Schlesiens drangen Nazis in die Gerichte ein und zwangen summarisch die Richter und Rechtsanwälte jüdischer Rasse, ihre Tätigkeit einzustellen. Ich hörte von Fällen von Hausdurchsuchungen bei Personen, die eigentlich gegen derartige Maßnahmen geschützt sein sollten. So wurde das Haus von Frau Ebert, der Witwe des ersten Präsidenten, von Nazis durchsucht, die damit rechneten, dort eine republikanische Fahne zu finden. Die Wohnung von Herrn von Kardorff, einem früheren Vizepräsidenten des Reichstags und Mitglied der [Deutschen] Volkspartei, wurde ebenfalls durchsucht. Aus diesen Beispielen folgt, daß viele Hausdurchsuchungen in den Wohnungen weniger prominenter Persönlichkeiten stattgefunden haben müssen. Es liegt auf der Hand, daß die strenge Zensur direkt zur Verbreitung von Gerüchten aller Art beiträgt.

6. Ausländische Journalisten sind der Meinung, daß die sogenannte Terrorherrschaft am 15. schlagartig ihr Ende fand, aber ganz augenscheinlich sind Fälle politischer Verfolgung oder privater Rache noch an der Tagesordnung. Sogar Hauptmann Göring hat bekanntgegeben, daß er vierzehn Nazis aus

der Partei wegen willkürlicher, nicht befohlener Handlungen ausgestoßen habe. Dagegen unterrichtete Graf von Helldorf ein Mitglied meines Stabes, daß die meisten Hausdurchsuchungen in Berlin nicht von jungen unverantwortlichen Gangstern durchgeführt würden, sondern das Ergebnis sorgfältiger Überlegungen seien. Sie würden mit oder ohne Gewaltanwendung planmäßig erledigt. Die Opfer wären, so fügte er hinzu, aus völlig einwandfreien und speziellen Gründen, die mit ihrer vergangenen Tätigkeit zusammenhingen, auf die schwarze Liste gesetzt worden.

118. *Zur »Kapitulation« der SPD in Preußen*
Aus einem Bericht des amerikanischen Botschafters in Berlin, Sackett, an Außenminister Hull vom 21. März

Das Ausbleiben eines energischen Widerstandes der preußischen Minister bei ihrer Kapitulation vor der »Machtpolitik« der Reichsregierung hat zu einem außerordentlichen Prestigeverlust der Sozialdemokraten geführt. Die Resignation, mit der der preußische Ministerpräsident Otto Braun [. . .] die jüngsten Entwicklungen in Preußen hinnahm, vor allem seine Abreise in die Schweiz am Wahltag und seine Weigerung, einen Abgeordnetensitz im Reichstag und im preußischen Landtag anzunehmen, haben der Partei einen sehr schweren Schlag versetzt.

Es ist allgemein bekannt, daß Otto Brauns Frau in den vergangenen Jahren sehr krank war, daß er amtsmüde war und sich gänzlich aus der Politik zurückziehen wollte. Die Tatsache jedoch, daß er eine zuverlässige und disziplinierte Gefolgschaft in einem außerordentlich kritischen Zeitpunkt praktisch im Stich ließ, muß eine demoralisierende Wirkung auf die ohnehin schon entmutigten Anhänger der Partei haben [. . .].

119. *»Warum der Führer nicht am katholischen Gottesdienst teilnahm«*
Pressemeldung vom 22. März

Die katholischen Bischöfe von Deutschland haben in der jüngsten Vergangenheit in einer Reihe von Erklärungen, nach denen in der Praxis seitens der katholischen Geistlichkeit gehandelt wurde, Führer und Mitglieder der NSDAP als Abtrünnige der

Kirche bezeichnet, die nicht in den Genuß der Sakramente kommen dürften. Diese Erklärungen sind bis heute noch nicht widerrufen, und es wird auch seitens der katholischen Geistlichkeit weiterhin danach gehandelt.

Infolgedessen sah sich der Kanzler zu seinem Leidwesen nicht in der Lage, am katholischen Gottesdienst in Potsdam teilzunehmen. Der Kanzler hat während der Zeit des offiziellen Gottesdienstes zusammen mit dem Reichsminister für Volksaufklärung und Propaganda Dr. Goebbels, auf den dasselbe zutrifft, die Gräber seiner ermordeten SA-Kameraden auf dem Luisenstädtischen Friedhof in Berlin besucht. Er legte dort einen Kranz nieder mit der Inschrift: Meinen toten Kameraden.

120. Aus der Erklärung der ›Nationalsozialistischen Parteikorrespondenz‹ vom 22. März zur Einbringung des Ermächtigungsgesetzes im Reichstag

Wenn der Reichstag der Regierung Hitler nicht mit der erforderlichen Mehrheit das Mandat zur ungestörten Aufbauarbeit bestätigen will, *dann werden die unausbleiblichen Folgen eines solchen parlamentarischen Rückfalles von denjenigen Parteien selbst verantwortet werden müssen, die die Zeichen der Zeit noch nicht verstanden haben.* Daß die Regierung Hitler entschlossen ist, das Mandat des Volkes, das sie besitzt, nicht parteipolitischer Unvernunft preiszugeben, ist selbstverständlich. Der Reichstag entscheidet diesmal nicht über das Schicksal der Regierung, sondern über das Wohl und Wehe der Parteien selbst, deren Zukunft in ihre eigenen Hände gegeben ist. Die Parteien mögen sich keiner Täuschung darüber hingeben, daß die Nichtannahme des Ermächtigungsgesetzes eine *Kampfansage* bedeuten würde, die von der Regierung aufgenommen wird. Man darf daher erwarten, daß nicht nur das Interesse des Volkes, sondern auch das Gebot der Klugheit und Selbsterhaltung von denjenigen Parteien verstanden wird, die es angeht.

121. »Die Ermächtigung«
Kommentar der ›Frankfurter Zeitung‹ vom 22. März zum bevorstehenden Ermächtigungsgesetz für die Reichsregierung Hitler

Das Ermächtigungsgesetz, dessen Entwurf Montag abend [20. März] veröffentlicht worden ist, wurde im Reichskabinett abgefaßt. Dem Reichstag jedoch wird es nicht von der Regierung, sondern als Initiativantrag der Regierungsparteien vorgelegt. Damit erspart man die schwerfällige Passage durch den Reichsrat. Damit erspart man auch die schriftliche Begründung, die sonst Gesetzentwürfen beigegeben wird. Für jeden aufmerksamen und einigermaßen der Sache kundigen Leser ist allerdings der Wortlaut dieses Gesetzes (mit einer einzigen Ausnahme des Artikels II) so klar und unmißverständlich, daß er einer besonderen Begründung kaum bedarf.

In Ermangelung einer amtlichen Begründung hält man sich an den halbamtlichen Kommentar, den das Conti-Nachrichtenbüro veröffentlicht hat. In diesem Kommentar heißt es mit Recht, der Rahmen, den sich die Reichsregierung in dem Ermächtigungsgesetz für ihre Tätigkeit gegeben habe, sei »zeitlich und sachlich denkbar weitgesteckt«. Die Regierung erhält hier in der Tat eine praktisch fast unbegrenzte Vollmacht, »die Neuordnung des deutschen Staates und der deutschen Wirtschaft durchzuführen« – genau so durchzuführen, wie es ihren jeweiligen Auffassungen und ihrem Willen entsprechen wird.

»Die Dimensionen dieses Gesetzes sind gar nicht zu vergleichen mit den Ermächtigungen, die frühere Regierungen sich haben geben lassen.« So der offiziöse Kommentar, dem man auch hier nur beistimmen kann. Es wäre wirklich nichts als juristische Spielerei, wollte man in diesem Augenblick einen Vergleich mit den sehr umgrenzten Ermächtigungsgesetzen anstellen, die der Reichstag zur Abwicklung des Ruhrkriegszustandes im Oktober und Dezember 1923 beschlossen hat. Es wäre wohl überhaupt wenig fruchtbar, den fünf Artikeln des neuen Ermächtigungsgesetzes mit juristischen Hebeln und Schrauben und Schraubenbohrern, Inquisitionen und Definitionen beikommen zu wollen. Bei der vorhin erwähnten Ausnahme von aller sonstigen Eindeutigkeit des Gesetzes dachten wir an die Bestimmung, daß Abweichungen von der Reichsverfassung nicht zulässig sein sollen, soweit sie »die Einrichtung des Reichstages und des Reichsrates als solche« zum Gegenstand haben.

An dieser Stelle könnte man vielleicht fragen, ob damit nur das effektive Bestehenbleiben irgendeines Reichstags, irgendeines Reichsrates geschützt sein soll oder inwieweit auch bisher geltende Rechte und Pflichten dieser parlamentarischen Körperschaften solchen Schutz genießen mögen. Im heutigen Augenblick aber erscheinen solche juristische Erörterungen allzu unfruchtbar, als daß man sich bei ihnen aufhalten möchte.

Die allein wesentliche Begrenzung dieses Ermächtigungsgesetzes liegt in seiner Befristung. Hier tritt der Vierjahresplan in Erscheinung, den Reichskanzler Hitler beim Antritt seines Amtes in Aussicht gestellt hat. Am 1. April 1937 soll die jetzt vom Reichstag geforderte Ermächtigung wieder erlöschen. Sie soll aber auch dann wieder erlöschen, »wenn die gegenwärtige Reichsregierung durch eine andere abgelöst wird«. Der offiziöse Kommentar stellt ausdrücklich fest, daß damit nicht schon »die eine oder andere Umbildung« des Kabinetts gemeint ist. Reichskanzler Hitler kann jeden einzelnen oder auch beliebig viele seiner Kabinettskollegen zum Rücktritt veranlassen. Das beeinträchtigt nicht die Machtvollkommenheit, die ihm jetzt gegeben wird. Es wird ausdrücklich aufmerksam gemacht, daß die Ermächtigung im besonderen Maße an den Reichskanzler selbst gebunden ist und daß man »die überragende Bedeutung« seiner Stellung in Artikel III des Gesetzes unmißverständlich herausgearbeitet hat. Es wirkt in der Tat demonstrativ, wie hier die Ausdrucksweise des Artikels 70 der bisherigen Reichsverfassung übernommen worden ist. Nur hieß es da: der Reichspräsident hat die Gesetze auszufertigen (nämlich zu unterzeichnen), während das nun künftig bei Gesetzen auf Grund dieser Ermächtigung Aufgabe des Kanzlers sein wird. Jener mußte die Verkündung binnen Monatsfrist vornehmen; dem Kanzler wird keine solche Bindung auferlegt.

»Die Rechte des Reichspräsidenten bleiben unberührt.« – Hier fehlt freilich der Nachsatz: soweit sie nicht durch dieses Ermächtigungsgesetz selbst in Mitleidenschaft gezogen sind! Formell unberührt bleibt der Katalog von Amtsbefugnissen des Reichspräsidenten, den die bisherigen Verfassungsartikel 45 bis 49 samt Artikel 53 aufzählen. Der Reichspräsident soll also auch in Zukunft das Reich nach außen hin völkerrechtlich vertreten. Er soll Verträge mit auswärtigen Mächten unterzeichnen (während diese Verträge einer Ratifizierung durch den Reichstag nicht mehr bedürfen werden, ebensowenig wie Kriegserklärung und Friedensschluß). Ernennung und Entlassung von Reichsbeamten und Offizieren werden wohl auch künftig vom Reichspräsidenten unterschrieben werden. Ebenso bleibt ihm der Oberbefehl über die Wehrmacht und das Begnadigungsrecht. Die Befugnisse des Artikels 48 bleiben gleichfalls weiterhin in Kraft, doch wird man ihrer nach Vollzug des Ermächtigungsgesetzes wohl kaum mehr bedürfen. Schließlich behält der Reichspräsident das Recht, den Kanzler und auf seinen Vorschlag die Minister zu ernennen und zu entlassen.

Diese Verwaltungsaufgaben des Reichspräsidenten, wie man sie alle zusammen vielleicht nennen darf, sollen also unberührt bleiben. In Wegfall kommt jedoch die bisherige Mitwirkung des Reichsoberhauptes bei der Gesetzgebung sowie bei Umbildung oder Neubildung der Reichsverfassung. Die Ausfertigung und die Verkündung der Gesetze ist ihm entzogen und ebenso die Befugnis, vom Reichstag noch einmal an das Volk selbst zu appellieren und ein Gesetz, dessen Verkündung dem Reichspräsidenten bedenklich erscheint, vorher zum Volksentscheid zu bringen. An der »Neuordnung des deutschen Staates und der deutschen Wirtschaft« wird also der Reichspräsident künftig nicht mehr unmittelbar beteiligt sein, sondern nur dadurch, daß er den Reichskanzler ernannt hat und handeln läßt.

Die sachliche Vollmacht dieses Ermächtigungsgesetzes erstreckt sich auf das ganze Gebiet der Gesetzgebung sowie der Verfassungsumbildung. Besonders bemerkenswert ist die ausdrückliche Bestimmung, daß auch der Reichshaushalt künftig keiner parlamentarischen Nachprüfung und Zustimmung mehr bedarf. Ebenso verhält es sich mit der Ermächtigung zu neuen Anleihen. In dieser Hinsicht hatte es die Reichsschuldenverwaltung noch unter der Regierung Brüning ausdrücklich abgelehnt, eine Verordnung nach Artikel 48 als ausreichende Grundlage einer Kreditaufnahme anzusehen. Wenn jetzt das Ermächtigungsgesetz mit verfassungsändernder Mehrheit Annahme findet, wird die Regierung auch hier freie Bahn haben.

Bisher ist man vielfach der Auffassung gewesen, daß wesentliche Teile, daß insbesondere die wirklichen Grundbestimmungen der Verfassung nur auf den ausdrücklich vorgeschriebenen Bahnen geändert werden dürften, nämlich entweder durch die Volksvertretung selbst oder durch unmittelbare Volksabstimmung. Die jetzt gewählte Auslegung, daß Reichspräsident und Reichstag diese ihre bedeutsamsten Befugnisse in einem Ermächtigungsgesetz an den Reichskanzler und die Reichsregierung weitergeben können, mag sich formal-juristisch begründen lassen. Ob sie dem Geist der bisherigen Verfassung entspricht, das ist eine Frage, die praktisch heute leider nicht mehr ins Gewicht fällt. Um so stärker wird allerdings in solchem Augenblick die Verantwortung der regierenden Männer gegenüber der Gesamtheit und gegenüber der Zukunft ihres Volkes. Diese Männer werden sich bewußt bleiben müssen, daß es nicht allein darauf ankommt, für die Annahme des einen Ermächtigungsgesetzes im Reichstag die notwendige Zweidrittelmehrheit zu finden (wobei übrigens auch die Anwesenheit von Zweidritteln der gesetzlichen Mitgliederzahl erforderlich ist!). Gewähr für innere Anerkennung durch das Volk und für wirkliche Dauerhaftigkeit werden immer nur solche Neugestaltungen finden, die auch sachlich von einer ernsthaften Mehrheit der Staatsbürger und ihrem staatsbildenden Willen getragen sind.

122. »... wie sehr diese Bewegung eine Sache der Jugend ist«
Aus einem Brief Hans Carossas (Seestetten) an Katharina Kippenberg vom 22. März

In München kam ich gerade auf den Marienplatz, als man am Rathausturm die Hakenkreuzfahne aufzog und fühlte dabei so stark, wie sehr diese Bewegung eine Sache der Jugend ist, die sich ihr künftiges Haus aufbaut, ohne uns Ältere zu fragen, ob wir es wohnlich finden. Sie wird ja auch das viele kostbare Porzellan bezahlen müssen, das jetzt allerorten mit sonderbar gutem Gewissen zerschlagen wird. Freund Bertram schwelgt in Begeisterung für »den neuen Cherusker«; bei mir aber muß es wohl an meiner süddeutschen Art liegen, daß die innere Stimme nicht eindeutig spricht. Von der Notwendigkeit der großen Reinigung und Läuterung, welche die Bewegung auf ihre Fahne geschrieben hat, überzeugt sie mich leicht (sie hat man immer gefühlt und seit Langem nach ihr zu leben versucht); dagegen regen sich oft starke Zweifel, ob eine Sache, die mit so viel Hybris und Theater anfängt, gut hinausgehen kann.

123. Gegen eine »nationale Dressuranstalt«, für »Einigkeit und Recht und Freiheit«
Ein Brief Friedrich Thimmes (Berlin) an Oberst Schwertfeger vom 22. März

Zu meinem Bedauern kann ich nicht umhin, zu Ihrem Artikel »Staatsgedanke und Volksgemeinschaft« in der ›D. A. Z.‹ vom 21. März [...] persönlich kritisch Stellung zu nehmen. Sie beginnen Ihre Ausführungen mit der Feststellung, daß die Wahlschlacht »mit einem klaren Sieg der nationalen Bewegung« geendet habe: eine Auffassung, die Sie nachher allerdings insoweit einschränken, als die »nationale Regierung« sich für die von ihr verfolgten Ziele nur auf etwa 52% der deutschen Bevölkerung zu stützen vermöge. Da die Deutsche Volkspartei, der Sie sich eben erst als Mitglied und sogar als Kandidat zur Verfügung gestellt haben, nicht zu den 52% gehört, auf die sich die »nationale Regierung« stützt, und folglich auch nicht zu der nationalen Bewegung, deren Sieg Sie im Anfang Ihres Aufsatzes proklamieren, so diffamieren Sie Ihre eigene Partei (falls Sie ihr noch angehören), das Zentrum und unter allen Umständen das Gros der Sozialdemokratie. Hinterher plaidieren Sie freilich dafür, daß jeder zum deutschen Volke (das Wort »national« gebrauchen Sie in diesem Zusammenhang freilich nicht) zu rechnen sei, der sich ehrlich zu seinem Vaterlande bekenne und betätige, daß es mit Deutschland aufwärts gehen möge. Daß hierzu die Deutsche Volkspartei und das Zentrum vom ersten bis zum letzten Manne gehört und ebenso das Gros der »Marxisten«, werden Sie nicht bestreiten wollen. Wie können Sie also von einem »klaren Siege der nationalen Bewegung« reden? Ich gebe Ihnen zu, daß es unter den heutigen Verhältnissen nicht ganz leicht ist, eine Ausdrucksweise zu finden, die gleichzeitig der »nationalen Bewegung« der 52% und dem Gros der 48 übrigen %, für deren nationale Gesinnung sich früher, wenn ich mich recht entsinne, auch ein Oberst Dr. Schwertfeger einsetzte und für die ich mich heutigen Tages unbedingt und leidenschaftlich einsetze, gerecht wird. Aber wenn das nicht möglich ist, so scheint es mir besser, daß Artikel wie der Ihrige ungeschrieben bleiben. Es finden sich in Ihrem Artikel auch sonst Ausführungen, deren Logik mir auf keine Weise einleuchten will. Sie reden von Einigkeit und Recht und Freiheit, obwohl Sie wissen, daß es unter der »nationalen Regierung«, die ausdrücklich und immer wieder erklärt, den Marxismus, d. h. die

Sozialdemokratie vernichten und ausrotten zu wollen, die Konzentrationslager u. a. für Reichsbannerführer, d. h. für Ihre ehemaligen Kriegskameraden errichtet, die jede noch so leise und berechtigte Kritik, etwa der Zentrumsblätter, mit Gewalt unterdrückt und deren Kanzler das ganze Deutsche Volk nach seiner jüngsten Rede unter »eisernen Zwang« stellen will, weder Einigkeit noch Recht noch Freiheit gibt. Es ist gewiß möglich, daß die ausschließliche Inanspruchnahme der öffentlichen Propagandamittel, die Unterdrückung fast jeder anders eingestellten Propaganda und der im Übermaß nicht bloß angedrohte, sondern durchgeführte Zwang, der erst den von Ihnen gefeierten Sieg der »nationalen Bewegung« zuwege gebracht hat, weiterhin die nur zu natürliche Begierde, sich einer siegreichen Bewegung anzuschließen, und der Drang zur Futterkrippe die 52% der deutschen Bevölkerung, auf die die »nationale Regierung« sich stützt, noch wesentlich anschwellen lassen werden. Aber als eine Schützengrabengemeinschaft und als eine Volksgemeinschaft in edlem Sinne, wie sie Ihnen früher vorschwebte und wie sie mir heute noch vorschwebt, kann ich wenigstens eine solche »nationale Bewegung« nicht gelten lassen, und ich weiß, daß viele hervorragende Mitglieder der Deutschen Volkspartei, um nur diese zu nennen, derselben Auffassung sind. Für eine nationale Dressuranstalt, oder wie man früher zu sagen pflegte, einen Zuchthausstaat, wo es nach der Melodie geht: »Und folgst Du nicht willig, so brauch' ich Gewalt« werden wirklich echte Deutsche bei aller Anerkennung des Führungsprinzips nie zu haben sein, da sie den sittlichen Wert der Freiheit über alles stellen. Selbstverständlich bin ich objektiv genug, die Möglichkeit in Betracht zu ziehen, daß das, was Sie den Sieg der »nationalen Bewegung« nennen, auch gute Folgen haben kann: eine Verringerung der Gegensätze zwischen Nord und Süd, eine wirkliche Aufhebung der Mainlinie und folglich eine höhere Stufe des alten Bismarckreiches, das an Einheit immer noch zu wünschen übrig ließ, möglicherweise selbst ein neues Kaisertum der Hohenzollern, das dann wieder jene, heute wie ein Hohn anmutenden Begriffe von Einigkeit und Recht und Freiheit verwirklichen könnte. Sollte es dahin kommen, so würde ich der »nationalen Regierung«, die sich jetzt schon so reichliche Vorschußlorbeeren erteilt und erteilen läßt, vieles nachsehen. Bis dahin werde ich mich gewiß nicht zu denen halten, die für sich das Wort »national« in Anspruch nehmen, oder es im Widerspruch mit sich selbst bestimmten Parteien vindizieren, denen sie eben erst selbst entgegengetreten sind. Den Kampf gegen Versailles werde ich selbstverständlich auch meinerseits weiterführen, aber in scharfem, und wenn es nötig ist, auch öffentlichem Trennungsstrich gegen diejenigen, die mit dem Wörtchen »national« nach meiner Auffassung Mißbrauch treiben.

124. »Wir gingen in das Reichstagsgebäude zur schwersten Stunde, die dieses Fraktionszimmer je gesehen hat«
Aus Aufzeichnungen Clara Sieberts (MdR Z) über den »Tag von Potsdam« und die unmittelbare Vorgeschichte der Abstimmung über das Ermächtigungsgesetz, 21.–23. März

Vor dem Reichstag standen die Autos zur Fahrt nach Potsdam. Als wir [die Zentrumsabgeordneten] im Auto saßen, kamen Herren und sagten, sie müßten mit Ausnahme der Damen die Insassen auf Waffen untersuchen, die Damen möchten sich entfernen. Die Herren protestierten, und wir erklärten, daß wir das Auto nicht verlassen würden. Prälat Dr. Kaas rief Göring an, und Göring bedauerte das Mißverständnis. So ging die Fahrt an, vorbei an endlosen Menschenspalieren.

Wir hielten vor der St. Peterskirche in Potsdam. Sie hatte weiß-gelbe Fahnen von den Türmen wehen, keine Hakenkreuzfahne. Die Reichsregierung war vertreten durch den Reichsminister von Eltz, in den vordersten Reihen saßen die Nationalsozialisten, wir knieten in den hinteren Bänken. Als wir dann im Zuge von der St. Peter-und-Paulskirche nach der Potsdamer Garnisonkirche gingen, sagte ich zu Prälat Schreiber, ich könnte mich nicht auseinandersetzen mit den Geschehnissen, ich habe die Kraft nicht mehr; ich könne nur beten. Unterwegs gab es eine Panik, die Kette der Polizisten riß. Wir hörten Schmährufe: »Pfui Zentrum!«, auch Schmährufe gegen Brüning. In der Garnisonkirche hörte ich, wie Hindenburg seine Rede vorlas. Den Vorbeimarsch sah ich nicht; ich hatte keine Kraft, diese militärische Aufmachung anzuschauen, ich dachte an den Krieg und sein Elend und sein Leid; ich stand vor dem Potsdamer Waisenhaus mit einigen Kolleginnen – wir fuhren nach Berlin zurück in die Krolloper zum Mittagessen [...]

Am 22. [März] hatten wir Fraktionssitzung – immer wieder

war Prälat Kaas beim Reichskanzler wegen der Fragen der religiösen Sicherungen, die wir unbedingt verlangen mußten. Wir hofften auf bindende Erklärungen, ohne welche die Annahme des Ermächtigungsgesetzes nicht einmal diskutabel war. [...] Der Vormittag [des 23. März] galt der Fraktion ... Man befaßte sich mit der Regierungserklärung.

Nachmittags gingen wir hinüber zur Krolloper. Die Regierungserklärung wurde vom Reichskanzler verlesen – wir merkten und spürten in der Rede den Einfluß von Prälat Kaas. Nach der Regierungserklärung gesichert waren: Die beiden Konfessionen als Grundlagen des Staates, der Religionsunterricht in der Schule, der Bestand der Länder, zum Teil der Parteien, die freie, gleiche, unmittelbare und geheime Wahl des Reichspräsidenten. Nach der Rede 2½-stündige Pause zur Beratung. [...] In mir lebte nur ein »Nein«.

Wir gingen in das Reichstagsgebäude zur schwersten Stunde, die dieses Fraktionszimmer je gesehen. Es war keine Einheit in der Auffassung. Kaas sagte: »Unser Schnittfeld ist dahin« – wir müssen Gottes Willen tun und Gottes Willen erfüllen, wo wir auch hingestellt sind. Keine Härte des Schicksals macht uns frei von der Erfüllung unserer Pflicht. Das Vaterland ist in höchster Gefahr, wir dürfen nicht versagen. – Um mich herum hörte ich sprechen von drohendem Bürgerkrieg, die Straße würde freigegeben werden, wenn wir nicht die Ermächtigung annehmen würden. Wirth sprach von seinem Kampf gegen den Spartakus, wie er allnächtlich von einer Kaschemme in die andere ging, um zu reden, um zu dämpfen. Er habe in den größten Versammlungen für Ruhe und Ordnung geworben, aber auch die nächste Nähe der Spartakisten nicht gefürchtet, ohne Schutz. Die Weimarer Verfassung sei ihm Gewähr für Ruhe und Ordnung – die schwarz-rot-goldene Fahne das Reichsbanner. [...] Wirth weinte, er sprang auf und ging zur Tür hinaus. Staatspräsident Schmitt sagte zu mir: »[...], springen Sie ihm nach, holen Sie ihn herein.« Ich sprang hinaus und erreichte ihn vor dem Reichstag. Ich sagte ihm: »Die Fraktion wünscht Sie zurück, wir können Sie nicht entbehren. Sie haben im November 18 das Vaterland retten helfen, Sie dürfen Ihr Vaterland jetzt nicht verlassen.« Ich erinnerte ihn kurz an seine Verdienste um Frieden und Brot – an seine Gänge und Arbeiten auf den Konferenzen von London und Spaa bis Locarno von 1919 bis 1925, daran, daß er mit als erster ein Verdienst habe, daß Rußland aus der Reihe der Reparationsgläubiger ausgeschieden sei. Er sagte weinend: »Und jetzt« – [...]. Wir gingen in die Fraktion zurück.

Prälat Kaas [...erklärte], daß niemand die Verantwortung für eine Einzelabstimmung übernehmen könne, diese Verantwortung sei zu schwer – das Votum könne nur entpersönlicht sein, nur ein einheitliches Votum schaffe Entpersönlichung in der Annahme des Ermächtigungsgesetzes. Ersing sprach von den Gefahren der Zertrümmerung der Gewerkschaften, der sozialen und politischen Grundrechte – er ging hinaus, es waren führende Männer aus den Gewerkschaften im Haus, ebenso auch Führer der Landwirtschaft. Brüning sagte unter anderem: »Ich habe Millionen aufgerufen, den Herrn Reichspräsidenten zu wählen, ich trage die Verantwortung für diese Millionen, die um den Bestand des Reiches willen den Herrn Reichspräsidenten gewählt haben – was wird mit diesen Millionen geschehen? Die Mehrheitssozialdemokratie hat den Herrn Reichspräsidenten gewählt auf meine Veranlassung.« Brüning sprach nicht viel in dieser Stunde.

Ersing kam zurück. Er sagte, er habe verhandelt, und die Vertreter der Arbeiterschaft hätten ihn beauftragt – trotz allem – aus Liebe zum Volk der Ermächtigung die Zustimmung zu geben. Man solle wieder sagen, daß in der Stunde der Gefahr der ärmste Sohn der getreueste war. Daraufhin sagte Wirth weinend: »Wenn die Arbeiter dieses Opfer bringen, werde ich es auch bringen.« Brüning sagte nur: »Ich werde in der Krolloper sein.« Kaas dankte tiefbewegt für dieses einheitliche entpersönlichte Votum. Die Erklärung Brünings war auch meine Entscheidung.

Auf dem Wege von der Krolloper zum Reichstag sagte mir Wirth, man habe ihm heute den Diplomatenpaß abgenommen – er ginge heute abend noch weg.

125. »Mögen Sie, meine Herren, nunmehr selbst die Entscheidung treffen über Frieden oder Krieg«
Aus der Regierungserklärung Hitlers zur Begründung des Ermächtigungsgesetzes am 23. März

Um die Regierung in die Lage zu versetzen, die Aufgaben zu erfüllen, die innerhalb dieses [...] Rahmens liegen, hat sie im Reichstag durch die beiden Parteien der Nationalsozialisten und der Deutschnationalen das Ermächtigungsgesetz einbringen lassen. Ein Teil der beabsichtigten Maßnahmen erfordert die verfassungsändernde Mehrheit. Die Durchführung dieser Aufgaben bzw. ihre Lösung ist notwendig. Es würde dem Sinn der nationalen Erhebung widersprechen und dem beabsichtigten Zweck nicht genügen, wollte die Regierung sich für ihre Maßnahmen von Fall zu Fall die Genehmigung des Reichstags erhandeln und erbitten. Die Regierung wird dabei nicht von der Absicht getrieben, den Reichstag als solchen aufzuheben; im Gegenteil, sie behält sich auch für die Zukunft vor, ihn von Zeit zu Zeit über ihre Maßnahmen zu unterrichten oder aus bestimmten Gründen, wenn zweckmäßig, auch seine Zustimmung einzuholen. Die Autorität und damit die Erfüllung der Aufgaben der Regierung würden aber leiden, wenn im Volke Zweifel an der Stabilität des neuen Regiments entstehen könnten. Sie hält vor allem eine weitere Tagung des Reichstags im heutigen Zustand der tiefgehenden Erregung der Nation für unmöglich. Es ist kaum eine Revolution von so großem Ausmaß so diszipliniert und unblutig verlaufen wie diese Erhebung des deutschen Volkes in diesen Wochen. Es ist mein Wille und meine feste Absicht, für diese ruhige Entwicklung auch in Zukunft zu sorgen. Allein um so nötiger ist es, daß der nationalen Regierung jene souveräne Stellung gegeben wird, die in einer solchen Zeit allein geeignet ist, eine andere Entwicklung zu verhindern. Die Regierung beabsichtigt dabei, von diesem Gesetz nur insoweit Gebrauch zu machen, als es zur Durchführung der lebensnotwendigen Maßnahmen erforderlich ist. Weder die Existenz des Reichstags noch des Reichsrats soll dadurch bedroht sein. Die Stellung und die Rechte des Herrn Reichspräsidenten bleiben unberührt; die innere Übereinstimmung mit seinem Willen herbeizuführen, wird stets die oberste Aufgabe der Regierung sein. Der Bestand der Länder wird nicht beseitigt, die Rechte der Kirchen werden nicht geschmälert, ihre Stellung zum Staate nicht geändert.

Da die Regierung an sich über eine klare Mehrheit verfügt, ist die Zahl der Fälle, in denen eine innere Notwendigkeit vorliegt, zu einem solchen Gesetz die Zuflucht zu nehmen, an sich eine begrenzte. Um so mehr aber besteht die Regierung der nationalen Erhebung auf der Verabschiedung dieses Gesetzes. Sie zieht in jedem Falle eine klare Entscheidung vor. Sie bietet den Parteien des Reichstags die Möglichkeit einer ruhigen deutschen Entwicklung und einer sich daraus in der Zukunft anbahnenden Verständigung; sie ist aber ebenso entschlossen und bereit, die

Bekundung der Ablehnung und damit die Ansage des Widerstandes entgegenzunehmen.

Mögen Sie, meine Herren, nunmehr selbst die Entscheidung treffen über Frieden oder Krieg.

126. *»Wir stehen zu den Grundsätzen des Rechtsstaates ... Wir grüßen die Verfolgten und Bedrängten«*
Aus der Rede des SPD-Vorsitzenden Otto Wels in der Reichstagssitzung vom 23. März

Der außenpolitischen Forderung deutscher Gleichberechtigung, die der Herr Reichskanzler erhoben hat, stimmen wir Sozialdemokraten um so nachdrücklicher zu, als wir sie bereits von jeher grundsätzlich verfochten haben. Ich darf mir wohl in diesem Zusammenhang die persönliche Bemerkung gestatten, daß ich als erster Deutscher vor einem internationalen Forum, auf der Berner Konferenz am 3. Februar des Jahres 1919, der Unwahrheit von der Schuld Deutschlands am Ausbruch des Weltkrieges entgegengetreten bin. [...]

Der Herr Reichskanzler hat auch vorgestern in Potsdam einen Satz gesprochen, den wir unterschreiben. Er lautet: »Aus dem Aberwitz der Theorie von ewigen Siegern und Besiegten kam der Wahnwitz der Reparationen und in der Folge die Katastrophe der Weltwirtschaft.« Dieser Satz gilt für die Außenpolitik; für die Innenpolitik gilt er nicht minder. Auch hier ist die Theorie von den ewigen Siegern und Besiegten, wie der Herr Reichskanzler sagte, ein Aberwitz. [...]

Nach den Verfolgungen, die die Sozialdemokratische Partei in der letzten Zeit erfahren hat, wird billigerweise niemand von ihr verlangen oder erwarten können, daß sie für das hier eingebrachte Ermächtigungsgesetz stimmt. Die Wahlen vom 5. März haben den Regierungsparteien die Mehrheit gebracht und damit die Möglichkeit gegeben, streng nach Wortlaut und Sinn der Verfassung zu regieren. Wo diese Möglichkeit besteht, besteht auch die Pflicht. Kritik ist heilsam und notwendig. Noch niemals, seit es einen Deutschen Reichstag gibt, ist die Kontrolle der öffentlichen Angelegenheiten durch die gewählten Vertreter in solchem Maße ausgeschaltet worden, wie es jetzt geschieht, und wie es durch das neue Ermächtigungsgesetz noch mehr geschehen soll. Eine solche Allmacht der Regierung muß sich um so schwerer auswirken, als auch die Presse jeder Bewegungsfreiheit entbehrt.

Die Zustände, die heute in Deutschland herrschen, werden vielfach in krassen Farben geschildert. Wie immer in solchen Fällen fehlt es auch nicht an Übertreibungen. [...] Solchen Übertreibungen entgegenzutreten, wäre leichter, wenn im Inlande eine Berichterstattung möglich wäre, die Wahres vom Falschen unterscheidet. Noch besser wäre es, wenn wir mit gutem Gewissen bezeugen könnten, daß die volle Rechtssicherheit für alle wiederhergestellt sei. Das, meine Herren, liegt bei Ihnen.

Die Herren von der Nationalsozialistischen Partei nennen die von ihnen entfesselte Bewegung eine nationale Revolution, nicht eine nationalsozialistische. Das Verhältnis ihrer Revolution zum Sozialismus beschränkt sich bisher auf den Versuch, die sozialdemokratische Bewegung zu vernichten, die seit mehr als zwei Menschenaltern die Trägerin sozialistischen Gedankengutes gewesen ist und auch bleiben wird. Wollten die Herren von der Nationalsozialistischen Partei sozialistische Taten verrichten, sie brauchten kein Ermächtigungsgesetz. Eine erdrückende Mehrheit wäre Ihnen in diesem Hause gewiß. Jeder von Ihnen im Interesse der Arbeiter, der Bauern, der Angestellten, der Beamten oder des Mittelstandes gestellte Antrag könnte auf Annahme rechnen, wenn nicht einstimmig, so doch mit gewaltiger Majorität. [...]

Die Verfassung von Weimar ist keine sozialistische Verfassung. Aber wir stehen zu den Grundsätzen des Rechtsstaates, der Gleichberechtigung, des sozialen Rechts, die in ihr festgelegt sind. Wir deutschen Sozialdemokraten bekennen uns in dieser geschichtlichen Stunde feierlich zu den Grundsätzen der Menschlichkeit und der Gerechtigkeit, der Freiheit und des Sozialismus. Kein Ermächtigungsgesetz gibt Ihnen die Macht, Ideen, die ewig und unzerstörbar sind, zu vernichten. Sie selbst haben sich ja zum Sozialismus bekannt. Das Sozialistengesetz hat die Sozialdemokratie nicht vernichtet. Auch aus neuen Verfolgungen kann die deutsche Sozialdemokratie neue Kraft schöpfen.

Wir grüßen die Verfolgten und Bedrängten. Wir grüßen unsere Freunde im Reich. Ihre Standhaftigkeit und Treue verdienen Bewunderung. Ihr Bekennermut, ihre ungebrochene Zuversicht verbürgen eine hellere Zukunft.

127. Trotz Bedenken: Zustimmung zum Ermächtigungsgesetz
Aus der Erklärung des Zentrums-Vorsitzenden Prälat Ludwig Kaas in der Reichstagssitzung am 23. März

Im Angesichte der brennenden Not, in der Volk und Staat gegenwärtig stehen, im Angesichte der riesenhaften Aufgaben, die der deutsche Wiederaufbau an uns alle stellt, im Angesichte vor allem der Sturmwolken, die in Deutschland und um Deutschland aufzusteigen beginnen, reichen wir von der Deutschen Zentrumspartei in dieser Stunde allen, auch früheren Gegnern, die Hand, um die Fortführung des nationalen Rettungswerkes zu sichern. Die Wiederherstellung geordneten Staats- und Rechtslebens zu beschleunigen, chaotischen Entwicklungen einen festen Damm entgegenzusetzen, zusammen mit allen denen – ganz gleich aus welchen Lagern und Gruppen der deutschen Volksgenossen sie kommen mögen –, die ehrlichen, auf Aufbau und Ordnung gerichteten Willens sind.

Die einleitende Regierungserklärung, die Sie, Herr Reichskanzler, am heutigen Nachmittag gegenüber der deutschen Volksvertretung abgegeben haben, enthielt manches Wort, das wir unterstreichen können, und manches andere – lassen Sie mich das in aller Offenheit, aber in loyaler Offenheit sagen –, auf das einzugehen, wir uns im Interesse der Sammlung, die das Gesetz dieser Stunde sein muß, bewußt versagen. Gegenüber manchem tagespolitisch bedingten Urteil der Gegenwart erwarten wir für die Arbeit der von uns unterstützten bisherigen Regierungen mit Zuversicht das ausgeglichenere Urteil der Geschichte.

Manche der von Ihnen, Herr Reichskanzler, abgegebenen sachlichen Erklärungen geben, wie ich mit Befriedigung in aller Öffentlichkeit hier feststelle, bezüglich einzelner wesentlicher Punkte des deutschen Staats-, Rechts- und Kulturlebens – vor allem auch in Verbindung mit den bei den Vorverhandlungen gemachten Feststellungen – die Möglichkeit, eine Reihe wesentlicher Bedenken, welche die zeitliche und sachliche Ausdehnung des Ermächtigungsbegehrens bei uns ausgelöst hatte und auslösen mußte, anders zu beurteilen.

In der Voraussetzung, daß diese von Ihnen abgegebenen Erklärungen die grundsätzliche und die praktische Richtlinie für die Durchführung der zu erwartenden Gesetzgebungsarbeit sein werden, gibt die Deutsche Zentrumspartei dem Ermächtigungsgesetz ihre Zustimmung.

128. *»In Erwartung einer gesetzmäßigen Entwicklung«: Zustimmung zum Ermächtigungsgesetz*
Aus der Erklärung von Reinhold Maier für die Deutsche Staatspartei in der Reichstagssitzung vom 23. März

Wir leugnen auch keineswegs, daß Notzeiten besondere Maßnahmen erfordern, und haben deswegen wiederholt Ermächtigungsgesetze und Notverordnungen gutgeheißen. Wir verstehen, daß die gegenwärtige Regierung weitgehende Vollmachten verlangt, um ungestört arbeiten zu können. Wenn wir gleichwohl in dieser so ernsten Stunde uns verpflichtet fühlen, Besorgnisse zum Ausdruck zu bringen, so gehen wir davon aus, daß auch der jetzigen Regierung eine sachliche und loyale Kritik ihrer Maßnahmen nicht unerwünscht sein wird. Wir vermissen in dem vorliegenden Gesetzentwurf, daß den verfassungsmäßigen Grundrechten und den Grundlagen der bürgerlichen Rechtsordnung keine ausdrückliche Sicherung vor Eingriffen gegeben wurde. Unantastbar müssen vor allem bleiben die Unabhängigkeit der Gerichte, das Berufsbeamtentum und seine Rechte, das selbstbestimmende Koalitionsrecht der Berufe, die staatsbürgerliche Gleichberechtigung, die Freiheit von Kunst und Wissenschaft wie ihre Lehre. Diese Werte sind Grundelemente jedes Gemeinschaftslebens in einem geordneten Rechtsstaat. Gerade sie wurden durch die Verfassung von Weimar aus der alten deutschen und aus der alten preußischen staatlichen Tradition gerettet und sie dürfen heute wie vor 14 Jahren nicht gefährdet werden.

Im Interesse von Volk und Vaterland und in der Erwartung einer gesetzmäßigen Entwicklung werden wir unsere ernsten Bedenken zurückstellen und dem Ermächtigungsgesetz zustimmen.

129. *»Das Zentrum und die Sozialdemokraten machten einen niedergeschlagenen Eindruck«*
Aus einem Bericht des britischen Botschafters in Berlin, Rumbold, an Außenminister Simon vom 30. März

Während der Rede des Reichskanzlers beteiligte sich der Reichstagspräsident, Hauptmann Göring, an dem Beifall, mit dem verschiedene Passagen der Regierungserklärung begrüßt wurden; von Zeit zu Zeit griff er zu einem Opernglas und musterte die Ränge, wobei er besondere Aufmerksamkeit den Beobachtern in der Diplomatenloge direkt ihm gegenüber widmete. Das Zentrum und die Sozialdemokraten machten einen niedergeschlagenen Eindruck. Die letzteren waren sichtlich terrorisiert. Sie wurden rechts an der Wand flankiert von Nazis, die offensichtlich gewillt waren, unverzüglich jedes Mitglied der Sozialdemokratischen Partei festzunehmen und abzuführen, das eine unerwünschte Äußerung machte. Die Folge davon war, daß Herr Wels, der – dies muß man einräumen – ein gewisses Maß an Mut bewies, daß er überhaupt zur Rednertribüne ging, seine Rede in einem unterwürfigen Ton der Mißbilligung hielt, obwohl er eine einzigartige Gelegenheit hatte, die Legende von den verheerenden Ergebnissen vierzehnjähriger Marxisten-Herrschaft zu zerstören.

130. »Eine einfache Wahrheit ist doch, daß dieses Regime nicht umschmeißen darf«
Aus einem Privatbrief des deutschen Gesandten in Oslo, Ernst Freiherr von Weizsäcker, vom 23. März

Auch hat Ulla sehr recht damit, daß man mit Briefen aufpassen soll. Denn was man schreibt, kann von einer minder humorbegabten Zensur mißverstanden werden.

Selbstverständlich treten an jeden einzelnen jetzt Entscheidungen heran, die ans Gewissen gehen. Aber eine einfache Wahrheit ist doch, daß dieses Regime nicht umschmeißen darf. Denn welches Negativ davon käme hinter ihm! Man muß ihm alle Hilfe und Erfahrung angedeihen lassen und mit dafür sorgen, daß die jetzt einsetzende zweite Etappe der neuen Revolution eine ernsthaft konstruktive wird.

131. »Die Nazis sind die Herren des Deutschen Reiches«
Aus dem Tagebuch Erich Ebermayers (Leipzig) vom 24. März

Gestern großer Tag im Reichstag. Es war wohl der letzte »große Tag« im deutschen Reichstag auf lange Zeit. Tatsächlich gibt es ihn nun nicht mehr. Seine Hülse, sein Haus, ist am 27. Februar in Asche gesunken, sein Kern ist gestern in der Krolloper erledigt worden.

Ich lese die große Rede Hitlers, die Erklärung von Wels namens der Sozialdemokraten und den Gegenhieb Hitlers. Drei Reden von Bedeutung. War der [... Dienstag] in Potsdam die große Schau, das Fest des Volkes, so war der gestrige [... Donnerstag] die Totenfeier für die Sozialdemokratie, das Begräbnis der Opposition. [...]

Hitler hat [...] einen überwältigenden Sieg errungen. Mit 444 zu 94 Stimmen ist ein »Ermächtigungsgesetz« vom Reichstag angenommen. Der sterbende Schwan Reichstag sang sein letztes Lied. Durch dieses Gesetz, darüber besteht kein Zweifel, und Hitler ließ auch gar keinen Zweifel aufkommen, hat die neue Regierung die absolute und totale, die unbeschränkte Macht. Sie wird hinfort den Reichstag nicht mehr zum Erlaß irgendeines Gesetzes benötigen, ihn nicht einmal mehr fragen, sie wird ihn, wie Hitler zynisch sagte: »Von Zeit zu Zeit über ihre Maßnahmen *unterrichten.*« [...]

Krieg war das letzte Wort.

Nach dreistündiger Unterbrechung der Sitzung sprach Wels für die Sozialdemokraten. So würdig, so klug, so vorsichtig als möglich. Aber doch auf verzweifeltem Posten stehend, verzweifelt den großen letzten Rückzug deckend. Seine Rede hat etwas Melancholisches. Eine Bilanz verpaßter Möglichkeiten. Viel guter, ehrlicher Wille, ohne Kraft, ohne Schwung, ohne Kühnheit, ohne *Glück* in diesen vierzehn Jahren, da sie *alle* Möglichkeiten in den Händen hielten und eine nach der anderen sich ungenutzt aus den Händen winden ließen.

Hitler fiel denn auch die Antwort an Wels nicht schwer. Er sprach völlig frei, offenbar mit größter Lust und in bester Laune. »Spät kommt Ihr, doch Ihr kommt!« waren die ersten Worte, von endlosem Hallo seiner Massen begleitet. Dann zerriß er den armen Wels förmlich in der Luft:

»Dem deutschen Arbeiter werden wir [...] von jetzt ab die Bahn frei machen ... Sie, meine Herren, sind nicht mehr benötigt! ... Verwechseln Sie uns nicht mit der bürgerlichen Welt ... Der Stern Deutschlands wird aufgehen und Ihrer wird sinken! ... Ihre Stunde hat geschlagen! ... Ich möchte nicht in den Fehler verfallen, Gegner bloß zu reizen, statt sie entweder zu vernichten oder zu versöhnen ... Ich kann Ihnen nur sagen, ich *will* auch gar nicht, daß Sie für das Gesetz stimmen! Deutschland soll frei werden – aber nicht durch Sie!«

Nun ist das Tischtuch nicht nur zu den Kommunisten, was selbstverständlich war, sondern auch zu den Sozialdemokraten endgültig zerschnitten.

Zentrum und Staatspartei stimmen für das Ermächtigungsgesetz. Ein schwerer Schlag, eine bittere Enttäuschung für mich. Auch »meine« Partei ist umgefallen.

Die Nazis sind die Herren des deutschen Reiches.

132. *»Die nationale Revolution werde auch nicht über den Strohhalm des Reichsverbandes der deutschen Industrie stolpern«*

Aus Ausführungen Fritz Thyssens in der Präsidialsitzung des RDI am 23. März

So habe es das Geschäftsführende Präsidialmitglied des Reichsverbandes fertig gebracht, noch am Tage vor der Ernennung Hitlers zum Reichskanzler beim Reichspräsidenten zu intervenieren. Selbst nach der Ernennung Hitlers zum Reichskanzler habe der Reichsverband noch den Versuch einer Fronde mit den Gewerkschaften zusammen gegen die Regierung gemacht. Am Tage vor der Ernennung des Reichsbankpräsidenten Schacht habe im Kaiserhof eine vom Reichsverband einberufene Versammlung oder eine Versammlung der Mitglieder des Generalrats der Reichsbank stattgefunden, an der sich der Reichsverband beteiligt habe. In dieser Versammlung seien Mittel und Wege erörtert worden, wie man den früheren Präsidenten Luther halten und die Wahl des Präsidenten Schacht verhindern könne.

Am 13. März habe im Reichsverband seitens der national eingestellten Mitglieder der Geschäftsführung die Leitung der Geschäftsführung darauf aufmerksam gemacht werden müssen, daß es notwendig sei, neben der Schwarz-weiß-roten Flagge auch die Hakenkreuzflagge, die Flagge der nationalen Erhebung zu hissen. Unter dem Druck des nationalen Teiles der Geschäftsführung sei dann die Leitung gezwungen worden, eine Hakenkreuzflagge zu bestellen und diese Flagge sei dann am dritten Tage der Feier der nationalen Erhebung durch die nationalen Mitglieder der Geschäftsführung gehißt worden. Gleichwohl aber habe man im Reichsverband am 21. März nur die schwarz-weiß-rote Flagge aufgezogen. Diese Weigerung, die Hakenkreuzflagge zu ziehen, sei der Geschäftsführung aber schlecht bekommen. Es sei dann eine Abteilung S. A. bei dem Geschäftsführenden Präsidialmitglied erschienen und habe die

Hissung der Hakenkreuzflagge erzwungen. [Er begrüße] diese Tat, die auch dem Reichsverband den Respekt vor der neuen Flagge beigebracht habe . . .

Die nationale Revolution sei noch nicht beendet, sie sei nicht über den Kommunismus gestolpert und werde auch nicht über den Strohhalm des Reichsverbandes stolpern, es sei denn, daß der Reichsverband sich eingliedere in die große Bewegung, und daß von diesem Gesichtspunkte aus die notwendig werdenden Neuwahlen zum Präsidium geprüft werden. Es müsse dafür gesorgt werden, daß es in Zukunft ausgeschlossen sei, daß eine Gegenströmung gegen die nationale Bewegung in Deutschland entstehen könne. Es sei dies gerade im Interesse der Industrie erforderlich.

133. »Nachbarn, die im Handumdrehn aus Biedermännern zu Totschlägern werden«
Aus einem Brief Hermann Kestens (Paris) an Ernst Toller vom 23. März

In Paris fühle ich mich wie gerettet. Wissen Sie schon, daß die SA Sie frühmorgens in Ihrer Berliner Wohnung gesucht hat? Die waren auch bei uns im Haus. Plötzlich klingelte es. Da stand die Frau aus der Wohnung unter uns, er ist irgendwo Redakteur, ich kenne ihn vom Grüßen. Sie bebte, flüsterte, Polizei, SA, Haussuchung, die kämen sicher auch zu uns, wir sollten die Hintertreppe hinunter, verdächtige Papiere forttun. Dann lief sie die Treppe hinunter, in ihre Wohnung zurück. Ich war gerührt. Was für gute Menschen es gibt, ich will sagen, was für böse Menschen? Sie nahmen diesen armen Redakteur mit, er kam nicht zurück. [. . .]

Ich lebte nur sechs Wochen im Dritten Reich, aber das war eine hinreichende Schule für einen Romancier, eine instruktive Vorhölle. Wir haben doch seit 1914 genug gesehn. Aber dieser lautlose Übergang vom Gesetz zur Gesetzlosigkeit. Nachbarn, die im Handumdrehn aus Biedermännern zu Totschlägern werden. Die Polizei verfolgt Arm in Arm mit den Schlägern die Unschuldigen.

Was mir immer wieder auffällt: wie jeder Umsturz, jede Revolution nicht nur von sehr wenigen inszeniert, sondern auch für sehr wenige gemacht scheint. Der Großteil der Bevölkerung begreift nichts, hat weder ein Pressentiment noch ein scharfes Ressentiment. Jeder Wetterwechsel trifft sie mehr als dieser Regierungswechsel. Ahnt das deutsche Volk nicht, daß diese neue Regierung von den Totengräbern Deutschlands gebildet wurde?

III. Machtausweitung und Machtbefestigung
Von der »nationalen Erhebung« zur Besiegelung des Einparteienstaates (14. Juli)

134. »Stresemann sei für Frankreich viel gefährlicher gewesen als Hitler«
Aus dem Tagebuch Harry Graf Kesslers (Paris) vom 24. März

Den Botschafter Margerie besucht [. . .]. Zur Sache selbst sagte er, nach seiner Ansicht sei Stresemann für Frankreich viel gefährlicher gewesen als Hitler, weil Hitler die ganze Welt gegen sich aufbringe, während Stresemann »grignotait petit à petit« den Vertrag von Versailles. Er wies mit einer Art von Triumph auf den Umschwung der öffentlichen Meinung in England hin.

135. »In kürzester Frist hat sich das Gesicht Deutschlands von Grund auf gewandelt«
Aus der »Wochenschau« der ›Allgemeinen Evangelisch-Lutherischen Kirchenzeitung‹ vom 24. März

In kürzester Frist hat sich das Gesicht Deutschlands von Grund auf gewandelt. So gründlich, daß die Führer in ihren Reden nicht ohne Grund von der »nationalen Revolution« sprechen. Allüberall wehen die alten schwarz-weiß-roten Fahnen wieder über Deutschland, sanktioniert durch Verordnung des greisen Reichspräsidenten, dem diese Stunde der Erfüllung heißer Wünsche eine Stunde innerster Genugtuung gewesen sein wird. [. . .]

Neben dem [. . .] Flaggenwechsel verdienen besonderer Erwähnung die Gemeindewahlen in Preußen, die in fast allen Provinziallandtagen, Städten und Gemeinden das Ergebnis der Reichstagswahlen bestätigten und nationale Mehrheiten brachten. Wo Männer des bisherigen Systems führende Posten innehatten, legten sie diese entweder freiwillig nieder oder wurden von den staatlichen Aufsichtsinstanzen beurlaubt. Die ganze Größe des Umschwungs auch in den Gemeinden wird etwa an dem Beispiel Kölns klar: hier, in einer der stärksten Hochburgen des Zentrums, wurde der Oberbürgermeister Adenauer, führender Zentrumsmann und Präsident des früheren Staatsrates, gleichfalls beseitigt, ohne daß von irgendeiner Seite Widerstand sich erhoben hätte. Wer rheinische Verhältnisse kennt, weiß welchen unglaublichen Wandel dies symbolisiert. – Ein Sturmwind ist auch über jene Länder hingefahren, in denen bisher linksgerichtete oder mittelparteiliche Regierungen am Ruder waren. Auch vor den süddeutschen Ländern und Regierungen wurde nicht halt gemacht, überall sind auch die katholischen Parteien aus den Regierungen verschwunden, überall ging die Umwälzung fast reibungslos vonstatten, und nichts ist von den Drohungen des früheren bayerischen Ministerpräsidenten Held wahrgeworden, daß ein Eingriff von außen in die bayerischen Regierungsverhältnisse zur Neuerrichtung der Mainlinie führen werde. [...]

Die ganze Welt sieht heute mit höchster Spannung auf Deutschland. Keine Hand hat sich erhoben, um sich in die innerdeutschen Verhältnisse einzumischen. Die Zeiten sind vorbei, wo wir uns von Fremden vorschreiben lassen mußten, wie wir unser Haus im *Innern* einzurichten hätten. Aber bei aller Freude über die Wendung im Innern dürfen wir keinen Tag vergessen, daß die außenpolitische Befreiung noch erkämpft werden muß! Hier liegt die Meisteraufgabe der nationalen Regierung, die Meisteraufgabe, die zugleich ihre höchste Bewährungsprobe sein wird.

136. »Der Mann kann doch unser Mussolini werden«
Aus einem Brief Lisa Keitels (Berlin) an ihre Mutter vom 26. März

Ich werde ja nie Nazi, aber nachdem ich Hitler hörte, Regierungserklärung in Potsdam ... bin ich von ihm als Persönlichkeit restlos begeistert. Der Mann kann doch unser Mussolini werden ...

137. »Reichsregierung gewährleistet Ordnung und Sicherheit«
Telegramm des Präsidenten des Deutschen Evangelischen Kirchenausschusses, Hermann Kapler, an Reverend Parkes Cadman (New York) vom 27. März

Presse berichtet über Beteiligung kirchlicher Kreise Amerikas an Protesten gegen angebliche Judenverfolgungen in Deutschland. Erbitte dringend Ihren Einfluß, daß nicht auf falsche Berichte Kundgebungen gegen Deutschland erfolgen, die schweren Schaden auch kirchlicher Zusammenarbeit bringen. Reichsregierung gewährleistet Ordnung und Sicherheit. Unparteiische Augenscheinnahme hiesiger Verhältnisse jederzeit möglich und erwünscht.

138. Ist Hitler »nicht wie ein Heiland?«
Aus dem Tagebuch Erich Ebermayers (Frankfurt a. M.) vom 28. März

Mittags essen wir mit der Witwe meines verehrten Lehrers, des Frankfurter Ordinarius für Strafrecht, Geheimrat Freudenthal, zusammen. Freudenthal ist vor Jahresfrist allzufrüh verstorben. [...] Er und seine kluge, reizvolle Frau sind Juden.

Das Erstaunliche an der Begegnung ist, daß die junge Witwe ohne jede Opposition gegen die Nazis ist. Im Gegenteil, sie belehrt uns über die hohen Qualitäten Adolf Hitlers, über die Größe der Zeit, die wir miterleben dürfen, über die nationale Wiedergeburt und ist fest davon überzeugt, daß den geistigen Juden in Deutschland kein Haar gekrümmt werden wird.

Ich vermochte soviel Verblendung kaum zu begreifen, erstarrte zu Eis und beendete bald das Zusammensein.

Der Fall scheint kein Einzelfall zu sein. In Leipzig erlebte ich unlängst, wie die Gattin des Reichsgerichtsrats Simonson, getaufte Volljüdin reinster Prägung, in einer Gesellschaft zu meinem Vater anläßlich Hitlers letzter Reichstagsrede sagte: »Ist er nicht wie ein Heiland –?« Mir drehte sich der Magen um. Aber mein Vater war schlagfertig. Er sagte zu der alten Dame: »Gnädige Frau – nur die dümmsten Kälber wählen ihre Metzger selber!« Und wandte sich ab.

139. Die nationalsozialistische »Anti-Greuel-Propaganda« und ihre Hintergründe
Aus einem Bericht des britischen Botschafters in Berlin, Rumbold, an Außenminister Simon vom 28. März

2. Die Regierung ignorierte praktisch die Anti-Nazi-Kampagne in der ausländischen Presse bis zum 23. März, als Hauptmann Göring bei seiner Rede im Reichstag die Behauptungen aus dem Ausland über die Mißhandlungen politischer Gefangener in Deutschland heftig leugnete. Am 25. März berief er die Vertreter der Auslandspresse und beschimpfte sie mit der Schroffheit und in dem heftigen Ton, an die sie jetzt gewöhnt werden. Er räumte ein, daß Einzelpersonen getötet und mißhandelt worden seien, betonte aber nachdrücklich, daß diese Exzesse angesichts der revolutionären Erfahrungen, die das Land gerade gemacht hatte, bedeutungslos seien. [...] Ausgewählte Journalisten wur-

den danach zu den Kommunistenführern Thälmann und Torgler wie zu den Herausgebern der kommunistischen »Roten Fahne« und der »Weltbühne« geführt. Diese Männer gaben zu, daß ihnen normale Haftbedingungen eingeräumt und daß sie keinen körperlichen Strafen unterworfen worden waren.

3. [. . .] Danach wurde die Propaganda-Maschine der Nazis in Gang gesetzt, und jüdische Zeitungen wurden aufgefordert, energisch zugunsten der neuen Regierung einzutreten, falls sie sich nicht Repressalien aussetzen wollten. Die Verlautbarung des jüdischen Centralvereins (der die meisten der bedeutenden jüdischen Organisationen in Deutschland umfaßt), daß die Ausschreitungen jetzt aufgehört hätten, wurde danach herausgegeben. Jetzt ist eine systematische »Anti-Greuel-Kampagne« im Gang.

4. [. . .] In meiner Depesche [. . .] vom 21. März stellte ich fest, daß die Zahl der Personen, die in politischen Auseinandersetzungen ermordet oder schwer verletzt wurden, in die Hunderte gehe. [. . .] meine Schätzung scheint durch eine öffentliche Äußerung von Hauptmann Göring bestätigt zu werden, wonach die Konterrevolution »nicht mehr Verluste an Toten und Verwundeten gekostet habe als die Straßen- und Saalschlachten des vergangenen Jahres«. Nachdem diese gewalttätigen Auseinandersetzungen nicht weniger als 350 Menschenleben gekostet haben, muß die Zahl der Verluste beträchtlich sein [. . .]. Ein sehr guter Sachkenner beziffert die Gesamtzahl der mißhandelten oder verhafteten Personen auf 15000. Diese Zahl ist offensichtlich zu niedrig angesetzt.

5. [. . .] Die Gegenagitation der Propaganda-Maschinerie der Nazis in der ausländischen Presse mag zu einem Meinungsumschwung im Ausland und zu der Überzeugung führen, daß alle Berichte der letzten Zeit über Grausamkeiten unbegründet seien. Wie im Fall der »Kriegs-Greuel« in Flandern sind Unwahrheit und Wahrheit bereits so gemischt, daß es unmöglich ist, sie zu trennen; aber es wäre falsch, anzunehmen, daß die Juden keine grobe Ungerechtigkeit in diesem Land erlitten haben oder keine mehr erleiden. Als die Verantwortlichen für die Kampagne gegen die Juden müssen der Reichskanzler und Hauptmann Göring betrachtet werden.

140. Aufruf der NSDAP zum Boykott jüdischer Geschäfte, Ärzte und Rechtsanwälte vom 28. März

In den Wochen nach dem 30. Januar hat sich eine einzigartige nationale Revolution in Deutschland vollzogen. Trotz langer schwerster Bedrückungen und Verfolgungen haben die Millionen-Massen, die hinter der Regierung der nationalen Revolution stehen, in vollster Ruhe und Disziplin der neuen Reichsführung die legale Deckung gegeben zur Durchführung der Reformen der deutschen Nation an Haupt und Gliedern. In jämmerlicher Feigheit und Falschheit haben die jüdisch-marxistischen Bonzen ihre Machtstellungen geräumt. Nur der beispiellosen Disziplin und Ruhe, mit der sich dieser Akt des Umsturzes vollzog, haben es sich die Urheber und Nutznießer unsers Unglücks zuzuschreiben, wenn sie fast ausnahmslos ungeschoren blieben. Kaum ein Härchen wurde ihnen gekrümmt. Man vergleiche mit diesem Akt der Selbstzucht der nationalen Erhebung in Deutschland etwa die bolschewikische Revolution in Rußland, der über drei Millionen Tote zum Opfer fielen. Man vergleiche weiter die furchtbaren Kämpfe und Zerstörungen der Revolution dieser Novembermänner selbst, ihre Geiselerschießungen in den Jahren 1918 und 1919, das Niedermetzeln wehrloser Gegner. Die regierenden Männer haben dabei feierlichst der Welt verkündet, daß sie mit dieser in Frieden leben wollen. Das deutsche Volk leistet ihnen dabei treue Gefolgschaft. [...]

Nun, da die Feinde der Nation im Innern vom Volk selbst unschädlich gemacht worden sind, trifft das ein, was wir längst erwartet hatten. Die kommunistischen und marxistischen Verbrecher und ihre jüdisch-intellektuellen Anstifter, die mit ihren Kapitalien rechtzeitig ins Ausland ausrückten, entfalten nun von dort aus eine gewissenlose landesverräterische Hetzkampagne gegen das deutsche Volk überhaupt. Lügen und Verleumdungen von geradezu haarsträubender Perversität werden über Deutschland losgelassen. Die deutschen Waren, die deutsche Arbeit soll dem internationalen Boykott verfallen. [...]

Wir sehen die Not und das Elend unsrer eignen Volksgenossen und fühlen uns verpflichtet, nichts zu unterlassen, was eine weitere Schädigung dieses unsers Volkes verhindern kann. Denn verantwortlich für diese Lügen und Verleumdungen sind die Juden unter uns. Von ihnen geht diese Kampagne des Hasses und der Judenhetze aus. In ihrer Hand läge es, die Lügner in der andern Welt zurechtzuweisen. Da sie dies nicht wollen, werden wir dafür sorgen, daß dieser Haß- und Lügenfeldzug gegen Deutschland sich nicht gegen das unschuldige deutsche Volk, sondern gegen die verantwortlichen Hetzer selbst richtet. Die Boykott- und Greuelhetze darf nicht und wird das deutsche Volk nicht treffen, sondern in tausendfacher Schwere die Juden selbst.

141. »Ich traure um die evangelische Kirche«
Aus dem Tagebuch Jochen Kleppers (Berlin) vom 29. März

Zu der ganzen jüdischen Boykottangelegenheit habe ich nur eins zu sagen: Ich traure um die evangelische Kirche. Gott macht uns seine Ferne deutlich. [...] Was ist furchtbarer? Ein Volk zu sein, das wie die Juden Gottes Hand so schwer spürt? Oder ein Volk, das diese schwere Hand darstellen muß wie wir Deutschen?

142. Zum nationalsozialistischen Antisemitismus
Aus dem Tagebuch Jochen Kleppers (Berlin) vom 30. März

Die Probe mußte ausfallen. Das Manuskript war nicht vervielfältigt worden, weil die Firma, mit der der Funk bisher sehr angenehm arbeitete, jüdisch ist. Die von mir bestellten Platten wurden mir entzogen, weil entweder die Firma oder der Komponist [...] oder der Dirigent jüdisch ist. Meinen zuverlässigsten Sprecher mußte ich wegschicken, weil er jüdisch ist. Und im übrigen ist der Funk fast wie eine nationalsozialistische Kaserne: Uniformen, Uniformen [...]

Am schrecklichsten sind mir die nationalsozialistischen Frauen. Die tragen auch die Schuld an der politischen Radikalisierung der Kinder.

143. Gegen »unwahre Berichte über blutige Greueltaten«
Aus einem Brief Kardinal Faulhabers (München) an Kardinal Mundelein (Chicago) vom 30. März

Die unwahren Berichte über blutige Greueltaten in Deutschland, die in amerikanischen und anderen ausländischen Zeitungen erschienen sind, und die Angriffe gegen die neue Regierung in Deutschland wegen ihres Kampfes gegen den Kommunismus, haben die deutsche Regierung veranlaßt, Gegenmaßnahmen zu ergreifen und vom 1. April ab den Boykott gegen alle jüdischen Geschäfte mit aller Strenge durchzuführen.

Durch diesen Boykott werden Zehntausende und Zehntausende von großen und kleinen und ganz kleinen Geschäften schwer betroffen und viele Familien geschäftlich ruiniert oder wenigstens in die schwersten Sorgen gestürzt. Die Korrespondenten der ausländischen Zeitungen haben nicht überlegt, in was für eine schwere Lage sie die Juden in Deutschland durch ihre Berichte in den Zeitungen gebracht haben. Ich bitte Euere Eminenz, allen Einfluß aufzubieten, daß die ausländischen Zeitungen, die bisher Greueltaten berichtet haben, eine Erklärung abgeben, daß sie sich von der Haltlosigkeit ihrer früheren Behauptungen überzeugt haben. Es ist dringende Eile notwendig.

144. Selbstgleichschaltung und Zivilcourage

Aus einem Briefwechsel zwischen dem Präsidenten der Preußischen Akademie der Künste, Max von Schillings, und Ricarda Huch (Heidelberg) vom März

In Anbetracht der Lage müssen von der Abteilung [für Dichtung] sofortige Entschlüsse gefaßt werden. Die Abteilung unternimmt den Versuch, sich aus sich selbst heraus neu zu organisieren; sie sieht sich gezwungen, allen Mitgliedern die anliegende Frage vorzulegen und bittet um sofortige Beantwortung ausschließlich mit ja oder nein und ihre Unterschrift. Die Antwort muß spätestens am 21. März bei der Akademie eingetroffen sein.

[Anlage:]
Vertraulich!
Sind Sie bereit, unter Anerkennung der veränderten geschichtlichen Lage weiter Ihre Person der Preußischen Akademie der Künste zur Verfügung zu stellen? Eine Bejahung dieser Frage schließt die öffentliche politische Betätigung gegen die Regierung aus und verpflichtet Sie zu einer loyalen Mitarbeit an den satzungsgemäß der Akademie zufallenden nationalen und kulturellen Aufgaben im Sinne der veränderten geschichtlichen Lage.

Ja Nein
(Nichtzutreffendes bitte durchstreichen)
Name: . . . .
Ort und Datum: . . . .

In Erwiderung Ihres Schreibens vom 14. März bestreite ich Ihre Kompetenz, mir eine Frage von so unübersehbaren Konsequenzen vorzulegen, und lehne infolgedessen ab, sie zu beantworten. Die Mitglieder der Akademie werden nach Wortlaut der Statuten zur Ehrung und Anerkennung ihrer Leistungen berufen, ohne daß ein politisches Bekenntnis von ihnen gefordert wurde. Ich bin, seit ich der Akademie angehöre, stets mit Nachdruck dafür eingetreten, daß bei der Wahl der Mitglieder nichts anderes maßgebend sein darf als ihre künstlerischen Leistungen und die Bedeutung ihrer Persönlichkeit. Daran werde ich auch künftig festhalten.

Ich erlaube mir jedoch aus Ihrem Brief zu entnehmen, daß Sie zwar eine Beantwortung dieser Frage nicht zu geben wünschen, daß Sie aber andererseits auch nichts dagegen einzuwenden haben werden, wenn wir ein Mitglied von Ihrer hohen geistigen Bedeutung, Ihrem tiefen konservativen Lebensgefühl und Ihrer großen ins Volk reichenden schöpferischen Wirkung als Künstler weiter zu den Unseren zählen dürfen.

Aus Ihrem Schreiben vom 22. März schließe ich, daß Sie meine Ablehnung, die mir vorgelegte Frage zu unterzeichnen, so aufzufassen gedenken, als hätte ich sie mit Ja beantwortet. Ich kann aber dies Ja umsoweniger aussprechen, als ich verschiedene der inzwischen vorgenommenen Handlungen der neuen Regierung aufs schärfste mißbillige.

Sie zweifeln nicht, davon überzeugt mich Ihr Brief, daß ich an dem nationalen Aufschwung von Herzen teilnehme; aber auf das Recht der freien Meinungsäußerung will ich nicht verzichten, und das täte ich durch eine Erklärung wie die ist, welche ich zu unterzeichnen aufgefordert wurde. Ich nehme an, daß ich durch diese Feststellung automatisch aus der Akademie ausgeschieden bin. Übrigens müßte ich darauf gefaßt sein (erlauben Sie, daß ich den ernsten Gegenstand durch einen Scherz würze!), wenn ich in dieser Form in der Akademie bliebe, mein Leben im Zuchthause zu beschließen als »in einen nationalen Verband eingeschlichen«.

[Nach einem nochmaligen Schreiben des Akademiepräsidenten erklärte Ricarda Huch am 9. April formell ihren Austritt]

145. Professor Sauerbruch und die antisemitischen Maßnahmen gegen jüdische Ärzte
Aus einem Bericht des amerikanischen Generalkonsuls in Berlin, Messersmith, vom 31. März

Bezeichnend für das, was in der Ärzteschaft vorgeht, ist ein gutbelegter Zwischenfall um Professor Sauerbruch, einen der prominentesten Chirurgen Europas und der Welt, der Leiter der chirurgischen Abteilung der berühmten Charité in Berlin ist. Als die Entlassung verschiedener jüdischer Assistenzärzte angeordnet wurde, erklärte Professor Sauerbruch, daß er selbst – wenn sie ausscheiden würden – sofort nach Amerika emigrieren werde; um einen solchen Schritt zu vermeiden (er ist kein Jude), wurde ihm erlaubt, diese Männer zu behalten, die offensichtlich die einzigen jüdischen Ärzte sind, die in den städtischen Kliniken noch tätig sind. [...]

Von einem vertrauenswürdigen Arzt wurde das Generalkonsulat informiert, daß [... ein jüdischer Arzt, der es ablehnte, freiwillig aus einer Klinik auszuscheiden ...] gezwungen wurde, in ein Becken mit kaltem Wasser zu sitzen und eine große Dosis Rizinusöl einzunehmen. Nachrichten über Zwischenfälle, bei denen Ärzte geschlagen und mißhandelt wurden, erreichten mich so zahlreich und aus so guten Quellen, daß kein Zweifel an der Korrektheit wenigstens einiger von ihnen möglich ist. Nach einer absolut zuverlässigen Quelle bat ein prominenter jüdischer Chirurg [...] um die Erlaubnis, ohne Bezahlung die von ihm kürzlich operierten Patienten [einer Klinik, aus der er zwangsweise ausscheiden mußte] weiterhin betreuen zu dürfen [...]. Man hat ihm dies nicht erlaubt [...].

146. Gegen regimefeindliche Äußerungen im Ausland im Zusammenhang mit der Verfolgung von Juden und politischen Gegnern

Aus einem Bericht des britischen Botschafters in Berlin, Rumbold, an Außenminister Simon vom 31. März

Unglücklicherweise sind die Juden und die politischen Gegner der Reichsregierung ganz in der Gewalt ihrer Verfolger, und obwohl mir die Feststellung gegen den Strich geht: der beste Weg, ihnen zu helfen, ist, jede Meinungsäußerung im Ausland zu vermeiden [...]. Die Juden sind sich dieser Lage bewußt und bemühen sich aufrichtig, die Anti-Hitler-Propaganda im Ausland zum Schweigen zu bringen. Ich erhalte täglich Telegramme von jüdischen Organisationen aus dem Inland des Inhalts, daß sie physisch nicht belästigt werden und ausländische Propaganda zu ihren Gunsten ablehnen. Die gleichen Argumente gelten in noch stärkerem Maße für die politischen Gegner der Regierung. Auch sie sind den Nazis auf Gedeih und Verderb ausgeliefert; es liegt für mich auf der Hand, daß die Zustimmung der Zentrumspartei zum Ermächtigungsgesetz darin ihren Grund hatte, daß man wußte, ihre Führer würden bei dem geringsten Vorwand ebenfalls verfolgt und in Konzentrationslager eingeliefert werden.

147. Die »höchst beklagenswerten Vorgänge« von Judenverfolgungen und »die großen Zusammenhänge«

Aus einem Aktenvermerk von Oberkirchenrat August Wilhelm Schreiber (Berlin) vom 31. März

D. Nuelsen und ich waren [...] in der deutschen Vereinigung des Weltbundes für Freundschaftsarbeit der Kirchen. Hier wurden Mitteilungen gemacht über verschiedene Mißhandlungen [von Juden]. D. Burghart wies darauf hin, daß über diese höchst beklagenswerten Vorgänge die großen Zusammenhänge nicht vergessen werden dürften. Ich habe ihn darin unterstützt ...

148. Eine bischöfliche Intervention gegen den Boykott jüdischer Geschäfte? Ein Rundbrief von Kardinal Adolf Bertram (Breslau) vom 31. März

Mit Empfehlung des Herrn Domkapitulars Monsignore Lichtenberg in Berlin erschien heute Herr Direktor der Deutschen Bank in Berlin Oskar Wassermann (zugleich als Präsident der Arbeitsgemeinschaft der Konfessionen für den Frieden) mit der Bitte, der Episkopat wolle beim Herrn Reichspräsidenten und bei der Reichsregierung intervenieren für Aufhebung des gegen alle jüdischen Geschäfte veranstalteten Boykotts. Seine schriftliche Darlegung folgt anbei. Auf meine Bemerkung, daß ich als Einzelperson nicht Auftrag zu solchem Schritte vom Episkopate habe, auch die Begründung des Boykotts nicht beurteilen könne, noch weniger eine Prognose über den Erfolg oder die Erfolglosigkeit stellen könne, war er einverstanden mit einer Rundfrage wenigstens bei den hochwürdigsten Herren Erzbischöfen der Kirchenprovinzen über die Frage der Opportunität eines solchen Schrittes.

Meine Bedenken beziehen sich

1. darauf, daß es sich um einen wirtschaftlichen Kampf in einem uns in kirchlicher Hinsicht nicht nahestehenden Interessentenkreise handelt;

2. daß der Schritt als Einmischung in eine Angelegenheit erscheint, die das Aufgabengebiet des Episkopates weniger berührt, der Episkopat aber triftigen Grund hat, sich auf sein eigenes Arbeitsgebiet zu beschränken;

3. daß der Schritt keinen Erfolg haben dürfte, weil die Gründe pro und contra der maßgebenden Stellen auch ohne unsere Vorstellung genügend bekannt sind; dazu kann

4. die taktische Erwägung kommen, daß dieser Schritt, der nicht vertraulich im engeren Kreis bleiben kann, sicher die übelste Interpretation in den weitesten Kreisen von ganz Deutschland finden würde, was bei der überaus diffizilen und dunklen Gesamtlage keineswegs gleichgültig sein kann.

Daß die überwiegend in jüdischen Händen befindliche Presse gegenüber den Katholikenverfolgungen in verschiedenen Ländern durchweg Schweigen beobachtet hat, sei nur nebenbei berührt.

Ich bitte ehrerbietigst die hochwürdigsten Herren Metropoliten von Köln, München, Freiburg, Paderborn und Bamberg um eine telegraphische Äußerung des Inhaltes: »Erfüllung Wunsches geschehe« oder »Erfüllung unterlassen«.

[Undatierte Antwort Erzbischof Gröbers/Freiburg]: Erfüllung Wunsches geschehe mit Rücksicht auf Schuldlose und Convertierte.

[Undatierte Antwort Kardinal Faulhabers/München]: Erfüllung Wunsches aussichtlos. Würde verschlimmern. Übrigens schon Rückgang.

149. Kompetenzen der neuen Sondergerichte auf Grund einer Verordnung vom 31. März 1933
Aus einem Bericht des ›Hannoverschen Anzeigers‹

Der Aufgabenkreis des Sondergerichtes umfaßt [...] zwei besonders umrissene Gebiete: den Komplex der Straftaten gegen die Notverordnung des Reichspräsidenten zum Schutz von Volk und Staat vom 28. Februar 1933 und den der Notverordnung zur Abwehr heimtückischer Angriffe gegen die Regierung der nationalen Erhebung. Der erste Komplex ist der Öffentlichkeit hinreichend bekannt. Der zweite erstreckt sich auf folgende Straftaten: Wer eine Uniform eines Verbandes, der hinter der Regierung der nationalen Erhebung steht, im Besitz hat, ohne Mitglied des Verbandes oder sonstwie befugt zu sein, wird mit Gefängnis bis zu zwei Jahren bestraft. [...] Wer eine strafbare Handlung gegen Personen oder Sachen begeht oder androht und dabei, ohne Mitglied des Verbandes zu sein, die Uniform oder ein die Mitgliedschaft kennzeichnendes Abzeichen eines hinter der Regierung stehenden Verbandes trägt oder mit sich führt, wird vom Sondergericht mit Zuchthaus, bei mildernden Umständen mit Gefängnis nicht unter sechs Monaten bestraft. Ist die Tat in der Absicht begangen, einen Aufruhr oder in der Bevölkerung Angst und Schrecken zu erregen oder dem Deutschen Reiche außenpolitische Schwierigkeiten zu bereiten, so ist die vom Sondergericht zu verhängende Strafe Zuchthaus nicht unter drei Jahren oder lebenslängliches Zuchthaus. In besonders schweren Fällen kann das Sondergericht auf Todesstrafe erkennen. [...] Sehr schwere Strafen hat das Sondergericht gegen böswillige Verleumder der Reichsregierung zu verhängen: Wer vorsätzlich eine unwahre oder gröblich entstellte Behauptung tatsächlicher Art aufstellt oder verbreitet, die geeignet ist, das Wohl des Reiches oder eines Landes oder das Ansehen der Reichsregierung oder einer Landesregierung oder der hinter diesen Regierungen stehenden Parteien oder Verbände schwer zu schädigen, wird, soweit nicht in anderen Vorschriften eine schwerere Strafe angedroht ist, mit Gefängnis bis zu zwei Jahren [...] bestraft. Entsteht durch die Tat ein schwerer Schaden für das Reich, so kann auf Zuchthaus erkannt werden.

150. »Das unmenschliche Unmaß der fortgesetzten antisemitischen Hetze«
Aus einem Offenen Brief Emil Kirdorfs an die ›Rheinisch-Westfälische Zeitung‹ (Essen), Ende März

Als ein Verbrechen erachte ich das unmenschliche Unmaß der fortgesetzten antisemitischen Hetze. Eine große Anzahl um Deutschland verdienter Menschen, deren Familien seit Jahrhunderten hier eingebürgert sind, hat man in grausamer Weise deklassiert und ihnen den Boden unter den Füßen weggenommen ... Der Dolchstoß, den man diesen wertvollen Menschen versetzt hat, hat auch mich getroffen. Jetzt ist meine Hoffnung dahin, mein Vertrauen, ein neues, unbeflecktes, stolzes Deutschland noch zu erleben.

151. »Ich bekomme oft fürchterliche Briefe aus Deutschland«
Aus einem Brief Hermann Hesses (Montagnola) an eine schweizerische Leserin vom April (?)

Ich bekomme oft fürchterliche Briefe aus Deutschland: manchmal Briefe von Fanatikern, die am liebsten zu jedem Frühstück drei Juden und zwei Katholiken fressen würden, dabei aber von der gewaltigen Zeit der »neuen Freiheit und Einigkeit in unsrem Volke« faseln. Wo ist da die Freiheit? Und die Einigkeit? Mehr als die Hälfte des großen Volks ist unter Terror und beständiger Beaufsichtigung zum Schweigen gezwungen, der Protestant haßt den Katholiken so wild wie man es seit den siebziger Jahren nicht mehr gekannt hatte! Andre Briefe sind von Leuten, die sich inmitten des großen blutigen Rausches ihrer Nation furchtbar verloren und heimatlos vorkommen.

152. »›Wenn die Gerechtigkeit fehlt, was sind dann die Reiche anders als große Räuberbanden?‹«
Aus einem Artikel von Max Pribilla SJ in den ›Stimmen der Zeit‹, April 1933

Man hat mit Recht den Kopf geschüttelt über die Gesetzgeber von Versailles, die bei ihrer Umgestaltung der Karte Europas nur allzusehr die geschichtlichen, nationalen, religiösen und wirtschaftlichen Zusammenhänge unberücksichtigt ließen. Das Ergebnis ist ein fast chaotisches Europa, das in Zuckungen liegt und nicht zur Ruhe kommen kann.

Ein ähnliches Schauspiel haben wir jetzt in Deutschland vor Augen, wenn wir die gewagten Experimente betrachten, die an der Verfassung des Reiches vorgenommen oder vorgeschlagen werden. Während sonst die Juristen es als ihre Aufgabe ansehen, die Ehrfurcht vor dem bestehenden Gesetz einzuschärfen und eine organische Entwicklung des Rechtes zu empfehlen, wissen heute selbst Staatsrechtslehrer Rezepte zu bieten, wie man auf Grund von kühnen, aus der Situation geschöpften Theorien oder Auslegungen die Verfassung vollends auf den Kopf stellen kann. [...]

Das forsche Vorgehen, das im Handumdrehen die Paragraphen der Verfassung beiseiteschiebt, mag für den Augenblick Erfolg haben und den Beifall irregeleiteter Massen finden, die sich durch die Phrase betören lassen, daß ein großer Mann oder eine große Bewegung nicht über die »Zwirnsfäden« des geschriebenen Rechtes stolpern dürfe. Trotzdem bleibt der Verfassungsbruch eine Aussaat von Verhängnissen, die sich oft schneller erfüllen, als es seinen Urhebern möglich scheint; denn auch für das politische Gebiet gilt der warnende Satz: »Wer die Gewalt (unrechtmäßig) anwendet, kommt durch die Gewalt um.«

Der Verfassungsbruch ruft aber nicht nur die Verteidiger des Rechts auf den Plan; er wirkt mit dem Fluch der bösen Tat weiter, deren Nachahmung mit umgekehrten Vorzeichen bei veränderter Lage zu ihrer Rechtfertigung auf das Vorgehen der andern hinweist. So erzeugt die Illegalität von der einen die Illegalität von der andern Seite, und in diesem Anprall roher Mächte muß das Wohl des Staates vernichtet werden. [...]

Wer vollends »rücksichtslos« an die Stelle des Rechts die Macht setzt und die Formen des Rechts nur benützt, um diese Vertauschung zu beschönigen, fördert bewußt oder unbewußt eine Gesinnung, die im bolschewistischen Rußland zur unbedingten Herrschaft gelangt ist, wo das Recht ausschließlich der politischen Gewalt dienen muß und jeder Widerspruch mit »physischer Vernichtung« bestraft wird. [...]

Ein Staatsnotstand liegt [...] keineswegs vor, wenn durch die Verfassungsbestimmungen eine Regierung oder Partei gehindert wird, ihre besondern Zwecke und Wünsche durchzusetzen. Das ist eben der Sinn der Verfassung, für solche Zwecke und Wünsche einen bestimmten Weg bindend vorzuschreiben. Erst recht kann der sich nicht auf einen Staatsnotstand berufen, der ihn bewußt herbeiführt. Es wäre ein Verstoß gegen Treu und Glauben, wenn der Saboteur der Verfassung aus seinem Frevel Vorteil für sich selbst ziehen dürfte. Wer auf die Räder der Staatsmaschine absichtlich Sand schüttet, hat kein Recht, sich über das Versagen des Staatsapparates zu beklagen; er ist vielmehr verpflichtet, den Sand zu entfernen. [...]

Die Gerechtigkeit ist die Grundlage der Staaten. Ein Staat, in dem das Recht nicht geachtet wird, ist ein des Menschen unwürdiges Gebilde. Immer noch gilt das Wort des hl. Augustinus (De civ. Dei 4, 4): »Wenn die Gerechtigkeit fehlt, was sind dann die Reiche anders als große Räuberbanden?«

153. Die Besetzung des Gewerkschaftshauses »Volkswille« in Münster/Westf. durch die SA
Bericht der Polizeileitung Münster an den Regierungspräsidenten, Anfang April

Am 31. März 1933 teilte die Standarte 13 der SA der N.S.D.A.P. mit, daß sie in dem hiesigen Gewerkschaftshause »Volkswille« eine Durchsuchung nach Waffen und verbotenen Schriften vornehmen wolle und bat gleichzeitig um Entsendung von Kriminalbeamten. Es wurden zwei Kriminalbeamte mit dem Auftrage zur Durchsuchung entsandt, Waffen, deren Besitz verboten ist, und Schriften, die gegen § 20 der Verordnung zum Schutze des deutschen Volkes vom 4. 2. 33 verstoßen, zu beschlagnahmen. Unter Hinzuziehung von einigen SA-Leuten hatte die Durchsuchung einiger Räume kaum begonnen, als weitere SA Leute in Stärke von etwa 60 Mann in sämtliche Gewerkschaftsräume eindrangen und auf eigene Faust diese durchsuchten. Sie nahmen vorgefundene rote Fahnen, sowie Zeitschriften und Bücher, deren Inhalt anstößiger Natur war, fort und verbrannten diese auf dem Platze vor dem Volkswillen. Weiterhin verschlossen und versiegelten die SA Leute den oberen Korridor, an welchem die Geschäftsräume der Gewerkschaftssekretäre liegen, und besetzten das Gebäude mit einer Wache von SA Leuten.

Die Ortspolizeibehörde nahm sofort Verhandlungen mit N.S.D.A.P. Gauleitung auf. Diese Verhandlungen mit der Gauleitung (Oberführer Schramme u. Betriebszellenleiter Nagel) ergaben eine Einigung dahin, daß die SA ihre Wache freiwillig zurückzieht und die Besetzung durch die Hilfspolizei der Ortspolizeibehörde erfolgt. Die durch SA versiegelten Räume werden ab 10. ds. Mts. durch die Polizei unter Hinzuziehung eines Vertreters der Nationalen Betriebszellen-Organisation geöffnet und geprüft.

154. »Zur Abwehr«
Boykottaufruf des »Zentralkomitees [der NSDAP] zur Abwehr der jüdischen Boykott- und Greuelhetze« (Julius Streicher) zum 1. April

Am 30. Januar 1933 wurde Adolf Hitler, der Führer der deutschen Freiheitsbewegung, zum Kanzler des Deutschen Reiches ernannt. Am 5. März 1933 bekannte sich das deutsche Volk in einer wunderbaren Erhebung zu ihm und zu seinem Befreiungswerk. Die nationale Revolution schlug das alte System in Trümmer, der Marxismus liegt zerschmettert am Boden, Deutschland geht einem neuen Aufstieg entgegen.

Dieser grandiose deutsche Freiheitskampf erfüllt den internationalen Juden mit Haß und Grimm. Er sieht, daß es mit seiner Macht in Deutschland zu Ende geht. Er sieht, aus diesem Deutschland kann er keine sowjetjüdische Verbrecherkolonie mehr machen. [...]

Nach einem großangelegten Plan hat in diesen Tagen der Jude die öffentliche Weltmeinung gegen Deutschland aufgehetzt. Er bedient sich dazu der Presse, durch die er eine ungeheure Lügenflut über die Welt ergießt. [...]

Der Jude lügt, in Deutschland würden Angehörige des jüdischen Volkes grausam zu Tode gefoltert.

Der Jude lügt, es würden diesen Juden die Augen ausgebrannt, die Hände abgehackt, Ohren und Nasen abgeschnitten, ja selbst die Leichen würden noch zerstückelt.

Der Jude lügt, es würden in Deutschland selbst jüdische Frauen in grausamer Weise getötet und jüdische Mädchen vor den Augen ihrer Eltern vergewaltigt.

Der Jude verbreitet diese Lügen in derselben Weise und zu demselben Zwecke, wie er das auch während des Krieges getan hatte. Er will die Welt gegen Deutschland aufwiegeln. Darüber hinaus fordert er zum Boykott deutscher Erzeugnisse auf. Er will damit das Elend der Arbeitslosigkeit in Deutschland noch vergrößern, er will den deutschen Export ruinieren.

Deutsche Volksgenossen!
Die Schuldigen an diesem wahnwitzigen Verbrechen, an dieser niederträchtigen Greuel- und Boykotthetze sind die Juden in Deutschland. Sie haben ihre Rassegenossen im Ausland zum Kampf gegen das deutsche Volk aufgerufen. Sie haben die Lügen und Verleumdungen hinausgemeldet.

Darum hat die Reichsleitung der deutschen Freiheitsbewegung beschlossen, in Abwehr der verbrecherischen Hetze ab Samstag, den 1. April 1933, vormittags 10 Uhr, über alle jüdischen Geschäfte, Warenhäuser, Kanzleien usw. den Boykott zu verhängen. Dieser Boykottierung Folge zu leisten, dazu rufen wir euch, deutsche Frauen und Männer, auf!

Kauft nichts in jüdischen Geschäften und Warenhäusern! Geht nicht zu jüdischen Rechtsanwälten! Meidet jüdische Ärzte! Zeigt den Juden, daß sie nicht ungestraft Deutschland in seiner Ehre herabwürdigen und beschmutzen können!

Wer gegen diese Aufforderung handelt, beweist damit, daß er auf Seite der Feinde Deutschlands steht.

Es lebe der ehrwürdige Generalfeldmarschall aus dem großen Kriege, der Reichspräsident *Paul von Hindenburg!* Es lebe der Führer und Reichskanzler *Adolf Hitler!* Es lebe das deutsche Volk und das heilige deutsche Vaterland!

155. »Ich habe noch nie so wie jetzt an meinem Volke innerlich gezweifelt«
Aus einem Brief von Pfarrer Wilhelm Menn an Generalsuperintendent D. Stoltenhoff vom 1. April

Seit Wochen hat es mich immer wieder gedrängt, Ihnen zu schreiben und meiner täglich schwerer lastenden Sorge um das Schicksal unseres Volkes Ausdruck zu geben. Es läßt sich doch nicht verheimlichen, daß wir mit der sogenannten Boykottbewegung die seit Jahrhunderten erste Judenverfolgung begonnen haben. Ich bin entsetzt über den kalten Haß und die teuflische Sicherheit der Methoden, die aus den Anordnungen der Parteileitung, vor allem in Berlin [...] spricht. Hier wird alles, was bei der Marxistenverfolgung geleistet wurde, weit überboten. Und beides täglich neu mit nationaler Verantwortung und all den anderen so schrecklich mißbrauchten großen Worten begründet zu hören, ist unerträglich. Nun, der Kampf gegen den Marxismus als Bewegung und meinetwegen der gegen die bisher dem Judentum gewährten Rechte mag ein zu diskutierendes Politikum sein. Die persönliche Verfolgung von Menschen, deren »Schuld« entweder in einer politischen Überzeugung oder in der Zugehörigkeit zu einer Rasse besteht und in nichts anderem, diese Verfolgung mit der deutlichen Absicht der Existenzvernichtung, das schlägt der einfachsten sittlichen Einsicht ins Gesicht. Es zeigt sich, daß man nicht jahrelang Massen schreien lassen kann: »Juda verrecke!«, ohne daß man einmal diesem brutalen Verfolgungswillen Raum gibt. Und unser »christliches Volk« jubelt. Ich habe noch nie so wie jetzt an meinem Volke innerlich gezweifelt.

Wer wird den Mut haben, hier das Notwendige zu sagen? [...] Ich weiß, wie schwer darauf heute Antwort zu geben ist. Der einzelne vermag ja gar nichts. Die Freiheit der öffentlichen Meinungsäußerung ist uns ja restlos genommen. Aber die Kirche kann immer noch sprechen, wenigstens zu ihren Gliedern. Gibt es auch für sie keine Zeitung mehr, so gibt es doch wenigstens die Kanzel ... Wie gerne möchte man sich an einer wirklichen nationalen Erhebung von Herzen freuen! Ich kann es bei dieser Art von »Erwachen« nicht. Ich kann nicht glauben, daß das deutsch ist, was wir jetzt an Gewaltherrschaft und Toben persönlicher Rachebedürfnisse erleben.

156. Hitler als Bismarcks »Erbe, sein Fortsetzer, ja, will's Gott, der Vollender seines Werkes«
Aus einem Gedenkartikel Prof. Johannes Hallers (Tübingen) anläßlich Bismarcks Geburtstags am 1. April

Als am 21. März Reichspräsident und Reichskanzler, umgeben von den gewählten Vertretern des Volkes, zu den Gräbern der Könige schritten, die den preußischen Staat begründeten, da huldigte in ihnen die Nation, huldigte ganz Deutschland wieder dem Gedanken, der Bismarcks Leitstern gewesen war: daß das Deutsche Reich die Fortsetzung und Vollendung der preußischen Geschichte ist, und daß darum in ihm, wenn es bestehen und gedeihen soll, auch die Kräfte weiter leben und wirken müssen, die Preußen groß gemacht haben. Deutschland bekennt sich wieder zu dem Glauben, den Bismarck verkündigte. [. . .] Bismarck selbst würde heute ein anderer sein und anders handeln als vor siebzig Jahren, und würde doch kein anderes Ziel sich stecken als damals. Was er erstrebte und erreichte, ein einiges, freies und starkes Deutschland, das ist ja auch heute wieder die Losung. Wie damals gilt es, der deutschen Nation den Platz unter den Mächten zu erringen, der ihr zukommt, ihr die Sicherheit zu verschaffen, deren sie bedarf, um in Frieden leben und arbeiten zu können. Wieder kämpfen wir um Deutschlands Recht, das gleiche Recht, das die andern uns nicht gönnen. Wir müssen es auf andern Wegen suchen, als die Bismarck einschlug, aber daß wir es können, so bald schon fordern können, was noch vor wenig Jahren kaum zu wünschen erlaubt schien, wem verdanken wir es, wem anders als ihm? Wäre nach dem Elend des Zusammenbruches die nationale Bewegung wohl zum Siege gelangt, ja wäre sie nur möglich gewesen, wenn Bismarck nicht gezeigt hätte, was deutsche Einheit sei? [. . .]

Nur ein Mann aus dem Volke, ein echter Volkstribun konnte es sein, der diese Bewegung weckte, ihr die Bahnen wies und sie zum Ziele führte. Heute steht er an der Stelle, wo Bismarck stand, sein Erbe, sein Fortsetzer, ja, wills Gott, der Vollender seines Werkes. Als der greise Feldmarschall, der altpreußische Soldat, und der jugendliche Kanzler, der süddeutsche Sohn des Volkes, am Sarge Friedrichs des Großen einander die Hände reichten, als in diesen beiden Männern gleichsam deutscher Norden und deutscher Süden, deutsche Vergangenheit und deutsche Zukunft sich einten im Gelöbnis, das Letzte einzusetzen für deutsche Freiheit, deutsche Ehre, deutsche Größe, da ging die Saat auf, die Bismarck gestreut, da begann der Baum, den er gepflanzt, und den der Blitz getroffen, wieder zu grünen. Sorgen wir dafür, daß die Saat nicht zertreten werde, der Baum nicht verdorre! Dann werden wir auch in kommenden Jahren mit ruhigem Gewissen des Tages gedenken, da dem deutschen Volk der Gründer seines Reiches geboren ward.

157. Gegen eine Bagatellisierung der antisemitischen Maßnahmen
Aus einem Brief des Präsidenten des »Evangelisch-sozialen Kongresses«, Walter Simons, an Prof. Friedrich Siegmund-Schultze vom 3. April

Es war mir wertvoll zu sehen, daß wir ohne Verabredung in unserer Auffassung und unseren Vorschlägen der Versammlung [der deutschen Vereinigung des Weltbundes für Freundschaftsarbeit der Kirchen am 31. März] gegenüber so gut zusammenstimmten, was ich von der Stellungnahme Burgharts nicht sagen kann. Wie ein Peitschenhieb traf mich seine Bemerkung von den »Kleinigkeiten«, auf die man gegenüber der großen Entwicklung der Gegenwart nicht zu viel Wert legen dürfe. Ich hatte schon auf der Zunge, ihm zu erwidern: »Vom Standpunkt des Kaiphas war der Martertod Jesu eine Kleinigkeit."

158. »Die Kirche und ihre Anhänger können gegenüber dem nationalen Erleben nicht den Gleichgültigen spielen«
Aus einem Brief von Generalsuperintendent D. Stoltenhoff an Pfarrer Wilhelm Menn vom 3. April

Die augenblickliche politische Lage bedeutet für jeden einsichtigen Christenmenschen neben der großen Freude über das, was der Umschwung uns gebracht hat, natürlich auch ernste Sorge. Ich bin dankbar dafür, daß der Boykott zunächst nur auf den Samstag beschränkt wurde, und ich hoffe sehr, daß er nicht wieder auflebt. Dabei muß ich aber offen sagen: Dafür habe ich einiges Verständnis, daß der angesammelte, auch bei keineswegs antisemitisch Eingestellen angesammelte berechtigte Groll über das, was das Presse, Börse, Theater usw. beherrschende Judentum uns angetan hat, sich einmal energisch Luft macht. Ich bin darin mit Ihnen völlig einig, daß das jahrelang hinausgeschrieene »Juda verrecke« in gar keiner Weise zu verteidigen ist. Im Gegenteil. Der einzelne vermag gegen die urgewaltige Bewegung unserer Gegenwart so gut wie nichts. Für mich war der 21. März ein ganz großes Erlebnis. In meinem Herzen und in meinem Hause haben die Farben schwarz-rot-gold keine Sekunde einen Platz gehabt. Ich habe bis auf diese Stunde politisch immer sehr weit rechts gestanden . . . Meine Arbeit hat es ausgewiesen, daß ich für unbedingteste und unbeirrbare Überparteilichkeit der Kirche bin. Mit Weisheit und Festigkeit muß die Kirche an ihrer Überparteilichkeit festhalten, will sie sich nicht aufgeben. Welche Folgerungen aus dieser grundsätzlichen Überparteilichkeit ... zu ziehen sind, ist schwer zu sagen ... Die Kirche und ihre Amtsträger können gegenüber dem nationalen Erleben nicht den Gleichgültigen spielen.

159. Die NS-Fraktion des preußischen Landtags als »Vorkämpfer« der »deutschen Revolution im Sinne Martin Luthers«
Aus einer Ansprache des »Fraktionsführers« Gauleiter Wilhelm Kube auf der Reichstagung der »Glaubensbewegung Deutsche Christen« am 3. April

Sie dürfen die Gewißheit entgegennehmen, daß die Preußische Landtagsfraktion der NSDAP rücksichtslos mit allen ihr zu Gebote stehenden Mitteln des Etatsrechts und der durch den Kirchenvertrag uns gegebenen Personalpolitik der Umstellung in unserem Volke auch auf dem Gebiet der Kirchenpolitik Rechnung tragen wird.

Darum weise ich an dieser Stelle den unerhörten Angriff des Generalsuperintendenten der Kurmark, Dr. Dibelius, gegen unsere Bewegung zurück. (Starker Beifall)

Sie, meine Freunde, werden die 211 Mann der Preußenfraktion als Ihren Schutz und als Ihre Vorkämpfer sehen bei dem Bestreben, die deutsche Revolution im Sinne Martin Luthers auch im 20. Jahrhundert voranzutragen.

160. »Gleichschaltung von Staat und Kirche«
Forderungen der ersten Reichstagung der »Glaubensbewegung Deutsche Christen« Anfang April

Die nationalsozialistische »Glaubensbewegung Deutsche Christen« forderte auf ihrer ersten Reichstagung völlige Umgestaltung des kirchlichen Lebens. Die angenommenen Richtlinien besagen:

»Die Verfassung der kommenden Reichskirche wird wie die des Dritten Reiches den *Parlamentarismus überwunden haben*, um die Form zu finden, die allein der Ausdruck des deutschen Menschen unseres Zeitalters sein kann: *Herrschaft der Besten unter einem selbstgewählten Führer* mit dem Ziel, Art, Form und Typus des deutschen Menschen in seinem Ringen um Gott zu leiten und zu schützen. Der Forderung nach einer solchen Kirche kommt der heutige Staat entgegen. Er braucht die Kirche als das stärkste Mittel einer sittlichen und gesunden Volkserziehung. Erst die *Gleichschaltung von Staat und Kirche* kann die unerhörte Kraftsteigerung hervorbringen, deren die Nation zur Erreichung ihrer Ziele bedarf.« Von diesem zentralen Grundsatz aus ergeben sich alle weiteren Forderungen: die Kirche soll eine »eindeutige Haltung zum Alten Testament und allen den Stellen der Bibel einnehmen, die sich nicht als Offenbarung des Heilands darstellen.« Staat, Volk und Rasse hat sie »als den großen Dreiklang göttlicher Schöpfungsordnung« anzuerkennen. Demgemäß sollen alle Protestanten, die Angehörige einer fremder Rasse heiraten, nicht getraut und aus der Kirche ausgeschlossen werden.

161. »Gleichschaltung von Unternehmer- und Arbeiterpolitik« Aus einem Kommentar des ›Angriff‹ vom 3. April zur Berufung von Vertrauensmännern der NSDAP und DNVP in das Präsidium des Reichsverbandes der Deutschen Industrie

Mit dieser Gleichschaltung ist der bisher vorherrschende wirtschaftliche Liberalismus überwunden worden, und an seiner Stelle wird die Weltanschauung des Nationalsozialismus ausschlaggebend sein. Von nun an wird auch im Reichsverband der deutschen Industrie unbedingt der Primat der Politik herrschen. Mit dieser Gleichschaltung erfolgt automatisch auch eine Gleichschaltung der bisher getrennt laufenden Unternehmer- und Arbeiterpolitik. [. . .] Die Berechtigung und die große wirtschafts- und sozialpolitische Bedeutung der kleinen Betriebe wird nunmehr auch von den Führern der Industrie anerkannt. Man kann daher wohl sagen, daß diese Maßnahme der Gleichschaltung des Reichsverbandes der deutschen Industrie eine der wichtigsten Voraussetzungen war für eine Überbrückung aller Interessenten- und Klassengegensätze im deutschen Wirtschaftsleben und damit zugleich die Voraussetzung einer ersprießlichen Gemeinschaftsarbeit am Wiederaufbau unseres Volkes.

162. »Was jetzt in Deutschland vor sich geht«, wird »nicht nur Deutschland, sondern der Welt zum Besten dienen«
An die Bevölkerung in den USA gerichtete Rundfunkansprache des Generalsuperintendenten der Kurmark, Otto Dibelius, vom 4. April

Die Revolution von 1918 war ein gewaltsamer Aufstand gewesen. Alle Schranken des Rechts und der Ordnung waren durchbrochen. Blutvergießen und Grausamkeiten aller Art waren an der Tagesordnung. Mit bitteren Gefühlen denken wir an jene Zeit zurück.

Die neue Revolution ist ganz anderer Art. Sie ist zustande gekommen durch rechtmäßige Entscheidung des deutschen Volkes. Auf Grund eines Wahlrechts, das jedem Erwachsenen, Mann und Frau, die Möglichkeit gibt, geheim und unbeeinflußt seine Stimme in die Wagschale zu werfen, ist ein neuer Reichstag gewählt worden. Und dieser Reichstag hat der Regierung, die der Reichspräsident berufen hatte, das Vertrauen ausgesprochen und hat sie ermächtigt, die Verhältnisse in Deutschland neu zu gestalten. Der Reichskanzler Adolf Hitler hat die Macht so übernommen, wie er es immer angekündigt hatte: auf streng legalem Wege. Und wer die Stunde miterlebt hat, in der der Reichskanzler Adolf Hitler als Führer der jungen Generation sich in der Garnisonkirche in Potsdam vor der ehrwürdigen Gestalt des Reichspräsidenten von Hindenburg ehrfurchtsvoll verneigte und ihm dafür dankte, daß er Deutschlands Schicksal vertrauensvoll in die Hände einer neuen Regierung gelegt habe – der steht unter dem starken Eindruck, daß der neue Anfang in Deutschland auf dem Wege des Rechts und der Loyalität gemacht worden ist.

Die neue Regierung hat als ihre erste große Aufgabe die Rettung Deutschlands vor dem Bolschewismus in Angriff genommen. Wir Deutsche wissen besser als andere Völker, was der Bolschewismus ist. Rußland ist von Deutschland nur durch einen schmalen Landstreifen getrennt. [. . .] Wir sehen es aus nächster Nähe mit an, wie der Bolschewismus in Rußland die Kirchen zerstört, die Familie auflöst, das Eigentum vernichtet und die Menschen zu rechtlosen Sklaven einer grausamen Tyrannenherrschaft macht. Täglich kommen die Hilferufe von Farmern deutscher Abstammung zu uns, die in den Todeskolonien Nordrußlands zwischen Fiebersümpfen und Schneefeldern elend zugrunde gehen. Wir haben im Winter 1918/19 in München für kurze Zeit das Schreckensregiment des Bolschewismus erlebt. Wir haben in Thüringen den kommunistischen Aufstand von Max Hölz gehabt, bei dem die Kommunistenhaufen die Geistlichen als Kugelfang vor sich her trieben. Die alten Regierungen hatten gehofft, die deutschen Kommunisten dadurch zu staatlicher Ordnung erziehen zu können, daß sie ihre Organisation und ihre Zeitungen möglichst wenig behinderten. Die Erfahrung hat gezeigt, daß diese Methode nicht zum Ziel führte. Die bolschewistische Propaganda bereitete eine neue Revolution vor. Sie durchsetzte mit ihren Zellen jede Fabrik, jede Schule, jede staatliche Verwaltung. Sie verseuchte die Jugend mit gotteslästerlichen Schriften. Mit steigender Sorge fragten wir uns: Wann bricht die bolschewistische Revolution los? Wir haben es oft ausgesprochen, daß die Entscheidungsschlacht zwischen der abendländischen Zivilisation und zwischen dem Bolschewismus auf deutscher Erde würde geschlagen werden müssen. Wir warteten auf die Stunde, in der diese Entscheidungsschlacht entbrennen würde.

Nun ist sie anders gekommen, als wir es für möglich gehalten haben. Sie ist ohne Straßenkämpfe und ohne Blutvergießen geschlagen worden. Die neue Regierung hat mit durchgreifenden Maßnahmen die kommunistischen Agitatoren und ihre Bundesgenossen aus dem öffentlichen Leben ausgeschaltet. Sie hat erstaunlich wenig Widerstand gefunden.

Natürlich sind, namentlich in den ersten Tagen, Ausschreitungen vorgekommen. Das kann in einem Volke von 65 Millionen Menschen nicht anders sein. Aber die ständige Mahnung der Regierung zu unbedingter Disziplin hat sehr schnell gewirkt. Das Bild des öffentlichen Lebens in Deutschland ist ein Bild der Ordnung und der Disziplin geblieben.

Die kommunistischen Führer sind sämtlich gefangen gesetzt worden. Wie lange sie in der Gefangenschaft bleiben werden – das wird erst entschieden werden können, wenn in Deutschland und in den anderen Ländern völlige Beruhigung eingekehrt ist. Zunächst ist durch diese durchgreifenden Maßnahmen bewirkt worden, daß keine Ausschreitungen zu befürchten sind – weder von kommunistischer noch von nationalistischer Seite. Wir haben die kommunistischen Führer im Gefängnis besucht. Dr. Nuelsen hat schon erzählt, daß wir sie gesund angetroffen haben. Sie haben uns übereinstimmend gesagt, daß sie durchaus korrekt behandelt würden. Der bekannteste unter diesen Kommunisten, der bisherige Führer der Partei, Thälmann, ein starker, breitschultriger Arbeiter, klagte ein wenig darüber, daß das Essen für ihn nicht ganz ausreichend sei. Er sei kräftigere Nahrung gewohnt gewesen. Die anderen aber waren auch mit der Nahrung alle zufrieden.

An den Schauernachrichten über grausame und blutige Behandlung der Kommunisten in Deutschland ist kein wahres Wort. Sie werden es verstehen, daß es ein Volk verbittert, wenn es eben seine Revolution in fester Disziplin vollzogen hat und nun solche Nachrichten draußen in der Welt verbreitet und geglaubt sieht.

Auf Grund dieser falschen Nachrichten hat nun das Judentum in mehreren Ländern eine Agitation gegen Deutschland begonnen. Es sind nicht nur Protestversammlungen unter jüdischer Führung gehalten worden. Es ist auch zum Boykott deutscher Waren aufgerufen worden. [...]

Um diesen Boykott zu brechen, haben die deutschen Nationalsozialisten nun ihrerseits eine Boykottbewegung gegen das Judentum in Deutschland eingeleitet. Sie glauben, daß bei den internationalen Verbindungen zwischen dem Judentum der verschiedenen Länder der Boykott draußen aufhören wird, sobald das Judentum in Deutschland davon den Schaden hat. Dieser Boykott ist zunächst auf einen einzigen Tag beschränkt worden; er ist in absoluter Ruhe und Ordnung verlaufen. Nur einen einzigen blutigen Zwischenfall hat es gegeben. Das war in der Stadt Kiel an der Ostseeküste. Dort hat ein Jude einen jungen Nationalsozialisten niedergeschossen und ist dann von der erbitterten Menge selbst erschossen worden, noch ehe die Polizei ihn in Sicherheit bringen konnte. In Berlin und im übrigen Reich ist nichts dergleichen vorgekommen. Die meisten jüdischen Geschäfte haben am Sonnabend einfach geschlossen. Wo sie das nicht taten, haben die Nationalsozialisten Posten vor die Türe gestellt. Diese Posten ließen das jüdische Publikum und die Ausländer ruhig kaufen. Den deutschen Käufern verwehrten sie den Eintritt oder rieten ihnen wenigstens, das Geschäft nicht zu betreten. Auch in dieser Beziehung kann ich nur alles bestätigen, was Bischof Nuelsen soeben gesagt hat. Ich füge noch hinzu, daß die Nachrichten meiner Diözese, der Kurmark Brandenburg, genau dasselbe besagen. Es ist alles in Ordnung und Ruhe verlaufen. Heute sind die Geschäfte alle wieder geöffnet. Der Boykott ist bis auf weiteres aufgehoben. Die Regierung will abwarten, was sich in diesen Tagen draußen in der Welt ereignet.

Nebenher läuft eine Aktion der Regierung, die Juden aus der staatlichen Verwaltung, namentlich aus den Richterstellen, zu entfernen. Und das hängt damit zusammen, daß seit 1918 jüdische Beamte und Angestellte in so großer Zahl in die staatliche Verwaltung hineingekommen sind, daß es z. B. in Berlin ganze Gerichte gibt, in denen kaum ein christlicher Richter noch zu finden ist. Dabei bilden die Juden in Deutschland noch nicht 1% der Bevölkerung. Hier sollen die Verhältnisse wieder so werden, wie sie früher waren. Genaueres läßt sich heute darüber noch nicht sagen.

Lassen Sie mich zu dieser Frage ein offenes Wort sagen: Ich bin kein Mann der Politik, sondern ein Bischof meiner Kirche. Die christliche Kirche steht für Ritterlichkeit und Liebe. Das habe ich mit aller Offenheit und Bestimmtheit gesagt, als ich am 21. März die Predigt zur Eröffnung des deutschen Reichstages hielt. Und die führenden Männer der Regierung haben mir nach der Predigt mit herzlicher Zustimmung die Hand gegeben. Die Kirche kann und darf den Staat nicht daran hindern, mit harten Maßregeln Ordnung zu schaffen. Aber sie hat den dringenden Wunsch, daß bald die Stunde schlagen möchte, in der die Gewalt nicht mehr nötig ist, sondern eine neue gefestigte Ordnung im Staatsleben Raum läßt für Liebe und Gerechtigkeit. Das wird davon abhängen, ob draußen in der Welt die Agitation gegen Deutschland aufhört oder nicht. Aus diesem Grunde bitte ich als ein Diener meiner Kirche die christlichen Freunde in Amerika herzlich und dringend, daß sie ihren Einfluß dafür einsetzen möchten, daß keine falschen Nachrichten über Deutschland mehr verbreitet und geglaubt werden. Sie helfen damit der christlichen Kirche in Deutschland, dem Geiste der Liebe und der Ritterlichkeit in diesen bewegten Tagen freie Bahn zu schaffen.

Und nun lassen Sie mich zum Schluß noch ein kurzes Wort in meiner Muttersprache zu denen sagen, die diese meine Muttersprache verstehen! Meine lieben Freunde! Sie kennen Deutschland und kennen das deutsche Volk. Sie wissen, daß wir ein Volk der Ordnung, des Rechts und der Disziplin sind. Ihnen darf ich sagen, daß die Bewegung, die jetzt durch Deutschland geht, in vieler Beziehung eine Rückkehr zu den guten deutschen Traditionen bedeutet. Das Deutsche Reich ist heute so einig und fest zusammengefügt wie noch nie in unserer Geschichte. Durch Millionen von deutschen Herzen geht der heiße Wunsch, daß der deutsche Name wieder rein und unbefleckt dastehen möge vor aller Welt. Aus der inneren Zersetzung, in die uns die letzten fünfzehn Jahre geführt haben, wollen wir wieder zurück zu einem christlichen und wirklich deutschen Volksleben. Haben Sie das Vertrauen, daß das deutsche Volk im Begriff ist, sich selbst wiederzufinden! Haben Sie das Vertrauen, daß die christlichen Kirchen Deutschlands, die vom Staat aufgerufen worden sind, an der inneren Erneuerung des deutschen Volkes mitzuarbeiten, ihre Schuldigkeit tun werden! [...] Noch einmal: haben Sie Vertrauen! Sie werden es erleben, daß das, was jetzt in Deutschland vor sich geht, zu einem Ziele führen wird, für das jeder dankbar sein kann, der deutsches Wesen liebt und ehrt! Und daß es nicht nur Deutschland, sondern der Welt zum Besten dienen wird!

163. »Hier geschieht deutsches Unrecht«
Aus einem Artikel über die nationalsozialistische Judenpolitik von Pfarrer Eckert in der ›Rhein-Mainischen Volkszeitung‹ (Frankfurt a. M.) vom 4. April

Die Lösung der Judenfrage, wie sie heute versucht wird, halten wir vor unserem christlichen Gewissen nicht für richtig und nicht für gerecht, in ihrer Methode sowohl wie in ihrer sittlichen Haltung. In ihrer Methode. Die Lösung der deutschen Judenfrage kann nicht von der Rasse her gesucht und gefunden werden. Kein Mensch darf einfach wegen seiner Rasse minderen Rechtes sein und wegen seiner Zugehörigkeit zu einer Rasse diffamiert werden. Nach der Lehre des Christentums ist diese Zugehörigkeit zu einer Rasse eine göttliche Gegebenheit, die der betreffende Mensch gehorsam und dankbar anzunehmen und die der Mensch der anderen Rasse gehorsam und ehrfurchtsvoll zu respektieren hat. [...] Darum lehnt sie es ab, in unchristlicher und ungerechter Vereinfachung des deutschen Judenproblems zu sagen: Sie sind Juden, also sind sie Schädlinge am deutschen Volkskörper, also müssen sie eliminiert oder ins Judengetto zurückgedrängt werden. Jude ist nicht gleich Jude, so wenig wie Deutscher gleich Deutscher und Slawe gleich Slawe ist. Es gibt in jeder Rasse Gute und Schlechte. Wenn die Verantwortlichen für die Kulturschäden unseres Volkes gesucht werden sollen, dann muß das mit anderen Methoden geschehen. Im Namen der christlichen Gerechtigkeit.

Auch in einer anderen sittlichen Haltung. Nicht mit dem

Gesetz der alttestamentlichen Blutrache, das überhitzt und übersteigert wird bis zu Formulierungen: Wenn du mir ein Auge einschlägst, dann schlage ich dir den Kopf ab, und wenn du mir einen Zahn einschlägst, dann kostet es dich den Kiefer. Mit solchen Worten, die eine groteske Verhältnislosigkeit zwischen Schuld und Vergeltung postulieren, gehen wir wahrhaftig nicht zurück zum alten ehrlichen christlich-germanischen Recht, damit schaffen wir auch kein neues, das wir mit unserem ehrlichen deutschen Namen decken können.

Darüber kann uns auch nicht täuschen, daß sich dieses »Recht« gegen die Juden richtet. Hier geschieht deutsches Unrecht. Und Unrecht trifft auf die Dauer immer den schwerer, der es tut, als den, der es leidet. Gibt es eine »jüdische Moral«, die schuld ist an der deutschen Nachkriegsnot, dann kann sie weder von der jüdischen Rasse aus definiert, noch einfach von der germanischen Rasse her überwunden werden. Hier liegt vielmehr primär eine Aufgabe der christlichen Ethik. Und mir scheint, daß diese Aufgabe weiter reicht als nur bis zu den Juden.

Zum Schluß habe ich noch zu sagen, daß ich kein Jude bin, sondern ein katholischer Pfarrer aus gutem deutschem Frankenblut. Und diesen Artikel habe ich nicht für die Juden, sondern für die Deutschen geschrieben – im Namen der christlichen Gerechtigkeit.

164. *»Mit einer unerbittlichen Methode und einem wilden Haß«*

Aus einem Bericht des französischen Botschafters in Berlin, François-Poncet, an Außenminister Paul-Boncour vom 5. April

Die konservativen Elemente machten aus ihrer Mißbilligung [des Judenboykotts] keinen Hehl. Es scheint, daß sich die Führung des »Stahlhelms« daran erinnerte, daß während des Krieges kein deutscher Soldat von der Front zurückgeschickt wurde, weil er Jude war, und daß 12000 Juden ihr Leben für Deutschland gelassen haben. Schließlich wies man in der Wirtschaft darauf hin, daß der brutale Ausschluß der Juden aus der deutschen Wirtschaft zu tiefgehenden Störungen führen, das Handelsvolumen beträchtlich verringern, die Erfüllung von Kontrakten unmöglich machen, zur Einschränkung der Produktion führen, die Arbeitslosigkeit verschlimmern, die Banken Liquiditätskrisen aussetzen und schließlich den Fiskus erheblicher Einkünfte berauben würde. Man behauptet, daß der Reichsbankpräsident Dr. Schacht in einer Unterredung mit dem Kanzler am 30. März seine eindeutige Opposition gegenüber dem geplanten Judenboykott zum Ausdruck brachte und erklärte, daß diese Aktion nach Ablauf eines Monats eine Erhöhung der Zahl der Arbeitslosen um eine Million und eine unerträgliche Belastung der öffentlichen Finanzen zur Folge haben werde. Der ehemalige Reichssparkommissar Dr. Sämisch soll sich im gleichen Sinne ausgesprochen haben. [. . .]

Im ganzen verlief der 1. April [. . .] ohne bemerkenswerte Zwischenfälle; lediglich in Kiel wurde ein jüdischer Anwalt, der auf SA geschossen hatte, die in das Geschäft seines Vaters eindrang, später im Gefängnis »von Unbekannten« erschossen.

Die konservative Presse hat den Anhängern Hitlers gegenüber nicht mit Lob gespart für die großartige Disziplin ihrer Truppen und für ihr glänzendes Organisationstalent. Sie bemühte sich, sie davon zu überzeugen, daß [. . .] dank ihrer Aktion die Presse des Auslandes plötzlich ihre Verleumdungskampagne gegenüber Deutschland eingestellt habe und daß [. . .] es überflüssig sei, den Kampf fortzusetzen. Aber die Blätter sind selten, die mit dem Lob Ratschläge und Warnungen verbinden. Die ›Tägliche Rundschau‹ stellte fest, daß Schikanen wie die des 1. April den Gerechtigkeitssinn des deutschen Volkes schokkierten. Die ›Deutsche Allgemeine Zeitung‹ (3. April) erinnerte die Anhänger Hitlers daran, daß Bismarck selbst die Leistung der deutschen Bürger jüdischen Glaubens auf den Feldern von Medizin und Jurisprudenz hoch schätzte. Ihr Chefredakteur Fritz Klein hat mutig den verabscheuenswürdigen Charakter des Hitlerschen Antisemitismus gebrandmarkt. Die ›Kölnische Zeitung‹ vom 5. April hat gleichartige Betrachtungen veröffentlicht. Bei den meisten anderen Zeitungen hat die Furcht jedes Gefühl der Entrüstung und selbst den Sinn für Würde zum Schweigen gebracht. Selbst das ›Berliner Tageblatt‹ hat sich begeistert über die Ordnung geäußert, in der sich der Boykott vollzog: »Wenn eine solche Disziplin bei dem Kampf des Volkes gegen die Diffamierungskampagne aus dem Ausland herrschte, wird man« – so schrieb das Blatt – »zugeben müssen, daß auch zuvor kein Exzeß begangen wurde.«

Die Führung der Nationalsozialistischen Partei hat sich ohne allzu große Mühe davon überzeugen lassen, daß sie eine Entscheidungsschlacht gewonnen hat und dem Gegner wenigstens einen Waffenstillstand gewähren konnte. [...] Der Leiter des Zentralkomitees, der Abgeordnete Julius Streicher, erklärte, daß die internationalen Verbindungen des Judentums so stark seien, daß ein Boykott von einer Woche Dauer unberechenbare Konsequenzen für die deutsche Wirtschaft mit sich bringe [...]: »Es war schmerzlich, Zugeständnisse zu machen ... Aber Adolf Hitler kann nur etappenweise vorgehen.« [...]

Der Boykott der jüdischen Geschäftshäuser war in der Tat nur eine Form des antisemitischen Kampfes. Nur in dieser für die deutsche Wirtschaft gefährlichsten und für das Ansehen des Reichs in der Welt kompromittierendsten Form wurde der Kampf aufgegeben. In allen anderen Bereichen wird er mit einer unerbittlichen Methode und einem wilden Haß fortgeführt. Trotz der gegenteiligen Versicherungen der Regierung weiten sich die Maßnahmen zum Ausschluß der Juden aus der Verwaltung, aus dem Bereich von Gerichten und Notariaten und aus der Ärzteschaft rasch aus. Außerdem sind die Juden persönlich wie mit ihrem Besitz in der gleichen Weise wie die Sozialisten und Kommunisten weiterhin Verfolgungen ausgesetzt. Die Behörden greifen zuungunsten der Juden auf zwei Fiktionen zurück, die alle Willkürmaßnahmen rechtfertigen. Die eine ist der »Volkszorn«, dessen Auswirkungen man durch Inhaftierungen zuvorkommen müsse. Die andere ist die »marxistischer Provokateure in SA-Uniform« [...]: wenn ein Hitlerianer einen Juden mißhandelt, bleibt er im allgemeinen unbekannt; die ganze Presse versichert indessen, daß es sich um einen marxistischen Provokateur gehandelt habe [...]

Bislang bleiben die jüdischen Banken verschont – sei es, weil sie sich die stillschweigende Nachsicht der Regierung erkauften, sei es, weil diese einen zu starken Gegner nicht angreifen will.

Die willkürlichen Verhaftungen von Juden nehmen ihren Fortgang. [...] Fälle von Mißhandlungen scheinen – vor allem in der Gegend von Berlin – seltener zu werden, kommen aber noch vor. [...] Die ›Vossische Zeitung‹ vom 2. April berichtet, daß ein Einwohner von Kassel von dem Sondergericht in Frankfurt zu einem Jahr Gefängnis verurteilt wurde, weil er die Behauptung verbreitet hatte, in Worms sei ein von der SA verhafteter Jude erhängt worden. Die offizielle Version lautet, daß dieser Jude zwar von der SA ins Gefängnis eingeliefert wurde, daß er sich aber selbst erhängte.

Die Pressezensur nötigt dazu, solchen Einzelfällen eine gewisse Bedeutung beizumessen; sie müssen sich ziemlich häufig ereignen – wenn nicht in der Berliner Gegend, dann wenigstens in der Provinz, die weniger der Kontrolle durch das Ausland unterliegt.

Es sind allerdings nicht die physischen Mißhandlungen, die die deutschen Juden am meisten erschrecken. Sie fürchten weitaus mehr noch die methodische und bösartige Verfolgung, die die Angehörigen der freien Berufe und selbst die kleinen Handelsangestellten aller Existenzmittel beraubt und sie zu Bürgern zweiter Klasse macht, die in eine Art »moralisches Ghetto« an den Rand der deutschen Gesellschaft gedrängt sind. [. . .] Die Zahl der Juden, die Deutschland verlassen will, ist daher in den letzten Tagen stark angewachsen; die Reichsregierung hat soeben – offensichtlich aus Furcht vor der antideutschen Propaganda, die die Juden im Ausland entfachen könnten – eine Verordnung über Ausreise-Visa erlassen – eine neue Schikanemaßnahme gegen die Juden.

165. »Entrüstung und Abscheu« bei vielen Deutschen über den Judenboykott
Aus einem Bericht des britischen Botschafters in Berlin, Rumbold, an Außenminister Simon vom 5. April

Ich stelle fest, daß alle meine Diplomaten-Kollegen ebenso schockiert sind über das Verhalten der Nazis wie ich selbst, aber es ist nur fair, festzuhalten, daß selbst in Nazi-Kreisen die Judenverfolgung nicht allgemein gebilligt wird, während sie in anderen Kreisen, mit denen ich und mein Stab in Kontakt kamen, scharf verurteilt wird. Meiner Meinung nach wäre es daher ein Fehler, die Deutschen in ihrer Gesamtheit wegen einer Maßnahme zu verurteilen, die nicht nur die Entrüstung und den Abscheu des Diplomatischen Corps, sondern auch vieler Deutscher selbst erregt hat. Bekannte von mir wie Dr. Solf und General v. Seeckt empfinden das Stigma auf ihrem Land sehr stark. Ich habe nur die Haltung dieser beiden prominenten Männer erwähnt, aber ich bin überzeugt, daß ein großer Teil der Bevölkerung ihre Gefühle teilt, und in privaten Gesprächen haben einige dieser Persönlichkeiten kein Geheimnis aus ihrer Scham darüber gemacht, daß ihr Land auf so mittelalterliche Methoden zurückgegriffen habe. [. . .] Baron Neurath selbst erzählte mir, daß der Reichspräsident sich mehr als eine Stunde lang bemühte, den Kanzler zu überreden, diese Maßnahme rückgängig zu machen; einer späteren Information zufolge entwickelte sich diese Unterredung zu einer ernsthaften Auseinandersetzung, die sich beinahe zu einer Präsidentenkrise zuspitzte. Der Reichspräsident wurde in seiner Haltung unterstützt von Herrn v. Papen, Baron Neurath und Dr. Schacht.

166. »Wir können nicht übersehen, daß das deutsche Judentum teil hat an großen Leistungen der Wissenschaft«
Aus einer Stellungnahme der Medizinischen Fakultät der Universität Heidelberg (Dekan Prof. Richard Siebeck) vom 5. April

Auch die Universität ist vor die Judenfrage gestellt. Wir erkennen die Notwendigkeit und die innere Verpflichtung, daß das deutsche Volkstum in ernster Einsicht und im Bewußtsein vieler Versäumnisse sich auf sich selbst besinnt, und daß jeder akademische Lehrer deutscher Art und deutschen Wesens ist; wir sehen die großen Gefahren, die durch das Überhandnehmen nur zersetzender Geistesrichtungen entstanden sind, aber wir können nicht übersehen, daß das deutsche Judentum teil hat an großen Leistungen der Wissenschaft, und daß aus ihm große ärztliche Persönlichkeiten hervorgegangen sind. Gerade als Ärzte fühlen wir uns verpflichtet, innerhalb aller Erfordernisse von Volk und Staat den Standpunkt wahrer Menschlichkeit zu vertreten und unsere Bedenken geltend zu machen, wo die Gefahr droht, daß verantwortungsbewußte Besinnung durch rein gefühlsmäßige oder triebhafte Gewalten verdrängt werde und dadurch die große deutsche Aufgabe Schaden leide. Wir müssen darauf hinweisen, wie dringend es ist, daß das Rechtsbewußtsein erhalten bleibe und die Stellung des Beamtentums geschützt werde. Insbesondere ist es unser Anliegen, daß da, wo es notwendig erscheint, ungeeignete Elemente von den Universitäten auszuschalten, das Urteil der Sachverständigen gehört werde.

167. »Die deutsche Demokratie hat nichts retten können, nicht einmal ihr Gesicht«

Aus einem Bericht des französischen Botschafters in Berlin, François-Poncet, an Außenminister Paul-Boncour vom 5. April

Einer der bedrückendsten Aspekte des Schauspiels, dem man seit zwei Monaten in Deutschland beiwohnt, ist der Kleinmut der Gegner des neuen Regimes, ist der schwache Widerstand, den die Oppositionsparteien der Errichtung der Hitler-Diktatur entgegensetzen und ist der Übergang immer größerer Kreise des Volkes zur Politik der siegreichen Parteien.

Als am 30. Januar das Kabinett Hitler–Papen zur Macht kam, versicherte man, daß in der Regierung die Deutschnationalen [...] Hitler und seinen Mitkämpfern Paroli bieten würden, daß die Nationalsozialistische Partei mit der Feindschaft der Arbeiterklasse zu rechnen habe und daß schließlich die Katholiken der Zentrumspartei die Legalität verteidigen würden. Sechs Wochen später muß man feststellen, daß all diese Dämme, die die Flut der Hitlerbewegung zurückhalten sollten, von der ersten Welle hinweggespült wurden. Es vergeht kaum ein Tag, an dem die Presse nicht Erklärungen politischer Organisationen, von Beamtenverbänden und Vereinigungen aller Arten und Richtungen veröffentlicht, deren Mitglieder Wert darauf legen, der Regierung ihre Loyalität und ihren Wunsch nach Mitarbeit zu versichern.

Bei den Kommunisten besteht zwar ein harter Widerstandskern. [...] Aber zu Hunderten verfolgt, gejagt und verhaftet, in Zwangsarbeitslager eingewiesen, wo sie der schärfsten Überwachung und der strengsten Disziplin unterworfen sind, während ihre Druckereien geschlossen, ihre Zeitungen verboten und alle ihre Führer verhaftet wurden, sind die deutschen Kommunisten zur Zeit zur Ohnmacht verurteilt. Die Gerechtigkeit gebietet allerdings festzustellen, daß die Regierung von keiner ihrer Organisationen auch nur die leiseste Erklärung eines Entgegenkommens oder ein Wort der Unterwerfung vernommen hat.

Schon bei den Sozialisten ist die Situation anders. Zwar haben die sozialdemokratischen Abgeordneten im Reichstag einstimmig gegen das Ermächtigungsgesetz gestimmt. In den Mitgliederreihen der Partei beobachtet man aber schon charakteristische Einbrüche. Vor einer Woche hat die Presse eine Erklärung von Herrn Wels veröffentlicht, in der der Repräsentant der deutschen Sozialisten seinen Austritt aus der II. Internationale bekanntgab; man erfuhr bald, daß seine Entscheidung vom Parteivorstand gebilligt worden war. [...] Man hat sie mit dem Bemühen erklärt, die deutsche Arbeiterklasse vor den Racheaktionen der Hitler-Anhänger zu schützen. Tatsache ist allerdings, daß die Regierung diesen Schritt als einen Sieg darstellen konnte, der die Sozialdemokraten vom internationalen Marxismus löst [...]. Zum gleichen Zeitpunkt hat Herr Leipart, der Vorsitzende des Allgemeinen Deutschen Gewerkschaftsbundes, an den Kanzler eine Erklärung gerichtet, in der er die Loyalität der sozialistischen Gewerkschaften versichert. [...]

In meinen kürzlichen Depeschen hatte ich schon Gelegenheit, die Politik der Zentrumspartei zu charakterisieren. Ich werde mich darauf beschränken, hier an ein Zeugnis zu erinnern, das ebenso bedeutsam ist wie das Votum, mit dem sich die Katholiken zugunsten des Ermächtigungsgesetzes ausgesprochen haben: Es ist dies die Entscheidung, mit der die in Fulda versammelten deutschen Bischöfe alle Verbote, die gegen die Nationalsozialisten ausgesprochen worden sind, widerrufen haben und den Gläubigen empfahlen, loyal ihre Bürgerpflichten zu erfüllen und sich ohne Vorbehalte auf die Seite der Regierung zu stellen. [...]

Was die liberale Presse angeht, so beweist sie gegenüber der Regierung eine Gefügigkeit, die jeder Würde bar ist. Das ›Berliner Tageblatt‹, gegen das ein Verbot von 14 Tagen verhängt worden war, zeigte sich um den Widerruf dieser Maßnahme zu erreichen, bereit, seinen Chefredakteur, Herrn Theodor Wolff, zu entlassen und sich in den Dienst der nationalen Koalition zu stellen. [...] Man muß jetzt den meisten Freiheitsgeist und den meisten Mut in der ›Deutschen Allgemeinen Zeitung‹ suchen, dem ehemaligen Organ der Deutschen Volkspartei, das im übrigen ausgesprochen nationalistisch geblieben ist. Sein Chefredakteur, Herr Klein, scheute sich nicht, am 3. April einen Artikel zu veröffentlichen, in dem er eindeutig gegen den Judenboykott Stellung nahm.

In den öffentlichen Institutionen, den wirtschaftlichen Organisationen und den Berufsverbänden findet man den gleichen frappierenden Mangel an Zivilcourage.

Die preußische Akademie hat in einem Pressekommuniqué mitgeteilt, daß sie Herrn Einstein zum Austritt aufforderte und daß sie scharf die Propaganda verurteilt, die er im Ausland führt. Die Münchner Akademie hat ihrerseits bekanntgemacht, daß sie mit Stolz die Wiedergeburt der nationalen Idee begrüße und sich in den Dienst der Regierung stelle. Der Katholische Volksschullehrerverband, der Deutsche Philologenverband, der Preußische Philologenverband, die gestern noch Verteidiger der Schulpolitik der Weimarer Parteien waren, haben die Regierung dazu beglückwünscht, daß sie die Pflege des christlichen und völkischen Ideals in Deutschland wiederherstellen wolle. Es würde zuviel Raum in Anspruch nehmen und wäre nutzlos, alle die Wirtschaftsverbände aufzuzählen, die Glückwunschbotschaften an das Kabinett Hitler gerichtet haben. [...] Selbst die Freimaurer und die Juden waren schließlich bereit, ähnliche Erklärungen zu veröffentlichen und zu verlautbaren, daß die im Ausland verbreiteten Gerüchte über die sogenannten Terrorakte in Deutschland grundlos seien.

Man würde eine solche geistige Verfassung nicht verstehen, wenn man nicht das Regime der Willkür, der Zensur und der Überwachung berücksichtigte, das die Hitler-Anhänger seit den Wahlen vom 5. März über alle deutschen Behörden verhängt haben. Auf allen Verwaltungsebenen führen sie eine Säuberung durch, deren Ziel es ist, einerseits ihre Gegner auszuschalten und andererseits den Mitgliedern ihrer eigenen Bewegung Posten zu sichern. Die Furcht, die eigene Stelle zu verlieren, führt bereits dazu, die Zahl der Denunzianten zu vervielfachen. In allen Organisationen, in denen die Nazis Vertrauensleute untergebracht haben, haben diese eine Überwachung der telefonischen Verbindungen eingerichtet. [...] Welches auch immer die Erklärungen für das Schweigen der alten Regierungsparteien der Weimarer Republik oder jener zahlreichen Persönlichkeiten sein werden, die Zeuge der schmählichen Judenverfolgung sind, von der sie oft profitieren – eine Tatsache in der Geschichte dieser letzten Entwicklungen wird überraschend bleiben: Die Begründung der Diktatur wird weder Helden noch Märtyrer hervorgebracht haben. Deutschland wird sich in die Knechtschaft gestürzt haben, ohne eine Klage zu erheben und ohne einen Protest laut werden zu lassen. Die deutsche Demokratie hat nichts retten können, nicht einmal ihr Gesicht.

168. »Die Partei muß der Staat werden«
Aus dem Tagebuch Goebbels' vom 6. April

Die Revolution, die wir begonnen haben, geht ununterbrochen weiter. Es wird nicht lange mehr dauern, dann gibt es keine Parteien mehr, sondern nur noch die den Staat tragende und verantwortende nationalsozialistische Bewegung. Was wir jetzt erleben, ist nur die Übertragung unserer Dynamik und Gesetzlichkeit auf den Staat. Es geschieht das in einem derart atemberaubenden Tempo, daß man darüber kaum zur Besinnung kommt. Es kann jetzt schon gar nicht mehr heißen, daß man die Partei in den Staat einbauen muß: die Partei muß vielmehr der Staat werden. Dann erst haben wir jene Homogenität der Führung, die Deutschland anderen Staaten gegenüber in den vergangenen Jahrhunderten so bitter vermissen mußte.

169. Geschichtsunterricht »vom Kriag bis zum Hitla auffa«
Aus einem Brief Hans Carossas (Seestetten) an Lo Schoenberner vom 6. April

Wenn man hier spazieren geht und es begegnen einem Schulkinder, so heben sie die Hand und rufen »Heil!«. In der Schule müssen sie das Horst-Wessel-Lied lernen und den Geschichtsunterricht »vom Kriag bis zum Hitla auffa«. Erschüttert hat es mich, daß Einstein Deutschland verläßt; aber das ist dem jungen, von der Imperiums-Idee besessenen Deutschland vollkommen gleichgiltig. Übrigens ist alles dies in der Weltgeschichte schon dagewesen.

170. Erklärung über »arische Abstammung« auf Grund des »Gesetzes zur Wiederherstellung des Berufsbeamtentums« vom 7. April

Ich versichere hiermit pflichtgemäß: Mir sind trotz sorgfältiger Prüfung keine Umstände bekannt, die die Annahme rechtfertigen könnten, daß ich nicht arischer Abstammung sei oder daß einer meiner Eltern- oder Großelternteile zu irgendeiner Zeit der jüdischen Religion angehört habe. Ich bin mir bewußt, daß ich mich dienststrafrechtlicher Verfolgung mit dem Ziele auf Dienstentlassung aussetze, wenn diese Erklärung nicht der Wahrheit entspricht.

171. Die katholischen Bischöfe reichen Hitler die Hand, »wenn auch kühl, nur mit den Fingerspitzen«
Aus einem Artikel ›Kirche und Nationalsozialisten‹ der ›Allgemeinen Evangelisch-Lutherischen Kirchenzeitung‹ vom 7. April

Solange die Nationalsozialisten noch in heißem Kampfe lagen, als Partei gegen andere Parteien kämpften, waren sie nicht nur die von der Staatsgewalt Unterdrückten; auch die Kirche konnte nicht recht Stellung zu ihnen finden. Das heißt, die katholische Kirche fand Stellung und sprach durch ihre Bischofskonferenz ein strenges *damnamus* gegen sie aus: Der Nationalsozialist wurde vom Altarsakrament ausgeschlossen, dem sterbenden die letzte Ölung versagt, dem gestorbenen das kirchliche Begräbnis. Vergeblich hatte im bayrischen Landtag der nationalsozialistische Abgeordnete Dr. Buttmann *a papa male informato ad papam melius informandum* appelliert und das Irrige der bischöflichen Auffassung nachgewiesen. Aber Rom läßt sich nicht belehren, es gehört zu seiner Geschichte, sich nicht belehren zu lassen, siehe Luther und Papst Leo X. So schwiegen auch die deutschen Bischöfe und mußten nur mit Schmerzen zusehen, wie trotz ihres *damnamus* die Katholiken in Scharen zu den Nationalsozialisten übergingen, ja zuletzt die Staatsmacht in die Hände des »verfluchten« Hitler kam. Gegen das *Roma locuta est* hatte sich das *deus locutus est* erhoben und zerbrach das Machtwort der Bischöfe. Eine erste peinliche Durchlöcherung ihres Dekrets war schon das Begräbnis eines Nationalsozialisten in Beuthen; der katholische Prälat verweigerte nach Vorschrift das kirchliche Begräbnis; der Bürgermeister wendet sich sofort telephonisch an den Vizekanzler von Papen um Intervention, dieser intervenierte bei dem Kardinalerzbischof in Breslau, worauf prompt an den Prälaten die Weisung erging, die kirchliche Beerdigung vorzunehmen. Sie fand statt im feierlichen Beisein der Nationalsozialisten in Uniform. Peinlicher noch war der Vorgang bei Gelegenheit der Reichstagseröffnung; alle katholischen Abgeordneten gingen vorher zur katholischen Kirche, nur der katholische Reichskanzler, der »Gebannte«, mied mit sicherem Takt die Kirche und suchte statt dessen die Gräber seiner ermordeten Kameraden auf. Den Bischöfen mochte es allmählich deutlich werden, daß sie mehr als vorschnell gehandelt hatten, und warteten nur auf den Anlaß zu ehrenvollem Rückzug. Den Anlaß fanden sie in der Eröffnungsrede des Reichskanzlers [vom 23. März], der mit Nachdruck für die Rechte der Kirche im neuen Staat eintrat. Sie erließen [am 28. März] eine neue Kundgebung, in der es heißt:

»Die Oberhirten der Diözesen Deutschlands haben aus triftigen Gründen, die wiederholt dargelegt sind, in ihrer pflichtmäßigen Sorge für Reinerhaltung des katholischen Glaubens und für den Schutz der unantastbaren Aufgaben und Rechte der katholischen Kirche in den letzten Jahren gegenüber der nationalsozialistischen Bewegung eine ablehnende Haltung durch Verbote und Warnungen eingenommen, die so lange und die so weit in Geltung bleiben sollten, wie diese Gründe fortbestehen. Es ist nunmehr anzuerkennen, daß von dem höchsten Vertreter der Reichsregierung, der zugleich autoritärer Führer jener Bewegung ist, öffentlich und feierlich Erklärungen gegeben sind, durch die der Unverletzlichkeit der katholischen Glaubenslehre und den unveränderlichen Aufgaben und Rechten der Kirche Rechnung getragen werden, sowie die vollinhaltliche Geltung der von den einzelnen deutschen Ländern mit der Kirche abgeschlossenen Staatsverträge durch die Reichsregierung ausdrücklich zugesichert wird. Ohne die in unseren früheren Maßnahmen liegende Verurteilung bestimmter religiös-sittlicher Irrtümer aufzuheben, glaubt daher der Episkopat, das Vertrauen hegen zu können, daß die vorgezeichneten *allgemeinen Verbote und Warnungen nicht mehr als notwendig* betrachtet zu werden brauchen.« Einen »ehrenvollen« Rückzug wird man es nicht nennen können. Was Hitler im Reichstag sagte, hatte er schon vorher gesagt (schon in seinem Buch ›Mein Kampf‹), hatte ausführlichst Dr. Buttmann in München gesagt, hatten die Nationalsozialisten in mancherlei Wahlreden, sowie in der Presse verkündigt. Immer wollten die Bischöfe nicht hören; und jetzt hören sie, mit dem »Reichskanzler« wollen sie nicht in Fehde leben. Sie reichen den Verfemten die Hand, wenn auch kühl, nur mit den Fingerspitzen, und auch das nicht ohne die kleinlich wirkende Bemerkung, sie hätten mit ihrem früheren Schritt doch recht gehabt.

172. *»So selbstverständlich die einheitliche Abwehr des deutschen Volkes gegen nochmalige Verfemung ist, so fragwürdig ein Verfahren, das Unschuldige trifft«*
Aus einem Kommentar ›Der 1. April‹ der Zeitschrift ›Die Hilfe‹ vom 8. April

Der 1. April als Bismarcks Geburtstag, in diesem Jahr von Geschichte umwogt, ist für manche Zeitungen, auch für manche Redner, Anlaß zu historischen Würdigungen geworden. Der 1. April war auch der Tag, an dem der nationalsozialistische Parteiboykott gegen jüdische Kaufläden, Ärzte, Juristen durchgeführt wurde. Die Leitartikler und Gedenkredner sind, soweit wir sehen, der Möglichkeit ausgewichen, zwischen den beiden Themen eine Beziehung herzustellen. Manche wäre ganz zwanglos gewesen. Etwa die: als mit der Schaffung des Reichsgerichts die erste geistige und organisatorische Reichsgründungsperiode ihren Abschluß und ihre Krönung fand, bestellte Bismarck zu dem ersten höchsten deutschen Richter den Juden Eduard Simson, wohl weil er wußte, in ihm einen würdigen Wahrer deutscher Rechtsentwicklung zu besitzen. Daß von solchem geschichtlichen Tatbestand in diesen Tagen nicht ein schlichtes Wort gesprochen wurde, ist fast auffallend – was an Vereinfachungen für den Tagesbedarf mußte sich die so großartige als komplizierte Gestalt des ersten Kanzlers gefallen lassen. Aber davon ist nicht weiter zu reden. Doch von dem andern, was dieser 1. April brachte, ein paar Worte. Als nach dem 5. und 12. März einige Ausschreitungen erfolgten, die bei dem Zustand der deutschen Presse dann in das dumpfe Revier der Gerüchte drangen, spürten wir alle: das ist ja wie beim Beginn der Krieges mit den unkontrollierbaren Geschichten. Und es ging dann so weiter, und war auch wieder wie beim Beginn des Krieges: im Ausland wurde aus diesen Gerüchten, die in ihrer Natur ein rasches Wachstum trugen, ein journalistisches und politisches Gewerbe. Und plötzlich stellte es sich als die Judenfrage dar: das »Weltjudentum« habe den moralischen Feldzug und den wirtschaftlichen Vernichtungskrieg gegen Deutschland eröffnet. Nun hat eine Zeitlang die Presse der Welt, nicht gerade die »große«, aber diejenige, die dem »Mann auf der Straße« dient, in »deutschen Greueln« gemacht, sinnlose Erzählungen über deutsche Pogrome mit Massenopfern veröffentlicht, fabriziert z. T. in den ostjüdisch-kommunistischen Zirkeln von London und New York, die an verschärfter Unruhe der Welt ihr

Interesse haben. Primitive, kurzsichtige Wirtschaftsinteressen glaubten, von solcher antideutscher Propaganda profitieren zu können. Die Gefühlslage der Welt wurde verpestet, bis die deutsche Gegenwirkung einsetzte, die denn so kompakt wurde, wie es die »deutsche Propaganda« nach Kriegsbeginn gewesen war. Sie sollte ihre innerdeutsche Stütze finden durch den antijüdischen Boykott der NSDAP. – Das deutsche Judentum in seiner Gesamtheit sollte dafür gestraft werden, daß unter den propagandistischen Gegnern Deutschlands sich auch Juden befanden. Es werden sich die Träger der Aktion, die ja zum Glück mit einer Art von Probemobilmachung sich begnügten, wohl selber kaum darüber Illusionen machen, daß sie dem Ausland nicht ihre Meinung über die Judenfrage aufzwingen könnten [...]. So selbstverständlich die einheitliche Abwehr des deutschen Volkes gegen nochmalige Verfemung ist, so fragwürdig ein Verfahren, das Unschuldige trifft, indem es an die Schuldhaften nicht herankann. Wir wollen jetzt gar nicht von der wirtschaftlichen Seite sprechen, [...] sondern einfach von der menschlichen, von der Verfemung, von der seelischen und beruflichen Schädigung einer Menschengruppe, die in ihrem Massendurchschnitt deutsches Schicksal durchschnittlich mit trug und litt, ihre Söhne im Krieg verlor, Kriegskrüppel hat. Es ist anzunehmen, daß die christlichen Kirchen empfunden haben, daß es sich in dieser Auseinandersetzung nicht bloß um das Schicksal der Juden in Deutschland handelt, sondern um die Erhaltung der Werte, die ihnen anvertraut sind. Die Kirchen sehen sich plötzlich vor eine seelische und politische Aufgabe gestellt, die tief in die Tiefe christlicher Ethik greift und nicht opportunistisch bagatellisiert werden kann.

173. »Verbreitet keine Gerüchte!«
Ein Aufruf im ›Hannoverschen Anzeiger‹ vom 8. April

Bewegte Zeiten sind ein Nährboden für wilde Gerüchte, die, mögen sie noch so unsinnig sein, dennoch verbreitet, und auch geglaubt werden. Leute, die derartige Märchengebilde verbreiten, seien darauf hingewiesen, daß eine Verbreitung von unkontrollierbaren Gerüchten nach der Verordnung vom 21. März mit schwerer Strafe bedroht ist. Ist durch die Tat ein schwerer Schaden für das Reich oder ein Land entstanden, so kann auf *Zuchthausstrafe* erkannt werden. Wer die Tat fahrlässig begeht, wird mit *Gefängnis bis zu drei Monaten* oder mit Geldstrafe bestraft.

Es kann also nur dringend vor der Verbreitung wilder Gerüchte gewarnt werden, um so mehr, da derartige Vergehen zur Zuständigkeit der Sondergerichte gehören, die weder auf Bewährungsfrist, noch auf Strafaussetzung erkennen können.

174. Eingabe (Entwurf) des Senats der Universität Heidelberg zugunsten jüdischer Universitätslehrer an den kommissarischen badischen Minister des Kultus und Unterrichts vom 10. April

Die Universität ist von dem [gegen jüdische Beamte und Angestelle gerichteten] Beurlaubungserlaß [vom 6. April] schwer betroffen. Die Universitätslehrer sind auf Vorschlag der zuständigen Universitätsbehörden berufen und – vielfach unkündbar – angestellt worden. Manche haben sich als Lehrer und Direktoren, als Forscher und als Darsteller hohe Verdienste um die Universität erworben, manche haben ehrenvolle Berufungen nach auswärts ausgeschlagen. Daher widerstreitet eine zwangsläufige Beurlaubung von Kollegen, für deren Anstellung die Universität selbst die Mitverantwortung trägt, unserem Rechtsempfinden. Weiterhin muß ausgesprochen werden, daß eine solche Beurlaubung der Universität unabsehbaren Schaden zufügen würde. Unter den vom Gesetz irgendwie betroffenen Dozenten sind hervorragende Forscher und Lehrer, die sich nicht ersetzen lassen, ohne daß die Lehraufgaben der Universität, die sie im Dienste von Staat und Volk zu erfüllen hat, und die Pflege der Wissenschaft aufs schlimmste beeinträchtigt werden. Schließlich stellt die Ausführung des Gesetzes die Universitätsbehörde vor Aufgaben, zu deren Lösung ihr sowohl das Material wie die Eignung fehlt.

Wir bitten den Herrn kommissarischen Unterrichtsminister, diesen Erwägungen Rechnung tragen zu wollen und die Universität vor einer Schädigung zu schützen, die die kommende Zeit ebenso der verantwortlichen Universitätsbehörde wie der Regierung zur Last legen würde.

175. Einige Folgen der nationalsozialistischen Judenpolitik sind »am Ende kein Unglück«
Aus dem Tagebuch Thomas Manns (Lugano) vom 10. April

Im ›Völk. Beobachter‹ Vorschlag eines Arztes, die Juden zu sterilisieren. Munteres Regierungsblatt.

Die Frankf. Zeitung bekämpft zwar nicht ohne Mut den dogmatischen Rassenkampf (einen Mut, der sich immer nur, wie auch anderwärts, auf diesen einen Punkt konzentriert), feiert dann aber die radikale Reichscentralisierung, die wenig Respekt vor geschichtlicher Tradition und »Stammeseigenart« bekundet, als große historische Tat. Der tausendjährigen Zersplitterung der Deutschen sei mit einem Schlage ein Ende gemacht. [...] Bisher galt die Entpolitisierung u. Entmachtung der Länder für undeutsch und marxistisch-gemütlos. Eine Ansprache des Reichsinnenministers [sic] Goering an Arbeiter schlägt in die gleiche wacker marxistische Kerbe. Welche Komik! Aber geht dennoch Bedeutendes und Groß-Revolutionäres vor in Deutschland? Die Juden ... Daß die übermütige und vergiftende Nietzsche-Vermauschelung Kerr's ausgeschlossen ist, ist am Ende kein Unglück; auch die Entjudung der Justiz am Ende nicht. – Geheime, bewegte, angestrengte Gedanken. Widrig-Feindseliges, Niedriges, Undeutsches im höheren Sinn bleibt auf jeden Fall bestehen. Aber ich fange an zu argwöhnen, daß der Prozeß immerhin von dem Range derer sein könnte, die ihre zwei Seiten haben ...

176. »Wer protestiert eigentlich für die zahllosen, zerschlagenen und eingesperrten Arbeiter«?
Aus einem Brief Kurt Tucholskys (Zürich) an Walter Hasenclever vom 11. April

Die Juden haben sich nicht nur gedemütigt, sondern sie haben ... also man kann das mit keinem appetitlichen Bild sagen, was sie getan haben. Und nun kommt die Hauptsache: es nützt ihnen gar nichts. Das ›Berliner Tageblatt‹ ist expropriiert – Lachmann-Mosse hätte also auch in Schönheit zu Grunde gehen können. »Ich bin stolz darauf, daß ich a Jud bin – wenn ich nicht stolz bin, bin ich auch a Jud – da bin ich schon lieber gleich stolz!« – Nichts davon. [...]

Greuel: natürlich laufen viele alte Waschweiber herum und

übertreiben. Insbesondere ist die Sache auf ein falsches Geleis geschoben: wer protestiert eigentlich für die zahllosen, zerschlagenen und eingesperrten Arbeiter, die an die Sache geglaubt haben und die nun dafür büßen, daß sich Rußland um sie einen Dreck kümmert? Kein Mensch. [...] Aus der wiener ›Arbeiter-Zeitung‹ und der prager Presse geht hervor, daß Arbeiter systematisch geprügelt worden sind – es war also alles darauf eingerichtet: Prügelzimmer, Prozedur, zum Schluß schriftliche Erklärung: »Die Behandlung war gut.« Dann haben sie manchem dieser armen Luder noch eine Mark für Verpflegung abgezogen.

177. »Alle Revolutionen tragen die Gefahr in sich, daß sie in geistiger und materieller Zerstörung enden«
Aus einer Rede von Reichsminister Hugenberg vor der Reichstagsfraktion der DNVP am 11. April

Wir wandeln klar auf den Bahnen des Bundes vom 30. Jan. d. J. und haben keinerlei Hintergedanken gegenüber unseren Bundesgenossen, deren Verdienst um das aufzurichtende neue Deutschland wir neidlos anerkennen. Dabei nehmen wir aber selbstverständlich für uns in Anspruch, vollwertige und selbstbewußte Mitkämpfer zu sein. Niemand, der mit uns als Dnat. gekämpft hat, darf angetastet werden. Wir gehören nicht zu der kläglichen Sorte von Bürgertum, das in ernsten und bewegten Zeiten feige den ihm anvertrauten Platz räumt. Wir fühlen uns außerdem durch das Bewußtsein gehoben, daß wir ein notwendiges Glied der Phalanx der Zukunft sind. Alle Revolutionen tragen die Gefahr in sich, daß sie sich überschlagen, daß sie in Radikalismus, Geschichtslosigkeit und damit in geistiger und materieller Zerstörung enden. Wir gehören zu den Mächten, die dafür bürgen, daß das, was man Revolution von 1933 nennt, und was in deutscher Ordnung und Gesetzmäßigkeit unter der Schirmherrschaft des Reichspräs. und GFM. v. Hindenburg eingeleitet ist, wirklich eine deutsche Auferstehung wird. Wo gehobelt wird, fliegen Späne. Aber jeder Mitwirkende, jeder Führer – und zwar um so mehr, je höher er steht und je rückhaltloser er als Führer anerkannt wird – ist vor der Geschichte dafür verantwortlich, daß Ziel und Ergebnis nicht ein Trümmerhaufen, sondern ein neuer Frühling des Volkes ist.

178. Das Ende deutschnationaler und monarchistischer Illusionen in Preußen

Aus einem Bericht des britischen Botschafters in Berlin, Rumbold, an Außenminister Simon vom 12. April

[...] ich habe die Ehre, zu berichten, daß unmittelbar nach dem Gesetz [vom 7. April], das zur Ernennung von Statthaltern in den Ländern ermächtigt und den Reichskanzler zum Statthalter in Preußen macht, die Ernennung von Hauptmann Göring – dem bisherigen kommissarischen Innenminister – zum preußischen Ministerpräsidenten [an der Stelle des kommissarischen Ministerpräsidenten v. Papen] erfolgte. [...] Die Hoffnungen der Deutschnationalen, eine gewisse Kontrolle über Preußen zu behalten, sind jetzt endgültig zerschmettert. Herr v. Bismarck, dessen Ernennung zum Staatssekretär im preußischen Innenministerium vor wenigen Wochen die Deutschnationalen lebhaft begrüßten, ist entlassen worden, weil er die Versicherung des Kanzlers, die monarchische Frage sei nicht aktuell, bestritten hatte. [...] Mit dem Abtreten von Herrn v. Papen gerät Preußen endgültig unter die Kontrolle der Nazis, und die Freunde des Reichspräsidenten werden künftig auf der Suche nach Vergünstigungen mit dem Hut in der Hand vor Hauptmann Göring oder einen untergeordneten Nationalsozialisten treten müssen.

179. »Der Wille zu verantwortlicher Mitarbeit bedeutet nicht Preisgabe des Charakters«

Aus einem Vortrag des Landesgeschäftsführer der Christlichen Gewerkschaften Westdeutschlands, Jakob Kaiser (MdR Z), vor Vertrauensleuten der Christlichen Gewerkschaften in Köln am 12. April

Reichskanzler Adolf Hitler selbst nennt die durch seine Bewegung bewirkte Umwälzung der Zeit *eine nationale Revolution.* Wir erleben ihre Geschehnisse und Zeichen. Wir erleben die guten, die fruchtbaren, und wir erleben die harten. Es gibt nach dieser Revolution keine Befreiung von der Pflicht *aktiver Mitarbeit am deutschen Volksleben.* [...] Unsere Bewegung, die in ihrem Grundwillen national ist, kann ohne Einschränkung anerkennen, daß es [...] der Nationalsozialismus in seinen wertvollen Kräften war, der dem nationalen Willen wieder im Gesamtvolk den Durchbruch verschaffte. So kann man heute wieder vom *deutschen Wehrwillen* sprechen, ohne als Kriegshetzer verschrien zu werden. Das war nicht immer so. Und daß es nicht immer so war, das rächt sich heute da und dort. [...]

Der Staat von Weimar ist zerbrochen. Eine ruhigere Zeit wird diesem *Staat des guten Willens breiter deutscher Volksschichten* einmal gerecht werden. Wir haben schon auf dem Düsseldorfer Kongreß gesagt, daß er ein Staat ohne inneren nationalen Schwung sei. Diese Tatsache vor allem war seine Schwäche. Dabei ist das traurigste, daß ihn in seinem letzten Kampf Führer, die für seine Gestaltung die größte Verantwortung trugen, sehr wenig tapfer verließen. Das Verlassen einer Gefolgschaft in einem solchen Augenblick ist das moralische Todesurteil für den entweichenden Führer, es ist schwächend für die Gefolgschaft. [...]

Es geht um ein neues Deutschland. Nur kann dieses Deutschland nicht werden, indem man alles verurteilt, was ehedem war. Die Jahre 1914/1918 waren das opfererfüllte Ringen des deutschen Volkes um seine Behauptung. [...] Das Ringen der Kriegszeit war gleichzeitig auf die Herausbildung, auf die Gestaltung einer echten deutschen Volksgemeinschaft gerichtet. Die Jahre 1919 bis 1933 waren ein endloses Ringen um diese Volksgemeinschaft unter den unsagbar schweren Bedingungen, die der verlorene Krieg und der Zusammenbruch unserem Volk auferlegten. [...] Alles, [...] was an Gruppen, Institutionen, an Berufs- und Standesorganisationen *seine Kraft,* seinen deutschen Aufbauwillen bewiesen hat, muß seinen Weg ins neue Deutschland und sein Recht in ihm zu finden wissen. [...] Das gilt vor allem von den Gewerkschaften.

In den Gewerkschaften ist die Elite, ist der beste Kern der Arbeiterschaft zusammengefaßt. [...] Und es muß gesagt werden, *daß auch die Arbeiterschaft der freien Gewerkschaften weithin zu dieser Elite gehört.* Wir sind es unserem ehrlichen Standesbewußtsein schuldig, daß wir das in aller Klarheit aussprechen. Die Menschen der freien Gewerkschaften waren seit langem auf dem Wege *vom alten Marxismus, vom Parteimarxismus* hinweg zum Staat. Und was mehr ist, sie waren auf dem *Wege zur Nation.* [...]

Es ist nicht charakterlos, in einer Zeitenwende bewußt und würdig neues Werden zu prüfen und zu bejahen, da wo es bejahenswert. Es ist auch nicht charakterlos, Fehler einzusehen und sich besserem Erkennen zu erschließen. Es ist auch nicht charakterlos, anzuerkennen, daß, von allem Unerfreulichen, von allem Ungerechten abgesehen, die nationale Revolution beweist, daß sie einen Sinn hat. Ganz abgesehen von dem nationalen Gefühlsinhalt; es war vieles auszuräumen und zu ordnen im Volk. Diese Revolution hat ihren Sinn, wenn sie sich in allem positiv verhält. *Wenn sie das ganze Volk bejaht.* Sie muß noch beweisen, daß sie das will.

Aber es ist charakterlos, die eigene Tradition zu verraten und zu beschmutzen. Es ist charakterlos, eine Gemeinschaft zu verlassen, die ich noch gestern bejaht, nur weil andere die Macht haben. Und auch das muß gesagt werden, es ist charakterlos, sich an der Diffamierung anderer zu beteiligen, nur weil sie schwach sind, oder weil man glaubt, der neuen Macht einen Gefallen zu tun.

180. Zwei Pressemeldungen aus Dachau vom 12. April

Die von der Landespolizei gestellt gewesene Bewachung im hiesigen Konzentrationslager wurde eingezogen bis auf wenige Mann; die Bewachung stellt jetzt die SS. und SA.

Am Mittwoch nachmittag unternahmen vier von den im Konzentrationslager Dachau untergebrachten Kommunisten einen Fluchtversuch. Da sie auf die Haltrufe der Posten nicht hörten, gaben die Posten Schüsse ab, wobei drei Kommunisten getötet und einer schwer verletzt wurden.

181. »Erpresserbriefe zugunsten jüdischer Hochschullehrer« Aus einem Artikel des Zentralorgans der badischen NSDAP ›Der Führer‹ vom 12. April

Zu der Notiz in unserer gestrigen Ausgabe, »›Nationale‹ Assistenten treten für Juden ein«, wird uns heute mitgeteilt, daß es sich hier nicht um einen Fall handelt. Vielmehr treten auch andernorts Privatdozenten und Professoren für jüdische Lehrkräfte ein, indem sie an ihre Fachgenossen Rundschreiben richten mit der Bitte, möglichst umgehend, denn Eile sei dringend notwendig, eine Erklärung zu übersenden, die für den Juden eintritt mit der Begründung, daß es im Interesse der Wissenschaft notwendig sei, den betreffenden Professor in Deutschland zu behalten. [...]

Die Briefschreiber weisen dann noch darauf hin, daß gerade von »nationalen Kreisen« schon Schritte unternommen seien, um das Kultusministerium auf die »wissenschaftliche Bedeutung« des Juden aufmerksam zu machen. Man hofft, damit bei den Empfängern dieser Erpresserbriefe den Anschein zu erwekken, als ob der jüdische Professor in Anbetracht seines Rufes usw. bleiben dürfe und daher nach wie vor bei Berufungen von maßgebendem Ausschlag sein würde. Die ganze Aktion entpuppt sich damit als plumpes Entlastungsmanöver interessierter jüdischer Kreise, die auf die Feigheit und Furcht ihrer Berufskollegen spekulieren.

182. Gegen »Mangel an Mut« vor dem neuen Regime
Aus einem Schreiben des Stellvertretenden Vorsitzenden des Reichsverbandes der Deutschen Industrie, Georg Müller-Oerlinghausen, an den Geschäftsführer des RDI vom 13. April

Bei der Kopflosigkeit rings im Lande muß jede Unsicherheit über die Haltung des Rv. von sehr übler Wirkung sein. Es sind schon viel zu viel Positionen aufgegeben, ohne daß es nötig gewesen wäre, und ihre früheren Inhaber, soweit sie der herrschenden Partei dabei nachlaufen, müssen noch dazu die ganze Lauge des Spottes über sich ergehen lassen. Für Mangel an Mut haben gerade die maßgebenden Leute des neuen Regimes am wenigsten Verständnis ...

Solange der Weg ... noch so unklar ist wie heute, solange wir noch keine Ahnung davon haben, ob die individualistischen ... oder die rein staatssozialistischen [Kräfte] wirtschaftlich die Linie bestimmen werden, solange dürfen und können wir nicht optieren, wenn wir nur einen Funken Achtung vor uns selbst behalten wollen.

Bis dahin dürfen wir unseren Mitgliedern draußen auch keinen Umbau und keine Gleichschaltung vortäuschen lassen ... auch den staatlichen Stellen nicht. Gerade ihnen sind wir eine klare – aber loyale – Haltung schuldig. Politische Opposition für einen Wirtschaftsverband wäre heller Wahnsinn – verwaschenes Nachlaufen hinter irgendwelchen wirtschaftlichen Utopien aber Selbstmord, auch wenn es die Utopien der herrschenden Partei sein sollten.

Wir sind dazu da, das Recht der freien Meinung zu bewahren

und die staatlichen Gewalten von ihrer Notwendigkeit zu überzeugen. Dazu ist erstes Gebot: Klarheit in allen Dingen. Dazu gehört z. B. die Judenfrage. Der Rv. kann und darf niemals eines Einverständnisses mit der unerhörten Disqualifikation und Bedrückung des deutschen Judentums geziehen werden, wenn er noch ein moralisches »standing« beanspruchen will. Sollte wegen einer solchen Haltung wirklich einmal der Reichsverband vorübergehend oder längere Zeit nicht die Möglichkeit haben, sich bei den maßgebenden politischen Führern Gehör zu verschaffen, nun, dann müssen wir dies Schicksal tragen in der Überzeugung, das Beste gewollt zu haben ...

183. *Unpopularität des Judenboykotts, Gründe für die mangelnde Sympathie gegenüber den Juden*
Aus einem Bericht des britischen Botschafters in Berlin, Rumbold, an Außenminister Simon vom 13. April

Ich habe die Ehre zu berichten, daß, soweit ich es beurteilen kann, der Judenboykott am 1. April im ganzen Land nicht populär gewesen ist. Andererseits hat kein nennenswerter Stimmungsumschwung zugunsten der Juden stattgefunden. Und während die Regierung die Verwirklichung ihrer antijüdischen Politik fortsetzt, mißhandelt und verfolgt die Nationalsozialistische Partei auch weiterhin einzelne Juden. Die Apathie oder der Mangel an Sympathie in der Öffentlichkeit ist nur verständlich, wenn der Hintergrund, speziell der weitere historische Hintergrund mitberücksichtigt wird und wenn die Entwicklungen seit dem Krieg nicht außer Betracht bleiben. [...]

4. Es war vielleicht ein unglücklicher Umstand, daß Präsident Wilsons »Vierzehn Punkte« und die Waffenstillstands-Verhandlungen der deutschen Öffentlichkeit die Auffassung vermittelten, daß der Sturz der Hohenzollern-Monarchie und die Gründung einer demokratischen Regierung dem Wunsch der alliierten Regierungen entspreche. In der Hoffnung auf mildere Bedingungen wurden die Linksparteien von der großen Mehrheit der deutschen Öffentlichkeit ermutigt, eine Republik zu gründen und eine Verfassung anzunehmen, die zu weit in die Richtung eines exzessiven Liberalismus ging. Entwicklungen in den folgenden vierzehn Jahren überzeugten die Wählerschaft, daß der Wechsel zur Demokratie die siegreichen Mächte nicht veranlaßt hatte, ihre Haltung wesentlich zu ändern. Im Gegen-

teil: Es scheint, daß die Erfüllungspolitik, die Juden wie Dr. Rathenau einleiteten, die Alliierten lediglich ermutigte, auf der Erfüllung unmöglicher finanzieller Bedingungen zu bestehen. Der langsame Fortgang der Locarno-Politik und in ihrem Rahmen das Ausbleiben einer sofortigen Räumung des Rheinlands und der Behebung anderer dringlicher Beschwerdepunkte schlugen auf die Linksparteien und vor allem auf die jüdische Presse zurück, die diese Politik leidenschaftlich unterstützt hatte. Nach der Auffassung der jüngeren Generation war die Annahme des Young-Planes 1930 eine unverzeihliche Sünde. Politisch erwies sie sich als ein Fehler, von dem sich die Linksparteien und ihre jüdische Presse niemals wieder erholten.

5. Im Triumph über ihre neu errungene Freiheit öffneten die Linksparteien nach dem Krieg jüdischen Einwanderern aus der Ukraine, Galizien und Polen ihre Grenzen. Ein höchst unerwünschter Typ von Juden gelangte in die größeren Städte, und mit der bemerkenswerten Anpassungsfähigkeit ihrer Rasse fanden sie einen Weg in die Stadtverwaltungen und selbst die Provinzialverwaltungen. In den Jahren 1920–1925 kamen in der Berliner Stadtverwaltung alle Arten unehrenhafter Geschäfte ans Tageslicht [. . .]. Die Anhänger Hitlers und die Deutschnationalen haben künftig die Fälle Sklarek und Barmat – um nur die zwei bekanntesten zu erwähnen – den Wählern als klassische Beispiele der Korruption vorgehalten, die die Juden mit der Duldung käuflicher Linkspolitiker eingeführt und praktiziert hätten.

6. Der bemerkenswerte Erfolg des jüdischen Elements nach dem Krieg in allen intellektuellen Bereichen in Deutschland weckte Eifersucht und Feindseligkeit. Solange jedoch Stellungen in anderen Berufen zu erlangen waren, gab es keinen ernsthaften öffentlichen Protest. Die juristischen und medizinischen Berufe wurden von den Juden überschwemmt, und die intellektuelle Überlegenheit der jüdischen Studenten und Schüler wurde eindeutig. [. . .] Es kann nicht geleugnet werden, daß übertriebene Auffassungen von der Freiheit des Theaters und des Films nach dem Krieg eine gewisse Zügellosigkeit hervorbrachten und daß diese Zügellosigkeit auf jüdischen Einfluß zurückgeführt werden konnte, speziell auf den Einfluß der Nachkriegseinwanderer, die oben erwähnt wurden.

7. Es ist nicht nötig, ausführlich auf die finanziellen Erfolge der Juden in Deutschland nach dem Krieg einzugehen. Alle Banken [. . .] fielen im Zuge der Inflation und Deflation in im-

mer stärkerem Maß in ihre Hand. Der deutsch-jüdische Bankier schien sich allgemein an der finanziellen Not des Landes zu mästen. [...]

8. Die öffentliche Meinung in diesem Land setzt sich langsam in Bewegung, und es ist unwahrscheinlich, daß irgendeine der erwähnten Ursachen zu einem Ausbruch der Gefühle des Volkes geführt hätte, wäre Hitler nicht auf der Bühne erschienen. [...]

10. Es ist möglich, daß Hitler ohne die Wirtschaftskrise und die daraus resultierende Welle der Arbeitslosigkeit seine Doktrin vergeblich gepredigt hätte. 1930 und in den folgenden Jahren wurde der Boden empfänglicher für antijüdische Propaganda. Es war leicht, Arbeiter, und noch leichter, Studenten zu überzeugen, daß sie ihres Lebensunterhalts von ausländischen Parasiten beraubt wurden. [...]

13. Hitler verficht in seinem Buch und seinen Reden viel drastischere Methoden als das Parteiprogramm der Nazis. Er wollte die Juden ihres Stimmrechts berauben, des Rechts, eigenen Grund und Boden zu besitzen oder Hypotheken zu vergeben. Außerdem wollte er sie einer Sondersteuer unterwerfen und sie von einer langen Reihe von Berufen ausschließen. Ehen zwischen Juden und Christen sollten untersagt und jede Anstrengung unternommen werden, um die deutsche Rasse in ihrer ursprünglichen Reinheit wiederherzustellen. Der Erlaß weiterer Diskriminierungen muß daher erwartet werden, denn es ist sicher Hitlers Absicht, die Juden zu deklassieren und sie letzten Endes, wenn möglich, aus Deutschland zu vertreiben. [...]

14. Die gegenwärtige Kampagne der Gewalt hat zwar an Intensität nachgelassen, es zeigen sich aber noch keine Anhaltspunkte für ihr Ende. Zeitungen von heute vormittag berichten von der Ermordung eines führenden jüdischen Rechtsanwalts in Chemnitz, Dr. Weiner. Der offizielle Bericht unternimmt den üblichen Versuch, das Verbrechen Personen in die Schuhe zu schieben, die als Mitglieder der »nationalen Bewegung« verkleidet waren. Auf die gleiche Weise berichten die Zeitungen weiterhin über den Tod von Kommunisten, die von der Polizei »auf der Flucht erschossen« wurden. Der Sohn von Reichspräsident Ebert wurde vor einigen Tagen in Magdeburg mißhandelt, und Dr. Bell, ein bekannter Politiker, wurde unter Umständen ermordet, die keinen Zweifel daran lassen, daß die Täter Nationalsozialisten waren.

15. Einer der unmenschlichsten Aspekte der derzeitigen

Kampagne ist die Inhaftierung ohne Gerichtsurteil von Tausenden von Menschen, die auf Grund ihrer politischen Vergangenheit dem neuen Regime verhaßt sind. Die großangelegte Einrichtung von Konzentrationslagern für Politiker und Pazifisten ist eine Neuerung in zivilisierten Ländern. [...]

18. Wenn ich Nachdruck auf die Unpopularität der Juden und die Gründe für diese Unpopularität in diesem Land legte, so geschah dies, um bis zu einem gewissen Grad den gegenwärtigen Ausbruch an Gewalttätigkeit zu erklären. Es geschah nicht, um in irgendeiner Weise die begangenen Gewalttaten aufrechnen zu können. Die Sünden einer relativ begrenzten Zahl von Personen, meistens Einwanderern, sind am fleißigen und wertvollen Teil der jüdischen Bevölkerung vergolten worden.

184. »Verheerender Druck« in den Berufsverbänden
Aus einem Schreiben des DVP-Landesvorstandes Braunschweig vom 13. April über die Ursachen des Mitgliederschwundes

Es kommt der Druck hinzu, der in den wirtschaftlichen Verbänden heute ausgeübt wird infolge der »Gleichschaltung«. Wenn heute die NSDAP eine Beamtenversammlung gehabt hat, kommen am anderen Tage die Austrittserklärungen aus der Beamtenschaft. Bei dem Drucke, der vorhanden ist, kann man den Menschen keinen Vorwurf machen. Erst kommt die Existenz für sich und die Familie. Hat der Kampfbund für den Mittelstand getagt und ist die Handwerkskammer oder sind die Innungen ›gleichgeschaltet‹, dann regnet es Austritte aus dem Handwerk und Mittelstand ... 80% der eingehenden Post sind Austrittserklärungen. Der Druck ist eben verheerend in den Berufsverbänden.

185. »›Was haben die Damen in den Ministerien verloren?‹«
Aus einem Brief Gertrud Bäumers (Berlin-Lichterfelde) an Emmy Beckmann vom 13. April

[...] ja, das war wohl vorauszusehen, aber es ist dann doch ein peinliches Gefühl, wenn man den Brief in der Hand hat. Mir hat auch das Amt als Amt, die Dauer und Sachlichkeit der Arbeit, Freude gemacht. [...] Daß sich die ganzen Entlassungen in unserer Reihe der höheren Beamtinnen gegen die Frauen als solche richten, ist mir gestern bei uns im Ministerium noch einmal bestätigt worden, Frick hat gegenüber den Ambitionen anderer Frauen in bezug auf meinen Posten mit schöner Offenheit gesagt: »Was haben die Damen in den Ministerien verloren?« Dabei müssen sie zu meiner Genugtuung für meine Arbeit zwei Männer einberufen, einmal, weil keiner alle die Gebiete beherrscht, und dann, weil sie auch keiner arbeitsmäßig bewältigt.

Über den ADLV denke ich sehr viel nach. [...] Die nationalsozialistischen Frauen werden, wenn sie wirklich Frauenbewegung sind, und das werden die Lehrerinnen beinahe notgedrungen sein, selbst genug zu kämpfen bekommen. [...] Ich glaube nicht, daß der ADLV als »Wesen« begraben wird, und komme mehr und mehr zu der Überzeugung, daß man ihn geschlossen auf den neuen Boden stellen soll, mit bestimmten Bedingungen. Geschieht das, so müßte es doch mit dem Teufel zugehen, wenn sein Geist nicht dies Unkrautfeld zu beackern imstande wäre. [...]

Gestern war Dr. Blochmann bei mir, der die Entlassung ohne jede Pension bevorsteht, weil ihre Mutter Jüdin ist – sie ist erst seit drei Jahren im öffentlichen Dienst, hat also keinen Anspruch. Bei einem solchen Fall wird einem die Ungeheuerlichkeit der Bestimmungen ja deutlich.

Wir sollten übrigens irgend etwas rasch tun, um dem Kriegshilfedienst der Frauen doch irgendeine Berücksichtigung zu sichern, sofern er voll- und ehrenamtlich gemacht worden ist. [...]

186. *In der Judenfrage »haben die verständigsten Leute ihren Kopf und ihre Bibel gänzlich verloren«*

Aus einem Brief Dietrich Bonhoeffers (Berlin) an Erwin Sutz vom 14. April

Seit ich das letzte Mal schrieb, hat sich hier ja vieles verändert und wir stehen wohl noch mitten in den Umwandlungen drin. Wo es hinaus will, ist noch nicht recht zu übersehen. Am unmittelbarsten sind wir ja in Kirche und Universität betroffen. Daß Karl Barths Stellung nicht mehr sicher ist, werden Sie wissen. Ich werde meinerseits alles tun, um hier einen verhängnisvollen und nicht wieder gut zu machenden Fehlgriff zu verhüten, und ich bin schon dabei. Eine große Neuorganisation der

Kirchen steht bevor, die wie's jetzt aussieht, nicht zum Schaden sein wird. Die Deutschchristen werden sich hoffentlich bei dieser Gelegenheit von selber von den beiden konfessionellen Kirchen zurückziehen – so furchtbar das andrerseits ist – und so werden wir hominum confusione et dei providentia noch einmal die Kirche hinüberretten.

Auch die Judenfrage macht der Kirche sehr zu schaffen und hier haben die verständigsten Leute ihren Kopf und ihre Bibel gänzlich verloren. [...] Daß ich heute nicht mehr über die hiesigen Verhältnisse schreibe, liegt daran, daß, wie Sie wissen, das Briefgeheimnis zur Zeit nicht gilt.

187. *»... habe meine Bereitwilligkeit hinzugefügt, in die neue große Volksbewegung einzutreten«*
Aus einem Brief des Ehrenvorsitzenden der DVP Braunschweig, Hermann Schmidt, von Mitte April

... habe aber gestern in persönlicher Aussprache meine Bereitwilligkeit hinzugefügt, in die neue große Volksbewegung einzutreten, um in der Leitung des Großhandels, der es an geschulten Kräften für die Umbildung des Großhandels zum ständischen Aufbau fehlt, mitzuarbeiten ... Ich bin stolz darauf, beinahe ein halbes Jahrhundert Nationalliberaler gewesen zu sein. Die Partei hat sich nach besten Kräften bemüht, ihre geschichtliche Aufgabe zu erfüllen, und sie ist jetzt erfüllt!

188. *Die Kirchen, der nationalsozialistische Antisemitismus und das Ausland*
Aus einem Brief Wilhelm Freiherrn von Pechmanns an Propst Per Pehrson (Göteborg) vom 15. April

Seit Wochen bin ich nicht müde geworden, darauf zu dringen, daß unsere evangelische Kirche und auch die katholische sich zunächst ihrer eigenen Mitglieder jüdischer Abstammung nachdrücklich annehmen, daß sie aber auch gegen alles ihre Stimme erheben, was von Maßnahmen gegen unsere jüdischen Volksgenossen vor dem christlichen Gewissen, dem Rechte und der nationalen Ehre nicht bestehen kann. Die Schwierigkeiten sind nicht gering, werden aber, wie ich hoffe, zu überwinden sein und sind ja auch von katholischen Kirchenfürsten im Westen und Osten in glücklicher Form schon überwunden worden. Im Ausland aber sollte man um vieles ernster, als es leider geschieht, sich vergegenwärtigen, daß die Dinge, die uns selbst so wenig gefallen wie unseren Freunden und Feinden im Ausland, im Grunde auf nichts anderes zurückgehen als auf das Verbrechen des Weltkrieges gegen das friedfertige Deutsche Reich und Volk und auf das wenn möglich noch schwerere Verbrechen der Novemberrevolution auf der einen Seite (zu welcher als zu seinem eigensten Werke Lord Northcliffe von Lloyd George seinerzeit öffentlich beglückwünscht wurde) und des sogenannten Friedens von Versailles auf der anderen.

Am allerwenigsten haben die Urheber und Nutznießer des Weltkrieges und haben die Amerikaner, die unseren verzweifelten Widerstand gebrochen haben, Grund und Recht, Steine auf uns zu werfen, wenn die Reaktion auf all die unerträglichen Erfahrungen von mehr als 18 fürchterlichen Jahren nicht in den strengen Grenzen des Ebenmäßigen bleibt.

189. »Der Sonderkommissar beim Bezirksamt Dachau teilt uns folgendes mit«
Aus dem ›Dachauer Volksblatt‹ vom 15. April

Am Freitag Morgen war in Dachau ein handschriftlich angefertigtes Plakat folgenden Wortlauts angeschlagen:

Scheußliche Zustände im Konzentrationslager Dachau.
Von Nationalsozialisten ermordet.

Wie von zuverlässiger Seite erfahren wurde, sind im Laufe des Mittwochs 3 inhaftierte kommunistische Arbeiter im Konzentrationslager Dachau von nationalsozialistischer Hilfspolizei erschossen worden. Einer wurde schwer verletzt und liegt hoffnungslos darnieder. Unschuldig, ohne das geringste Vergehen wurden sie in dieses Lager mit Gewalt gebracht und dann von nationalsozialistischen Mordbrennern niedergeschossen. Notgedrungen in ihrer gedrängten Lage sahen sie sich keinen anderen Ausweg mehr, diesen Terror- und Unterdrückungsmaßnahmen zu entkommen. Dabei wurden sie bei dem Versuche, die Freiheit zu erlangen, meuchlings erschossen. Sie, die nur für das Eine, für Arbeit und Brot, für die Befreiung der Arbeiterklasse kämpften. Wir werden unseren 3 Toten stets und immer gedenken und sie bleiben trotz aller Verfolgungen und Verbotsdiktatur das große Beispiel der Unermüdlichkeit im Kampfe gegen kapitalistische Ausbeutung und faschistische Unterdrückung.

Verantwortlich *Hans Geiger*, München,
Vorsitzender des Gefangenen-Ausschusses.

Soweit der Wortlaut dieses Ergusses.

Es muß angenommen werden, daß es auch heute noch in Dachau Arbeiter gibt, die glauben, mit derartigen kommunistischen Ergüssen einen Eindruck auf die ehrliche anständige Arbeiterschaft machen zu können. Sie sollten eigentlich längst erkannt haben, daß die Wahrheit und das Recht nicht bei den Kommunisten, sondern bei der NSDAP. gewesen ist. Aber das zu erkennen kommt für solche natürlich nicht in Frage, die überhaupt gegen jede staatliche Ordnung sind. Für solche Menschen sind keine Mittel scharf genug, um sie zur Raison zu bringen. Es hat keiner der Gefangenen nötig auszubrechen, nachdem sie anständig untergebracht sind und ausreichend und gute Verpflegung haben, bessere, wie vielleicht derjenige, der diesen Mist verzapft hat. Wer heute noch die Arbeiterverräter und Juden – und um solche handelt es sich bei den Erschossenen – als »Arbeiter« bezeichnet, hat sich damit selbst gerichtet.

Der vernünftige Arbeiter weiß heute endlich, was er von uns zu halten hat.

‹Um zu beweisen, daß wir nichts zu verheimlichen haben, wird das Plakat im Original am Marktplatz (Hörhammer-Stadel) am heutigen Samstag der Öffentlichkeit unter dem Schutze der SA. zugänglich gemacht. Die Macher dieses Pamphlets wollen in Zukunft uns ähnliche Sachen zum »Niedrigerhängen« ruhig einreichen, damit sie der Mühe des Plakatierens und der Angst, dabei vielleicht erwischt zu werden und die Belegschaft des Konzentrationslagers zu verstärken, enthoben sind.›

190. »Gefangenenüberführung« ins Konzentrationslager Dachau
Zeitungsmeldung aus Dachau vom 15. April

Am Dienstag brachten große Autos der Schupo, von Nürnberg kommend, eine beträchtliche Anzahl von politisch Inhaftierten in das Konzentrationslager Dachau. Die großen, geschlossenen Wägen erregten allgemeine Aufmerksamkeit.

191. »Wir begrüßen es, daß die Reichsregierung« den 1. Mai »zum deutschen Volksfeiertag erklärt hat«
Aufruf des Bundesvorstandes des ADGB vom 15. April

Im Zeichen des 1. Mai habt ihr alljährlich euch zu der großen Aufgabe bekannt, in der deutschen Arbeiterschaft den hohen Gedanken der gegenseitigen Hilfe durch Erziehung zu Standesbewußtsein, Gemeinschaftswillen und Kameradschaftsgeist unermüdlich zu wecken, zu pflegen und zu fördern, wie er in unseren Gewerkschaften seinen organisatorischen Ausdruck gefunden hat.

Am Tage des 1. Mai erglühte stets erneut das Bekenntnis der von leidenschaftlichem Kulturwillen beseelten deutschen Arbeiter, den werktätigen Menschen einem dumpfen Arbeitsdasein zu entreißen und ihn als freie, selbstbewußte Persönlichkeit in die Gemeinschaft des Volkes einzuordnen.

So habt ihr im Zeichen des 1. Mai auch den gesetzlichen Achtstundentag, das Recht auf menschenwürdige Existenz erobert.

Wir begrüßen es, daß die Reichsregierung diesen unseren Tag zum gesetzlichen Feiertag der nationalen Arbeit, zum deutschen Volksfeiertag erklärt hat.

An diesem Tage soll nach der amtlichen Ankündigung der deutsche Arbeiter im Mittelpunkt der Feier stehen.

Der deutsche Arbeiter soll am 1. Mai standesbewußt demonstrieren, soll ein vollberechtigtes Mitglied der deutschen Volksgemeinschaft werden. Das deutsche Volk soll an diesem Tage seine unbedingte Solidarität mit der Arbeiterschaft bekunden.

Kollegen und Kolleginnen in Stadt und Land! Ihr seid die Pioniere des Maigedankens. Denkt immer daran und seid stolz darauf. [. . .]

192. ». . . auch von amtlichen Stellen wird mir dringend davon abgeraten, schon jetzt nach Köln zurückzukehren«
Ein Brief des abgesetzten Kölner Oberbürgermeisters und bisherigen Präsidenten des preußischen Staatsrats Konrad Adenauer an Abt Ildefons Herwegen (Maria Laach) vom 17. April

Heute komme ich mit einer großen Bitte zu Dir. Von den verschiedensten Seiten, auch von amtlichen Stellen, wird mir dringend davon abgeraten, schon jetzt nach Köln zurückzukehren, ich sei dort vor Insulten nicht sicher. Andererseits muß ich die Wohnung des Staatsratspräsidenten, in der ich mich seit dem 13. 3. aufhielt, spätestens am 26. für meinen Nachfolger räumen. Würdest Du mir nun für 1–2 Monate Aufenthalt in Deinem Kloster gewähren können? Ich hätte dort die Stille, insbesondere auch die geistige Atmosphäre, deren ich zu meiner körperlichen und seelischen Erholung dringend bedarf. Ich habe keine besonderen Bedürfnisse, nur den einen Wunsch nach Stille und Ruhe. Darum möchte ich auch gerne die Mahlzeiten auf meinem Zimmer einnehmen. In einem Hotel würde ich nicht die nötige Ruhe und Zurückgezogenheit finden. Selbstverständlich würde ich Wert darauf legen, Euch keine Kosten zu verursachen und ebenso selbstverständlich, daß ich Dir nicht irgendwie zur Last fallen würde. Ich wäre Dir wirklich von Herzen dankbar, wenn ich kommen könnte und Du würdest ein gutes Werk an mir tun.

193. »Die Kirche, und kein Organ der nationalen Revolution«
Aus einem Brief von Pfarrer Wilhelm Menn an Generalsuperintendent Otto Dibelius vom 18. April

Sie haben in den vergangenen Wochen auf mannigfache Weise das dankbare Vertrauen vieler evangelischer Menschen dadurch gewonnen, daß Sie auszusprechen wagten, was wir von anderen führenden Stellen unserer Kirche vergeblich erwarteten [. . .]

Natürlich kann niemand daran zweifeln, daß ein überwältigend großer Teil unseres Kirchenvolkes, aus welchen Motiven auch immer, die Revolution als ›den Aufbruch der tiefsten Kräfte unserer Nation zu vaterländischem Bewußtsein, echter Volksgemeinschaft und religiöser Erneuerung‹ erlebt und mit Freuden begrüßt. Aber auch der evangelische Oberkirchenrat wird nicht völlig im Ungewissen darüber sein, daß ein wiederum sehr großer Teil unseres evangelischen Kirchenvolkes dieses Erlebnis nicht, zum mindesten noch nicht zu teilen vermag. Warum glaubt er, diesen Mitchristen zu allem, was sie jetzt innerlich belastet, durch seine Kundgebung neue Lasten auflegen zu dürfen? [...] Warum zwingt er uns, die Haltung z. B. der römischen Bischöfe des Oberrheins als wahrhaft kirchlich zu empfinden, weil sie offen von den Härten und Ungerechtigkeiten reden, die jetzt im Namen des »neuen« Deutschland geschehen, während wir bei denen, die für unsere Kirche sprechen dürfen, das Gefühl haben, daß sie nicht einmal die leisen Einschränkungen ihres Ja zur Revolution laut werden zu lassen wagen, die wahrlich nicht erst der Christ hier unter allen Umständen zu machen hat? Es ist genug, wenn von tausenden von evangelischen Kanzeln die Osterverkündigung mit dem Ja zu dem »Ostern« unseres Volkes begonnen wird. Wir wollen diesen Ton nicht auch da noch hören, wo die Führung der Kirche redet [...] Wenn die Kirche nicht den Mut aufbringt, das ihr obliegende Wort der Kritik zu sagen, ... dann soll sie wenigstens aus Liebe zu ihren in der politischen Opposition stehenden Gliedern und klarer Erkenntnis ihrer besonderen Aufgabe das unausgesprochen lassen, was niemand von einer Kirche verlangen kann und darf, nämlich einseitige politische Bekenntnisse [...] Eine Kirche [...], die sich im Rausch einer politischen Revolution ihre innere Ordnung schafft, wird nicht erwarten dürfen, daß ihr von ernsten Christen und Menschen Vertrauen und Achtung entgegengebracht wird. Nie haben wir die Kirche so gebraucht wie in diesem Augenblick. Aber eben – die Kirche, und kein Organ der nationalen Revolution [...]

194. Aufruf an die Gewerkschaftler, sich an der Maifeier »festlich zu beteiligen«
Ein Beschluß des Bundesausschusses des ADGB vom 19. April

Der Bundesausschuß des Allgemeinen Deutschen Gewerkschaftsbundes begrüßt den 1. Mai 1933 als gesetzlichen Feiertag der nationalen Arbeit und fordert die Mitglieder der Gewerkschaften auf, im vollen Bewußtsein ihrer Pionierdienste für den Maigedanken, für die Ehrung der schaffenden Arbeit und für die vollberechtigte Eingliederung der Arbeiterschaft in den

Staat sich allerorts an der von der Regierung veranlaßten Feier festlich zu beteiligen.

Der Bundesausschuß erinnert in diesem Zusammenhang die Regierung und die gesamte Öffentlichkeit erneut an die Notlage der arbeitslosen Massen und spricht die Erwartung aus, daß die Regierung die gesetzliche Verkürzung der Arbeitszeit auf 40 Wochenstunden ohne Verdienstschmälerung für die Arbeiter baldigst durchführen möge.

Ebenso dringlich ist es, daß die Bemühungen der Regierung um Arbeitsbeschaffung und Siedlung mit allem Nachdruck weiter gefördert werden. Die Gewerkschaften sind nach wie vor bereit, diese Bemühungen mit allen Kräften zu unterstützen.

195. »Konzentrationslager«
Pressemeldung aus Dachau vom 19. April

Unsere letzthin gebrachte Notiz, daß die Belegung des Konzentrationslagers das erste Tausend überschritten habe, ist dahin richtig zu stellen, daß die Zahl der dort untergebrachten politischen Gefangenen zurzeit 539 beträgt; die Bewachungsmannschaft zählt über 150 Mann.

196. »Eindrücke aus Deutschland« des Generalsekretärs des »Weltbundes für internationale Freundschaftsarbeit der Kirchen«, Henry Louis Henriod, anläßlich eines Aufenthalts in Berlin am 18./19. April

1. Geht man durch die Straßen und über die Plätze von Berlin, so weist auf den ersten Blick nichts auf die schwerwiegenden Ereignisse dieser letzten Wochen hin. Der Verkehr erscheint normal; ich habe kein besonderes Polizeiaufgebot gesehen und bin keinen Patrouillen von »Braunhemden« oder Posten vor den jüdischen Geschäftshäusern in den Hauptstraßen begegnet – allem Anschein nach betritt und verläßt man diese Geschäfte unbehindert. In den Auslagen der Zeitungskioske finden sich neben den erlaubten deutschen Zeitungen, die die Leistungen des neuen Regimes preisen, die ausländischen Blätter, die nicht verboten sind.

2. Unter diesem Anschein eines normalen Lebens und trotz aller Ordnung und Disziplin herrscht überall eine große Unge-

wißheit. Die Revolution geht weiter. Nach der Auffassung der einen ist diese Revolution bisher geordnet und ohne Blutvergießen verlaufen. (Sie räumen allerdings ein, daß es in zahlreichen Einzelfällen zu Exzessen und Brutalitäten kam). Beim Vergleich der derzeitigen Revolution mit der von 1918 [...] beglückwünscht man sich über ihren würdigen Verlauf; die Situation bessere sich von Tag zu Tag, die Ära des III. Reiches kündige sich als der Anfang eines großartigen nationalen Aufschwungs an, [...] die nationale Revolution sei ein Instrument des Heils für Deutschland gewesen, das von einer unmittelbar bevorstehenden, schrecklichen kommunistischen Revolution bedroht gewesen sei, deren Ausbruch im letzten Augenblick habe verhindert werden können. [...] Nach der Meinung anderer war die kommunistische Gefahr nicht so groß und stellte sie keine unmittelbare Bedrohung dar. Selbst wenn die Gefahr so ernst gewesen sei, wie die Presse behaupte, hätte man sie [...] mit anderen Maßnahmen und anderen Methoden bannen können. Die Reichswehr war zuverlässig und ausreichend stark. Diese Meinungsverschiedenheiten unter den Christen in Deutschland über die nationalistische Revolution selbst vermehren noch die Schwierigkeiten der Frage, welche Haltung die deutsche Kirche in ihrer Gesamtheit einnehmen soll.

Nach der Auffassung mehrerer unserer Gesprächspartner hat die Revolution noch keineswegs ihren Höhepunkt erreicht. Auf die radikalen Maßnahmen gegen die Kommunisten würden noch weitere Maßnahmen folgen gegen alle die, die sich den Direktiven der machthabenden Partei nicht unzweideutig anschlössen.

Es gibt keinerlei Pressefreiheit mehr, Kritik ist verboten, die machthabende Partei hat den Rundfunk in der Hand, die Telefongespräche werden überwacht, das Briefgeheimnis sei nicht mehr gewährleistet. Alle Grundrechte der Reichsverfassung sind für die Deutschen suspendiert. Wo mehr als zwei Personen zusammen sind, lastet auf dem Meinungsaustausch ein Druck. Die Ungewißheit über ihre unmittelbare Zukunft bedrückt alle, die bislang ein offizielles Amt innehatten oder in Verbänden und Vereinen verantwortlich tätig waren.

3. Der Judenboykott [am 1. April]. Welche Gründe hatte dieser Boykott? Hat die Kirche zu diesem Problem ihre Stimme erhoben? Der Boykott war von der Regierung nicht gewollt. Sie hat ihn zugelassen als ein Sicherheitsventil, als die am wenigsten gefährliche Aktion, die der SA [...] bewilligt wurde. In der

Bevölkerung herrschte eine übermäßige Erregung im Gefolge der Revolution und auch wegen der Übertreibungen in der ausländischen Presse.

Die Kirchenführer sind jeder Möglichkeit einer freien Meinungsäußerung beraubt; sie konnten bislang im Hinblick auf den Boykott, die Verhaftung oder die Vertreibung der Juden und aller prominenten Persönlichkeiten der Linksparteien aus ihren Ämtern öffentlich nicht aktiv werden.

Mitten in der Revolution – so versichert man uns in den amtlichen Kreisen – würde jeder Ausdruck der Verurteilung, der Kritik oder jede Opposition, die von der Presse des Auslandes aufgegriffen werden würde, um die Kirche und die Regierungen in einen Gegensatz zu bringen, unweigerlich ein erneutes Anwachsen der Gewalttaten provozieren und zu einer weiteren Radikalisierung der bisherigen Maßnahmen führen. Jeder öffentliche Schritt hätte darüber hinaus die Bemühungen zunichte gemacht, die eingeleitet wurden, um der Kirche jene Unabhängigkeit zu sichern, die sie unter dem neuen Regime zu erringen sucht.

4. Sondermaßnahmen gegen die Juden. Was denken die Kirchenführer darüber? Welche Haltung nimmt die deutsche Christenheit ihnen gegenüber ein?

Das antisemitische Problem ist nicht neu in Deutschland. Es nahm eine besondere Schärfe während und vor allem nach dem Weltkrieg an. Seit 1918 strömten galizische Juden in großer Zahl nach Deutschland. Viele von ihnen gewannen rasch großen Einfluß in den kommunistischen und sozialistischen Parteien. Im Verhältnis zu ihrer Stärke haben sie in vielen öffentlichen Funktionen eine überproportionale Vertretung erreicht (in den Gerichten, Kliniken, im Unterrichtswesen und in den staatlichen Wohlfahrtseinrichtungen). Die bürgerliche Presse ebenso wie die Linkspresse war von den Juden beherrscht; der Film war in ihrer Hand; sie profitierten von dem seit Kriegsende vorherrschenden Einfluß der sozialistischen Partei. In Berlin zum Beispiel waren 2400 von 3500 Anwälten und Notaren Juden. In einigen Kliniken stellten sie mehr als 90 Prozent der Ärzte, während die Juden nur 0,9 Prozent der Gesamtbevölkerung Deutschlands umfaßten. In einem großen Umfang sei die Demoralisierung und die Bestechlichkeit in den öffentlichen Ämtern dem zersetzenden Einfluß der Juden, des Sozialismus und des Kommunismus zuzuschreiben, in denen sie einen beherrschenden Einfluß ausüben. Die Kirchenführer, die sich der Schwere der Frage für das christliche Gewissen bewußt seien, werden Stellung nehmen, sobald die Lage der Kirche klar sein werde und ihre zuständigen Institutionen die Möglichkeiten hatten, zusammenzutreten.

Individuelle Stellungnahmen liegen bereits vor; [z. B.] Eine Anspielung des Generalsuperintendenten Dibelius in seiner Predigt anläßlich der Eröffnung des Reichstags und in seinem Brief an die Pastoren seiner Diözese vom 8. März 1933 [...]

Dank persönlicher Interventionen von Pastoren oder Vertretern der Kirchenleitung konnten die Freilassung von Gefangenen sowie Erleichterungen und Hilfe für Juden erreicht werden. Einstimmig wurde uns versichert, daß von Seiten der Kirche Personen jüdischer Rasse, die Mitglieder der christlichen Kirche sind, auch in Zukunft absolut gleich mit ihren Glaubensbrüdern germanischer Rasse behandelt werden.

Viele Christen in Deutschland seien von den schweren Rechtsbrüchen betroffen und bedrückt, für die diese Maßnahmen gegen die Juden Belege sind. [...]

197. *Glückwunschschreiben des Präsidenten des Deutschen Evangelischen Kirchenausschusses, Hermann Kapler, an Reichskanzler Hitler vom 19. April*

Die Feier Ihres morgigen Geburtstags trifft zusammen mit einer Schicksalswende des deutschen Volkes. Aus diesem Anlaß haben die im Deutschen Ev. Kirchenbund geeinten Landeskirchen in den Gottesdiensten des zweiten Osterfeiertages fürbittend den Kanzler des deutschen Volkes, sein Regiment und Werk dem Schutz und Schirm des allmächtigen Gottes befohlen. Als ein Symbol des Segens, den die deutsche evangelische Kirche für die Wiederaufrichtung des Reiches erfleht, wird an Ihrem Geburtstag die Flagge des Deutschen Evang. Kirchenbundes von Turm zu Turm in allen deutschen Landen wehen.

Die evangelische Kirche hat seit den Tagen der Reformation Amt und Würde der Obrigkeit in Ehren gehalten und den Gehorsam gefordert, der um Gottes Willen den Ordnungen gebührt. Die evangelische Kirche hat vor über 100 Jahren zur religiösen Wiedergeburt des geknechteten deutschen Volkes aufgerufen. Kämpfend gegen die Mächte der Finsternis erhebt sie in der Stunde der nationalen Erhebung mit neuer Freudigkeit den Schild des Glaubens und das Schwert des Wortes für den Beruf der deutschen Nation. [...]

Echte Volkserhebung schöpft Kraft und Bestand aus der demütigen Beugung unter Gottes heiligen Willen. In diesem Sinne ihren Dienst am deutschen Volke auszurichten, wird der beste Dank der Kirche für Ihr Kanzlerwort in Potsdam und vor dem Reichstage sein. [...]

Im Namen des Deutschen Evangelischen Kirchenbundes und seiner deutschen evangelischen Auslanddiaspora bringe ich Ihnen, hochverehrter Herr Reichskanzler, zum Beginn Ihres neuen Lebensjahres die wärmsten Segenswünsche dar. Was der deutschen evangelischen Kirchen Herz bewegt, bringe ich zum Ausdruck mit den Worten der Fürbitte, die an Ostern vor Gottes Thron gebracht wurde: Laß Deinem Schutz und Schirm den Kanzler des Deutschen Reiches befohlen sein. Rüste ihn in seinem neuen Lebensjahr aus mit Kraft aus der Höhe. Hilf ihm die Bürde der Verantwortung im Regiment tragen und lege Deinen Segen auf das schwere Werk der Wiederaufrichtung unseres Vaterlandes zum Wohle des ganzen Volkes und zur Ehre Deines Namens.

198. »Gerüchte, daß der Bestand der Reichsregierung Hitler in ihrer jetzigen Zusammensetzung gefährdet sei«
Eine Erklärung Reichsminister Hugenbergs vom 20. April

1. Von interessierter Seite werden planmäßig Gerüchte etwa des Inhalts verbreitet, daß der Bestand der Reichsregierung in ihrer jetzigen Zusammensetzung gefährdet sei. Es wird behauptet, daß das weitere Verbleiben der deutschnationalen Mitglieder der Reichsregierung nur noch eine Frage weniger Tage oder Wochen sei. Demgegenüber wird auf die Tatsache der Regierungsbildung durch den Reichskanzler Hitler und der feierlichen Bestätigung dieser Regierung durch den Reichspräsidenten sowie auf die Erklärungen des Reichskanzlers über Zusammensetzung und Bestand der jetzigen Reichsregierung in ihrer augenblicklichen Gestalt hingewiesen. Endlich auf den Umstand, daß das Ermächtigungsgesetz das Weiterbestehen der *gegenwärtigen* Reichsregierung zur Voraussetzung hat.

2. Im Zusammenhang mit diesen Gerüchten sind eigenmächtige Umbildungen innerhalb wirtschaftlicher Verbände sowie öffentlich-rechtlicher Körperschaften in zusammenhanglosen

Aktionen durchgeführt worden. Es ist darauf hinzuweisen, daß diese Umbildungen und Neubildungen *der in Aussicht genommenen organischen Umgestaltung* der Wirtschaftsvertretungen in keiner Weise vorgreifen, und daß die Umgestaltung selbstverständlich im Einvernehmen zwischen der Reichsregierung und den bisher bestehenden wirtschaftlichen Organisationen durchzuführen ist. [...]

Es muß vor allem grundsätzlich darauf hingewiesen werden, daß gewaltsame, unorganische Eingriffe wohl den augenblicklichen Tatbestand, nicht aber den Rechtszustand ändern können.

3. Die gemeinsame Tätigkeit der nationalen Führer in der Regierung und der seit dem November 1918 geführte Kampf der Deutschnationalen Beamten und Lehrer gegen das jetzt gestürzte System verbürgen den Beamten und Lehrern das Recht, sich für ihre deutschnationale Weltanschauung einzusetzen und sich in deutschnationalen Zellen zusammenzuschließen.

199. Stimmungswandel gegenüber dem NS-Regime
Aus dem Halbmonatsbericht des Regierungspräsidenten von Ober- und Mittelfranken vom 20. April

Die meisten Ämter berichten, daß auch in den der NSDAP bisher nicht freundlich gegenüberstehenden Kreisen die Machtübernahme nunmehr auch mit mehr Verständnis hingenommen wird, ja daß sich Ansätze zeigen, namentlich in Arbeiterkreisen, die auf eine gewisse Hinneigung zur neuen Regierung schließen lassen.

200. »Dringende Warnung, in der Nähe des Konzentrationslagers Dachau müßig umherzustehen«
Eine Presse-Mitteilung der Lagerkommandantur vom 20. April

An die Bevölkerung des Bezirkes ergeht hiermit dringende Warnung, in der Nähe des Konzentrationslagers Dachau müßig umherzustehen. – Wer in der dortigen Gegend etwas zu besorgen hat, soll rasch vorbeigehen, nicht stehen bleiben und vor allem nicht die Umfassungsmauer erklettern, um aus Neugierde einen Blick in's Lager werfen zu können. Dies ist mit Lebensgefahr verbunden, denn die Posten sind angewiesen, das Besteigen der Umfassungsmauer unter Anwendung von Waffen zu verhindern.

Die Leute, welche auf der Straße entlang der Umfassungsmauer zur Würmmühle gehen müssen, sollen diesen Weg in flottem Gang zurücklegen. Wer gegen diese wohlmeinende Anordnung verstößt, der muß die Folgen selbst tragen.

201. »Hier sind die Schüler fast ausnahmslos Nazi«
Aus einem Brief Peter Dürrenmatts (Neustadt) vom 20. April

Hugenberg – Papen haben wohl ganz ausgespielt. Der deutsche Faschismus setzt sich durch. In seinen Zielen streng antimarxistisch, in seinen Mitteln rein bolschewistisch. Was wird das Ergebnis sein? Hier sind die Schüler fast ausnahmslos Nazi, was in einer starken Begeisterungsfähigkeit zum Ausdruck kommt. Der Glaube an Hitler hat etwas Schwärmerisches, was mir jedes Mal von neuem unerklärlich bleibt, wenn ich ein Bild dieses Mannes sehe. Und die meisten kennen ihn ja nur von Bildern. [...]

Eines hätte ich mir ja nie träumen lassen: daß ich noch einmal den ersten Mai feiern würde. Dieser erste Mai ist zum offiziellen Feiertag der deutschen Arbeit erklärt worden, folglich schulfrei! Das ist einer der genialsten Demagogenstreiche von Goebbels, über den sich die Sozialdemokraten schwarz ärgern werden. Denn natürlich wird unter den Nazi eine Maifeier von Stapel gelassen, wie sie während der Herrschaft der Sozialdemokraten nie annähernd zustande kam. Den Deutschnationalen ist diese Maifeier gar nicht recht.

202. *»Die in den christlichen Gewerkschaften vereinigte deutsche Arbeiterschaft begrüßt diese Tat«*
Mai-Aufruf »An die christliche Arbeiterschaft« des Vorstandes des Gesamtverbandes der christlichen Gewerkschaften Deutschlands vom 21. April

Die Reichsregierung hat den 1. Mai als *Tag der Arbeit* zum nationalen Feiertag erhoben. Sie will damit den früheren umstrittenen Kampf- und Demonstrationscharakter des Tages auslöschen. Sie will den Tag *der Ehre und dem Adel deutscher Arbeit* weihen.

Der deutsche Arbeiter soll sich an diesem Tage stolz bewußt werden, daß Kraft und Leistung seiner Arbeit vor allem das Leben der Nation tragen.

Die in den christlichen Gewerkschaften vereinigte deutsche Arbeiterschaft begrüßt diese Tat. Sie ist ihr ein hoffnungsvolles Zeichen dafür, daß sich die Regierung Hitler zum *sozialen deutschen Volkstum* bekennt. Daß ihr die Würdigung der deutschen Arbeit und des deutschen Arbeiters Herzenssache ist. Damit trifft sie das Sehnen des besten Kernes der deutschen Arbeiterschaft, wie es in den Gewerkschaften seinen Ausdruck fand. [...]

Die nationale Weihe des 1. Mai an die deutsche Arbeiterschaft stärkt in uns die Überzeugung, daß über die Hoffnung kapitalistischer Schlaumeier hinweg der neue deutsche Staat *wahrhaft national und wahrhaft sozial* sein will. In dieser Hoffnung und in diesem Vertrauen begehen wir den Feiertag der deutschen Arbeit. In dieser Hoffnung und in diesem Vertrauen folgen wir dem Ruf der Regierung zu den Feiern des Tages, zu deren äußerem Rahmen wir für die christliche Arbeiterschaft die technischen Richtlinien bereits bekanntgegeben haben.

203. *Rundschreiben des Reichsleiters der NSDAP, Robert Ley, zur Gleichschaltungsaktion gegen die Freien Gewerkschaften vom 21. April*

Dienstag, den 2. Mai 1933, vormittags 10 Uhr, beginnt die Gleichschaltungsaktion gegen die Freien Gewerkschaften. [...]

Im wesentlichen richtet sich die Aktion gegen den Allgemeinen Deutschen Gewerkschaftsbund (ADGB) und den Allgemeinen Freien Angestelltenbund (Afa-Bund). Was darüber hinaus von den Freien Gewerkschaften abhängig ist, ist dem Ermessen der Gauleiter anheimgestellt.

Verantwortlich für die Durchführung der Gleichschaltungsaktion in den einzelnen Gebieten sind die Gauleiter. Träger der Aktion soll die NSBO sein. SA bzw. SS ist zur Besetzung der Gewerkschaftshäuser und der Inschutzhaftnahme der in Frage kommenden Persönlichkeiten einzusetzen. Der Gauleiter trifft seine Maßnahmen im engsten Einvernehmen mit dem zuständigen Gaubetriebszellenleiter. [. . .]

Im Reich werden besetzt: Die Leitung der Verbände; die Gewerkschaftshäuser und Büros der Freien Gewerkschaften; die Parteihäuser der SPD, soweit Gewerkschaften dort untergebracht sind; die Filialen und Zahlungsstellen der »Bank der Arbeiter, Angestellten und Beamten AG.«; die Bezirksausschüsse des ADGB und des Afa-Bundes; die Ortsausschüsse des ADGB und des Afa-Bundes.

In Schutzhaft werden genommen: alle Verbandsvorsitzenden; die Bezirkssekretäre und die Filialleiter der »Bank der Arbeiter, Angestellten und Beamten AG.«.

Die Ortsausschußvorsitzenden sowie die Angestellten der Verbände sind nicht in Schutzhaft zu nehmen, sondern zur Weiterarbeit zu veranlassen.

Ausnahmen sind nur mit Genehmigung des Gauleiters zulässig.

Die Übernahme der Freien Gewerkschaften muß in der Form vor sich gehen, daß dem Arbeiter und Angestellten das Gefühl gegeben wird, daß diese Aktion sich nicht gegen ihn, sondern gegen ein überaltertes und mit den Interessen der deutschen Nation nicht übereinstimmendes System richtet. [. . .]

Alle Kassen und Konten der Freien Gewerkschaften werden mit sofortiger Wirkung gesperrt bis Donnerstag nachmittags 18 Uhr. Soweit die bisherigen Kassierer im Amt gelassen werden, wird ihnen ein Kommissar beigegeben bzw. übergeordnet. Alle Zahlungsanweisungen müssen von dem Kommissar gegengezeichnet sein.

Nach Aufhebung der Sperre müssen die gewohnten Auszahlungen an Unterstützungen usw. unbedingt sichergestellt sein, um bei den Mitgliedern keine Beunruhigung aufkommen zu lassen.

In allen Städten sind möglichst bald Massenversammlungen für die Gewerkschaftsmitglieder bei freiem Eintritt zu veranstalten, in denen über den Sinn der Aktion gesprochen und dargetan wird, daß die Rechte der Arbeiter und Angestellten unbedingt gewahrt werden. [...]

Es ist selbstverständlich, daß die Aktion in größter Disziplin vor sich zu gehen hat. Die Gauleiter sind dafür verantwortlich, daß sie die Leitung der Aktion fest in der Hand behalten.

204. »Die Länder haben aufgehört, Staaten zu sein«
Aus einem Artikel des ehemaligen preußischen Finanzministers Hermann Höpker-Aschoff (DStP) in ›Der deutsche Volkswirt‹ vom 21. April

Die Rede, die der *Reichskanzler am 21. März 1933* in der Krolloper hielt, bedeutet einen Markstein in der Geschichte des Reiches und der Länder. »Alle Rücksichtnahme auf die Traditionswerte der Länder« – so führte er aus – »kann die bittere Erkenntnis nicht beseitigen, daß das Übermaß des zersplitterten eigenstaatlichen Lebens in der Vergangenheit der Welt- und Lebensstellung unseres Volkes nicht nur nicht nützlich, sondern oft wahrhaft verderblich war ... Es ist die Pflicht einer überlegenen Staatsführung, die geistige und willensmäßige *Einheit der Führung der Nation* und damit den *Reichsgedanken* an sich über jeden Zweifel zu erheben [...]«.

Das *Ermächtigungsgesetz vom 25. März 1933* (Gesetz zur Behebung der Not von Volk und Reich) gibt der Reichsregierung die Möglichkeit, das Programm des Kanzlers zu verwirklichen. [...] Im einzelnen bedeutet das Gesetz für den Verfassungsaufbau des Reiches folgendes:

1. Art. 18 RV. gibt dem Reich die Möglichkeit, die Grenzen der Länder zu ändern und neue Länder zu bilden, aber nur in den Formen des verfassungsändernden Gesetzes (sofern nicht eine Volksabstimmung die Neugliederung verlangt). Fortan kann solche Neugliederung durch Gesetz der Reichsregierung durchgeführt werden. *Die Flurbereinigung in Norddeutschland* wird dadurch ermöglicht.

2. Die Schranken zwischen der Zuständigkeit des Reiches und derjenigen der Länder werden beseitigt. Die Reichsregierung kann durch ihre Gesetze das Verfassungsrecht der Länder umgestalten. Das ist inzwischen bereits geschehen. [...]

3. Auch außerhalb des Verfassungsrechtes kann die *Gesetzgebung des Reiches* nunmehr den *Gesetzgebungsbereich der Länder* betreten. Auch das ist bereits geschehen. Während Art. 10

RV. der Reichsgesetzgebung nur die Möglichkeit gibt, Grundsätze für das Recht aller Beamten und das Schulwesen aufzustellen, greift das Gesetz zur Wiederherstellung des Berufsbeamtentums vom 7. April 1933 unmittelbar in das Beamtenrecht der Länder ein, wird bereits angekündigt, daß das neue preußische Studentenrecht auf dem Wege der Reichsgesetzgebung in allen Ländern eingeführt werden soll. [...] Es muß klar und deutlich ausgesprochen werden: *Die Länder haben aufgehört Staaten zu sein.* Die Neuregelung bedeutet das *Ende des deutschen Föderalismus* und wird daher freudige Zustimmung aller derer finden, die sich seit Jahren die Finger wundgeschrieben haben, um der deutschen Libertät eines unseligen Föderalismus den Garaus zu machen. [...]

Die ganze Bedeutung der heutigen Wandlung läßt sich nur im Lichte der Geschichte erschauen. In Frankreich haben Ludwig XI., Richelieu und Mazarin die intermediären Gewalten vernichtet und die Einheit des gesamten Staatswesens geschaffen, welche Voraussetzung für Macht und Weltgeltung ist. In Deutschland ist die Erstarkung der fürstlichen Gewalt nicht dem *Reich,* sondern den *Reichsständen* zugute gekommen, das Reich wurde zu einem Schatten, und Deutschland ist dadurch um Macht und Weltgeltung gebracht worden. *Viel zu spät holt Deutschland das damals Versäumte nach.*

205. »Abgestimmt wird nicht mehr« im Reichskabinett
Aus dem Tagebuch Goebbels' vom 22. April

Im Kabinett ist die Autorität des Führers nun ganz durchgesetzt. Abgestimmt wird nicht mehr. Der Führer entscheidet. Alles das geht viel schneller, als wir zu hoffen gewagt hatten.

206. »Haben wir von Bismarcks Kulturkampf und Sozialistengesetz nichts gelernt?«
Aus einem Leitartikel ›Im Sturm der Zeit‹ von Prof. Walter Goetz (DStP) in der Zeitschrift ›Die Hilfe‹ vom 22. April

Wer kann glauben, daß man mit Gewalt die Seelen gewinne oder Staatsanschauungen in sichere Bahnen lenke? Man schafft damit unzählige Rückgratlose, die plötzlich verleugnen, was sie vorher geglaubt haben, man kann damit einen *Schein* der Einheit erzeugen, aber niemals die Einheit selber. Haben wir von Bismarcks Kulturkampf und Sozialistengesetz nichts gelernt? [...] Die Weltgeschichte läßt sich von niemand zwingen; sie lebt nach ihren eigenen Gesetzen, Gewalt und Unrecht haben zuletzt immer den eigenen Herrn geschlagen.

Es gibt noch jetzt den Weg zu wahrer Reform und zu wahrem Aufstieg, und freie Größe müßte ihn gehen. Wer heute ehrlich allen die Hand reichte, die zur Mitarbeit an einem Rechtsstaate, und nicht an einem Parteistaate, bereit sind, wer sich frei machte von allen Schlagworten der Zeit und nur die Einfügung aller fruchtbaren Kräfte in den deutschen Staat erstrebte, würde der Retter Deutschlands werden, der Führer zu wahrhaft organischer Fortentwicklung. Denn das Organische liegt nicht in der Diktatur einer Partei, nicht in der Überspannung des Nationalismus, nicht in der Bekämpfung der Demokratie. [...]

Wir sind einverstanden, daß der Kommunismus niedergehalten wird, (obwohl er damit noch nicht verschwindet), wir sind einverstanden, daß die Weimarer Verfassung verbessert, daß nach wirkungskräftigeren Formen der Demokratie gesucht wird, wir sind einverstanden, daß die Wege Stresemanns und Brünings mit verstärkter Betonung unseres Rechts fortgesetzt werden, wir sind einverstanden, daß die Versuche zur Hebung der Wirtschaft und zur Beseitigung der Arbeitslosigkeit mit neuen Mitteln aufgenommen werden. Aber wir können nicht *vor* jedem Erfolg dem Rausch des hohen Lobes uns hingeben, der zu einem jähen Erwachen aus Träumen führen kann. Lästert man heute diejenigen, die 13 Jahre lang nach bestem Wissen und Gewissen an Deutschlands Wiederherstellung gearbeitet haben, so ist damit noch nichts erreicht. Der Weg vom Ruhrkampf und von der Inflation zur Räumung des Rheinlands, zum Kampf um die Abrüstung, zur Aufrollung der Revisionsfrage – also bis zu Brünings Fall – war von tausend Schwierigkeiten begleitet und deshalb der Kritik preisgegeben. Wird es in Zukunft anders sein können, besonders da unser Schicksal nicht allein in unserer Hand liegt? Wir sind auf Weltwirtschaft angewiesen, wenn wir nicht verhungern wollen – Weltwirtschaft ist aber heute Wirtschaft und Politik zugleich, und so sind wir nicht die alleinigen Herren über unser Schicksal.

Wir, die wir jetzt aus der deutschen Politik ausgeschaltet sind, vertrauen den Idealen, ohne die kein Volk und kein Staat leben kann. Wir führen keinen Kampf darum, weil er völlig vergeblich wäre. Jetzt möge sich das Neue erweisen. Erfüllt sich das Ziel, das uns in jedem Augenblick der Vergangenheit vorschwebte: Deutschland wieder groß zu machen, auf einem anderen Wege besser oder rascher, so werden wir gern bekennen, uns geirrt zu haben.

207. »Zur Lage des politischen Katholizismus«
»Evangelische Kirche und ›Deutsche Christen‹«
Zwei Kommentare der Zeitschrift ›Die Hilfe‹ vom 22. April

Der Generalvikar des Mainzer Episkopats Dr. Mayer hat vor ein paar Jahren den scharfen Vorstoß gegen die Mitgliedschaft bei der NSDAP. gemacht, der den meisten deutschen Bischöfen so überraschend als unerwünscht gekommen war. Immerhin: die öffentlichen Auseinandersetzungen erzwangen langsam eine Solidarhaltung der deutschen Kirchenprovinzen, die in einer Anzahl von Hirtenbriefen zum Ausdruck kam. Doch war die kirchliche Praxis keineswegs einheitlich; die »scharfe« und die »milde« Abtönung gingen nebeneinander her, je nach der Art des pfarrherrlichen Temperaments und der örtlichen Atmosphäre. Selbstverständlich war diese Entwicklung für die Kirchenleitung höchst unbequem geworden: die Versteifung der dogmatischen Position gefährdete die einfache Seelsorge und den Stand der kirchlichen Sitte. Die Bischöfe waren deshalb froh, daß die Regierungserklärung [vom 23. März] über die Wahrung der kirchlichen Rechte Formulierungen enthielt, die ihnen eine andere Taktik erleichterten (wie ja auch dem Zentrum die parlamentarische Zustimmung zu dem Ermächtigungsgesetz). Nun ist aber unverkennbar, daß die Kundgebung der Bischöfe, die eine Art von einseitig erklärtem Friedensschluß darstellt, auf das katholische Kirchenvolk einen starken Eindruck gemacht hat, denn die Haltung der kirchlichen Obrigkeit war für den Parteikampf des Zentrums ein starkes Argument gewesen. Das ist jetzt unbrauchbar geworden. [. . .] Das künftige Verhältnis zwischen Nationalsozialismus und politischem Katholizismus ist jedoch noch völlig im unklaren – das Zentrum ist zu dem parlamentarischen »Beirat« der Regierungsfraktionen herangezogen, zu gleicher Zeit weilen Kaas und Papen in Rom und konferieren mit Pacelli. Der Phantasie ist erlaubt, über diese Verhandlungen sich allerhand auszudenken, und von dieser Erlaubnis wird in diesen Wochen reichlich

Gebrauch gemacht. Wahrscheinlich erscheint uns, daß beim deutschen politischen Katholizismus das laizistische Element stärker in die Führung gestellt werden wird, um eine kirchliche Entlastung zu erreichen.

Dringlicher und vermutlich tiefergehend mögen die Auseinandersetzungen auf der evangelischen Seite sich gestalten. Die evangelische Kirche sah sich plötzlich einer Art von Kampfansage gegenüber, als die »Deutschen Christen« in Berlin eine Tagung abhielten, und manche kirchlichen Kreise mögen von dieser Wendung überrascht gewesen sein, denn sie hatten den Nationalsozialismus mit ihrer unverkennbaren Sympathie gestützt, vor allem aus der theologisch weniger interessierten Gruppe um den »Evangelischen Bund« herum, wo man in der NSDAP. die Renaissance eines breiten »Anti-Ultramontanismus« sah. Es ist kein Zufall, daß jene Angriffsstimmung gegen die Kirche sofort eine persönliche Zuspitzung annahm, die Beseitigung der führenden Kirchenmänner forderte, die Aufhebung der Kirchenverfassung ankündigte, mit der Entziehung der staatlichen Mittel durch den preußischen Landtag drohte und mit dem Gedanken spielte, auch die kirchlichen Vertretungen durch ein Gesetz den Wahlen vom 12. März »gleichzuschalten« [...] Der Generalsuperintendent der Kurmark, D. Dibelius, hatte bei seiner Predigt in der Potsdamer Nikolaikirche am 21. März eine hörbare und auch gehörte Warnung ausgesprochen, das Amt der Gerechtigkeit nicht mit Willkür zu mengen, er hatte in einem vertraulichen Rundbrief an seine Pfarrer, bei aller positiven Wertung der nationalen und sozialen Energien, die Aufgabe der Kirche dahin umschrieben, daß sie *allen* zu dienen habe und nicht der staatlichen Vermachtung sich ausliefern dürfe. Seit er mit dem »Jahrhundert der Kirche« in der Lösung der Kirche aus den staatlichen Zwängen einen neuen geschichtlichen Auftrag beschrieben hatte, aus einer konservativen Grundhaltung heraus, gilt er als der Repräsentant der staatsfreien Kirchenidee. Diese aber wird von den Anhängern des »totalen Staates« mit radikaler Konsequenz abgelehnt und die evangelische Kirche findet sich vor der Frage, ob die Chancen, die ihr der Umsturz von 1918, wider Wunsch und Erwartung, gegeben hatte, durch staatliches Machtregiment wieder geraubt würden. Es handelt sich dabei nicht um die Fragen einer »Reichskirche« [...], sondern um die religiöse Fundamentierung und Legitimation des evangelischen Kirchentums. Man hat fast den Eindruck gewinnen können, daß der Katholik Hitler für diesen Problemkreis ein unmittelbareres Verständnis besitzt als einige militanten Pfarrer, die in der Kirche fast nur mehr eine Propagandagelegenheit neben anderen sehen. Die Fragestellungen sind einstweilen nur in Umrissen sichtbar; werden sie vertieft, so führen sie in die Mitte des Christentums. Wird die anti-jüdische »Gleichschaltung« aus dem Bereich der Handelskammern und Wirtschaftsverbände, der Hochschulen und der Berufskonkurrenz in das kirchliche Leben vorangetragen (und an Tendenzen, die sich gegen Geistliche mit jüdischem Blut richten, fehlt es nicht), so wird der Sinn der Taufe schlechthin berührt. Es ist zu hoffen, daß die Kirchen diese Situation mit letztem Ernst sehen und nicht in taktischem Opportunismus ihren geschichtlichen Auftrag opfern.

208. »Die Paradoxie der deutschen Dinge«
Aus einem Artikel ›Das Schicksal des Reiches‹ von Theodor Heuss (MdR DStP) in der Zeitschrift ›Die Hilfe‹ vom 22. April

In den beiden Gesetzen zur »Gleichschaltung der Länder mit dem Reich« ist deutsche Geschichte gestaltet, die in ihren wesentlichen Bestandteilen nicht mehr rückgängig gemacht werden darf und kann. [. . .] Die »nationale Revolution« hat das nachgeholt, was im Winter 1918/1919 versäumt wurde, sie konnte es nachholen, weil in der Zwischenzeit zwei Voraussetzungen geschaffen waren: die Durchdringung der Länder mit Reichsgesetzgebung und Reichsbehörden, und das offenbar gewordene Versagen des klein- und mittelstaatlichen Parlamentarismus. Es ist anzunehmen, daß der Mann, den mit Spott zu nennen auf der Rechten seit geraumer Zeit die Gewöhnung mangelnder Kenntnis war und blieb, Hugo Preuß, an wesentlichen Bestimmungen dieses Gesetzes seine wahre Freude haben würde. [. . .]

Was sich jetzt vollzieht, entspricht Stimmungen, die zwischen 1866 und 1870 im deutschen Liberalismus vorhanden waren, ist nicht bismärckisch und ganz gewiß nicht »deutschnational«. Denn es ist die Verabschiedung des konservativen deutschen Staatsdenkens in dem Mittelpunkt deutscher Staatlichkeit.

Für die Romantiker des »Reichs«-Gedankens ist es gar nicht so einfach, mit der geschichtlichen Wucht dieser Tage sich auseinanderzusetzen. Die Paradoxie der deutschen Dinge will es, daß die Gegner der Tagespraxis dieser Regierung zu diesem Schritt, gleichviel wie er begründet ist, leichter ja sagen können als jene konservativen deutschen Publizisten, die Hitlers intellektuelle Schrittmacher in der sog. »Bildungsschicht« gewesen sind und jetzt gestehen müssen: *so* hatten sie es sich nicht gedacht. Denn ihre Ideologie vom deutschen Staatswesen ist universalistisch, landschaftlich-föderativ, der nationale Einheitsstaat war ihnen, offen oder unausgesprochen, immer verdächtig wegen seiner »westlerischen« Herkunft.

209. »Deutschland wird einen 1. Mai feiern, der höchstens von den Moskowitern noch übertroffen wird«
Aus einem Brief Peter Dürrenmatts (Neustadt) vom 23. April

Deutschland wird einen 1. Mai feiern, der höchstens von den Moskowitern noch übertroffen wird. Geht es wirklich, ungestraft so demagogisch zu sein? Der Gedanke war genial, aber auch gefährlich.

Im übrigen werden hier noch innenpolitische Überraschungen kommen. In der schon erwähnten »Deutschen Allgemeinen Zeitung« stand gestern eine sehr eigentümliche Erklärung des Herrn Hugenberg. [...]

Sicher haben die Nazis die Deutschnationalen nur deswegen noch nicht rausgeschmissen, weil Hindenburg sich sträuben wird. Ich glaube aber bestimmt, daß sie es tun werden. Offengestanden: Hugenberg würde ich einen solchen Reinfall von Herzen gönnen. Der Mann bildete sich immer ein, er könne mit der Naziorganisation spielen und sie seinen Zwecken dienstbar machen. Er rechnete und berechnete und war der schlaue Fuchs. Ob er sich nun zu guter letzt doch noch verrechnet hat?

210. Aus einem Brief des britischen Botschafters in Berlin, Rumbold, an seinen Sohn Anthony vom 23. April

Wir saßen in [der Berliner Philharmonie in] der dritten Reihe [bei einem Furtwängler-Konzert unter der Schirmherrschaft Hindenburgs]. In der ersten Reihe in unserer Nähe saß [der Staatssekretär des Auswärtigen 1917/18 Richard v.] Kühlmann mit einer älteren Dame und unmittelbar neben ihm ein großer Mann, der ungefähr wie ein Preisboxer aussah. Nachdem das Auditorium sich gesetzt hatte, um dem letzten Stück des Programms zu lauschen, betraten zwei Polizisten den Saal, tippten dem großen Mann auf die Schulter und forderten ihn auf, mit ihnen zu gehen. Er protestierte, woraufhin sie ihn am Arm faßten und aus dem Saal führten. Ein paar Meter weiter wartete ein ganzes Polizeiaufgebot. Keiner aus dem Publikum wagte es, eine Reaktion auf diese Verhaftung zu zeigen, obwohl Kühlmann eine sehr überraschte Miene machte. Dergleichen spielt sich wahrscheinlich überall in diesem Land der Freien ab.

211. Das Auswärtige Amt im Prozeß der »Gleichschaltung«
Aus einem Bericht des französischen Botschafters in Berlin, François-Poncet, an Außenminister Paul-Boncour vom 24. April

Die in Berlin akkreditierten diplomatischen Missionen haben allen Grund zu der Überzeugung, daß ihre Korrespondenz und ihre Telefonverbindungen überwacht werden. Ich weiß von dem Sohn des Herrn v. Neurath selbst, der Legationssekretär in der Zentrale des Auswärtigen Amtes ist, daß die deutschen Beamten der gleichen Kontrolle unterworfen sind. Kürzlich hat er einem meiner Mitarbeiter versichert, daß er beim versehentlichen Betreten eines Dienstzimmers, in dem zwei uniformierte SA-Männer saßen, zu seiner Überraschung [...] eine Schallplatte ablaufen hörte, auf der ein [...] Gespräch, das er selbst im Laufe des Vormittags telefonisch geführt hatte, aufgenommen war. [...] Es scheint auch, daß alle Beamten, die aus dem Auslandsdienst nach Berlin kommen [...], im Hinblick auf spätere Veränderungen im Diplomatischen Dienst sofort auf ihre politischen Auffassungen hin überprüft werden [...]. Schon jetzt ist erkennbar, daß die meisten deutschen Diplomaten, die in der Berliner Zentrale Dienst tun, ihre Zukunft mehr oder weniger gefährdet sehen. Ihre Sorgen sind kaum geeignet, sie viel Charakter beweisen zu lassen, und die meisten von ihnen denken nur daran, sich mit den heutigen Machthabern zu versöhnen, indem sie mit ihnen an Chauvinismus wetteifern.

212. »Im Namen meiner gefallenen Kameraden protestiere ich gegen die Diffamierung ihres Wollens und ihrer Werke« Ein Brief Oskar Schlemmers (Berlin) an Reichsminister Goebbels vom 25. April

Tief erschüttert durch Meldungen aus verschiedenen Städten des Reichs wie Dessau, Mannheim, Dresden, wo der Museumsbesitz an modernen Bildern in »Schreckenskammern der Kunst« zusammengebracht, mit den Summen, die seinerzeit dafür bezahlt wurden, versehen, dem Gespött und der Empörung des Publikums preisgegeben werden, erlaube ich mir, mich an Sie zu wenden mit der dringenden Bitte, hier Einhalt zu gebieten.

Gestatten Sie mir, Ihr Augenmerk kurz auf die Zeit vor dem Kriege zu lenken, auf die Jahre 1910 bis 1914, wo sich bei allen künstlerisch lebendigen Nationen wie Deutschland, Rußland, Frankreich gleichzeitig, ohne voneinander zu wissen, eine geistige Revolution in den Künsten abspielte und Werke entstehen ließ, die mit Novembersystem und Marxismus unmöglich etwas zu tun haben konnten, weil es diese Begriffe ja noch gar nicht gab!

Es war eine Zeit, wo in den muffig gewordenen Stuben der Kunst die Fenster geöffnet und die Türen aufgerissen wurden und die Künstler von einem Taumel der Begeisterung über das Neue, das zu werden begann, erfaßt wurden.

In dieser beseligenden Stimmung überraschte uns damalige junge Akademiestudierenden der Krieg. Wir zogen für die Ideale der Kunst, aus echter Begeisterung für eine große Sache, in den Krieg! Im Namen meiner gefallenen Kameraden protestiere ich gegen die Diffamierung ihres Wollens und ihrer Werke, soweit sie sich in Museen befinden und heute geschändet werden sollen. [. . .]

Es werden heute die Bilder der toten und lebenden Modernen diffamiert! Sie werden als artfremd, undeutsch, unwürdig und unnatürlich verfemt. Es werden ihnen politische Motive unterstellt, um die es sich beim größten Teil der betroffenen Werke niemals handeln konnte. Die Künstler sind im Grunde ihres Wesens unpolitisch und müssen es sein, weil ihr Reich von einer anderen Welt ist. Es ist immer die Menschheit, die sie meinen; das Totale, mit dem sie verbunden sein müssen.

213. »Die meisten Leute wissen gar nicht, was geschehn ist«
Aus einem Brief Kurt Tucholskys (Zürich) an Walter Hasenclever (Ende April)

Wenn ich hier so die aufgescheuchten berliner Juden sehe, die in unbeirrbarer Stupidität die B. Z. und das Acht-Uhr-Blatt lesen, weil sie sich von dem Druckbild nicht trennen können, dabei übersehend, daß sie ihren schlimmsten Feinden noch Geld in den Rachen werfen: so habe ich immer wieder ein eigentümliches Gefühl. Nämlich dieses: die meisten Leute wissen gar nicht, was geschehn ist. Sie glauben es nicht. Sie haben alle zusammen den festen Glauben, es werde sich das alles schon wieder irgendwie arrangieren. Es gibt auch tatsächlich Juden, die freiwillig wieder nach Deutschland zurückgehn. Der ihnen innewohnende westeuropäische Geist kann es noch nicht glauben. Und wenn noch die schlimmsten Übeltaten aufhören, so werden sie sagen: »Also – so schlimm ist das ja alles gar nicht!« Sie akzeptieren also als Grundsatz und primäre Lebensbedingung, daß man den Juden, den Arbeitern und den Pazifisten den Stiefel in den Hintern tritt, und wenn das nicht geschieht, bejubeln sie das als Liberalismus und Humanität. Das ist so würdelos. [. . .]

Gottfried Benn hat im Rundfunk einen Vortrag gehalten: die Zeit des Literaten sei vorbei, die Zeit des Führers sei gekommen – und so. Seit ich ihn einmal bei Kiepenheuer en chair et os gesehn habe, habe ich ihm nie mehr getraut. Ein Stück Weichkäse. Fällt auch morgen, wenn die Chinesen Deutschland erobern, auf die nächste andere Seite und läßt sich einen Zopf stehn.

214. »Die Besonderheit dieser Revolution liegt darin, daß sie – im wesentlichen – unblutig, jedenfalls kampflos und in legalen Formen vor sich geht«
Aus dem Protokoll eines Vortrags des preußischen Finanzministers Johannes Popitz über die »jüngste deutsche Entwicklung« in der Berliner »Mittwochs-Gesellschaft« am 26. April

Es ist als verfassungsänderndes Geschehen dieser Revolutionswochen festzustellen: die faktische Zurückdrängung der Präsidialgewalt und die tatsächliche Beseitigung der Rechte aus dem

Artikel 48 (der rechtlich in Kraft bleibt) und die ebenfalls tatsächliche Unmöglichkeit einer Entlassung der Regierung; die Selbstausschaltung des Reichstags und die – im Reich faktische, in den Ländern auch rechtliche – Beseitigung des parlamentarischen Systems; die Erledigung der Polykratie durch Gleichschaltung der Länder und Ernennung vom Reich abhängiger (jederzeit absetzbarer) Reichsstatthalter unter Belassung der Sonderstellung Preußens, dessen Regierung mit der des Reiches eng verbunden ist; die Überwindung der pluralistischen, materiell interessengebundenen Kräfte durch rücksichtslose Ausnutzung der Aufhebung aller Freiheitsrechte, die diesen Kräften den Rückhalt an den Verbänden, Parteien und an der öffentlichen Meinung nimmt.

Der Vortragende ging zum Schluß noch auf die Möglichkeiten der kommenden Entwicklung ein. Im Vordergrund stände weniger die Frage nach der formalen Neugestaltung der Verfassung, die zudem erst erfolgen könne, nachdem Klarheit über das Problem des berufsständischen Aufbaus bestünde. Unmittelbar bedeutsam sei, ob es dem Führer der Revolution gelinge, die Führerschaft auch für die Aufbauarbeit voll autoritär zu behaupten. Ferner ob der nationale Schwung nachhaltig zu einer neuen geistigen Haltung des Volkes führe, oder materialistische Anschauung sich wieder durchsetze, um die Bewegung zur Durchsetzung des Sonderinteresses zur Erlangung einer Versorgung in den Stellen des Staates zu mißbrauchen. Kein Zweifel sei, daß ein Mißlingen des Neuaufbaus des Staates auf nationaler und autoritärer Grundlage das Chaos in Staat und Wirtschaft zur Folge haben müßte. Was die autoritäre Grundlage unter Leitung des Staates anlange, so frage er sich, welcher Spielraum dabei für Persönlichkeitswerte und Privatinitiative bleibe und ob sich die Gestaltung völlig nach italienisch-faschistischem Vorbild vollziehen werden oder sich – auf längere Zeit gesehen – eine auf Verantwortungsbewußtsein und Wissen gegründete, mit dem Volk verbundene und ihm dienende Herrenschicht herausbildet.

215. Eine politische Bilanz und Prognose nach drei Monaten Aus der »›Mein Kampf‹-Depesche« des britischen Botschafters in Berlin, Rumbold, an den britischen Außenminister Simon vom 26. April

Herr Hitler ist nun seit nahezu drei Monaten Kanzler [...]. Der Kanzler hat sich darauf konzentriert, alle Fäden der Macht in seiner Hand zu vereinen; man kann sagen, daß er jetzt in einer unangefochtenen Vormachtposition dasteht. An die Stelle des parlamentarischen Regimes ist ein Regime der rohen Gewalt getreten; die Parteien sind mit Ausnahme der Nazis und der Deutschnationalen aus der politischen Arena verschwunden. Der Reichstag hat daher keinerlei Daseinsberechtigung mehr. Der Führer der Nazis braucht nur einen Wunsch zu äußern, und schon wird er von seinen Gefolgsleuten erfüllt.

2. Allerdings sind die Reichswehr und der Präsident noch in einer Position, die es ihnen ermöglicht, den Hitlerismus einzudämmen, ihn möglicherweise sogar unter Kontrolle zu bringen; aber mit der Zeit wird die Isolierung der Streitkräfte fortschreiten, und obwohl die Truppe noch immun ist gegen den Hitlerismus, scheint es ausgeschlossen, daß dies auf Dauer so bleibt. Es ist zu erwarten, daß früher oder später, vor allem wenn der Reichspräsident stirbt, die Reichswehr ihr Gewicht zugunsten des neuen Regimes in die Wagschale werfen wird.

3. [...] Jetzt, da Hitler die uneingeschränkte Herrschaft – jedenfalls bis zum 1. April 1937 – errungen hat, mag es ratsam sein, sich Gedanken darüber zu machen, wie er während der nächsten vier Jahre seine unbegrenzten Möglichkeiten nutzen wird. Die Zukunftsperspektive ist beunruhigend; denn abgesehen von der Sicherung des eigenen Verbleibens im Amt, kann das einzige Programm, über das die Regierung zu verfügen scheint, offensichtlich als die Wiederbelebung des Militarismus und die Ausmerzung des Pazifismus beschrieben werden. Die Pläne der Regierung sind weitreichend; es wird einige Jahre dauern, bis sie realisiert werden können; man ist sich darüber im klaren, daß es vergeblich wäre, mit ihrer Verwirklichung zu beginnen, wenn irgendeine Gefahr besteht, daß sie vorzeitig gestört werden – sei es von außen her oder im eigenen Land. Daher kann man damit rechnen, daß sie von Zeit zu Zeit die Beteuerungen ihrer friedlichen Absichten wiederholen und darüber hinaus weitere Schritte – einschließlich propagandistischer Aktionen – unternehmen wird, um die übrige Welt in Sicherheit

zu wiegen. Die Stabilität im eigenen Land zu garantieren, ist einfacher. Das neue Regime ist davon überzeugt, daß es Bestand haben wird. Gleichzeitig weiß es, daß die Wirtschaftskrise, die Deutschland ihm auslieferte, diesen Prozeß auch wieder rückgängig machen könnte. Daher ist es für das Regime beschlossene Sache, nichts unversucht zu lassen, um sich für alle Zeiten in der Macht zu verankern. Zu diesem Zweck hat man politische Propaganda in einem Ausmaß zu treiben begonnen, wie es in der Geschichte ohne Parallele ist. Hitler selbst ist aus gutem Grunde zutiefst von der Leichtgläubigkeit der Menschen und insbesondere der Deutschen überzeugt. Sein Glaube an die Propaganda ist unbegrenzt. In seiner Autobiographie beschreibt er voller Neid und Bewunderung die Erfolge, die die Alliierten mit Hilfe der Kriegspropaganda erzielten. Er zeigt eine zynische und zugleich sehr klare Einsicht in die Psychologie der deutschen Massen. Er weiß, was er selbst mit seiner Redekunst und dem Appell an primitive Gefühle aus eigener Kraft in den letzten vierzehn Jahren erreicht hat. Jetzt, da ihm die Hilfsmittel des Staates zur Verfügung stehen, hat er guten Grund, zu glauben, daß er die öffentliche Meinung in beispiellosem Ausmaße in seinem Sinne formen kann. Jedenfalls ist sein frischer Sieg der beste Beweis dafür, daß die Methoden, die er empfiehlt, wirkungsvoll sind. Natürlich, es kann einen Sättigungsgrad geben, einen Punkt, an dem die Massen der Propaganda überdrüssig werden. Aber bis jetzt scheint man sich diesem Punkt nicht einmal genähert zu haben. Das Experiment, das Dr. Goebbels jetzt im Propagandaministerium durchführt, ist eines der interessantesten in der politischen Geschichte und wird zu gegebener Zeit die Anwort liefern. Dr. Goebbels ist in einer einzigartigen Weise geeignet, das neue Ministerium zu leiten. Seine Pionierarbeit während der letzten fünf Jahre war uneingeschränkt bewundernswert; er scheint ein Mann von unerschöpflichen Kraftquellen und Einfällen zu sein.

4. Dr. Goebbels ist mit der doppelten Aufgabe beschäftigt, jedes andere politische Glaubensbekenntnis als den Hitlerismus in Deutschland auszurotten und den Boden zu bereiten für das Wiederbeleben des Militarismus. Die Presse ist ihm ausgeliefert worden, und er hat erklärt, daß es seine Absicht sei, auf ihr »zu spielen wie auf einem Klavier«. Hinter der Presse rangiert für ihn der Rundfunk als ein Mittel der Propaganda. Kino, Theater und natürlich öffentliche Reden vor Zuhörermassen und vom Rundfunk über den neuen deutschen Sender und auf diese Wei-

se für Millionen Zuhörer übertragen, sollen eine wichtige Rolle spielen. Für langfristige Propaganda sollen Volksschulen, Höhere Schulen und Universitäten zugunsten der Erfordernisse des Staates eingespannt werden; von letzterem kann man fest erwarten, daß er künftige Generationen von Wählern dem Parteiapparat als perfekte Produkte des nationalsozialistischen Erziehungssystems liefern wird.

5. Die Aussichten für Europa sind alles andere als friedlich, wenn man sich die Reden der Naziführer, besonders die des Kanzlers vergegenwärtigt. Der Bericht des Kanzlers über seine politische Laufbahn in ›Mein Kampf‹ enthält nicht nur die Grundsätze, nach denen er während der letzten vierzehn Jahre gehandelt hat, sondern legt auch dar, wie er zu diesen fundamentalen Prinzipien kam. Zieht man den Wortschwall, in den er sie gekleidet hat, ab, so ist Hitlers Grundauffassung äußerst einfach. Er beginnt mit der Behauptung, das Wesen des Menschen sei von Kampf bestimmt. Daher, so folgert er, ist die Nation eine Kampfgemeinschaft, da sie ja einen Zusammenschluß von Kämpfern darstellt. Jeder lebende Organismus, der aufhört, um sein Dasein zu kämpfen, ist – so behauptet er – zum Untergang verurteilt. Über ein Land oder eine Rasse, die aufhören, zu kämpfen, ist gleichfalls das Todesurteil verhängt. Die Fähigkeit einer Rasse zum Kampf ist abhängig von ihrer Reinheit. Daher die Notwendigkeit, sie von der Verunreinigung durch Fremdes zu reinigen. Die jüdische Rasse ist infolge ihrer Universalität notwendigerweise pazifistisch und internationalistisch. Pazifismus ist die eigentliche Todsünde, denn Pazifismus bedeutet die Selbstaufgabe der Rasse im Existenzkampf. Die erste Pflicht eines jeden Landes ist es daher, die nationale Einheit der Massen herzustellen; Intelligenz ist von zweitrangiger Bedeutung für den Einzelnen; von größerer Wichtigkeit sind Wille und Entschlußkraft. Der eine, der als Führernatur geboren ist, ist mehr wert als zahllose tausende subalterner Naturen. Nur rohe Gewalt kann das Überleben der Rasse sicherstellen. [...] Eine Rasse, die rastet, muß rosten und untergehen. Wäre das deutsche Volk beizeiten geeint worden, wäre es jetzt Herr des Erdballs. Das neue Reich muß unter seinen Fittichen alle die verstreuten deutschen Elemente in Europa sammeln. Ein Volk, das eine Niederlage erlitten hat, kann gerettet werden, indem man sein Selbstvertrauen wiederherstellt. Vor allen Dingen muß die Armee gelehrt werden, an ihre eigene Unbesiegbarkeit zu glauben. Um die deutsche Nation wiederherzu-

stellen, »ist es nur notwendig, das deutsche Volk von der Möglichkeit zu überzeugen, die Freiheit mit Waffengewalt wiederzugewinnen«.

6. Hitler beschreibt in seinem geschwollenen Stil sehr langatmig, welches Ziel sich daher das neue Deutschland selbst setzen muß. Intellektualismus ist unerwünscht. Das eigentliche Ziel der Erziehung ist es, einen Deutschen zu schaffen, der mit einem Minimum an Ausbildung in einen Soldaten verwandelt werden kann. Die Vorstellung, der Chauvinismus enthalte Elemente, die kritisch zu beurteilen seien, ist vollständig irrig: »Denn die größten Umwälzungen auf dieser Erde wären nicht denkbar gewesen, wenn ihre Triebkraft statt fanatischer, ja hysterischer Leidenschaften nur die bürgerlichen Tugenden der Ruhe und Ordnung gewesen wären. Sicher aber geht diese Welt einer großen Umwälzung entgegen. [...] Der völkische Staat wird dafür sorgen müssen [durch eine passende Erziehung der Jugend], dereinst das für die letzten und größten Entscheidungen auf diesem Erdball reife Geschlecht zu erhalten« (›Mein Kampf‹, 17. Aufl., S. 475). Immer wieder verkündet er, daß fanatische Überzeugung und kompromißlose Entschlossenheit unabdingbare Führereigenschaften seien.

7. Der Höhepunkt der Erziehung ist der Militärdienst (S. 476). Ein Mann mag ein wandelndes Lexikon sein, aber wenn er kein Soldat ist, wird er in den großen Bewährungsproben des Lebens versagen. Das aristokratische Prinzip ist von Grund auf gesund. Es ist möglich, das Volk wehrhaft zu machen, auch wenn militärische Ausbildung ausdrücklich verboten ist. Gebt dem deutschen Volk sechs Millionen junge Männer, die sportlich vollkommen ausgebildet sind, von fanatischem Patriotismus verzehrt werden und die erzogen wurden zu einem Höchstmaß an Angriffslust, dann wird ein völkischer Staat, falls nötig, in der Lage sein, sie in weniger als zwei Jahren in eine reguläre Armee zu verwandeln, vorausgesetzt, daß die entsprechenden Kader verfügbar sind. Hitler erklärt weiter, daß aus diesem Grund eine Armee wie die Reichswehr notwendig sei und nicht durch eine Miliz ersetzt werden könne. Eine Armee ist unverzichtbar nicht nur, um die verlorene Freiheit wiederzugewinnen, sondern auch um die Erhaltung und Ausbreitung der Rasse zu sichern. Die Rückgewinnung verlorener Provinzen ist niemals durch Protest und ohne Gewaltanwendung gelungen. Das dazu notwendige »Schwert zu schmieden, ist die Aufgabe der innerpolitischen Leitung eines Volkes; die Schmie-

dearbeit zu sichern und Waffengenossen zu suchen, die Aufgabe der außenpolitischen« (S. 689). Außenpolitik kann skrupellos sein. »Eine Diplomatie hat dafür zu sorgen, daß ein Volk nicht heroisch zugrunde geht, sondern praktisch erhalten wird« (S. 693). Für Deutschland gibt es nur zwei mögliche Bundesgenossen – England und Italien (S. 699). Keine Macht wird ein Bündnis abschließen mit einem feige pazifistischen Staat unter demokratisch-marxistischer Leitung. So lange Deutschland sich nicht selbst zur Wehr setzt, wird sich niemand für es schlagen. Deutschlands verlorene Gebiete können nicht wiedergewonnen werden »durch feierliche Anrufungen des lieben Herrgotts« oder »durch fromme Hoffnungen auf einen Völkerbund, sondern nur durch Waffengewalt« (S. 708). Deutschland darf nicht den Fehler wiederholen, gegen alle seine Feinde gleichzeitig zu kämpfen. Es muß den gefährlichsten Gegner aussuchen und ihn mit allen seinen Kräften angreifen (S. 710). Aufgabe der Regierung ist es, im Volk die Gefühle mannhaften Mutes und leidenschaftlichen Hasses zu wecken. Die Welt wird erst dann aufhören, antideutsch zu sein, wenn Deutschland seine Gleichberechtigung wiedererlangt und seinen Platz an der Sonne erneut eingenommen hat.

8. Hitler räumt ein, es sei schwierig, Chauvinismus zu predigen, ohne unerwünschte Aufmerksamkeit zu erregen, aber es sei machbar. [...] Keine Gefühlsduselei, erklärt er, dürfe die deutsche Außenpolitik bestimmen. Frankreich aus rein gefühlsmäßigen Gründen anzugreifen, wäre töricht. Was Deutschland brauche, sei mehr Land in Europa. Hitler drängt sogar nachdrücklich darauf, daß Deutschlands Kolonialpolitik der Vorkriegszeit aufgegeben werde und daß das neue Deutschland Ausdehnung in Richtung Rußland und vor allem in Richtung der baltischen Staaten suchen müsse. Er verurteilt das Bündnis mit Rußland, weil das letzte Ziel aller Allianzen Krieg sei. Mit Rußland Krieg zu führen gegen den Westen, wäre verbrecherisch, zumal das Ziel der Sowjets der Sieg des internationalen Judentums sei.

9. Inwiefern Hitler gewillt ist, seine fanatischen Pläne in die Tat umzusetzen, ist natürlich ungewiß; aber es ist klar, daß er die Hauptpunkte seines Programms ebensowenig aufgeben kann wie Lenin oder Mussolini. Sie sind, so erklärt er, die granitenen Pfeiler, die seine Politik tragen. [...]

11. Wie ich bereits festgestellt habe, hat die Regierung bisher noch keine Anstalten gemacht, die wirtschaftlichen Probleme in

Angriff zu nehmen. Der deutsche Exportüberschuß ist in den vergangenen Monaten geschrumpft, und der Rückgang im Außenhandel wird die gegenwärtige Krise auf dem Arbeitsmarkt nur noch verschärfen. An einer Stelle in ›Mein Kampf‹ spielt Hitler darauf an, daß es viel leichter, schneller und vermutlich lohnender wäre, Krieg zu führen und so neue Gebiete für die Kolonisation zu gewinnen, indem man bereits existierende Güter im Feindesland besetze, als den mühsamen Weg des Landaufkaufs zur inneren Kolonisierung einzuschlagen.

12. Falls es die Absicht des neuen Regimes ist, den Militarismus wieder zu beleben – und alles scheint bis jetzt darauf hinzudeuten –, ist die erste und eine der wichtigsten Hürden bereits genommen: Das parlamentarische Regime ist abgeschafft. Der Reichstag ist praktisch beseitigt. Eine von den Machthabern veranlaßte Terrorkampagne hat weder bei den Demokraten noch bei den Sozialisten und Kommunisten ihre Wirkung verfehlt. Es ist fraglich, ob gegen eine Wiedereinführung der allgemeinen Wehrpflicht jetzt noch irgendein realer Widerstand geleistet werden würde. Noch schwerer wiegt die Tatsache, daß die Rüstungsproduktion heute mit viel geringerer Furcht vor Entdeckung oder Anzeige als bisher wiederaufgenommen werden kann. Dank der Beseitigung der linken Presse und der exemplarischen Bestrafung von Verrätern und Informanten wird es in Zukunft viel einfacher sein, die Geheimhaltung in den Fabriken und Werkstätten sicherzustellen. [. . .] Der Rundfunk und andere Propagandainstrumente, die jetzt von Dr. Goebbels geleitet werden, zielen auf das Wiedererstarken jenes extremen Patriotismus ab, der nur im Wiederaufleben des Militarismus enden kann. In der Tat ist das politische Vokabular des Nationalsozialismus bereits überladen mit militaristischen Audrükken. Da ist unaufhörlich die Rede von Sturm und Angriff auf befestigte Stellungen, auf politische Festungen, die erstürmt worden sind, von Rücksichtslosigkeit, Gewalt und Heldenmut. Hitler selbst hat verkündet, daß Deutschland jetzt im Begriff ist, in ein »heroisches« Zeitalter einzutreten, in dem der Einzelne nichts, das Wohl des Staates aber alles zählt. [. . .]

13. Oberst Hierl ist (oder war vielmehr 1922) überraschend offen: »Die Preisgabe der Unterwerfungspolitik (gegenüber den Alliierten) und der Übergang zu einer Politik des Widerstandes bedeutet nicht sofort, aber auf längere Sicht Krieg. Während der Übergangsphase muß Deutschland die notwendige Stärke finden, um seine Fesseln zu zerreißen.« Der erste Schritt, so er-

klärt er, sei es, das deutsche Volk selbst zu verändern und die politischen Parteien abzuschaffen.

14. Den ersten Schritt hat man mit außerordentlicher Leichtigkeit und Geschicklichkeit getan. Jetzt kommt die Übergangsphase, und da erinnert meiner Meinung nach einiges beim jetzigen Stand der Dinge in merkwürdiger Weise an die Tirpitz-Periode. Das Problem, vor dem die naiven Vertreter der »Nationalen Revolution« stehen, ist sogar schwieriger, als das des Admirals von Tirpitz. Wie Tirpitz in seinen nach 1918 erschienenen »Politischen Dokumenten« mit entwaffnender Offenheit schreibt, war es 1905 die Aufgabe, eine Hochseeflotte zu bauen, die stark genug war, England herauszufordern, ohne daß England einschritt, ehe diese Aufgabe gelöst war.

15. Die Aufgabe der jetzigen deutschen Regierung ist komplizierter. Sie muß zu Land wiederaufrüsten und, wie Herr Hitler in seinen Memoiren darlegt, muß sie ihre Gegner in einem solchen Ausmaß einschläfern, daß sie es zulassen, einer nach dem andern angegriffen zu werden. Es mag erstaunen, daß der Kanzler so frei seine Meinung äußert, aber man muß bedenken, daß er sein Buch 1925 geschrieben hat, als seine Aussichten, an die Macht zu kommen, so fern lagen, daß er es sich leisten konnte, offen zu sein. [...] Seitdem er das Amt übernommen hat, war Herr Hitler so vorsichtig und diskret, wie er früher plump und freimütig war. Er erklärt, daß er sich darum bemühe, den Frieden für eine Periode von zehn Jahren aufrechtzuerhalten. Was er wahrscheinlich meint, kann man genauer so ausdrücken: Deutschland braucht Frieden, bis es so stark geworden ist, daß kein anderes Land es herausfordern kann, ohne erhebliche und mühsame Vorbereitungen zu treffen. Ich fürchte, es wäre irrig, wenn man hoffte, der gesunde Menschenverstand werde sich bei dem Kanzler und seiner Umgebung durchsetzen oder sie würden ihre Ansichten durchgreifend ändern. [...]

18. Selbstverständlich schließe ich die Möglichkeit nicht aus, daß ein Meinungsumschwung in Deutschland stattfindet und vernünftigere Auffassungen sich durchsetzen, wenn das neue Regime die Zeit hatte, eine Bestandsaufnahme der Situation in Europa und in der Welt zu machen. Aber die gegenwärtige Geistesverfassung ist entschieden beunruhigend und die Regierung dieses Landes billigt und ermutigt erstmals seit dem Krieg offiziell eine geistige Haltung sowie verschiedene Formen der militärischen Ausbildung, die nur in einer Richtung enden kön-

nen. Ich glaube daher, daß Deutschlands Nachbarn Grund zur Wachsamkeit haben und daß es für sie notwendig sein kann, ihre Haltung gegenüber künftigen Entwicklungen in diesem Land früher festzulegen, als sie ins Auge gefaßt haben mögen. [...]

19. Bei einer Rede in Breslau vor wenigen Wochen behauptete Herr v. Papen, der »Hitlerismus« sei in seinem Wesen ein Aufstand gegen den Versailler Vertrag. Ausnahmsweise sprach der Vizekanzler die unverhüllte Wahrheit. Der »Hitlerismus« hat sich seit dem 5. März außerordentlich rasch ausgebreitet, und diejenigen, die Zeugen der Festlichkeiten bei Hitlers Geburtstag vor wenigen Tagen waren, müssen beeindruckt gewesen sein von der erstaunlichen Popularität des neuen Führers bei den Massen. Für den Mann von der Straße in Deutschland hat Hitler zweifellos etwas Ähnliches wie Selbstachtung wiederhergestellt, an der es in Deutschland seit dem November 1918 fehlte. Das deutsche Volk fühlt sich heute nicht mehr gedemütigt oder niedergedrückt. Das Kabinett Hitler hatte den Mut, sich gegen Versailles zu erheben und Frankreich wie die anderen Unterzeichnerstaaten des Versailler Vertrags herauszufordern, ohne daß dies ernste Folgen hatte. Für ein besiegtes Land bedeutet dies einen ungeheuren moralischen Gewinn. Für seinen Führer Hitler bedeutet es ein überwältigendes Prestige und überwältigende Popularität. Man hat den Nationalismus einmal zutreffend als das illegitime Kind eines Patriotismus aus Minderwertigkeitskomplexen bezeichnet. Deutschland hat an einem solchen Komplex ein Jahrzehnt lang gelitten. Der »Hitlerismus« hat ihn ausgetilgt, aber Europa dafür mit einem neuen Ausbruch des Nationalismus belastet.

216. »Doppelt hilft, wer schnell hilft«

Aus einem Appell von Gustav Krupp von Bohlen und Halbach vom 26. April an Friedrich Springorum zur finanziellen Unterstützung der Auslandsprogaganda der NSDAP durch die Industrie

Wie ich Ihnen eben fernmündlich mitteilte, hat gestern in Berlin auf Einladung des Herrn Alfred Rosenberg, des Chefs des Außenpolitischen Amtes der NSDAP, Reichsleitung, im Kaiserhof in Berlin eine Besprechung stattgefunden, in welcher der Genannte hinwies, wie unbedingt notwendig es sei, durch Aufklärung über die tatsächliche Lage in Deutschland und über die Ziele der nationalsozialistischen Partei im Auslande den großen, auch wirtschaftlichen Schäden entgegenzuwirken, die teils durch Mißverständnisse, teils absichtlich seitens übelwollender Kreise hervorgerufen würden. Es wurde in dieser Besprechung betont, daß die Mittel für eine derartige Gegenpropaganda an und für sich regierungsseitig bereitgestellt werden müßten, daß dieses aber nicht so schnell ginge, um alsbald, wie unbedingt notwendig erscheine, wirksam werden zu können, und daß deshalb an die deutsche Wirtschaft der Appell gerichtet würde, durch sofortige Bereitstellung eines bestimmten Betrages – es war von 1 Million Mark die Rede – den Übergang zu ermöglichen.

Ich habe darauf hingewiesen, daß es für einzelne Persönlichkeiten nicht möglich sei, sich gleich auf eine Zusage festzulegen, daß ich aber Veranlassung nehmen würde, mit den leitenden Herren des Ruhrreviers in der Angelegenheit Fühlung zu nehmen ... Sollten Sie jedoch auf Grund der beabsichtigten Fühlungnahme mit Herrn Dr. Ernst Poensgen zu dem Entschluß kommen, einen Betrag jetzt schon gleich zu überweisen, so würde ich das meinerseits sehr begrüßen, denn auch in diesem Falle kann man wohl sagen: »Doppelt hilft, wer schnell hilft!«

217. »Schwarze und weiße Listen« bei den Buchhändlern
Aus dem Tagebuch Oskar Loerkes (Berlin) vom 27. April

Am 10. Mai sollen Bücher öffentlich verbrannt werden, symbolisch die Autoren. Aus unserm Verlag Schalom Asch, Döblin, Beer-Hofmann, Schnitzler! Wo führt das hin. Schwarze und weiße Listen! Auch die Buchhändler haben welche. Suhrkamp ist gestern abend nach Hamburg gefahren, um wenigstens eine Erweiterung der positiven Listen zu erreichen. [...] Der Bücherabsatz des Verlages war letzte Woche wie abgeschnitten. Die Bücher der neuen Autoren kamen ballenweise zurück. [...] Montag Vortrag Benns im Rundfunk. Stramm für heroische Unterdrückung der Intellektuellen. Werner Bukofzer rief mich danach an, ebenso erregt Molos. Bis in die Nacht hätten sie geweint. Absolute Vereinsamung und Abgeschlossenheit.

218. »Zuwachs im Konzentrationslager«
Eine Pressemeldung aus Dachau vom 26. April

Am Dienstag Vor- und Nachmittag sind Autos, beladen mit politischen Häftlingen und eskortiert von Sicherheitsmannschaften aus dem Frankenlande im Konzentrationslager Dachau eingetroffen. Eine Anzahl Gefangener wurde auch mit der Eisenbahn nach hier gebracht und mußte den Weg zu Fuß ins Lager zurücklegen. – Von mehreren Seiten, die versichern, es aus bestimmter Quelle zu wissen, hört man, daß der ehem. L.-Abg. Kommunist Bäumer [richtig: Beimler], der im letzten Wahlkampf in einer Münchner Zirkusversammlung den Ausspruch getan hat, »bei Dachau sehen wir uns wieder« nun tatsächlich im Konzentrationslager Dachau, aber in der Eigenschaft als Gefangener sitzt.

219. »Wir werden gereinigt, geläutert, gesiebt ...«
Aus einem Brief Hans Carossas (Seestetten) an Erika Mitterer vom 28. April

Bei uns in Deutschland geht jetzt sehr viel vor: wir werden gereinigt, geläutert, gesiebt, desinfiziert, entmischt, ertüchtigt, aufgenordet, beinah hätte ich auch noch geschrieben: entfremdet. Keine guten Aussichten für die Dichter, die doch, ähnlich der Natur, ihr Bestes hervorbringen, wo es einigermaßen gemischt zugeht. Manchmal überfällt mich eine Sehnsucht, nach Wien zu fahren, noch in seinen schönen alten Straßen und Kirchen herumzugehen, bevor sichs uns angeschlossen hat.

220. »Die Begleitumstände dieser ›Erneuerung‹ sind unerträglich«
Aus einem Brief Friedrich Thimmes (Potsdam) an seinen Bruder Karl vom 29. April

Der neuen ›Zeitwende‹ wirst Du [...] mit geteilten und im ganzen vielleicht mehr kritischen Gefühlen gegenüberstehen. Daß bei mir das Gefühl der Ablehnung vorherrscht, wird Dich nicht wundern. Auf tönende Phrasen, mit denen leider selbst von kirchlichen Behörden der »Aufbruch der deutschen Nation« überschwenglich gefeiert wird, [gebe ich] nach meiner kühl und realistisch eingestellten Natur weniger wie gar nichts. Es ist natürlich nicht so, daß ich nicht die »Gleichschaltung« von Nord und Süd, den Fortfall oder doch die Zurückdrängung des dynastischen süddeutschen Partikularismus, der immer ein wenig die Gefahr des Separatismus in sich schloß, mit anderen Worten die Herstellung eines Einheitsreichs höherer Ordnung, als es das föderative Bismarcksche Reich war, in ihrer vollen Bedeutung würdigte. Aber die Begleitumstände dieser »Erneuerung« sind, alles in allem genommen vom deutschen, vom weltpolitischen und nicht zuletzt vom christlichen Standpunkt so unerträglich, daß ich für meine Person die »innere Verbundenheit«, wie so schön gesagt wird, mit dem neuen Regime durchaus ablehne. Ich zweifle auch, da man außenpolitisch und noch mehr finanzpolitisch mit einer fast unfaßbaren Leichtfertigkeit vorgeht, noch stark an der Dauer des neuen Regimes, trotz aller in dessen Händen liegender und rücksichtslos gebrauchter Machtmittel. Eine Genugtuung ist es mir, daß die Kirche in ihrer Gesamtheit, so weit sie auch dem neuen Regime entgegenkommt, sich doch nicht einfach ihm politisch koordiniert und subordiniert, dem innersten Geist des Protestantismus entspricht es gewiß nicht, sich auf kirchlichem Gebiet das Gesetz des Handelns von politischen Faktoren aufdrängen zu lassen.

221. *»Es wird nie so heiß gegessen als gekocht«*

Aus einem Brief des KPD-Organisationsleiters von Baden-Pfalz Karl Schneck (MdL Württemberg) aus der Haftzelle an Freunde in Freudenstadt vom 29. April

Ich denke immer, es wird nie so heiß gegessen als gekocht. Am Ende reden wir ja immer auch noch mit. In den hundert Jahren, seit es den Marxismus als Theorie gibt, haben schon viele Gelehrte und Staatsmänner mit den Waffen des Geistes oder der Gewalt versucht, den Marxismus umzubringen. Doch sie deckt der kühle Rasen, der Marxismus lebt ... So denke ich, deshalb halten wir den Kopf hoch. Es ist meine Hoffnung, daß ihr in eurer schönen Schwarzwaldstadt bald euren Eingekerkerten begrüßen könnt.

222. *»Planmäßiger Ausmarsch« und »Schaffung einer Heimstätte für die Juden« als »Lösung der Judenfrage«*
Aus einem Artikel des »Sachverständigen für Rasseforschung« im Reichsministerium des Innern, Dr. Achim Gercke (Mai)

[...] Alle Vorschläge, die einen Dauerzustand, eine Dauerregelung für die Juden in Deutschland beabsichtigen, lösen die Judenfrage nicht, denn sie lösen die Juden nicht von Deutschland. Und darauf kommt es an. Die Juden, wenn sie auf ewig bei ihren Wirtsvölkern schmarotzen können, bleiben ein ständiger Brandherd, an dem das offene, zerstörende Feuer des Bolschewismus leicht immer wieder entzündet werden kann, abgesehen davon, daß die politische Unsicherheit, die Volkszerrissenheit und die Gefahr für den rassischen Bestand dauernd wachgehalten werden. Schwören wir solchen Gedanken, ob sie nun aus Denkunfähigkeit oder aus böser Absicht geboren werden, ab, ein für alle Mal. Zusammenfassend, staatlich geregelt werden kann und darf nur der planmäßige Ausmarsch, die Abwanderung. [...] Greifen wir [...] die Pläne der Zionisten auf und versuchen wir eine internationale Regelung zur Schaffung einer Heimstätte für die Juden zu erreichen, dann können wir die Judenfrage nicht nur für Deutschland, sondern für Europa und für die Welt lösen. Die ganze Welt hat ein Interesse an der Lösung, an der Beseitigung dieses Unruheherdes, von dem der Bolschewismus stets seinen Ausgang nimmt. [...]

Vielleicht können die Juden eine Nation, ein Volk *werden*. Voraussetzung wäre, daß jüdische Arbeiter und Handwerker und jüdische Siedler aus der vorhandenen jüdischen Bevölkerung entstehen können. [...]

Unseren Staat müssen wir ohne die Juden aufbauen, sie können nur staatenlose Fremdlinge bleiben und keine gesetzliche, rechtliche Dauerstellung beziehen. Nur so wird Ahasver gezwungen, zum letztenmal den Wanderstab zu ergreifen, um ihn dann in Axt und Spaten umzutauschen.

223. *»Es muß wieder Sitte werden, daß die Menschen deutschen Blutes nur artgemäße Ehen schließen können«*
Aus einem Artikel Dr. Achim Gerckes (Mai)

Die Möglichkeiten zur Schließung neuer Mischehen, d.h. von Ehen zwischen Deutschen und Juden, sind z. Zt. sehr herabgesetzt, da insbesondere durch das Gesetz zur Wiederherstellung des Berufsbeamtentums Wege gewiesen und beschritten sind, die für die Dauer die Berufsaussichten der Kinder aus solchen Ehen stark einschränken. Was aber gar nicht verhindert wird, ist die Fortpflanzung des bis heute schon eingedrungenen Mischblutes. Menschen mit einem jüdischen Eltern- oder Großelternteil werden jetzt geradezu angereizt, einen deutschblütigen (arischen) Ehepartner zu finden, um ihre Kinder von den harten Bestimmungen der Gesetze zu befreien, um sie zu »voll«wertigen (vollblütigen!) Deutschen zu machen. Wenn hier nichts geschieht, dann nehmen wir das jüdische Blut in den deutschen Volkskörper auf, ohne es selbst zu merken. [...]

Arisch ist nicht, wer weniger als einen Großelternteil jüdischer Vorfahren hat, arisch ist, wer überhaupt keine jüdischen Vorfahren hat. Wenn das Berufsbeamtengesetz als nichtarisch nur die gelten läßt, die mindestens ein jüdisches Großelternteil aufweisen, so soll das nur heißen, »nicht arisch im Sinne dieses Gesetzes«, sonst aber gar nichts. [...]

Die Juden- und besonders die Mischlingsfrage muß auf gesellschaftlichem Gebiet gelöst werden. Es muß wieder *Sitte* werden, daß die Menschen deutschen Blutes nur artgemäße Ehen schließen können.

224. *»Ehret die Arbeit und achtet den Arbeiter«*
Grußworte hannoverscher Firmenleitungen zum 1. Mai

Continental Gummi-Werke A.G.
Der Tag der deutschen Arbeit soll dem ganzen Volke zeigen, daß ein Zeitabschnitt für das deutsche Volk begonnen hat, dessen Bedeutung und Auswirkungen für die Zukunft die meisten von uns wohl noch nicht richtig erkennen.

Er soll das Trennende in uns beseitigen und uns klar machen, daß nur durch Bildung einer Volksgemeinschaft das deutsche Volk sich von den innen- und außenpolitischen Fesseln befreien kann.

Deutsche Lufthansa A.-G.

[...] Schon heute fühlen wir die starke Hand der neuen Führer, die mit unerhörter Kraft das übernommene Werk vorwärts und aufwärts treiben. Wir alle, die wir aufs engste mit der Fliegerei verbunden sind, Kopf- und Handarbeiter, haben das unerschütterliche Vertrauen zu unseren Führern, daß sie die deutsche Luftfahrt in dem Maße fördern und unterstützen, daß sie auf Grund ihrer Leistungen die Weltgeltung erlangt, die sie verdient. Heil Hitler!

225. Reichswehr und Wehrverbände

Aus einem Brief des Chefs der Heeres-Organisationsabteilung des Truppenamtes im Reichswehrministerium, Oberst Wilhelm Keitel (Berlin), an seinen Vater vom 1. Mai

Der heutige Feiertag der »nationalen Arbeit« ist auch für mich ein Ruhetag von der gewaltigen Last der sich überstürzenden innerdeutschen Ereignisse, an denen wir keineswegs unbeteiligt sind. Während wir einerseits außenpolitisch insbesondere [auf der Abrüstungskonferenz] in Genf auf schwerstem Posten kämpfen müssen, drängen die innerpolitischen Verhältnisse mit Ungestüm auf Wehrfreiheit. Die Wehrverbände versuchen alle Schranken begreiflicherweise zu ignorieren, ihrem Auftreten, hinter dem ein wirklicher militärischer Wert nicht steckt, wird jenseits der Grenzen eine Bedeutung – großenteils gegen besseres Wissen – beigemessen, die völlig ungerechtfertigt ist. Man wirft uns Untätigkeit u. Zaghaftigkeit vor – natürlich aus Unkenntnis der Tatsachen – u. wir sind in der schwierigen Lage, das Vertrauen zur Wehrmacht u. ihrer Führung nicht verlorengehen zu lassen. [...]

Ich kann mir vorstellen, mit welchen gemischten Gefühlen Du die heutige Feier betrachtest u. doch ist zu sagen, daß für die Großstädte, z.B. hier für Berlin, die Feier des 1. Mai den tatsächlichen Sieg über die rote Internationale dem Volk glauben macht [...].

226. *»Der Arbeitsdienst – die Erziehungsschule zum deutschen Sozialismus«*
Aus programmatischen Ausführungen des Staatssekretärs für den Arbeitsdienst, Oberst Konstantin Hierl, am 1. Mai

Der Arbeitsdienstgedanke ist vielleicht der bezeichnendste Ausdruck des Geistes einer neuen geschichtlichen Zeitepoche, die unter den Wehen des Weltkrieges geboren wurde, deren Züge den herben Ausdruck deutschen Soldatentums und deutschen Arbeitertums tragen, einer Zeit, die treffend als die »Wirzeit« bezeichnet wurde im Gegensatz zur versinkenden liberalistischen »Ichzeit«. [...]

Der Arbeitsdienst darf nicht nur eine Angelegenheit der besitzlosen Arbeitslosen sein, sondern muß *Ehrendienst der ganzen deutschen Jugend an Volk und Vaterland werden.*

Der Arbeitsdienst ist dazu berufen, durch Bearbeitung des deutschen Heimatlandes die Lebensbedingungen unseres »Volkes ohne Raum« zu verbessern. [...]

Der Arbeitsdienst unserer Jugend schafft die Vorbedingungen zur allmählichen beruflichen und örtlichen Umschichtung unseres Volkes aus einer übermäßig aufgeblähten Industrie zur Bodenkultur und führt zur Befreiung aus der todbringenden Zusammenballung unseres Volkes in den Großstädten.

Die Arbeitsdienstpflicht soll vor allem *die große Erziehungsschule zum deutschen Sozialismus, d.h. zur deutschen Volksgemeinschaft* schaffen.

Es gibt kein besseres Mittel, die soziale Zerklüftung, den Klassenhaß und den Klassenhochmut zu überwinden, als wenn der Sohn des Fabrikdirektors und der junge Fabrikarbeiter, der junge Akademiker und der Bauernknecht im gleichen Rock bei gleicher Kost den gleichen Dienst tun als Ehrendienst für das ihnen allen gemeinsame Volk und Vaterland. [...]

Die allgemeine Arbeitsdienstpflicht ist dazu berufen, unsere Auffassungen vom Adel der Arbeit und von der Arbeitsehre der jungen deutschen Generation einzuprägen. Wie die allgemeine Wehrpflicht den Namen »Soldat«, so wird die allgemeine Arbeitsdienstpflicht den Namen »Arbeiter« zum Ehrentitel jedes deutschen Mannes machen.

227. *Stefan Georges Schweigen ist »eine Schande«*

Aus einem Brief Max Picards (Sorengo) an Martin Buber vom 1. Mai

Ich habe Wolfskehl gesehen und ihm gesagt, es sei eine Schande, daß George, der das Heroische predige, sich nicht getraue, ein Wort zu sagen gegen das, was heute geschieht. Wolfskehl antwortete, George habe sich immer nur um die ewigen Dinge gekümmert. Ich aber fragte, ob das keine Angelegenheit der Ewigkeit sei, wenn man die Juden, das Volk Gottes schlage und ob dieser Augenblick nicht der Augenblick der Ewigkeit sei.

228. *»Arbeiter, Deine Institutionen sind uns Nationalsozialisten heilig und unantastbar«*

Aufruf des Leiters des »Komitees zum Schutze der Deutschen Arbeit«, Robert Ley, anläßlich der Gleichschaltung der Freien Gewerkschaften am 2. Mai

Deutsche Arbeiter und Angestellte! Schaffendes Volk in Stadt und Land!

Die Glocken zu Ehren der Arbeit sind verklungen. Mit nie dagewesener Wucht und Begeisterung hat das gesamte deutsche Volk das Hohelied vom schaffenden Menschen gesungen und damit sich und seinen hohen schöpferischen Geist geehrt. Die Räder standen still, der Amboß klang nicht mehr, der Bergmann kam aus seiner Grube: All, überall Feiertag!

Das, was die Gewerkschaften aller Richtungen, die Roten und Schwarzen, die Christlichen und »Freien«, auch nicht annähernd zustande brachten, was selbst in den besten Jahren des Marxismus nur ein Schatten, ein elender erbärmlicher Abklatsch gegenüber dem gewaltig Großen des gestrigen Tages war, der Nationalsozialismus schafft es im ersten Anlauf. Er stellt den Arbeiter und den Bauern, den Handwerker und den Angestellten, mit einem Wort, alle schaffenden Deutschen in den Mittelpunkt seines Denkens und Handelns und damit in den Mittelpunkt seines Staates, und den Raffenden und den Bonzen macht er unschädlich. Wer war nun der Kapitalistenknecht, wer war der Reaktionär, der Dich unterdrücken und Dich aller Rechte berauben wollte? Jene roten Verbrecher, die Dich gutmütigen, ehrlichen und braven deutschen Arbeiter jahrzehntelang mißbrauchten, um Dich und damit das ganze

Volk entrechten und enterben zu können, oder wir, die unter unsagbaren Opfern und Leiden gegen diesen Wahn und Aberwitz teuflischer Irrlehren ankämpften? Schon drei Monate nationalsozialistischer Regierung beweisen Dir: Adolf Hitler ist Dein Freund! Adolf Hitler ringt um Deine Freiheit! Adolf Hitler gibt Dir Brot!

Wir treten heute in den zweiten Abschnitt der nationalsozialistischen Revolution ein. Ihr werdet sagen, was wollt Ihr denn noch, Ihr habt doch die absolute Macht! Gewiß, wir haben die Macht, aber wir haben noch nicht das ganze Volk. Die Arbeiter haben wir noch nicht hundertprozentig, und gerade Dich wollen wir, wir lassen Dich nicht, bis Du in aufrichtiger Erkenntnis restlos zu uns stehst. Du sollst auch von den letzten marxistischen Fesseln befreit werden, damit Du den Weg zu Deinem Volke findest. Denn das wissen wir: Ohne den deutschen Arbeiter gibt es kein deutsches Volk! Und vor allem müssen wir verhüten, daß Dir Dein Feind, der Marxismus und seine Trabanten, noch einmal in den Rücken fallen können. [...]

Uns täuscht der schlaue Fuchs nicht! Lieber geben wir ihm einen letzten Fangschuß, als daß wir jemals wieder dulden würden, daß er sich erhebe. Die Leiparts und Graßmänner mögen Hitler noch so viel Ergebenheit heucheln – es ist besser, sie befinden sich in Schutzhaft. Deshalb schlagen wir dem marxistischen Gesindel seine Hauptwaffe aus der Hand und nehmen ihm damit seine letzte Möglichkeit, um sich neu zu stärken. Die Teufelslehre des Marxismus soll elendiglich auf dem Schlachtfelde der nationalsozialistischen Revolution krepieren.

Nicht als ob wir damit die Gewerkschaften an sich zerschlagen und zerstören wollten. Im Gegenteil, wir haben nie etwas zerstört, was überhaupt irgendwie Wert für unser Volk hat, und werden das auch in Zukunft nicht tun, das ist nationalsozialistischer Grundsatz. Das gilt ganz besonders für die Gewerkschaften, die mit soviel sauer verdienten und vom Munde abgesparten Arbeitergroschen aufgebaut wurden. Nein, Arbeiter, Deine Institutionen sind uns Nationalsozialisten heilig und unantastbar. Ich selbst bin ein armer Bauernsohn, und kenne die Not, ich selbst war sieben Jahre in einem der größten Betriebe Deutschlands.

Arbeiter, ich schwöre Dir, wir werden nicht nur alles erhalten, was sich vorfindet; wir werden Schutz und Rechte des

Arbeiters weiter ausbauen, damit er in den neuen nationalsozialistischen Staat als vollwertiges und geachtetes Glied des Volkes eingehe.

Arbeiter und Bauern in breiter Front zusammen mit den freien Berufen und dem Handwerk – so bauen wir ein neues Reich des Wohlstandes, der Ehre und Freiheit. *Mit Hitler für Deutschland vorwärts!*

229. »Nun hat es wirklich den Anschein, als huldige die ganze deutsche Arbeiterschaft dem Führer«
Aus dem Tagebuch Erich Ebermayers (Leipzig) vom 2. Mai

Der große Tag des Deutschen Volkes brach also mit einer Riesenkundgebung im Lustgarten vor den Berliner Schulkindern an. Durch ein Spalier Zehntausender fuhren Hindenburg und Hitler zum Schloß. Jubelstürme ohnegleichen! Harald Quandt, der Stiefsohn von Dr. Goebbels, [...] überreicht dem Reichspräsidenten einen großen Rosenstrauß. Dann spricht Hindenburg zur Jugend. Schlicht und bieder wie immer [...]

Später kommen die Arbeiterdelegationen in Flugzeugen aus dem ganzen Reich in Tempelhof an und werden von Goebbels begrüßt. Mittags sind sie bei Hitler zum Essen. Darnach werden sie von Hindenburg empfangen. Auch das ein großartiger Schachzug. Nun hat es wirklich den Anschein, als huldige die gesamte deutsche Arbeiterschaft dem Führer.

Abends sind anderthalb Millionen Menschen am Tempelhofer Feld aufmarschiert. Goebbels eröffnet. Dann spricht der Führer. Er ist in Höchstform. Seine Worte klingen überzeugend. Das Ende des Klassenkampfes sei nun gekommen. Ehret die Arbeit und ehret den Arbeiter! Erziehung des deutschen Volkes durch die Arbeitsdienstpflicht (die allerdings die verruchte Systemregierung erfunden hat, aber davon wollen wir nicht mehr reden!), Arbeitsbeschaffung, Herabsetzung der Zinssätze und ein gewaltiges Straßenbauprogramm. Schließlich: Rettung des deutschen Bauern und die übliche Apostrophierung des »Allmächtigen« als Finale.

Nun können sich die Herren wieder einen neuen Schlag leisten. Allmählich bekomme ich nämlich ihre Taktik heraus: nach jedem echten Erfolg, der ihnen wieder ein paar Millionen Schwankender zugeführt hat, kommt jedesmal irgendeine völlig ungesetzliche Brutalität, die aber dadurch im voraus bereits sanktioniert ist und im nachklingenden Rausch der Begeisterung untergeht.

230. »... Vorgänge einer Revolution, bei denen Trübes und Gutes gemeinsam aufgewirbelt werden«
Aus einem Brief Peter Dürrenmatts (Spiekeroog) vom 2. Mai

Wie ich es kommen sah, ist nun der Stahlhelm übergetreten. Die Beurlaubung Düsterbergs, der als Gründer und geistiger Urheber des Stahlhelm gilt, wirbelt doch mächtig Staub auf. Beste konservative Kreise sind vor den Kopf gestossen, Kreise, die gegen das Reich von 1918 kämpften, lange bevor es einen Nationalsozialismus gab. Wird nun wohl Hugenberg der nächste sein? [...]

Du weißt zu gut, daß ich alles andere bin als ein fortschrittsbesessener Liberaler. Nicht darin empöre ich mich gegen den Nationalsozialismus, daß er einer Scheinfreiheit und einer Zügellosigkeit ein Ende bereitet, die meinte, was für eine Errungenschaft zu sein. Was ich indessen ablehne, ist die Leugnung der sittlichen Persönlichkeit. Diese Leugnung ist genau so gutes Heidentum wie im Bolschewismus. Der Mensch hat nach nationalsozialistischer Ansicht nichts Höheres mehr über sich als den Staat. Auch die Kirche hat diesem Staate restlos zu dienen. Hier trenne ich mich aufs schärfste von dieser Bewegung. [...]

Mir ist es völlig klar, daß die Vorgänge im Reich Vorgänge einer Revolution sind, bei denen Trübes und Gutes gemeinsam aufgewirbelt werden. Wenn aber das letzte Ziel diese Massenverdummung sein wird, dann danke ich.

231. Es »muß eine feste Rechtsordnung so rasch als möglich wiederhergestellt werden«
Aus einer Entschließung des Vorstandes der DNVP/DNF vom 3. Mai

Die Dnat. Vp. erhebt für ihre Angehörigen und Kameraden den selbstverständlichen Anspruch auf volle Gleichberechtigung auf allen Gebieten des politischen und wirtschaftlichen Lebens. Nach dem scharfen Abwehrkampf gegen die staatsfeindlichen Elemente muß eine feste Rechtsordnung so rasch als möglich wiederhergestellt werden. Die Stärke des preuß. Staates und des alten Reiches beruhte in der inneren Verbindung zwischen höchster Verantwortung dem Staate gegenüber und innerer Freiheit der Einzelpersönlichkeit. Deshalb fordert die Dnat. Vp. auch für die Neugestaltung der kirchlichen Dinge die Wahrung der vollen Freiheit der Kirchen. Die Stärke des Staates zeigt sich in dem beruflichen Können und in der Unversehrtheit eines sauberen Berufsbeamtentums. In Übereinstimmung mit den Erklärungen der Regg. fordert die Dnat. Vp. die baldige Wiederherstellung der gesetzlichen Rechte dieses Standes. Zu einem freien und geordneten Staat gehört eine freie, auf berufsständischer Grundlage aufgebaute und vor Experimenten und Willkür geschützte Wirtschaft. [. . .] Diese Aufbauarbeit, die Voraussetzung für die Behebung der Arbeitslosigkeit ist, vor jeder Störung zu sichern, ist Aufgabe der Staatspolitik und der Staatsverwaltung. Das demokratisch-parlamentarische System von Weimar ist tot. Ewig notwendig aber bleibt der Kampf für unsere staats- und wirtschaftspolitischen Ziele, die in dem christlich-konservativen Gedankengut unserer Bewegung Heimat und Grundlage haben.

232. *»Georg A., 16 Jahre alt, in Schutzhaft genommen«*
Brief der Eltern eines 16jährigen Jungen aus Trier an den Regierungspräsidenten vom 20. April und Brief des Trierer Oberbürgermeisters vom 3. Mai

Am 13. 4. 1933 wurde unser Kind Georg A., 16 Jahre alt, in Schutzhaft genommen, anscheinend weil er in der Kommunistischen Jugendbewegung war. Wir bitten innigst um die Freilassung unseres Sohnes. Wir bitten doch die Jugend des Kindes zu berücksichtigen und auch den Gesundheitszustand. Das Kind hat schon eine Leidensschule durchgemacht, die ihresgleichen sucht und das hatte ihn zu dem Wege geführt, welchem er nachging. Er hat auch schwere Leibesoperationen vor einiger Zeit mitgemacht. Ich bin schwer Militärdienstbeschädigter mit doppeltem Herzfehler und einem schweren Darmleiden. Bin noch nie bestraft. Habe 6 Kinder im Alter von 16 bis 5 Jahren. Der Weg, welchen der Junge ging, war ja auch früher erlaubt, und wäre [er] ihn sonst bestimmt nicht gegangen. Wir bitten nochmals dringend, geben Sie dem Kinde die Freiheit wieder. Wir versprechen Ihnen, daß der Junge sich nie mehr an sowas beteiligen wird.

Der Jungkommunist A wurde heute nach erneuter Prüfung der Sachlage in Anbetracht seines jugendlichen Alters aus der polizeilichen Haft entlassen. Er wurde eindringlichst verwarnt, sich in Zukunft nicht wieder in staatsfeindlichem Sinne zu betätigen. Überwachung des A wird ausgeübt.

233. »Deutscher Aufbruch«
Aus der Einleitungsvorlesung Prof. Ernst Bertrams (Köln) vom 3. Mai

Wir haben wieder erleben dürfen, was allzu viele vergessen hatten oder verhöhnen zu können glaubten: daß in einem noch vom Geschichtsgeist nicht verlassenen Volke *die große Gefahr das große Rettende heraufwachsen läßt* – und den Retter. Wir haben wieder gesehen, was »die Allmacht der ungeteilten Begeisterung« vermag, von der Hölderlins Hyperion spricht, gegen alle Zweifel der Klugen und allen Spott der Schlauen. Gesehen, daß aus »geweihtem Träumen, Tun und Dulden« sich »der einzige, der hilft, der Mann gebiert«:

Der sprengt die Ketten, fegt auf Trümmerstätten
Die Ordnung, geißelt die Verlaufnen heim
Ins ewige Recht, wo Großes wiederum groß ist,
Herr wiederum Herr, Zucht wiederum Zucht . . .

Wir haben gesehen, daß das ausgesprochene volkgeborene Wort des leidenschaftlichen Willens und der tiefsten Überzeugung wirklich, wie Goethe sagt, in den Kreis der wirkenden Naturkräfte mit eintreten kann, auch im Politischen und Staatlichen, während bereits das mißbrauchte »Wort« vielfältiger, selbst literarischer Verachtung anheimgefallen war. Wir haben so oft, wie Sie sich erinnern, von der wunderbaren *Selbstverjüngungsfähigkeit der germanisch bestimmten Völker,* insbesondere des deutschen Volkes, zu sprechen gehabt. Noch einmal, in der tiefen Verschattung einer schwer verdüsterten Spätzeit, an der Grenze fast schon der Hoffnungslosigkeit, dürfen wir dieses Aufgebot verjüngender Kräfte erleben, die allem Erleben und noch zu Erlebenden ein neues Sinnvorzeichen geben: *Hoffnung,* noch einmal. Hoffnung wirklich in einem allerletzten Augenblick und in jedem Sinn unter dem Gewölk schwerster Gefahr. [. . .]

Nur mit tiefem Dank können wir [. . .] an das [. . .] schon Gewonnene denken, unter der wiederhergestellten Fahne des

Bismarckschen Reiches und dem uralten mythischen Sonnenzeichen der Verwandlung und Erneuerung des Lichts: die *zweite große Tannenbergschlacht gegen Asien* ist geschlagen; eine ganz ungeheure Gefahr damit vom deutschen Leben und von deutscher Zukunft abgewandt, ja von Europa: die Gefahr des grauenhaften Termitenwahns aus Ost – eine Gefahr, für deren Abwendung im letzten Augenblick unser Volk und Bürgertum, die Welt, wie immer, allzu leicht vergutmütigend, noch gar nicht den tiefsten Dank gefunden hat bisher. Die geschlossene *Einheit des Reiches,* um die Jahrhunderte sich sehnlichst bemühten, ist, wenigstens in den jetzigen Grenzen, erreicht, ohne Opferung des landschaftlichen Eigenlebens der Stämme. Ein gewaltiger Ansturm versucht die jammervollen *Klassenvorurteile einzuschmelzen,* die Not zurückzudrängen, die immer geforderte und nie, außer einen Augenblick lang 1914, verwirklichte *Volkseinheit* für die Dauer zu schaffen, die allein unser von Gier umdrängtes Volkstum wird retten können. Die so verhängnisvolle politische und materielle Ausmünzung der schicksalhaften, unaufhebbaren *Bekenntnisgegensätze* ist, hoffentlich für immer, vernichtet und damit uns allen ein besonderer Herzenswunsch erfüllt. Gerade dadurch sind, dürfen wir glauben, wertvollste Kräfte und zeitloses Erbgut aus manchen unfruchtbaren Verneinungen frei geworden, zum Besten des Gesamtvolkes. Das politische Gegeneinanderausspielen von *Nord und Süd,* der von allen Todfeinden des Deutschtums so sorgfältig betreute Maingraben ist überwunden, aus dem leidenschaftlichen Willen des Volkes selber, besonders gerade des süddeutschen. *Österreich,* das alte, ehrwürdige Bauern- und Dichtungsland bayerischen Stammes, das dem gemeinsamen Deutschland nun etwas wie die heimliche Cheruska geworden ist, wird auf die Länge der Zeit durch keine List an der freiwilligen Heimkehr ins Reich verhindert werden, und damit wird dem deutschen Geistesleben eine uralte Dichterlandschaft enger noch verbunden werden. Die *abgetrennten* Landschaften des deutschen Volkes werden ermutigt und in ihrem Zugehörigkeitsgefühl gestärkt – nicht zum wenigsten auch durch unser *neues Studentenrecht,* in dem die Grenzen des Volkstums, nicht des Reiches, die Zugehörigkeit bestimmen. [. . .]

Erinnern wir uns [. . .] auch, daß das Jahrhundert des großen Geisterbefreiungskampfes gegen Romanismus, gegen falsche Aufklärung, gegen den ganzen Hochmut westlicher Zivilisation und Zivilisationsdogmatik, daß es zugleich die Kraft und die

Gnade hatte, das hohe Jahrhundert der *deutschen Humanität* zu werden – so widerlich mißbraucht das altehrwürdige Wort heute auch ist, gezerrt durch den Parteienkampf des letzten halben Menschenalters. Erinnern wir uns der alten germanischen Kampfessitte, den *Gegner,* soweit er seine Kampfesehre bewahrte, zu ehren, und besonders *als »Besiegten« zu ehren* (wir reden nicht vom Gesindel und von Verrätern am Volkstum); den Besiegten namentlich dann, wenn sein »Feindliches« aus der Völkertragik der Jahrtausende kommt und des persönlichen »guten Willens« nicht ermangelt. Die besten Kämpfer des Weltkrieges können uns da Vorbild sein. Vor der Geschichte, das bedenken Sie wohl, soll dieser Befreiungskampf des deutschen Volkes um sein inneres und äußeres Lebensrecht dastehen als ein Ereignis ohnegleichen: als eine Revolution in strenger Gesetzhaftigkeit, ohne Ausrasen böser Kräfte und Fanatismen, gezügelt, gewissenhaft, frei von Vergeltungsrausch und Machtgenuß – *deutsch,* mit einem Wort. Und zugleich doch so, daß ihre Form und ihre Art vorbildlich werden darf für die kommende notwendige Verwandlung Gesamteuropas – soweit es überhaupt noch erneuerbar ist.

Wir wissen wohl, es gibt eine sehr deutsche, vielleicht germanische Sentimentalität, die noch das Todfeindliche verschonen will und ihm zuweilen sogar die Gelegenheit gegeben hat, sein todfeindliches Werk weiter fortzusetzen. Das liegt uns sehr fern zu verteidigen. Sie wissen alle, daß uns gerade hier nichts so fern liegt, wie etwa die Verteidiger und Entschuldiger einer nun überwundenen inneren Fremdherrschaft und ihrer Helfershelfer zu machen, an deren Beseitigung wir selber nach Kräften und Maßen zu arbeiten versuchten. Nicht solcher germanischen Sentimentalitätsgefahr reden wir irgend das Wort: was ein Volk wirklich als unversöhnbar Todfeindliches erlebt und erkannt hat, das soll es vernichten dürfen. »Wann dürft ihr ihn bewundern? Wenn er vernichtet ist« – so mahnt Kleist im Blick auf den Todfeind Bonaparte, wie Sie wissen, und auf die deutsche, allzu deutsche, allzu germanische Napoleonbewunderung.

Aber das tragische Kampfrecht, die tragische Kampfpflicht läßt immer noch Raum für jene Gesinnung, deren Bezeichnung sich für uns an die Namen Lessings, Herders und Goethes knüpft und welcher, auf seine Art, der Prediger der tragischen Weltschau und Gesinnung, Friedrich Nietzsche, Ausdruck gegeben hat: »Fern sei es von mir, dem Einzelnen vorzuwerfen und schuld zu geben, was das Verhängnis von Jahrtausenden ist.«

234. »... daß ich mich außerstande sehe, derzeit meine Vorlesungen aufzunehmen«
Ein Schreiben Prof. Karl Reinhardts (Frankfurt a. M.) an den preußischen Minister für Wissenschaft, Kunst und Volksbildung vom 5. Mai

Dem Herrn Minister für Wissenschaft, Kunst und Volksbildung teile ich ergebenst mit, daß ich mich außerstande sehe, derzeit meine Vorlesungen aufzunehmen. Zur vorläufigen Begründung beehre ich mich hinzuzufügen:

Nachdem ich mich bisher auf Grund meiner venia legendi zu den Traditionen des deutschen Humanismus bekannt habe; nachdem diese Traditionen an den preußischen Universitäten in einem Maße, wie es die deutsche Geschichte bisher nicht gekannt hat, verlassen worden sind; nachdem die deutsche Universität als solche in ihren hierzu berufenen Organisationen für ihre Idee zu kämpfen aufgehört hat, und nachdem die Erfüllung meiner Amtspflichten auf Schritt und Tritt Opfer der Gesinnung, und zwar Opfer solcher Art von mir fordert, wie ich sie als gerechtfertigt im Sinne des deutschen Gedankens keineswegs betrachten kann, sehe ich mich gegenwärtig der Möglichkeit beraubt, mein Lehramt sinngemäß zu verwalten.

Ich bitte, gegebenenfalls in einer Denkschrift, mich näher erklären zu dürfen.

235. Ausschluß Franz Werfels aus der Preußischen Akademie der Künste
Einschreiben des Präsidenten der Akademie Max von Schillings vom 5. Mai

Nach an maßgebender amtlicher Stelle eingeholten Informationen muß ich Ihnen leider mitteilen, daß Sie nach den für die Neuordnung der kulturellen staatlichen Institute Preußens geltenden Grundsätzen künftig nicht mehr zu den Mitgliedern der Abteilung für Dichtung gezählt werden können.

236. »Es ist der grausamste Selbstmord, den ein großes Volk je begangen hat«
Aus dem Tagebuch Harry Graf Kesslers (Paris) vom 5. Mai

Vormittags anderthalbstündige Unterredung mit Hoesch. Er ist diplomatischer und kälter als Bernstorff, sachlich kommt es aber auf dasselbe hinaus, was Bernstorff mir gesagt hat. Die öffentliche Meinung in England sei binnen vierzehn Tagen ins genaue Gegenteil umgeschlagen. Vor Hitler war sie ausgesprochen deutschfreundlich, zu allerhand Konzessionen bereit, sowohl auf dem Gebiet der Abrüstung wie auf dem der Grenzrevisionen; heute sei sie geschlossen franzosenfreundlich und nicht mehr für das geringste Zugeständnis zu haben. Der Umschwung sei in den Tagen eingetreten, wo Macdonald und John Simon in Rom waren. Macdonald oder Simon hat Hoesch gesagt: »I left an England which was pro-German, and when I came back, I found an England which was unanimously pro-French.« [...]

Die kalte, leidenschaftslose Bilanz, die Hoesch zieht, ist noch vernichtender als die erregtere von Bernstorff. Wenn man ihn gehört hat, kann man, trotz seines Vorbehalts, nur sagen: ›Lasciate ogni speranza.‹ Es ist der grausamste Selbstmord, den ein großes Volk je begangen hat.

237. Revers des Gewerkschaftssekretärs B. Schulze (Münster/ Westf.) bei der Entlassung aus der »Schutzhaft« am 6. Mai

Mir ist eröffnet, daß ich aus der Schutzhaft entlassen werde, da inzwischen die Gleichschaltung der freien Gewerkschaften erfolgt ist. Mit Rücksicht hierauf werde ich nichts unternehmen, was in politischer und gewerkschaftlicher Hinsicht zu irgend welchen Störungen Anlaß geben könnte.

Mir ist eröffnet, daß ich erneut in Schutzhaft genommen werde, falls ich mich in gewerkschaftlichem Sinne marxistischer Art betätige. Irgend welche Ansprüche aus Anlaß der durchgeführten Haft stelle ich nicht.

238. »Der erste Mai« – »Sterbende Würde«
Kommentare der Zeitschrift ›Die Hilfe‹ vom 6. Mai

Daß die nationalsozialistische Partei den 1. Mai der in erzwungener Lethargie eingesperrten Sozialdemokratie entrissen und zum Nationalfeiertag der deutschen Arbeit erhoben hat, war ein genialer propagandistischer Einfall. Aber es wäre schief und unvollkommen beurteilt, nur den Zug propagandistischer Taktik darin sehen zu wollen. [...] Es ist an dieser Stelle der psychologische Einbruch in die Gefühlswelt der Gewerkschaften geschaffen. Daß es für manchen Arbeitgeberverband dabei zur überraschenden Entdeckung wurde, daß dieser erste Mai durch Lohnzahlungszwang der kostspieligste ist, den sie je erlebt haben, ist nur im Vorbeigehen zu erwähnen; die sozialpolitisch feste Linie ist damit markiert.

Der Göttinger Physiker Frank, ein Jude, hat um die Enthebung von seiner Lehrverpflichtung gebeten. Das Beamtengesetz trifft ihn nicht, er hat am Kriege teilgenommen, aber er wollte diese Vergünstigung, die ihm offenbar unsachlich erscheint, nicht ausnutzen. Er begründet das und muß es erleben, daß diese Haltung als »Sabotage« bezeichnet wird. Wie denn? Soll individueller Stolz eines Mannes in Deutschland verboten sein, der Denunziation freigegeben, der »Gleichschaltung« geopfert? Es ereignen sich noch andere Dinge in diesen Sphären: ein bekannter, heute rechts stehender Publizist empfiehlt der Regierung, beurlaubten Professoren von internationalem Rang den Auslandspaß zu entziehen, damit ihnen unmöglich wird, vielleicht dem Ruf einer fremden Hochschule zu folgen. Es wird die nationalsozialistischen Führer selber gelegentlich ein gelinder Schrecken erfassen, was für schnellfüßige Gesinnungen aus vielerlei Bezirken des geistigen und wirtschaftlichen Lebens auf sie zulaufen.

239. »Wir werden diese Männer verfolgen bis in die letzten Schlupfwinkel hinein«
Aus einer Kieler Rede Hitlers vor der SA am 7. Mai

Das Ziel der großen Erhebung ist die innere und tatsächliche Überwindung des November 1918. [...] Wir werfen dem Nov. 1918 und den Männern des damaligen Geschehens zuallererst den Zeitpunkt ihres Handelns vor: in dem Augenblick, da Deutschland sich in der schwersten Schicksalsstunde seines Kampfes um seine Existenz befand, in dem Augenblick, wo endgültig entschieden werden sollte, ob die Opfer von zwei Mill. Toten, sechs Mill. Verwundeten und Hunderttausenden von Krüppeln, ob diese Opfer vergeblich sein sollten oder nicht. In diesem Augenblick erhob man die Fahne des Verrats, des Aufruhrs und zerbrach damit Deutschland und löschte alles das aus, was in 4½ Jahren an Blut- und sonstigen Opfern für Deutschland gebracht worden war. [...] Es mußte die Stunde kommen, da die Männer dieser Meineidstat vor den Richterstuhl der Geschichte gezogen wurden. [...] Wir machen ihnen den Vorwurf, daß sie damals alle Lebensrechte der Nation, der deutschen Nation, und die Rechte des deutschen Arbeiters schmählich verraten haben. Die Zahl von acht Mill., die, ohne Verdienst und ohne Arbeit, keinerlei Lebenszweck mehr erkennen, diese acht Mill. sind lebendige Zeugen der sozialistischen Republik von 1918. Das Ende der Revolution ist das Ende der Novemberverbrecher, das Ende dieses Systems, das Ende dieser Zeit! Wir werden diese Männer verfolgen bis in die letzten Schlupfwinkel hinein und werden nicht rasten, bis dieses Gift restlos aus unserem Volkskörper entfernt sein wird!

Wir dürfen nicht hoffen, daß jemals etwas Wirklichkeit wird, was wir nicht selbst verwirklichen. Damit ist die Aufgabe der SA., SS. und unserer Jugend gekennzeichnet. Ihr seid die Garde der nationalen Revolution gewesen. Ihr müßt der Garant sein für siegreichen Vollzug dieser Revolution. [...] Wie das Heer der Waffenträger der Nation ist, so seid ihr die politischen Willensträger der deutschen Nation, und wie das Heer die Waffenschule des deutschen Volkes ist, so muß bei euch die politische Schule liegen. Es ist unsere Aufgabe nicht, den anderen großen Institutionen Konkurrenz zu machen. Nein! Die Fahne, die wir tragen, ist die Fahne der politischen und geistigen Revolutionierung des deutschen Volkes. Wir wollen nicht kleinlich sein, und jedem die Hand reichen, der sich uns anschließen will. Am Ende unseres Weges steht ein deutsches Volk mit einer politischen Willensorganisation. Es gab in jenen Stunden 1918 zwei Sorten von Menschen: Ein ganz verkommenes Führerpack und eine große Masse deutscher Arbeiter, deutscher Soldaten und deutscher Matrosen, die damit im Innern gar nichts zu tun hatten. Wir wollen diese nun nicht verantwortlich machen, sondern sagen: Wir geben euch die Hand! Mit euren Führern werden wir keine Barmherzigkeit üben! Euch aber wollen wir die Hand geben! Euch wollen wir zurückführen! Wir sind nicht eure Feinde. Wir möchten nicht Vergeltung üben, nicht rächen, sondern wollen immer nur Deutschland vor uns sehen.

240. *»Die deutsche Revolution alles andere als arbeiterfeindlich«*
Aus dem Tagebuch des deutschen Gesandten in Oslo, Ernst Freiherrn von Weizsäcker, vom 7. Mai

Manchem Ausländer und vielen Inländern wird [...] ein Licht darüber aufgegangen sein, daß die deutsche Revolution alles andere als arbeiterfeindlich ist. In Italien sind die Feinde des Faschismus besonders die Unternehmer. Dahin wird es auch bei uns bald kommen. Auch der Großgrundbesitz, der preußische Adel usw. usw. werden bald zu stöhnen anfangen über den Besen, der jetzt fegt. [...]

Meine Rede zum 1. V. war auf zwei Dinge abgestimmt: a) Deutschland ist nicht arbeiterfeindlich, b) den Nationalsozialismus hat uns das Ausland aufgedrängt. Die Judenfrage, die uns das Leben sauer macht, vermied ich. Sie ist seit 4 Wochen das Thema, was uns die Neutralität der demokratischen Presse gekostet hat. Unsere außenpolitische Isolierung dämmert auch in Kreisen der NSDAP, seitdem sie zu merken beginnt, daß Italien italienische und nicht deutsche Politik macht und daß machtpolitisch Italien nichts durchsetzen kann. Mühselig werden jetzt Versuche gemacht, dem Deichbruch Einhalt zu gebieten: Korrektheitserklärung Warschau/Berlin, Ratifizierung des verlängerten Berliner Vertrags, Reise von Schacht nach Washington, Rosenbergs nach London. Den Verlust an Terrain werden wir gewahr werden, wenn die Abrüstungskonferenz zum Ende drängt – was *momentan* gar nicht unser Interesse sein kann, da wir eine Einheitsfront gegen uns haben –, und wenn wir in Finanz- und Wirtschaftsschwierigkeiten kommen – bei denen überhaupt der Erfolgsschlüssel der ganzen Revolution liegt –.

241. *»Das deutsche Volk war für die parlamentarische Demokratie, und nun zumal unter dem Druck des Versailler Friedens, einfach nicht reif«*
Ein Brief Prof. Friedrich Meineckes (Berlin) an W. Lenel vom 7. Mai

Ich bemühe mich immer wieder, das Positive in dem Neuen zu erkennen. Wie oft wird ein Neues und Fruchtbares in schmerzhaftesten Wehen geboren. Die gewaltige dynamische Kraft, die in der Bewegung steckt, habe ich früher unterschätzt. Sie hat in der Lösung des Reichseinheitsproblems spielend erreicht, woran alle früheren, schwächeren Regierungen sich vergebens abgemüht haben. Sie kann vielleicht auch auf anderen Gebieten, wie etwa dem der Siedlung noch Dinge leisten, für die bisher die Kraft nicht ausreichte. Überhaupt die Begründung einer stärkeren Staatsgewalt wird vielleicht die Dauerfrucht dieser Zeit sein. Das deutsche Volk war für die parlamentarische Demokratie, und nun zumal unter dem Druck des Versailler Friedens, einfach nicht reif. Das habe ich mir schon von Anfang an im Stillen gesagt und darum die autoritative Präsidialverfassung gefordert, – aber was bedeutete solch Fordern, wo man zu schwach war, es durchzusetzen.

Ich spreche damit nur von der einen Seite des Januskopfes, nicht von der anderen. Ich denke, wir verstehen uns jetzt in jeder Hinsicht noch besser als früher. Wie überhaupt die Wirkung solcher Krisenzeiten ist, daß Freunde ihrer Freundschaft noch bewußter werden, daß alle gemeinsamen letzten und höchsten Werte noch tiefer empfunden werden.

242. *»Am besten täte man, dieses Land zu verlassen«*
Ein Brief Hans Carossas (Seestetten) an Hedwig Kerber vom 8. Mai

Eben bringt mir Valerie die Neuesten Nachrichten, worinnen steht, daß ich in die Dichter-Akademie *»berufen«* bin. Thomas Mann, auch Alfred Mombert, scheiden aus. Ich kann Dir nicht sagen, wie ich erbittert bin. Dazu in Kiel eine Hitler-Rede, das Widerwärtigste vom Widerwärtigen. Ich heb Dir diese Neuigkeiten auf. Am besten täte man, dieses Land zu verlassen. Auch Franz Werfel gehört unter die, deren Werke verbrannt wurden.

243. Die Gründung eines »Geheimen Staatspolizei-Amtes« klingt »sehr nach Metternich und G. P. U.«
Aus dem Tagebuch Erich Ebermayers (Leipzig) vom 8. Mai

Dafür ist jetzt [26. April] ein »Geheimes Staatspolizei-Amt« gegründet worden! Niemand hat eigentlich darauf geachtet. Es war nur eine kurze Notiz in den Zeitungen. Vater aber meint sorgenvoll, das klänge sehr nach Metternich und G. P. U., und wir würden da wohl noch einige Überraschungen erleben. Trotzdem glaubt er, daß das Gefüge des *Rechtes,* an dem er seit Jahrzehnten führend mitgearbeitet hat, in Deutschland so stark sein wird, daß selbst heftige revolutionäre Stöße es nicht ernsthaft erschüttern können.

244. Außenpolitische Beschwichtigungsoffensive Hitlers
Aus einem Bericht des französischen Botschafters in Berlin, François-Poncet, an Außenminister Paul-Boncour vom 9. Mai

In meinen Telegrammen habe ich auf die systematischen Bemühungen von Reichskanzler Hitler in der letzten Zeit hingewiesen, das Mißtrauen zu zerstreuen, das sein Regime im Ausland umgibt, und seinen Friedenswillen zu bekräftigen. Wenn Herr Schacht, anstelle sich in Hamburg einzuschiffen, in einem französischen Hafen ein Linienschiff nach Amerika bestiegen hat und einen Zwischenaufenthalt in Paris einlegte, dann geschah dies, um dort die Beteuerung [des deutschen Friedenswillens] zu wiederholen, die ich selbst vom Chef der Reichsregierung erhalten hatte. Wenn Herr Alfred Rosenberg sich den Risiken eines Aufenthaltes in London ausgesetzt hat, dann geschah dies in der Hoffnung, daß es ihm gelänge, die öffentliche Meinung zu beeinflussen oder daß er dort wenigstens Gelegenheit finde, die tief anglophilen Neigungen der Führer des Nationalsozialismus zum Ausdruck zu bringen. In der Erinnerung ist noch das Interview, das Hitler selbst einem Vertreter des ›Daily Telegraph‹ gab [in dem Hitler expansive und kriegerische Absichten des Deutschen Reichs dementierte] und die Unterredung, die er mit dem sowjetischen Botschafter in Berlin hatte. Im Gefolge dieser Unterredung wurde der deutsch-sowjetische Vertrag von 1926 verlängert; Anspielungen auf einen Kreuzzug der abendländischen Völker gegen den Bolschewismus sind seltener geworden; man hat nicht mehr von der notwendigen Expansion Deutschlands nach dem Osten gesprochen; die Beziehungen mit Rußland haben wieder die Formen gefunden oder scheinen sie gefunden zu haben, die sie früher besaßen.

Der überraschendste dieser Schritte war die offizielle Verlautbarung eines Kommuniqués über eine Unterredung mit dem polnischen Gesandten, in der der Kanzler sich zu der Erklärung bereit fand, daß er die bestehenden Verträge respektieren wolle, und in dem er erklärte, daß die Meinungsverschiedenheiten zwischen Polen und Deutschland leidenschaftslos geprüft werden könnten. An dem Widerstand, den die Wilhelmstraße der Veröffentlichung dieser Erklärung entgegengesetzt hat, kann man die Tragweite der Geste Hitlers ermessen und wie sehr er besorgt ist über die außenpolitische Situation Deutschlands und sich beunruhigt über die Gefahren, von denen er Deutschland bedroht glaubt. Auch wenn die Erklärung des Kanzlers nicht ganz den Wert jenes »Ost-Locarno« hat, das das Reich immer ablehnte, ins Auge zu fassen, stellt sie dennoch eine erneuerte Verpflichtung zu einer friedlichen Politik dar; genau dies haben seine Karrierediplomaten als überflüssig und würdelos beurteilt und hat ein Teil der deutschen Öffentlichkeit als eine Demütigung empfunden.

245. Die »Umgestaltung« der preußischen Dichterakademie Aus dem Tagebuch Thomas Manns (Les Roches fleuries/ Frankreich) vom 9. Mai

Der junge Schickele gab gestern durchs Telephon eine Meldung der Frankf. Zeitung über die »Umgestaltung« der Akademie wieder. Alle irgendwie europäisch angehauchten Mitglieder sind ausgetreten, selbst Pannwitz, auch Mombert. R. Huch freilich und – Hauptmann sind geblieben, auch dieser, der Mann der Republik, der Freund Eberts und Rathenaus, den Juden erhoben u. groß gemacht haben. Er hat am »Tage der Arbeit« auf seinem Hause das Hakenkreuz hissen lassen. Er mag sich goethisch vorkommen in seiner Loyalität gegen das Gemeine. Es gefällt ihm, zu konversieren mit Gescheiten, mit Tyrannen. (Er war auch bei Mussolini.) Ich hasse diese Attrappe, die ich verherrlichen half, u. die großartig ein Märtyrertum von sich weist, zu dem auch ich mich nicht geboren weiß, zu dem aber meine geistige Würde mich unweigerlich beruft.

246. *»Überall bekennen sich die Freunde zu Adolf Hitler«*
Aus dem Tagebuch Erich Ebermayers (Leipzig) vom 9. Mai

Überall bekennen sich die Freunde zu Adolf Hitler. Es ist, als ob sich eine luftleere Schicht um uns Wenige lege, die unbekehrbar bleiben.

Von meinen jungen Freunden sind es die besten, die sich jetzt radikal zum Nationalsozialismus bekennen. Das ist nicht zu leugnen. Die beiden Söhne des Leipziger Kunsthistorikers Wilhelm Pinder [...] sind geradezu besessene Nazis. Man kann mit ihnen überhaupt nicht diskutieren, denn sie *glauben* eben. Und gegen Glauben gibt es keine Vernunftargumente. Sie rennen, strahlend vor Glück und Stolz, in der schmucken HJ-Uniform herum. Als ich heute im Schreberbad, unserem jetzt wieder eröffneten Thomaner-Treffpunkt, mit Eberhard Pinder den Versuch eines Gesprächs machte und es wagte – schon schwach und kraftlos, wie man jetzt gegenüber dieser sieghaften Jugend ist! –, zu äußern, daß vielleicht unsere ganze alte Kultur, der Besitz an geistigen und künstlerischen Werten der letzten fünfhundert Jahre, im Strudel dieser Zeit untergehen würde, da meinte der sieghafte Knappe naiv und ein bißchen unverschämt: »Und wenn schon, mein Lieber! Gar so wichtig ist diese Kultur wirklich nicht! Denn nach dem Wort des Führers entsteht ja jetzt das Tausendjährige Reich. Und es wird sich seine neue Kultur schaffen!«

Meine Mutter erlebt Ähnliches. Mit der Baronin Richthofen, einer ihrer engsten Freundinnen, ist sie über die Politik bereits radikal verkracht. Es ging um die neue Fahne. Frau von Richthofen verlangte, sie solle sich nun endlich eine Hakenkreuzfahne anschaffen. Mutter lehnte das empört ab, sie denke nicht daran, und wenn man sie dazu zwinge, dann werde sie den »Fetzen zum Clo heraushängen«. Eine schöne, deutliche und deutsche Sprache – sonst nicht üblich zwischen den Damen der ersten Gesellschaft ... Die Baronin schnappte denn auch mit hörbarem Knacks ein, und die alte Freundschaft ging in die Brüche. [...]

Einer der Söhne Richthofens [...] leistete sich unlängst folgendes: Reichsgerichtspräsident Bumke hatte zu einem großen Empfang im Reichsgericht geladen. Hierzu pflegen die Herren im Smoking zu erscheinen. Oswald von Richthofen erschien, offenbar um die »Bürger« zu ärgern, in schwarzer SS-Uniform. Entsetzen bei den würdigen Damen und Herren! In den Festsälen des Reichsgerichts bei offiziellem Empfang eine SS-Uniform! Das war noch nicht da.

Frau Bumke rauscht an dem jungen Baron vorbei, sie ist eine temperamentvolle Dame, eine geborene von Meerkatz, die aus ihrem Herzen keine Mördergrube zu machen pflegt: »Na, Herr von Richthofen, auch in der Mörderuniform?« sagt sie laut und vernehmlich. Der junge Mann verbeugt sich verbindlich: »Allerdings, gnädige Frau«, grinst er. Ich stand zwei Meter entfernt. Es war ein gefährliches Grinsen.

Der Reichsgerichtspräsident selbst, ein tadelloser Mann, alles andere als ein Nazi, war unlängst zum Antrittsbesuch zu Hitler befohlen. Mein Vater traf ihn zwei Tage vorher in den Gängen des Reichsgerichts. Bumke war schlecht gelaunt und hatte gar keine Lust, als alter hoher Beamter aus der preußischen Schule diesem politischen Emporkömmling die Hand zu geben. Aber als höchster deutscher Richter konnte er sich nicht ausschließen. Oder er hätte in Pension gehen müssen, wozu mein Vater ihm schon gleich nach dem 30. Januar dringend geraten hatte. Aber das wollte der ehrgeizige Mann nicht.

Vor ein paar Tagen ist Bumke von der Audienz bei Hitler zurückgekommen. Er kam als Bekehrter, oder doch fast Bekehrter. Von dem Charme, der Wärme, der Kraft dieser Führer-Persönlichkeit könne man sich keine Vorstellung machen, wenn man ihm nicht selbst gegenübergestanden, erklärte er meinem Vater. Zum Schluß der Audienz habe Hitler seine beiden Hände festgehalten, ihm lang und tief in die Augen geblickt und mit seiner brunnentiefen Stimme gesagt: »Bumke – helfen Sie mir!«

Damit war der Seelenfang perfekt.

Dr. Bumke hat dieser Tage, ohne daß dies jemand von ihm verlangt hätte, aus dem großen Festsaal des Reichsgerichts das Ölgemälde des ersten Reichsgerichtspräsidenten Simson, einem getauften Juden, entfernen lassen. Mein Vater hängt noch . . .

247. »Ich übergebe der Flamme die Schriften von ...«
Aus dem Bericht des ›Neuköllner Tageblatts‹ über die Bücherverbrennung in Berlin am 10. Mai

Während der Verbrennung der Bücher spielten SA- und SS-Kapellen vaterländische Weisen und Marschlieder, bis neun Vertreter der Studentenschaft, denen die Werke nach einzelnen Gebieten zugeteilt waren, mit markanten Worten die Bücher des undeutschen Geistes dem Feuer übergaben.

1. Rufer: Gegen Klassenkampf und Materialismus, für Volksgemeinschaft und idealistische Lebenshaltung! Ich übergebe der Flamme die Schriften von Marx und Kautsky.

2. Rufer: Gegen Dekadenz und moralischen Verfall! Für Zucht und Sitte in Familie und Staat! Ich übergebe der Flamme die Schriften von Heinrich Mann, Ernst Glaeser und Erich Kästner.

3. Rufer: Gegen Gesinnungslumperei und politischen Verrat, für Hingabe an Volk und Staat! Ich übergebe der Flamme die Schriften von Friedrich Wilhelm Förster.

4. Rufer: Gegen seelenzerfasernde Überschätzung des Trieblebens, für den Adel der menschlichen Seele! Ich übergebe der Flamme die Schriften des Sigmund Freud.

5. Rufer: Gegen Verfälschung unserer Geschichte und Herabwürdigung ihrer großen Gestalten, für Ehrfurcht vor unserer Vergangenheit! Ich übergebe der Flamme die Schriften von Emil Ludwig und Werner Hegemann.

7. Rufer: Gegen volksfremden Journalismus demokratisch-jüdischer Prägung, für verantwortungsbewußte Mitarbeit am Werk des nationalen Aufbaus! Ich übergebe der Flamme die Schriften von Theodor Wolff und Georg Bernhard.

7. Rufer: Gegen literarischen Verrat am Soldaten des Weltkrieges, für Erziehung des Volkes im Geist der Wahrhaftigkeit! Ich übergebe der Flamme die Schriften von Erich Maria Remarque.

8. Rufer: Gegen dünkelhafte Verhunzung der deutschen Sprache, für Pflege des kostbarsten Gutes unseres Volkes! Ich übergebe der Flamme die Schriften von Alfred Kerr.

9. Rufer: Gegen Frechheit und Anmaßung, für Achtung und Ehrfurcht vor dem unsterblichen deutschen Volksgeist! Verschlinge, Flamme, auch die Schriften der Tucholsky und Ossietzky!

248. *»Wir haben uns von den Möglichkeiten der Mehrheit in einer Präsidialregierung ein vollkommen falsches Bild gemacht«*
Aus den Aufzeichnungen des Chefredakteurs der ›Leipziger Neuesten Nachrichten‹, Richard Breiting, über ein Gespräch mit Reichsminister Alfred Hugenberg (DNVP) vom 10. Mai

Nur mit Worten und Losungen kann er [Hitler] seine Pläne natürlich nicht verwirklichen. Er braucht echte oder vorgetäuschte Verschwörungen, Attentate, Geheimdienstler und Provokateure, alles läßt sich mit apokryphen Flugblättern und Briefen eben nicht rechtfertigen. Um die Massen in Bewegung zu setzen, braucht er auch Schauspiele. Goebbels schafft mit seiner Phantasie mehr als alle Ufa-Regisseure zusammen. [. . .]

Wir haben uns von den Möglichkeiten der Mehrheit in einer Präsidialregierung ein vollkommen falsches Bild gemacht. [. . .] Wir haben uns ja auch über die Rolle des Reichskommissars für Preußen Illusionen gemacht. Der Vizekanzler kann gegen das, was in der preußischen Polizei und Verwaltung geschieht, keinen Einspruch erheben. Während ich mich als Reichsernährungsminister um den Schutz der Landwirtschaft und der Fischerei bemühe, damit die Preise für das, was der Mensch am nötigsten braucht, erschwinglich bleiben, sorgt sich Hitlers Presseberater Goebbels ausschließlich darum, daß Presse und Rundfunk in seinen Machtbereich gelangen. Seit dem 28. 2. ist die Lage immer schwieriger geworden. Der Vizekanzler weiß so gut wie ich, daß der Reichstagsbrand eine vorsätzliche Inszenierung war, die das Volk irreführen sollte. Mit diesem Verbrechen und der gleichgeschalteten Presse versucht Goebbels, die Massen zu beeinflussen und uns langsam in Vergessenheit geraten zu lassen. Eine politische Intervention gegen diese Machenschaften scheint mir unmöglich. [. . .]

249. Protest gegen eine gleichgeschaltete evangelische Reichskirche und Plädoyer für eine öffentliche Kundgebung für »unsere jüdischen Volksgenossen«
Aus einem Brief Wilhelm Freiherrn von Pechmanns (Berlin) an Propst Per Pehrson (Göteborg) vom 10. Mai

Schon seit längerer Zeit verfolge ich mit Unruhe und ernsterer Sorge die sogenannte »Glaubensbewegung« der »deutschen Christen«. Als eine Glaubensbewegung kann ich sie beim besten Willen nicht anerkennen, oder doch nur dann, wenn man darunter eine durch und durch politische Bewegung versteht, die darauf gerichtet ist, die nationalsozialistische Revolution auch in unsere evangelische Kirche zu tragen und die letztere zu einer Staatskirche im nationalsozialistischen Staate, zu einem Werkzeug eben dieses Staates zu machen. Ich habe mich daher bis aufs Äußerste zur Wehr gesetzt, als heute vor vierzehn Tagen der Deutsche Evangelische Kirchenausschuß Herrn Präsidenten D. Dr. Kapler weitgehende Vollmacht geben sollte: zu dem ausgesprochenen Zwecke, die Verfassung des Deutschen Evangelischen Kirchenbundes und der ihm angeschlossenen Landeskirchen in der Richtung auf eine Reichskirche umzugestalten. Daß mein Widerstand vergeblich geblieben ist, werde ich wohl nie mehr verwinden.

Am Tage darauf habe ich alles aufgeboten, um wenigstens in der Judenfrage ein klares Wort herbeizuführen, mit welchem sich die Kirche zu ihren eigenen Angehörigen jüdischer Abstammung bekennen, aber auch für unsere jüdischen Volksgenossen Gerechtigkeit und christliche Liebe verlangen sollte. Ich bin heute noch davon durchdrungen, daß der Kirchenausschuß sich selbst und unserer Kirche nicht weniger als dem deutschen Volke und Vaterlande einen Dienst von unabsehbarer Tragweite erwiesen hätte, wenn er auf meine eindringlichen Vorstellungen eingegangen wäre. Von einigen schüchternen und verklausulierten Zustimmungserklärungen abgesehen, bin ich indessen in der Hauptsache, d. h. mit dem Antrag auf eine öffentliche Kundgebung ganz allein geblieben.

Als ich von dieser zweiten Sitzung nach Hause kam, fand ich eine Proklamation vor, aus welcher mit voller Deutlichkeit hervorging, daß ein Hitler nahestehender nationalsozialistischer Pfarrer als Vertrauensmann des Herrn Hitler mit Kapler, Marahrens und Hesse in aller Form zusammenwirken solle und wolle, um jene Vereinheitlichung des evangelischen Kirchenwesens nach den Wünschen des Herrn und Reichskanzlers durchzuführen. Damit war für mich die Lage geklärt: ich habe, nach München zurückgekehrt, in einem Briefe an Kapler meinen Austritt aus dem Kirchenausschuß und aus dem Kirchentage erklärt.

250. »Nach meiner Überzeugung hat Kunst weder mit Politik noch mit Abstammung etwas zu tun«
Eine Presseerklärung Max Liebermanns vom 10. Mai über seinen Austritt aus der Preußischen Akademie der Künste

Ich habe während meines langen Lebens mit allen meinen Kräften der deutschen Kunst zu dienen gesucht. Nach meiner Überzeugung hat Kunst weder mit Politik noch mit Abstammung etwas zu tun, ich kann daher der Preußischen Akademie der Künste, deren ordentliches Mitglied ich seit mehr als dreißig Jahren und deren Präsident ich durch zwölf Jahre gewesen bin, nicht länger angehören, da dieser mein Standpunkt keine Geltung mehr hat. Zugleich habe ich das mir verliehene Ehrenpräsidium der Akademie niedergelegt.

251. Aus dem Dachauer Konzentrationslager
Zwei Presseberichte aus Dachau vom 10. Mai

Kommunist Beimler entflohen – 100 Mark Belohnung auf seine Wiederergreifung ausgesetzt.
In der Nacht zum gestrigen Dienstag ist der bekannte Kommunistenführer und ehemalige Reichstagsabgeordnete, Schlosser Hans *Beimler* aus Augsburg, aus dem Konzentrationslager Dachau entflohen. Der Flüchtling, der bisher noch nicht wieder ergriffen werden konnte, trug eine braune Knickerbockerhose und eine braune Joppe. Er war glatt rasiert und trug kurzgeschorene Haare. Ein besonderes Kennzeichen sind seine auffallend großen und weit abstehenden Ohren.

Für Angaben, die zur Ergreifung des Entflohenen beitragen können, ist von der Lagerverwaltung eine Belohnung von 100 RM. ausgesetzt. Beimler war jener Kommunistenführer, der kurz vor der nationalen Revolution in einer Versammlung im Zirkus Krone den Ausspruch getan hatte: »Bei Dachau sehen wir uns wieder!« Anscheinend war er von der Wiedersehensfeier in Dachau nicht erbaut.

Der ehemalige Vorsitzende der kommunistischen Fraktion des früheren Bayerischen Landtages, Fritz *Dressel*, Deggendorf, der erst vor einigen Tagen in München festgestellt und in Schutzhaft genommen worden war, hat sich in der Nacht zum Montag im Konzentrationslager Dachau selbst den Tod gegeben. Er wurde mit geöffneten Pulsadern tot aufgefunden. Der Grund seines Selbstmordes ist nicht bekannt, vermutlich hat er in seelischer Depression Hand an sich gelegt.

Am gestrigen Dienstag mittags hat der Schutzhäftling Götz, früherer kommunistischer Abgeordneter, gegen einen Wachtposten einen tätlichen Angriff unternommen, wobei er erschossen wurde. Eine Gerichtskommission hat sich sofort an den Tatort begeben.

252. »Es ist meine Überzeugung, daß Hitler persönlich für die antijüdische Politik der deutschen Regierung verantwortlich ist«
Aus einem Schreiben des britischen Botschafters in Berlin, Rumbold, an Außenminister Simon vom 11. Mai

Es ist [nach einer ersten Unterredung mit Hitler am 11. Mai] meine Überzeugung, daß Hitler persönlich für die antijüdische Politik der deutschen Regierung verantwortlich ist und daß es ein Irrtum wäre, zu glauben, daß dies die Politik seiner radikaleren Gefolgsleute sei, die er nur schwer unter Kontrolle halten könne. Jeder, der Gelegenheit gehabt hatte, seine Bemerkungen zum Thema Juden zu hören, konnte nicht umhin, sich so wie ich darüber klar zu werden, daß er in dieser Sache ein Fanatiker ist. Ebenso ist er überzeugt von seiner Mission, den Kommunismus zu bekämpfen und den Marxismus zu vernichten, letzteres ein Begriff, der all seine politischen Gegner umfaßt.

253. »Ein Volk erwacht zum Bewußtsein seiner eigenen Art« Aus einem Artikel ›Das gute Recht der deutschen Revolution‹ von Prof. Carl Schmitt (Köln) in dem amtlichen Organ der NSDAP ›Westdeutscher Beobachter‹ vom 12. Mai

Schlag auf Schlag hat die Reichsregierung Gesetze erlassen, deren eigentliche Tragweite nur Wenigen zum Bewußtsein gekommen ist und deren Auswirkung über den gegenwärtigen Augenblick der ersten Anwendung weit hinausreicht. Der gemeinsame Rechtsgedanke, der das ganze vorliegende Gesetzgebungswerk beherrscht und trägt, läßt sich in ein Wort und einen Begriff zusammenfassen: Gleichartigkeit. Ein Volk erwacht zum Bewußtsein seiner eigenen Art und besinnt sich auf sich selbst und seinesgleichen.

Gleichartigkeit ist mehr und etwas Tieferes als Gleichschaltung, die nur ein Mittel und Werkzeug der Gleichartigkeit ist. Das erste Gleichschaltungsgesetz brachte die Landtage und Gemeindevertretungen in Übereinstimmung mit dem Reichstag. Das Reichsstatthaltergesetz überwand mehrere Jahrhunderte staatlicher Verschiedenartigkeit, die von inneren und äußeren Feinden des Deutschen Reiches liebevoll gehegt worden war. Die neuen Bestimmungen über Beamte, Ärzte und Anwälte reinigen das öffentliche Leben von nichtarischen fremdgearteten Elementen. Die Neuregelung des Zugangs zu deutschen Schulen und die Einrichtung einer deutschstämmigen Studentenschaft endlich sichern die eigenvölkische Art der kommenden deutschen Geschlechter. Eine neue berufsständische Ordnung wird folgen. In diesen großen und tiefgreifenden, aber gleichzeitig innerlichen und, ich möchte sagen, intimen Wachstumsprozeß soll sich kein Fremdgearteter einmischen. Er stört uns, auch wenn er es vielleicht gut meint, auf eine schädliche und gefährliche Weise. Wir lernen wieder unterscheiden. Wir lernen vor allem Freund und Feind richtig unterscheiden.

Das deutsche Recht und der deutsche Staat beruhen von jetzt ab nicht mehr auf einer leeren und formalen »Gleichheit Aller vor dem Gesetz« oder einer irreführenden »Gleichheit alles dessen, was Menschenantlitz trägt«, sondern auf der sachlichen und substanzhaften Gleichartigkeit des ganzen, in sich einheitlichen und gleichartigen deutschen Volkes. [...] Aber die aus dem 19. Jahrhundert überlieferte Denkweise des liberalen Rechtsstaates und die Gewohnheiten einer mechanisierten

Bürokratie halten sich auch heute noch an jenen formalistischen Begriff von Recht und Rechtsstaat. [...]

Welche Bedenken herrschen nicht bei dieser Art von Rechtsstaatlern, weil ein verwegener Brandstifter erhängt werden könnte, ohne daß die Strafe des Erhängens bereits zur Zeit seiner Tat angedroht war! Das verletzt ja den grundrechtlichen Satz »keine Strafe ohne Gesetz«. Welch ein tiefes Mitleid regte sich, als die wohlerworbenen Rechte, die sich mancher Eindringling vielleicht gerade noch rasch vor Toresschluß glücklich erschoben hatte, nunmehr »angetastet« wurden! Da muß ja alle »Rechtssicherheit« aufhören! [...] Eine starke und edle nationale Bewegung wurde unter groben und aufreizenden Verfassungswidrigkeiten mißhandelt; das war »Gleichbehandlung der extremen Parteien von rechts und links«, also wiederum Gleichheit vor dem Gesetz und positiv und »formal« in bester Ordnung. Tausende von Fremden durften den Namen ändern, der sie kenntlich gemacht hätte, und bekamen die behördliche Erlaubnis, harmlose Deutsche mit vertrauenerweckenden Namen zu täuschen; das war ein gesetzmäßiger Verwaltungsakt der zuständigen Behörde und begründete ein wohlerworbenes Persönlichkeitsrecht auf den Namen. Diese Art von liberalem Rechtsstaat hat es schließlich fertig gebracht, aus dem Strafgesetzbuch einen großen »Schutzbrief des Verbrechers« zu machen, und die Verfassung wurde folgerichtig zum Schutzbrief des Landesverrats. Deutsche Richter waren hilflos gegenüber den Dreistigkeiten fremdrassiger Rabulisten; der »Rechtsstaat« wäre gefährdet gewesen, wenn einer es gewagt hätte , sich einmal energisch dagegen zu wehren.

Für viele, die ein Interesse daran haben, daß »wir alle gleich« sind und daß man nicht genauer unterscheidet, war das eine köstliche Zeit. Kein Wunder, daß sie sich mit Händen und Füßen im 19. Jahrhundert festklammern und Deutschland hindern möchten, ein Staat des 20. Jahrhunderts zu werden. So finden sich sonderbare Bundesgenossen zusammen, um das neue revolutionäre deutsche Recht, das diesem Paradies ein Ende macht, als eine bloß vorübergehende oberflächliche Abnormität einengend und einschränkend auszulegen [...].

Demgegenüber sollten sich alle Deutschen dieses zum Bewußtsein bringen: Das gute Recht der deutschen Revolution beruht nicht darauf, daß sie die Legalität des Weimarer Systems und seiner Verfassung respektiert hat. Gewiß, die deutsche Revolution war legal; sie war es aus deutscher Disziplin und deutschem Sinn für Ordnung. Man beleidigt sie aber, wenn man ihre Disziplin als Unterwerfung unter den Geist und die Gesinnung des früheren Systems hinstellt, und man fällt ihr in den Rücken, wenn man ihr neues Recht mit den Begriffen ihres Todfeindes zu korrigieren sucht. Roland Freisler hat hier vor einigen Tagen in seinem Aufsatz ›Staat und Justiz‹ die Begriffe richtiggestellt: Ein Staat, der die geballte Kraft der Nation sichert und seiner Aufgabe in allen Einzelhandlungen bewußt ist, ist ein Rechtsstaat; ein von liberalistischen Dokumenten geleitetes Gebilde ist kein Rechtsstaat. Wir brauchen uns nicht von den liberalen Hütern eines arg mißbrauchten Begriffes darüber belehren zu lassen, was Recht und Gerechtigkeit und was ein Rechtsstaat ist. Wir schaffen heute zunächst einmal die notwendige Gleichartigkeit; erst dann kann wieder eine vernünftige und gerechte Gleichheit herrschen; erst dann können wieder formale Normen ihren Lauf nehmen, die eine sinnvolle Legalität in sich enthalten. Die deutsche Revolution läßt sich nicht in der Schlinge einer ihr fremden und feindlichen Legalität fangen. Sie wird die ihr wesensgemäße materielle und formelle Rechtsordnung aus ihrem eigenen Leben und ihrer inneren Gesetzmäßigkeit heraus entwickeln.

254. »Man fordert bedingungslose Unterwerfung unter das Parteiprogramm – das ist für mich unmöglich«
Aus einem »Persönlichen Wort« Prof. Theodor Litts (Universität Leipzig) in einer Seminarsitzung vom 12. Mai

Wenn nun heute auf einmal unzählige Vereine, Verbände und Korporationen ihr nationales Herz entdecken und lautschallend und vernehmlich rufen: »Wir, wir sind treudeutsch, wir sind national!« ... wenn dies tagtäglich allerorts in Deutschland in so peinlicher und marktschreierischer Form geschieht, ist man denn dann blind dafür, daß man einfach Unwürdiges und Unmögliches von mir verlangt, wenn ich mich auf einmal diesen Leuten anschließen soll? Soll ich mich unter die Hakenkreuzfahne stellen, soll ich die Rechte zum Himmel emporrecken und mit beschwörender und flehender Stimme ausrufen: »Liebe Freunde, ich bin auch bei euch, ich bin auch national!«? Sieht man denn nicht ein, welche Würdelosigkeit dahintersteckt; daß man sittlich Unmögliches von mir verlangt? Was fordert man? Man fordert bedingungslose Unterwerfung unter das Parteiprogramm, unter alle Punkte des Parteiprogramms! Das ist für mich unmöglich, das kann ich einfach nicht! Gewiß, ich bin der letzte, der das, was an Gutem vorhanden sein mag, nicht freudig begrüßte. Aber vielen Sachen kann ich einfach nicht zustimmen, insbesondere nicht dem Rassenprinzip. Das ist krasser Biologismus. Und der Rassengedanke in der Form, wie er jetzt das Fundament einer Weltanschauung liefern soll, richtet in der Seele der Menschen, besonders der jungen Menschen, tiefen Schaden an. Das weiß ich aus langer Erfahrung, und darauf habe ich immer hingewiesen. Und es ist meine Pflicht als deutscher Professor und Pädagoge, gerade jetzt mit besonderem Nachdruck darauf hinzuweisen. Ich muß auch von den verderblichen Folgen sprechen, die das Rassenprinzip vor allem für unser Ansehen in der Welt hat. Sie, die Sie hier sitzen, Sie werden es alle noch erleben und Sie werden diese Folgen zu tragen haben. Die Zukunft wird es uns Deutsche lehren, was für Verheerungen angerichtet worden sind und wie groß der Haß ist, den wir damit heraufbeschworen haben. [. . .] Lieber will ich heute als morgen meinen Lehrstuhl aufgeben, lieber will ich Steine klopfen, als alles dies ertragen zu müssen, als da schweigen zu müssen, wo mich meine Verantwortung als Pädagoge und Professor an einer deutschen Hochschule zum Reden zwingt. Gleich mir haben heute alle berufenen Männer unseres Volkes die Pflicht, auf ihrem Gebiete dafür einzutreten, daß die Irrungen unserer Zeit nicht einfach hingenommen, sondern als solche erkannt, aufgedeckt und beseitigt werden. Hierfür haben vor allen die Männer der Wissenschaft, die Lehrer und Hüter des Rechts und die Vertreter der christlichen Kirche einzutreten. . . . Es muß in unserer Zeit Männer und Institutionen geben, die den Mut zur geistigen Selbständigkeit haben, die nicht dem Taumel des Augenblicks erliegen, sondern die das, was geschieht, in klarer, nüchterner Überlegung zusammenfassen, ordnen und eingliedern in die großen Zusammenhänge geschichtlichen Lebens. Dies ist vor allem die sittliche Verpflichtung des Hochschullehrers und seine unabdingbare Aufgabe. Und alle Studierenden haben die Pflicht, nicht bloß in der allgemeinen Begeisterung mitzuschwimmen, sondern gleichzeitig die Klarheit des Blickes und des Urteils zu wahren. Das ist notwendig für die Reinigung der vergifteten Atmosphäre und darüber hinaus notwendig für das Gedeihen des deutschen Volkes!

255. *Eine weitere Herausgabe des ›Deutschen Volkswirts‹ wäre »geistig unerheblich und moralisch unwürdig«*
Aus einem Brief des Herausgebers Gustav Stolper (Zürich) an Prof. Joseph Schumpeter (Harvard University) vom 14. Mai

[Der ›Deutsche Volkswirt‹ hat seit seinem Verbot vom 10. März bis 10. April] sein Gesicht wesentlich verändert, enthält kein kritisches Wort mehr und darf von Wesentlichem nicht reden. Das macht seine Herausgabe nicht nur geistig unerheblich und moralisch unwürdig, sondern auf die Dauer auch finanziell unmöglich, denn ich glaube nicht daran, daß die Leute in Deutschland oder gar im Ausland jährlich 48 RM für eine Zeitschrift zahlen, die weder die Anhänger noch die Gegner des Regimes befriedigen kann.

256. *»Seit der Veröffentlichung des Verbots meiner Bücher rückt alles von mir ab«*
Aus dem Tagebuch Erich Ebermayers (Leipzig) vom 16. Mai

Der Verlag Philipp Reclam hat die Beziehungen zu mir abgebrochen. Er hat, ohne dazu genötigt zu sein, auch meine beiden Bände ›Kaspar Hauser‹ und ›Der Schritt ins Freie‹, die *nicht* verboten sind, aus der Universal-Bibliothek entfernt. Er ersucht mich, ihm umgehend mittels Zahlkarte einen Kontorest von RM 78,23 zu überweisen. [. . .]

Es ist fast unbegreiflich, wie feige die Menschen sind. Seit der Veröffentlichung des Verbots meiner Bücher rückt alles – bis auf die wenigen wirklichen Freunde – von mir ab, wie von einem Pestkranken! Selbst im »Literarischen Thomanerbund«, der mich voriges Jahr zu seinem Ehrenmitglied ernannte, spüre ich jetzt Eiseshauch, wenn ich zu unseren sonst so schönen allwöchentlichen Zusammenkünften komme.

Die jungen Menschen, Sekundaner und Primaner der Thomasschule und frühere Schüler, sind aufs stärkste ergriffen vom Geist der Zeit und von dem mitreißenden Schwung der Erhebung. Fast alle haben sie das Gefühl, daß eine neue Zeit anbricht. Sie lassen mich ihre Ablehnung nicht in taktloser Form fühlen – dazu sind diese Söhne aus dem Leipziger Patriziertum zu wohlerzogen –, aber sie gehen mit einem etwas mitleidigen

Lächeln an mir vorbei, über mich hinweg. Das ist schmerzlicher und schwieriger als offener Kampf.

257. *»... daß ich die Berufung in die Dichter-Akademie abgelehnt habe«*
Aus einem Brief Hans Carossas (Seestetten) an Katharina Kippenberg vom 17. Mai

Ich fürchte, ich bereite Ihnen eine rechte Enttäuschung, wenn ich Ihnen eingestehe, daß ich die Berufung in die Dichter-Akademie abgelehnt habe. Den Wortlaut, mit dem dies geschehen ist, lege ich diesen Zeilen bei. *Alle* meine Gründe konnte ich dem Herrn Minister Rust nicht schreiben; den wichtigsten aber will ich *Ihnen* sagen: Eine Körperschaft, die unter so strenger Bevormundung des Staates steht wie diese umgestaltete Akademie, hat keine wahre Souveränität und somit auch keine wirkliche Würde. Mag der neue Staat sich einrichten wie er will; *ich* werde mir mein kleines geistiges Reich frei und unabhängig bewahren und bin fest überzeugt, daß ich dem Volk dadurch am besten diene.

258. *»Gefangenentransport« – »Erschossener Flüchtling« – »Probealarm« – »Selbstmord«*
Pressemeldungen aus Dachau vom 17. Mai

Von den im Eichstätter Landgerichtsgefängnis untergebrachten Schutzhäftlingen wurden wieder 47 Mann in das Konzentrationslager nach Dachau transportiert.

Heute vormittag wurde im hiesigen Konzentrationslager der Schutzhäftling Bernhard Hausmann, kommunistischer Parteisekretär aus Augsburg, auf der Flucht von der Arbeitsstelle erschossen.

Montag nachmittags ließ ein viermaliges Sirenengeheul aus dem Konzentrationslager Dachau aufhorchen. Eine Anzahl Leute eilte daraufhin nach dem Lager. Zu sehen bekamen sie nichts, sie mußten erfahren, daß ein Probealarm für die Lagerbewachung stattgefunden hatte.

Am 16. Mai hat sich im hiesigen Konzentrationslager der Schutzhäftling Louis Schloß, Kaufmann aus Nürnberg, in seiner Zelle mit dem Hosenträger erhängt. – Am gleichen Tage begab sich eine Gerichtskommission ins Lager zur Augenscheinnahme. – Wie wir dazu von privater Seite erfahren, handelt es sich bei dem Selbstmörder um einen reichen Juden kommunistischer Gesinnung, der in Nürnberg, in exponierter Stellung stehend, durch seinen ausschweifenden Lebenswandel allgemeines Ärgernis erregt hat. Der Selbstmord geschah in einem unbewachten Augenblick.

259. »Weder politisch noch wirtschaftlich könnte die Anwendung irgendwelcher Gewalt in Europa eine günstigere Situation hervorrufen«
Aus Hitlers »Friedensrede« vom 17. Mai

Weder politisch noch wirtschaftlich könnte die Anwendung irgendwelcher Gewalt in Europa eine günstigere Situation hervorrufen, als sie heute besteht. Selbst bei ausschlaggebendem Erfolg einer neuen europäischen Gewaltlösung würde als Endergebnis nur noch eine Vergrößerung der Störung des europäischen Gleichgewichts eintreten und damit so oder so der Keim für spätere neue Gegensätze und neue Verwicklungen gelegt werden. Neue Kriege, neue Opfer, neue Unsicherheiten und eine neue Wirtschaftsnot würden die Folge sein. Der Ausbruch eines solchen Wahnsinns ohne Ende aber müßte zum Zusammenbruch der heutigen Gesellschafts- und Staatenordnung führen. Ein im kommunistischen Chaos versinkendes Europa würde eine Krise in der Entwicklung der Welt heraufbeschwören von unabsehbarem Ausmaß und nicht abzuschätzender Dauer.

Es ist der tiefernste Wunsch der nationalen Regierung des Deutschen Reichs, eine solche unfriedliche Entwicklung durch ihre aufrichtige und tätige Mitarbeit zu verhindern. Dies ist auch der innere Sinn der in Deutschland vollzogenen Umwälzung. Die drei Gesichtspunkte, die unsere Revolution beherrschten, widersprechen in keiner Weise den Interessen der übrigen Welt: 1. Verhinderung des drohenden kommunistischen Umsturzes und Aufbau eines die verschiedenen Interessen der Klassen und Stände einigenden Volksstaates, fundiert auf dem Begriff des Eigentums als der Grundlage unserer Kultur; 2. Lösung des schwersten sozialen Problems durch die Zurückführung der Millionenarmee unserer bedauernswerten Arbeitslosen in eine allen nützliche Produktion; 3. Wiederherstellung einer stabilen und autoritären Staatsführung, die, getragen vom Vertrauen und Willen der Nation, dieses große Volk endlich wieder der Welt gegenüber vertragsfähig macht.

Wenn ich in diesem Augenblicke bewußt als deutscher Nationalsozialist spreche, so möchte ich namens der nationalen Regierung und der gesamten nationalen Erhebung bekunden, daß gerade uns und dieses junge Deutschland das tiefste Verständnis beseelt für die gleichen Gefühle und Gesinnungen sowie die begründeten Lebensansprüche der anderen Völker. Die Generation dieses jungen Deutschlands, die in ihrem bisherigen Leben nur die Not, das Elend und den Jammer des eigenen Volkes kennenlernte, hat zu sehr unter dem Wahnsinn gelitten, als daß sie beabsichtigen könnte, das gleiche anderen zuzufügen. Unser Nationalismus ist ein Prinzip, das uns als Weltanschauung grundsätzlich allgemein verpflichtet. Indem wir in grenzenloser Liebe und Treue an unserem eigenen Volkstum hängen, respektieren wir die nationalen Rechte auch der anderen Völker aus dieser selben Gesinnung heraus und möchten aus tiefinnerstem Herzen mit ihnen in Frieden und Freundschaft leben.

Wir kennen daher auch nicht den Begriff des »Germanisierens«. Die geistige Mentalität des vergangenen Jahrhunderts, aus der man glaubte, vielleicht aus Polen oder Franzosen Deutsche machen zu können, ist uns genau so fremd, wie wir uns leidenschaftlich gegen jeden umgekehrten Versuch wenden. Wir sehen die europäischen Nationen um uns als gegebene Tatsache. Franzosen, Polen usw. sind unsere Nachbarvölker, und wir wissen, daß kein geschichtlich denkbarer Vorgang diese Wirklichkeit ändern könnte. Es wäre ein Glück für die Welt gewesen, wenn im Vertrage von Versailles diese Realitäten auch in bezug auf Deutschland gewürdigt worden wären. Denn es müßte das Ziel eines wirklich dauerhaften Vertragswerkes sein, nicht Wunden zu reißen oder vorhandene offenzuhalten, sondern Wunden zu schließen und zu heilen. Eine überlegte Behandlung der europäischen Probleme hätte damals im Osten ohne weiteres eine Lösung finden können, die den verständlichen Ansprüchen Polens genau so wie den natürlichen Rechten Deutschlands entgegengekommen wäre.

260. »Gestern hat die Welt zum ersten Male den Staatsmann Hitler gesehen«
Aus einem Kommentar der ›Times‹ vom 18. Mai zu Hitlers »Friedensrede«

Gestern hat die Welt zum ersten Male den Staatsmann Hitler gesehen. Das meiste, was er gesagt hat, hätten auch seine Vorgänger sagen können. Alle früheren Reden Hitlers sind an das deutsche Volk gehalten worden; gestern aber hat zum ersten Male die Welt zu seinen Zuhörern gezählt. Die Zustimmung aller Parteien zu der Politik Hitlers ist keine Unterwerfung unter die Herrschaft Hitlers, sondern in all diesen Dingen hat Hitler tatsächlich für ein einiges Deutschland gesprochen.

261. »Jede Rede von dem Mann ist ein Kunstwerk«
Aus einem Brief Lisa Keitels (Berlin) an ihre Mutter vom 18. Mai

Wir sind hier mit großer Spannung bei all den politischen Ereignissen. Was nun wohl in Genf [auf der Abrüstungskonferenz] jetzt wird, nach dieser geradezu phänomenalen Rede Hitlers. Jede Rede von dem Mann ist ein Kunstwerk, so klar u. sachlich u. von einer hohen Warte aus, die man dem Mann nie zugetraut hätte. Dabei ist ein Hochbetrieb hier in allen Ministerien, unheimlich. Gestern hielt Wilh. große Rede an alle Nazi- und Stahlhelmoberführer!

262. Probleme einer neuen evangelischen Kirchenverfassung und einer Einführung des »Arier-Paragraphen« in der evangelischen Kirche
Aus einem Brief Elly Heuss-Knapps (Berlin-Lichterfelde) an Gertrud Stettiner-Fuhrmann vom 18. Mai

Du kannst Dir denken, daß der Kirchenneubau [...] alle sehr beschäftigt. Im Augenblick steht die Sache nicht gut, denn die Reformierten können aus Glaubensgründen keinen Bischof akzeptieren, und man zieht bisher die Folgerung daraus, daß der Reichsbischof dann von Hitler ernannt wird, und zwar der Pfarrer Müller. Der ist nun aber für die Reformierten entschieden noch schwerer tragbar, und man sieht nicht recht, wie es weitergeht. Unsere Freunde hier gehören alle zur neureformatorischen Gruppe und haben wenigstens laut und deutlich verkündigt, daß der Arier-Paragraph in der Kirche unmöglich sei. Ich gehe ja noch weiter und erkläre jedem Menschen deutlich, daß ich an dem Tag, wo er durchgeführt wird, aus der Kirche austrete. Daß ich dann in die katholische eintreten werde, sage ich nicht jedem ebenso deutlich, aber ich denke es. Nun hoffe ich bestimmt, daß die Kirche nicht so weit in die Würdelosigkeit geraten wird.

263. »Besichtigung des Konzentrationslagers«
Pressebericht aus Dachau vom 19. Mai

Die auswärtigen Pressevertreter, die durch Staatsminister Esser zu einer Besichtigungsfahrt Bayerns eingeladen wurden, besichtigten am vergangenen Mittwoch das Konzentrationslager Dachau. Die bayer. Staatszeitung schreibt dazu: Die gesamte Reisegesellschaft fuhr hinaus nach Dachau und nahm das dortige Gefangenenlager in Augenschein. Die Besucher fanden Gelegenheit, mit den einzelnen Internierten persönlich zu sprechen und konnten sich davon überzeugen, daß die körperliche und geistige Fürsorge für die Schutzbefohlenen in jeder Hinsicht musterhaft war. Es ergab sich die verblüffende Feststellung, daß die Journalisten ihrerseits infolge der aufreibenden Tätigkeit bei weitem nicht so blühend, gesund und braungebrannt aussahen, wie durchwegs die Gefangenen dieses Lagers. Es fehlt ihnen nichts, als eben die Freiheit. Aber auch diese wird den meisten von ihnen nach Maßgabe ihrer allmählichen Bewährung bald wieder beschieden sein.

264. »Gleichschaltung des Geistes«
Aus einem Aufsatz von Theodor Heuss in der Zeitschrift ›Die Hilfe‹ vom 20. Mai

Seit Stapel entdeckt hat, daß »Geistigkeit« ein Wort der Liberalen sei (und darum wohl anrüchig ist), stößt man wohl auf Mißverständnisse, wenn man das Wort bei der Unterhaltung mit dem jüngeren Nationalismus gebraucht. Geist ist Gewissen, ist intellektuelle Reinlichkeit und Redlichkeit, ist religiöse Verantwortung – das sind die Werte, die für unser Begreifen der

Luft der Freiheit bedürfen. Und wenn irgendwo, dann im Lande der Deutschen, die zwar viel Enge und Subalternität der Kleinstaatengeschichte in ihrem Schicksal zu verarbeiten haben, aus deren Blut aber auch Luther und Kant hervorgegangen sind.

[...] Will es das Schicksal gut mit Deutschland, dann werden wir auch des Glückes teilhaftig, das anderen Völkern eine erkämpfte (und nicht im Notjahr zugefallene) Demokratie gab: daß die Voraussetzungen aller Politik im gemeinsamen Nationalbewußtsein nicht bloß gegeben sind, sondern auch im Spiel der Kräfte gegenseitig anerkannt werden. [...] Revolutionen greifen stark zu, um die »öffentliche Meinung« einzuspannen – das ist immer so gewesen, das ist ein notwendiges Stück Technik, ganz unsentimental zu betrachten. Sie melden darüber hinaus auch den historischen Anspruch, den »Volksgeist« neu zu formen – dies freilich ist keine Frage der Technik, sondern der geschichtlichen Leistung, die aus der Zeit in die Dauer eingeht. Das mag in fünfzig Jahren sichtbar geworden sein.

Keiner von uns weiß, was man dann vom »totalen Staat« halten wird – ob er Wirklichkeit, ob er eine Maschine, ob er ein freies oder erzwungenes Gesinnungsbekenntnis sein wird oder eine literarische Arabeske der Vergangenheit? Uns freilich will scheinen, daß die staatliche »Totalität«, mag sie das Sozialwirtschaftliche bewältigen oder an ihm sich wund laufen, um des Menschen und um des Volkstums willen ihre Grenze finden muß im Religiösen, im Schöpferischen der Künste und der Wissenschaften, in der sittlichen Autonomie der in sich selber gegründeten Persönlichkeit.

265. Die »Übergriffe« im Rahmen der »Nationalen Revolution« stehen »in keinem Vergleich zu dem Gewinn«
Aus einem »Überblick über die innere Lage« des neuen Chefs des Ministeramtes im Reichswehrministerium, Oberst Walter von Reichenau, vom 22. Mai

Die *weitere Entwicklung* der inneren Lage hat Alles gehalten, was der große Anfang versprochen. Sie darf jeden Deutschen mit Stolz erfüllen. Der Begriff der ›Nationalen Revolution‹ ist darin zu suchen, daß in völliger Abkehr von den veralteten Methoden früherer gouvernementaler Regierungen der Wille der Führung von breitesten Volkskreisen aufgenommen und aktiviert wird. Daß bei einer Aktivierung in diesem Umfange an manche Stelle auch Übergriffe vorkommen, ist selbstverständlich; sie stehen in keinem Vergleich zu dem Gewinn, der in der Schnelligkeit der Durchführung dieser Aktionen und in der staatspolitischen Interessierung der einzelnen Bürger liegt. Durch strafferes Anziehen der autoritären Führung wird jetzt die Beseitigung von Auswüchsen, die Wiedereinsetzung zu Unrecht abgesetzter Beamter u. a. m. herbeigeführt werden [...] Das enge persönliche Vertrauensverhältnis zwischen Rw. Minister und Reichskanzler, sowie allen führenden Persönlichkeiten der neuen Regierung hat die Berücksichtigung aller für die Aufgaben der Wehrmacht lebenswichtigen Wünsche sichergestellt [...] Daß die Umstellung der für revolutionären Kampf aufgebauten Verbände auf die neuen Aufgaben sich nicht überall ohne Reibung vollzieht, daß auch gegenseitige Eifersüchteleien zwischen unteren Stellen der S. A. und der Wehrmacht zu verzeichnen waren, ist verständlich. Es besteht aber keinerlei Zweifel an dem guten Willen aller verantwortlichen Führer, hier schnell Abhilfe zu schaffen und überall das an den meisten Stellen schon bestehende freundschaftliche Zusammenarbeiten beider Teile herbeizuführen. [...] *Judenfrage.* Die auf eine »totale« Verdrängung hinzielenden Wünsche weiter Volkskreise haben durch gesetzgeberische Maßnahmen starke Einschränkungen erfahren. Es ist sichergestellt, daß Frontkämpfer und alle als wertvoll befundenen Teile der alteingesessenen Judenschaft für ihre Person und für ihren Nachwuchs vor Härten geschützt werden.

266. »Die Kuranstalt Dachau für Schmarotzer am Volkskörper« Ein Pressebericht aus Dachau vom 22. Mai

Am Samstag sammelten sich vor zahlreichen Lebensmittelgeschäften in den verschiedenen Stadtteilen *Münchens* Menschen an, die sich zu den Schaufenstern drängten, an denen rote Plakate verkündeten, daß das Geschäft wegen Preiswuchers polizeilich geschlossen und der Geschäftsinhaber in Schutzhaft genommen worden ist. Die Plakate hatten folgenden Wortlaut: »Geschäft wegen Preiswuchers polizeilich geschlossen. Geschäftsinhaber in Schutzhaft in Dachau. Der politische Polizeikommandeur Bayerns gez. Himmler.« – In gleicher Weise wurde gegen die Großhändler vorgegangen, die sich am Preiswucher beteiligten. Insgesamt wurden 169 Personen vorgeführt. Die festgenommenen Männer wurden noch am gleichen Tage dem Konzentrationslager Dachau zugeführt; die Geschäftsinhaberinnen in der Polizeidirektion und im Gefängnis Stadelheim untergebracht. Der Grund der Verhaftungen war, daß der Preis für 1 Pfund Butter im Kleinhandel von 1–1,20 Mk. auf 1,50–1,60, ja sogar bis 1,70 und 1,80 Mk. hinaufgetrieben wurde. Aber gerade dieses scharfe Zugreifen der heutigen Regierung gegen die Preistreiber im Vergleich zu ihren Vorgängerinnen, die sich von entrüsteten Worten zu befreienden Taten nicht aufschwingen konnten, ist es, was allgemeine Zustimmung und Befriedigung im Volke findet.

267. *Ein Beispiel aus der Gleichschaltungswelle*

Bekanntmachung des »Führers des Landes-Verbandes Hannover im Reichsverband der Kleingartenvereine Deutschlands e. V. und der Nationalsozialistischen Kleingartenvereinigung Hannover« vom 24. Mai

Achtung Kleingärtner!
Bekanntmachung!
Der Gesamtvorstand des Landesverbandes, 1. Vorsitzender Gartenfreund Bruns, ist am 13. Mai d. Js. zurückgetreten. Ich bin zum Führer des Landesverbandes ernannt worden und habe die Geschäfte des Verbandes übernommen.

Der Verfügung des ebenfalls neu gebildeten Vorstandes des Reichsverbandes der Kleingartenvereine Deutschlands e. V. betr. Gleichschaltung der Verbände und Vereine vom 6. Mai 1933 gemäß ordne ich an:

1. Mit dem Tag der Übernahme sämtlicher General-Pachtverträge durch die ebenfalls meiner Führung unterstehende »Nationalsozialistische Kleingartenvereinigung, Hannover«, gelten die nachstehenden Vereine als aufgelöst: [Im Originaltext werden 29 Vereine aufgeführt.]

2. Alle vorstehenden Vereinen bislang unterstellt gewesenen Einzelkolonien reichen – soweit das bislang auf Grund von mir erlassener Verfügungen nicht bereits geschehen ist – sofort Vorschlagslisten zur Ernennung je eines Obmannes, je eines Kassierers, je eines Schriftführers und je zweier Revisoren bei mir ein. [. . .]

Dabei sind nachstehende Bedingungen genauestens zu befolgen:

Als Vorstände kommen Persönlichkeiten nicht in Betracht,

a) die marxistischen Parteien oder deren Hilfs- oder Ersatzorganisationen angehören oder sich in diesen betätigt haben,
b) die sich in scharfen Gegensatz durch Wort, Schrift oder Handeln zu den Parteien, welche die nationale Regierung tragen, gestellt haben,
c) die ihre Stellung in der Kleingartenbewegung zur Erlangung von Vorteilen für sich oder andere mißbraucht haben,
d) die nicht arischer Abstammung sind. [. . .]

Deutsche Männer! Deutsche Frauen! Gartenfreunde! Auch im deutschen Kleingartenwesen soll nunmehr dem Willen der Regierung der nationalen Erhebung gemäß die wahre Volksgemeinschaft entstehen. Darum reichen wir jedem, der an diesem hohen Ziel mitarbeiten will, ehrlich unsere Hand. Wer aber heute noch glaubt, uns Widerstand leisten und mit den nun endgültig und für immer zerbrochenen hetzerischen Methoden des internationalen Marxismus die von uns ersehnte wirklich deutsche Volksgemeinschaft stören zu können, dem sage ich, daß dann für ihn auch kein Anspruch mehr besteht, ein Stückchen Erde deutscher Kleingärten zu bearbeiten.

268. Ein nationalsozialistischer Presseangriff auf den ehemaligen Oberreichsanwalt und die Reaktion Leipziger Studenten
Aus dem Tagebuch Erich Ebermayers (Leipzig) vom 24. Mai

In der ›Leipziger Tagespost‹, dem Parteiblatt der Nationalsozialisten, findet sich ein großer Angriff gegen meinen Vater. Ein bisher unbekannter Rechtsanwalt veröffentlicht, groß aufgemacht, einen Artikel: *»Wie lange noch, Herr Ebermayer?«* [. . .] Ein albernes Gewäsch natürlich, ohne Hand und Fuß. Vorwürfe wegen seiner Einstellung zu den umstrittenen Paragraphen des Strafgesetzbuches: Todesstrafe, Abtreibung, Homosexualität. Hier vertritt mein Vater seit Jahrzehnten eine gemäßigte, keineswegs radikale Auffassung. [. . .]

Großartig, wie der alte Herr reagiert! Trotz seiner Schmerzen, seines Leidens, seiner Sorgen, mit Humor und gütigem Lächeln. Er hat sich den Zeitungswisch eingesteckt und mit in die Universität genommen. Und was tat er dort damit? Er las den ganzen Artikel zu Beginn seines Strafrechtskollegs seinen dreihundert Studenten vor! Es muß ein Riesenerfolg gewesen sein! Lautes Lachen, minutenlanges Trampeln der jungen Leute, schließlich Händeklatschen. Die paar Nazis verhielten sich still. In der Pause verwandte er dann, wie er mittags schmunzelnd erklärte, das Zeitungsblatt nutzbringend in den immer schlecht mit einschlägigem Papier versehenen altmodischen Zellen der Alma Mater ...

269. *»Ich bin nicht der Meinung, daß man als ein Deutscher sich einfach aufs Abwarten und aufs Hoffen verlegen soll«*
Aus einem Brief von Friedrich Thimme (Berlin) an seinen Bruder Karl vom 25. Mai

Wie kann der Segen Gottes auf einer Bewegung liegen, die – gleichviel wie es um den Reichstagsbrand bestellt ist, der dem heutigen Regime erst das Übergewicht bei den Wahlen gesichert hat – den einfachsten und klarsten Geboten des Christentums fortdauernd ins Gesicht schlägt. »Liebe Deinen Nächsten als Dich selbst« – daß ein »Marxist« nicht zu den Nächsten gehört, ist nirgends gesagt. »Selig sind, die da hungert und dürstet nach der Gerechtigkeit« – damit vergleiche die ungeheuerliche Ungerechtigkeit, die heute in Deutschland herrscht, die Knechtung aller freien Meinung, die Züchtung serviler Gesinnung usw. Ich bin nicht der Meinung, daß man als ein Deutscher, der doch mitverantwortlich ist an dem Geschehen seines Volkes und als ein Christ, der Zeugnis ablegen soll im Sinne des Evangeliums, sich einfach aufs Abwarten und, wie Du hinzusetzt, aufs Hoffen verlegen soll. Gewiß bin ich auch nicht für Demonstrationen des Einzelnen, die gegenüber der Massenpsychose wirkungslos bleiben. Die Kirche freilich hätte die unbedingte Pflicht gehabt, gegenüber allem, was von oben her an Ungerechtigkeit geschieht, ihre warnende und mahnende Stimme immer wieder erschallen zu lassen. Ich habe kaum einmal von evangelischer Seite derartiges gehört, eher von katholischer Seite; verschiedene Erzbischöfe haben gegenüber Hindenburg ihre Stimme doch sehr ernstlich vernehmen lassen. Auf evangelischer Seite scheint man nur darauf bedacht zu sein, die eigene, sehr bedrohte Selbständigkeit den staatlichen Mächten gegenüber so viel wie möglich zu wahren, und scheint sich eben deshalb aufs äußerste zu hüten, nach oben anzustoßen. Von Marahrens, über dessen Verhandlungen ich einigermaßen orientiert bin, hätte ich doch mehr Mut und Entschlossenheit erwartet. Die Wahl von D. Bodelschwingh wäre ja an sich nicht so schlecht, vielleicht unter den gegebenen Verhältnissen sogar die beste, da sie die Blicke vom Kirchenpolitischen mehr auf das praktische Arbeitsfeld der Kirche lenkt. Ob er aber die Wahl annimmt, ist mir nicht ganz sicher, ob er ein Führer im Großen zu sein vermag, auch nicht, ob schließlich das Führungsprinzip kirchlich das Richtige ist, auch nicht. Die Gefahr einer »Gleichschaltung« scheint mir nach den Erfolgen, die die »deutschen Christen« bei den letzten Synodalwahlen davongetragen haben – in Schlesien haben sie z. B. das Übergewicht erlangt – doch wesentlich größer zu sein, als Du in Deinem Brief annahmst. Hier in Potsdam und Umgegend sieht man auf Seiten der »Kirchlichen Rechten«, insbesondere der »Positiven Union«, die Dinge sehr schwarz an; manche mir bekannte Superintendenten und Pfarrer sprechen schon vom Übertritt etwa zum Herrnhutertum als etwas fast unausbleiblichem. Daß ich in einer wesentlich nationalsozialistisch orientierten Reichskirche nicht bleiben würde, versteht sich von selbst; [. . .] Im übrigen habe ich zu dem Bestand des heutigen Regime nach wie vor wenig Vertrauen.

270. »Denunziation«
Aus dem Tagebuch Jochen Kleppers (Berlin) vom 25. Mai

Drei Stunden vor Beginn der Sendung lief die Denunziation beim Intendanten ein: Ich sei SPD-Mitglied. Hätte selbst die Äußerung getan: einer der ersten, der gehen müßte, wäre ich. Jüdische Familie. – Die Denunziation so wirksam wie möglich: nämlich über den Reichsverband der nationalsozialistischen Rundfunkhörer.

271. »Unsere 20 Hitlerjungen hörten sich den Senf an und fanden ihn schön«
Aus einem Brief Peter Dürrenmatts (Spiekeroog) vom 25. Mai

Ich bin wieder einmal erschlagen, geistig. Gestern abend war im Dorf eine nationalsozialistische Kundgebung, an der ich, von Amtes wegen, teilnahm. Ich ging mit den besten Vorsätzen hin, allem gerecht zu werden, aber was ich zu hören bekam, war schlimmer als das Schlimmste.

Ich hatte an eine politische, stark agitatorische Rede gedacht. Und nun hielt es der Mann mit der Weltanschauung – er sprach zwei volle Stunden lang, machte eine kleine Pause, und dann ging es noch einmal für eine Stunde los. Was er wohl sagen wollte, war ein Versuch, aus der Geschichte zu beweisen, Deutschland habe eine Weltmission zu erfüllen und sei daran durch die Juden gehindert worden. Durch die tollsten Vergleiche und geschichtlichen Mystifikationen stellt er einen Salat her, der einfach jeder Beschreibung spottet. Der Mann selber ist sicher nur 4. Garnitur in der Partei, aber immerhin Parteileiter für Ostfriesland. Seine Rede war geradezu peinlich dumm.

Unsere 20 Hitlerjungen hörten sich den Senf an und fanden ihn schön. Die Spiekerooger schliefen, klatschten am Schluß. Mit den Jungen aber über den Unsinn sprechen zu wollen, ist hoffnungslos. Sie lehnen es ab und stellen sich stur hinter die Partei.

Bedenkt man, daß täglich hunderte von Leuten dieser 4. Garnitur auf das Volk losgelassen werden, so kriegt man das Frieren.

272. Aus einer Presseerklärung des preußischen Landtagsabgeordneten Franz Graf von Galen (Z) über die Niederlegung seines Mandats vom 26. Mai

Wenn ich jetzt mein Mandat zum preußischen Landtag niederlege, so glaube ich dadurch zur Zeit am besten der mir durch dieses Vertrauen [der Wähler] auferlegten Verpflichtung zu entsprechen . . . Ich für meine Person glaubte, nicht freiwillig verzichten zu dürfen auf die Möglichkeit, die bei der Annahme des Mandats übernommenen Aufgaben zu erfüllen. Durch die Annahme des verfassungsändernden Gesetzes wurde dieser Verzicht der gewählten Abgeordneten bindend festgelegt und ihnen dadurch auch die Mitverantwortung für alle auf Grund der Ermächtigung zu erlassenden Gesetze auferlegt. Nach dieser Entscheidung das Mandat beizubehalten, war nach meiner Auffassung unmöglich.

273. »Die Selbstbehauptung der deutschen Universität« Aus der Rede Prof. Martin Heideggers bei der feierlichen Übernahme des Rektorats der Universität Freiburg i. Br. am 27. Mai

»Geist« ist weder leerer Scharfsinn, noch das unverbindliche Spiel des Witzes, noch das uferlose Treiben verstandesmäßiger Zergliederung, noch gar die Weltvernunft, sondern Geist ist ursprünglich gestimmte, wissende Entschlossenheit zum Wesen des Seins. Und die *geistige Welt* eines Volkes ist nicht der Überbau einer Kultur, sowenig wie das Zeughaus für verwendbare Kenntnisse und Werte, sondern sie ist die Macht der tiefsten Bewahrung seiner erd- und bluthaften Kräfte als Macht der innersten Erregung und weitesten Erschütterung seines Daseins. Eine geistige Welt allein verbürgt dem Volke die Größe. Denn sie zwingt dazu, daß die ständige Entscheidung zwischen dem Willen zur Größe und dem Gewährenlassen des Verfalls das Schrittgesetz wird für den Marsch, den unser Volk in seine künftige Geschichte angetreten hat.

Wollen wir dieses Wesen der Wissenschaft, dann muß die Lehrerschaft der Universität wirklich vorrücken in den äußersten Posten der Gefahr der ständigen Weltungewißheit. Hält sie dort stand, d. h. erwächst ihr von dort – in der wesentlichen Nähe der Bedrängnis aller Dinge – das gemeinsame Fragen und gemeinschaftlich gestimmte Sagen, dann wird sie stark zur Führerschaft. Denn das Entscheidende im Führen ist nicht das bloße Vorangehen, sondern die Kraft zum Alleingehenkönnen, nicht aus Eigensinn und Herrschgelüste, sondern kraft einer tiefsten Bestimmung und weitesten Verpflichtung. Solche Kraft bindet an das Wesentliche, schafft die Auslese der Besten und weckt die echte Gefolgschaft derer, die neuen Mutes sind. Aber wir brauchen die Gefolgschaft nicht erst zu wecken. Die deutsche Studentenschaft ist auf dem Marsch. Und *wen* sie sucht, das sind jene Führer, durch die sie ihre eigene Bestimmung zur gegründeten, wissenden Wahrheit erheben und in die Klarheit des deutend wirkenden Wortes und Werkes stellen will.

Aus der Entschlossenheit der deutschen Studentenschaft, dem deutschen Schicksal in seiner äußersten Not standzuhalten, kommt ein Wille zum Wesen der Universität. Dieser Wille ist ein wahrer Wille, sofern die deutsche Studentenschaft durch das neue Studentenrecht sich selbst unter das Gesetz ihres Wesens stellt und damit dieses Wesen allererst umgrenzt. Sich selbst das

Gesetz geben, ist höchste Freiheit. Die vielbesungene »akademische Freiheit« wird aus der deutschen Universität verstoßen; denn diese Freiheit war unecht, weil nur verneinend. Sie bedeutete vorwiegend Unbekümmertheit, Beliebigkeit der Absichten und Neigungen, Ungebundenheit im Tun und Lassen. Der Begriff der Freiheit des deutschen Studenten wird jetzt zu seiner Wahrheit zurückgebracht. Aus ihr entfalten sich künftig Bindung und Dienst der deutschen Studentenschaft.

Die erste Bindung ist die in die Volksgemeinschaft. Sie verpflichtet zum mittragenden und mithandelnden Teilhaben am Mühen, Trachten und Können aller Stände und und Glieder des Volkes. Diese Bindung wird fortan festgemacht und in das studentische Dasein eingewurzelt durch den *Arbeitsdienst*.

Die *zweite* Bindung ist die an die Ehre und das Geschick der Nation inmitten der anderen Völker. Sie verlangt die in Wissen und Können gesicherte und durch Zucht gestraffte Bereitschaft zum Einsatz bis ins Letzte. Diese Bindung umgreift und durchdringt künftig das ganze studentische Dasein als *Wehrdienst*.

Die *dritte Bindung* der Studentenschaft ist die an den geistigen Auftrag des deutschen Volkes. [...]

Die *drei* Bindungen – *durch* das Volk an das Geschick des Staates im geistigen Auftrag – sind dem deutschen Wesen *gleichursprünglich*. Die drei von da entspringenden Dienste – Arbeitsdienst, Wehrdienst und Wissensdienst – sind gleich notwendig und gleichen Ranges . [...] Alle willentlichen und denkerischen Vermögen, alle Kräfte des Herzens und alle Fähigkeiten des Leibes müssen *durch* Kampf entfaltet, *im* Kampf gesteigert und *als* Kampf bewahrt bleiben.

Wir wählen den wissenden Kampf der Fragenden und bekennen mit Karl von *Clausewitz:* »Ich sage mich los von der leichtsinnigen Hoffnung einer Errettung durch die Hand des Zufalls.«

Die Kampfgemeinschaft der Lehrer und Schüler wird aber nur dann die deutsche Universität zur Stätte der geistigen Gesetzgebung umschaffen und in ihr die Mitte der straffsten Sammlung zum höchsten Dienst am Volke in seinem Staat erwirken, wenn Lehrerschaft und Schülerschaft einfacher, härter und bedürfnisloser als alle anderen Volksgenossen ihr Dasein einrichten. Alle Führung muß der Gefolgschaft die Eigenkraft zugestehen. Jedes Folgen aber trägt in sich den Widerstand. Dieser Wesensgegensatz im Führen und Folgen darf weder verwischt, noch gar ausgelöscht werden. [...]

Wir wollen, daß unser Volk seinen geschichtlichen Auftrag erfüllt.

Wir wollen uns selbst. Denn die junge und jüngste Kraft des Volkes, die über uns schon hinweggreift, *hat* darüber bereits *entschieden*.

Die Herrlichkeit aber und die Größe *dieses* Aufbruchs verstehen wir dann erst ganz, wenn wir in uns jene tiefe und weite Besonnenheit tragen, aus der die alte griechische Weisheit das Wort gesprochen:

τὰ ... μεγάλα πάντα ἐπισφαλῆ ...

»Alles Große steht im Sturm ...« (Platon, Politeia 497 d, 9).

274. »Aus dem Konzentrationslager« – »Nach Dachau«
Presseberichte aus Dachau vom 27. Mai

Amtlich wird gemeldet: Am 24. Mai unternahm der Schutzgefangene Alfred *Strauß* aus München, als er von einem Wachtposten außerhalb des Lagers spazieren geführt wurde, einen Fluchtversuch. Da er auf wiederholten Anruf nicht stehen blieb, machte der Posten von der Waffe Gebrauch, wobei Strauß tödlich getroffen wurde. Der Schutzgefangene *Lehrburger* Karl aus Nürnberg machte am 25. Mai gelegentlich der Durchsuchung seiner Zelle auf einen Wachtposten einen Angriff mit dem Tischmesser. Zur Abwehr dieses Angriffes gab der Posten einen Schuß ab, durch den Lehrburger tödlich verletzt wurde. In der Nacht vom 25. auf 26. Mai hat sich der Schutzgefangene Sebastian *Nefzger* aus München in seiner Zelle durch Öffnen der Pulsader das Leben genommen.

In einer Versammlung des Nürnberger Wildbret- und Geflügelhändlervereins erklärte der Vertreter des Kampfbundes des gewerblichen Mittelstandes, Hinkel u. a., wenn morgen in Nürnberg die Preise nicht auf dem selben Stand stehen wie im März, dann marschieren die Verantwortlichen übermorgen nach Dachau.

275. »Die Menschen in Deutschland sind mürbe«
Aus dem Tagebuch Jochen Kleppers (Berlin) vom 28. Mai

Wie in sozialistischen Zeiten ist im Funk alles abgeblasen, was nur entfernt auf das Ausland wirken könnte; man fürchtet sich wohl doch sehr vor Frankreich. Immer, wenn der Gedanke an einen Krieg wieder hinausrückt, atmet man auf. [...] Denn trotz all der großen Begeisterung über Aufbau und Umschwung: die Menschen in Deutschland sind mürbe, sind verzagt, der einzelne steht verängstigt in seinem Existenzkampf. Wie viele Nationalsozialisten kommen beruflich zu mir, die nichts sind als vor Sorgen verzweifelte Menschen.

276. »Überfüllung und Überfremdung der Hochschulen betreffend«
Bekanntmachung des akademischen Rektorats der Universität Freiburg i. Br. vom 30. Mai

Zur Durchführung des Gesetzes gegen die Überfüllung und Überfremdung der Hochschulen ist von sämtlichen Studierenden (einschließlich Ausländern) die sofortige Abgabe einer ehrenwörtlichen Erklärung über die Abstammung erforderlich.

Vordrucke können im Universitäts-Sekretariat oder beim Pförtner der Universität in Empfang genommen werden.

Diese Erklärung ist auch von den Studierenden vorzulegen, die bereits für andere Zwecke eine Erklärung abgegeben haben.

277. Auf den Rat des Dekans hin: Absage der Vorlesungen
Aus einem Brief Martin Bubers (Heppenheim) an Ernst Simon vom 30. Mai

Man weiß gar nichts und lebt von eben diesem Grunde aus auf eine neue, gewagte und verläßliche Weise. Beurlaubt bin ich nicht, doch habe ich auf den (in geradezu ehrerbietiger Form vorgetragenen) Rat meines Dekans hin von der Abhaltung meiner Vorlesungen in diesem Semester abgesehen. Jetzt eben habe ich das übliche Formular zur Anzeige der Vorlesungen für das Wintersemester erhalten und will morgen in Frankfurt mich mit befreundeten Kollegen beraten.

278. »›War das die große Wandlung, auf die wir im Grunde doch alle hofften?‹«
Aus dem Tagebuch Erich Ebermayers (Leipzig) vom 30. Mai

Die österreichische Grenze ist jetzt für alle Einreisen gesperrt. Nur gegen Zahlung von 1000 Mark kann man noch hinüber. Eine teuflische Maßnahme, um die armen Österreicher, die auf unsere Sommerfrischler angewiesen sind, allmählich auszuhungern und weich zu machen. [...]

Mein Freund Hermann Mau, der als Student zur Zeit durch Frankreich und Spanien trampt, schreibt mir heute aus Barcelona. Mau ist einer der klügsten jungen Leute meines Kreises, Enkel des Archäologen, der Pompeji ausgrub, mit einer, wie ich glaube, großen wissenschaftlichen Zukunft.

»Und wenn ich dann in Barcelona diese Schlageterfeier der deutschen Kolonie mitmache, dann sehe ich plötzlich, wie unverdient gut ich es habe, weit weg zu sein, nicht an Dinge denken zu müssen, die mir in Leipzig viel Kraft und gute Laune nehmen würden. Manchmal überkommt mich so etwas wie Schwermut oder Angst, wenn ich an Deutschland denke. Der Zustand der letzten Jahre, wo uns die verbindliche Grundlage im Staat fehlte, war gewiß nicht erträglich, jedenfalls nicht auf die Dauer. Jetzt, wo eine Grundlage geschaffen ist, mit der man sich abfinden muß, sträubt sich jede Faser meines Wesens dagegen, diese anzuerkennen. Ich kann es nicht – war *das* die große Wandlung, auf die wir doch im Grunde alle hofften? Nein, und nochmal nein, ich muß es schreiben, auch wenn es gefährlich ist. Ich weiß nicht, wie alles werden soll. Gleichzeitig mit Deinem Brief kam eine sehr herzliche Karte von Stefan Zweig, dem ich aus Perpignan geschrieben hatte, als ich las, daß man seine Werke in Deutschland verbrennt. Daß Deine ›Nacht in Warschau‹ auch hat dran glauben müssen! Ja, was soll man dazu sagen? Man ist allmählich viel gewöhnt. Es tut mir für Dich sehr leid.«

Hitler wird noch viel zu tun haben, wenn er die Besten der deutschen Jugend gewinnen will. Ohne sie aber kann er auf die Dauer sein »Tausendjähriges Reich« nicht gründen.

279. *»... wie schwer auch ich leide unter all der furchtbaren Ungerechtigkeit, die Sie und Ihre Volks- und Glaubensgenossen in dieser Verfolgungszeit erfahren«*
Aus einem Brief von Joachim Ungnad (Strausberg) an Martin Buber vom 31. Mai

Wir sind uns im Leben noch nicht begegnet. Sie sind mir nur aus mehreren Ihrer Veröffentlichungen bekannt; möglich ist's auch, daß sie einmal einen religiösen Artikel von mir in der Vossischen Zeitung gelesen haben; wenn ich trotz dieses geringen, in Ihrem Bewußtsein wohl kaum vorhandenen Kontaktes heute an Sie schreibe, so hat das 3 Gründe: einmal möchte ich Ihnen danken für alles, was ich bisher von Ihnen gelesen habe. [...] Zum andern möchte ich gerade Ihnen, »dem Unbekannten und doch Bekannten« – wie Paulus einmal sagt – es aussprechen, wie schwer auch ich leide unter all der furchtbaren Ungerechtigkeit, die Sie und Ihre Volks- und Glaubensgenossen in dieser Verfolgungszeit erfahren. [...] und das Dritte: [...] Ich würde etwas darum geben, wenn es mir möglich wäre, mit Ihnen einmal zusammenzusein; ließe sich das nicht einrichten?

280. *»Aus Deutschland sind sie ausgespien für alle Zeiten«*
Aus einem Artikel ›Die deutschen Intellektuellen‹ von Prof. Carl Schmitt (Köln) in dem amtlichen Organ der NSDAP ›Westdeutscher Beobachter‹ vom 31. Mai

Heute sitzen Hunderte von »deutschen Intellektuellen« im Ausland und hetzen zum Krieg gegen das deutsche Volk. Den Landes- und Volksverrat, den sie jahrzehntelang heimlich und getarnt betrieben haben, treiben sie jetzt öffentlich vor aller Welt. Die meisten von ihnen haben noch die deutsche Staatsangehörigkeit und können sich insofern noch Deutsche nennen. Ob es zweckmäßig wäre, ihnen diese Staatsangehörigkeit durch ein Gesetz abzuerkennen, ist eine – vielleicht nicht einmal wichtige – Frage für sich. Daß sie sich der deutschen Sprache bedienen, macht sie nicht mehr zu Deutschen, wie die Fälschung deutschen Geldes den Falschmünzer zum Deutschen macht. Zum deutschen Volk haben sie niemals gehört.

Aber auch nicht zum deutschen Geist. Selbst wenn sie deutschen Akademien oder Universitäten angehörten, begründete das keine Art- und Wesensverwandtschaft. Als die deutsche

Studentenschaft gegen den undeutschen Geist protestierte und den widerdeutschen Schmutz verbrannte, flogen nur Bücher und Schriften von Intellektuellen ins Feuer. Ihre Trennung vom deutschen Geist ist also heute offenkundig geworden. Sind sie vielleicht trotzdem noch deutsche Intellektuelle? Gibt es überhaupt einen von jedem Volkstum trennbaren und unabhängigen Intellekt?

Es gehört zu den großen und entscheidenden Einsichten unserer deutschen Gegenwart, daß aller menschliche Geist und alle Produktivität im Zusammenhang eines umfassenden totalen Ganzen steht. Auf dieser Erkenntnis beruht auch die große geistige Überlegenheit des deutschen Nationalsozialismus, die ihn über die wissenschaftlichen Irrtümer und Nachwirkungen des neunzehnten Jahrhunderts erhebt. In dieser Hinsicht lassen wir uns nicht mehr täuschen. Hier haben wir einen guten und sicheren Anhaltspunkt, um den geistigen Grad und Standort eines Menschen zu bestimmen. [. . .]

Unsere gebildeten Großmütter und Tanten lasen, Tränen in den schönen Biedermeier-Augen, Verse von Heinrich Heine, die sie für deutsch hielten, mehr als etwa die Verse der Annette Droste-Hülshoff. Und preußische Adelige und Theologen feierten einen Mann namens Joelsohn, der sich Friedrich Julius Stahl nannte, als den Begründer der konservativen Staats- und Rechtsphilosophie, und lassen sich heute noch von diesem Mann, der sein Volk, seinen Glauben und seinen Namen wechselte, über Tradition und Pietät belehren. Der jüngste SA-Mann würde heute lachen, wenn man ihm einen solchen Typus, der sich durch seine bloße Existenz fortwährend selbst widerlegt, als Lehrer empfehlen wollte. Sein Lachen ist allen jenen Unterscheidungen von Herz und Hirn, Gefühl und Verstand, Seele und Intellekt nicht nur gefühlsmäßig und vital, sondern auch im eigentlich geistigen Sinn tief überlegen.

Jahrzehntelange haben wir die deutschen Intellektuellen lärmen hören und gestikulieren sehen. Ihr Geschrei klingt uns noch in den Ohren. Es war Krampf und Mache, und auf jeden Fall mehr Affekt als Intellekt. Sprechen wir besser überhaupt nicht mehr von deutschen Intellektuellen. Das Wort ist zu sehr kompromittiert und war auch in der Sache von Anfang nichts wert. Der geistige Arbeiter des neuen Deutschland weiß, daß der Relativismus und die freischwebende Voraussetzungslosigkeit jener Intellektuellen bestenfalls Beziehungslosigkeit, meistens aber ein politischer Betrug war. Wer von seiner eigenen

Volksgebundenheit absehen muß, kann überhaupt nichts Wesentliches sehen; auch die besonders gearteten, schöpferischen Kräfte eines anderen Volkes lassen sich nur im Bewußtsein dieser Gebundenheit wissenschaftlich fruchtbar verstehen und verwerten. Es gibt keinen einzigen großen Gelehrten, den man ernsthaft als einen Intellektuellen definieren könnte. In dem Wort liegt nun einmal etwas Herabsetzendes. Wir empfinden das heute mit Recht, weil wir den freischwebenden Intellektualismus und die Volksfremdheit des liberalen neunzehnten Jahrhunderts, aus dem das Wort und die Sache stammt, nicht nur gefühlsmäßig, sondern auch verstandesmäßig überwunden haben.

Man weiß nichts von einem großen Menschen, wenn man nichts von seinem Volke weiß. Auch der einsamste deutsche Dichter, Hölderlin, war einsam, aber nicht volksfremd. Der schwäbische Tischlermeister, der den kranken Dichter vierzig Jahre behütete, stand ihm wesensmäßig näher als eine ganze Dichterakademie fremdrassiger Literaten, selbst wenn sie sein Schicksal schöngeistig benutzten oder zum Anlaß ihres psychologischen Betriebes nahmen. Es gibt deutsche Dichter, deutsche Künstler, deutsche Forscher und Gelehrte. Auf jene deutschen Intellektuellen aber wollen wir verzichten. Sie mögen sich in der Kriegspropaganda feindlicher Staaten nützlich machen und bei instinktlosen Regierungen ein Asyl finden. Aus Deutschland sind sie ausgespien für alle Zeiten.

281. »Volk und Staat sind wieder Eins geworden«
Aus einer Rede des Abtes von Maria Laach, Ildefons Herwegen, in Bonn Ende Mai

Volk und Staat sind wieder Eins geworden durch die Tat des Führers Adolf Hitler. Weil der Führer aus der Einsamkeit des Dienens und Opferns heraus, getragen von einem unbeirrbaren Glauben an das deutsche Volk, dieses wieder zu freudigem Bekenntnis zu sich selbst gebracht hat, ist er zu Millionen gewachsen.

282. *»Die Volkwerdung der Deutschen«*
Aus einem Artikel Alfred Rosenbergs in den ›Nationalsozialistischen Monatsheften‹ vom Juni

Der Nationalsozialismus fordert [...] eine Totalität des Menschentums für sich. In der Überzeugung, die Lehre unseres Jahrhunderts in ihrer Substanz zu verkörpern, muß er für die kommende Zeit auch unduldsam sein, weil nur auf diese Weise ein starkes Fundament des kommenden Lebens gebaut werden kann. So schreitet die deutsche Revolution mit wuchtigen Schritten ihrer Verwirklichung entgegen, und das Erlebnis der deutschen Volkwerdung ist Bürge dafür, daß auf allen Gebieten des Lebens die Sehnsucht vieler Jahrhunderte Gestalt gewinnt, und daß das dritte Reich das wird, wovon König Heinrich I., Martin Luther und Friedrich der Große geträumt haben.

283. *»Der Sinn unserer Tage«*
Aus einem Artikel von Reichsinnenminister Wilhelm Frick in den ›Nationalsozialistischen Monatsheften‹ vom Juni

Das ist der Sinn unserer Tage: *Die Überwindung der Unterschiede von Klassen und Ständen, das Heranwachsen einer einheitlichen Willensrichtung im Volke, die große Volksgemeinschaft aller Stände und Berufe.* Dieses Ziel ist heute noch nicht erreicht, aber es ist in greifbare Nähe gerückt. Die Reichsregierung und die N.S.D.A.P. kämpfen selbstlos und ehrlich um die Seele des deutschen Volksgenossen. In wenigen Wochen und Monaten wird auch die Eingliederung des vierten Standes, des deutschen Arbeiters, in den Staat als gleichberechtigter Staatsbürger vollendet sein. Was Jahrhunderte nicht vollbracht haben, was Bismarck vorbereitete, Adolf *Hitler* wird es vollenden. Das Bekenntnis zu diesem Manne, zu dieser einzigartigen genialen Führerpersönlichkeit, bedeutet daher ein Bekenntnis zur deutschen Nation.

284. *»Der Führer«*

Aus einem Artikel des »Vorsitzenden des Reichsuntersuchungs- und Schlichtungsausschusses der NSDAP«, Walter Buch, in den ›Nationalsozialistischen Monatsheften‹ vom Juni

Wer kennt seine Güte und unendliche Geduld, wer weiß, wie schwer es ihm wird, irgend einen andern zu *verurteilen*?

Nein, es ist wahrlich so: Nicht der *Staatsmann* Hitler ist das Wunder. Das Wunder ist der *Mensch* Hitler. Sein alles verstehendes Menschentum in seiner völligen, *selbstvergessenen* Hingabe an das deutsche Volk, wie er es sieht in seiner vieltausendjährigen Geschichte, das ist Adolf Hitlers überlegene Stärke; das ist der Grund seiner unbedingten Sieghaftigkeit. Tapfere, kluge Männer mit starkem völkischem Wollen hat das deutsche Volk auch in den letzten Jahrzehnten genug hervorgebracht. Doch keiner war stark genug, die vom Schicksal dem deutschen Volk gestellte Aufgabe richtig anzupacken, weil keiner von den Klugen und Tapferen *so selbstlos war wie Adolf Hilter.*

Darum ist seine Gestalt uns Bürge dafür, daß unsere Hoffnung nicht zuschanden werden kann. Gehen wir ans Werk und helfen wir ihm, jeder an seinem Platz, das schier Unmenschliche zu leisten. Heil dem Führer und uns!

285. *»S.A. und S.S. werden nicht dulden, daß die deutsche Revolution einschläft oder auf halbem Wege von den Nicht-Kämpfern verraten wird«*

Aus einem Artikel Ernst Röhms in den ›Nationalsozialistischen Monatsheften‹ vom Juni

Ein Sieg auf dem Wege der deutschen Revolution ist errungen.

Von allen Bastionen der Macht im Staate, über allen Stätten der Arbeit und von allen Kontoren der Wirtschaft flattert das Hakenkreuzbanner.

Die Organisationsformen des Marxismus in Deutschland sind zerschlagen. Das Fest der deutschen Arbeit, dieser Tag wechselseitigen Bekenntnisses der Nation zum Arbeiter und des Arbeiters zur Nation, hat dem Irrsinn des proletarischen Klassenhasses den Todesstoß versetzt. Adolf Hitlers stählerner Wille hat das Denken des Volkes mit zwingender Gewalt auf die Verschmelzung nationalen Geistes mit sozialistischem Wollen gelenkt.

Ein gewaltiger Sieg ist errungen. Nicht *der* Sieg schlechthin!

Der neue Staat hat die Träger des Willens zur revolutionären Erhebung nicht zu verleugnen brauchen, wie es die Novembermänner mit den roten Banden tun mußten, die die Mitläufer ihrer aus Feigheit und Landesverrat geborenen Revolte waren. Im neuen Deutschland stehen die disziplinierten braunen Sturmbataillone der deutschen Revolution Seite an Seite mit der bewaffneten Macht.

Nicht als ein Teil von ihr.

Die Reichswehr hat ihre unbestrittene eigene Aufgabe: ihr obliegt die Verteidigung der Grenzen des Reiches, soweit ihre geringe Zahl und völlig unzureichende Bewaffnung sie dazu befähigt.

Die Polizei soll die Rechtsbrecher niederhalten.

Neben ihnen stehen als dritter Machtfaktor des neuen Staates mit besonderen Aufgaben die S.A. und S.S.

Der Führer und Kanzler des deutschen Volkes bedarf ihrer bei dem noch vor ihm liegenden gewaltigen Werke der deutschen Erneuerung.

Denn die S.A. und S.S. sind die Grundpfeiler des kommenden nationalsozialistischen Staates. *Ihres* Staates, für den sie gekämpft haben und den sie behaupten werden. Die S.A. und S.S. sind die kämpferisch-geistigen Willensträger der deutschen Revolution!

Schon wagen sich vereinzelt Spießer und Nörgler wieder hervor mit der erstaunten Frage, was denn die S.A. und S.S. eigentlich immer noch wollten. Hitler sei doch nun an der Macht. Wir seien doch wieder national. Hakenkreuzfahnen wehten über allen Straßen. Überall herrsche Ruhe und Ordnung. Und wenn je sie gestört werden sollte, so werde die Polizei schon dafür sorgen, daß sie schnellstens wiederhergestellt würde. Weshalb also noch S.A. und S.S.?!

Diese Spießer und Nörgler, mögen sie nun in den Reihen unserer ewigen und unversöhnlichen Gegner stehen, mögen sie »gleichgeschaltet« sein oder auch das Hakenkreuz tragen, haben den Sinn der deutschen Revolution nicht begriffen und werden ihn nicht begreifen.

Nicht der Tatsachenablauf vom 30. Januar bis 21. März 1933 stellt Sinn und Wesen der deutschen nationalsozialistischen Revolution dar. [. . .]

Gewiß, wir S.A.- und S.S.-Männer bekennen uns zur nationalen Erhebung. Mit mehr Recht als viele andere, die wir heute plötzlich an unserer Seite sehen. Denn ohne uns hätte es das gewaltige Erwachen des Volkes zur Idee der Nation überhaupt nicht gegeben! Aber die nationale Erhebung ist uns nicht Sinn und Zweck unseres Kämpfens, sondern nur eine Teilstrecke der deutschen Revolution, die wir durchschreiten müssen, um zum *nationalsozialistischen Staat*, unserem letzten Ziel, zu gelangen! [...]

Deshalb werden die S.A. und S.S. nicht dulden, daß die deutsche Revolution einschläft oder auf halbem Wege von den Nicht-Kämpfern verraten wird! Nicht um ihret-, sondern um Deutschlands Willen. Denn die braune Armee ist das letzte Aufgebot der Nation, das letzte Bollwerk gegen den Kommunismus.

Wenn die deutsche Revolution an reaktionären Widerständen, an Unfähigkeit oder Trägheit scheitert, stürzt das deutsche Volk in Verzweiflung und wird leichte Beute des blutbefleckten Wahnsinns der asiatischen Weiten.

Darum ist das im Denken mancher »Gleichgeschalteter« und sogar mancher heute »nationalsozialistisch« sich nennender Würdenträger minderen Grades spukende Gespenst, daß Ruhe die erste Bürgerpflicht sei, Verrat an der deutschen Revolution. [...]

Wenn die Spießerseelen meinen, daß es genüge, wenn der Staatsapparat ein anderes Vorzeichen erhalten hat, daß die »nationale« Revolution schon zu lange dauert, so pflichten wir ihnen hierin ausnahmsweise gern bei: Es ist in der Tat hohe Zeit, daß die nationale Revolution aufhört und daß daraus die nationalsozialistische wird!

Ob es ihnen paßt oder nicht, – wir werden unseren Kampf weiterführen. Wenn sie endlich begreifen, um was es geht: *mit* ihnen! Wenn sie nicht wollen: *ohne* sie! Und wenn es sein muß: *gegen* sie! [...]

In Treue und Disziplin und Gehorsam sind wir unserem geliebten Obersten S.A.-Führer Adolf Hitler auf seinem schweren Wege gefolgt: Wir kennen *sein* Ziel, das auch kompromißlos das unsere ist: das nationalsozialistische Deutschland. Und wir werden unerbittlich darüber wachen, daß nicht Halbe und Gleichgeschaltete sich wie Bleiklötze an des Führers heiliges sozialistisches Wollen zum Ganzen hängen. Wir S.A.- und S.S.-Männer Adolf Hitlers sind die unbestechlichen Garanten, daß die deutsche Revolution sich vollendet, bis nationales und sozialistisches Wollen zu einer untrennbaren Einheit verschmolzen sind: *ein nationalsozialistisches Volk im nationalsozialistischen Staat!*

286. »Warum ich in die NSDAP. eintrat«
Öffentliche Erklärung des Landesbischofs von Mecklenburg-Schwerin, Heinrich Rendtorff, von Anfang Juni

Ich will als *deutscher Mann* mich öffentlich zu der NSDAP. bekennen, denn sie ist die große Volksbewegung, die allein imstande ist, unser Volk und Reich vor dem Sturz in den Abgrund zu retten, und sie erfüllt unter der Führung des unserm Volke von Gott geschenkten Führers Adolf Hitler mit ihrem Kampf um Deutschlands Freiheit und Erneuerung, was seit zwanzig Jahren das Ziel unserer Sehnsucht und unseres Kampfes war. Ich kann als *Christ* mich öffentlich zu der NSDAP. bekennen, denn sie hat durch die feierlichen Zusagen Adolf Hitlers und durch die Einsetzung seines Bevollmächtigten für die evangelischen Kirchenfragen die Freiheit und Unabhängigkeit der Kirche für den ihr von Gott befohlenen Dienst zugesichert und sie hat aufgehört, Partei zu sein in dem alten trennenden und spaltenden Sinne, will vielmehr alle deutschen Aufbaukräfte über Klassen und Stände und Parteien hinweg zur Volksgemeinschaft sammeln. Ich will als *Seelsorger* inmitten der NSDAP. dienen, denn sie weiß, daß es um ein Neuwerden des Volkes, um eine Erneuerung des Menschen geht und sie braucht für das von ihr gewagte ungeheure Werk die Botschaft des Evangeliums und den Dienst der Kirche. Ich kann als verantwortlicher *kirchlicher Führer* mich zur NSDAP. bekennen, denn nun kann ich erst recht von mir selber und von allen Pastoren unserer Landeskirche fordern, daß wir unseren seelsorgerlichen Dienst unpolitisch tun, allein in der Ausrichtung des uns anvertrauten Wortes; und nun kann ich erst recht von den Gemeinden, auch von den Nationalsozialisten in den Gemeinden verlangen, daß sie den Dienst der Pastoren nicht nach der Parteizugehörigkeit bewerten, sondern allein nach der Treue und nach der sachlichen Leistung für Volk und Heimat.

287. *»Nationale Revolution«*
Aus einem Artikel von Max Pribilla SJ. in der Zeitschrift ›Stimmen der Zeit‹ vom Juni

Wie eine Sturmflut ist im März dieses Jahres die nationale Revolution über ganz Deutschland hinweggegangen. Mit einer ungeheuren Gewalt hat sie die bestehenden Formen der staatlichen Ordnung gestürzt oder geändert und neuen Gestaltungen die Bahn gebrochen. [...]

Eine ganze Reihe von Gründen haben zusammengewirkt, um diesen erstaunlichen Umschwung herbeizuführen. Als solche verdienen unter andern genannt zu werden: der Vertrag von Versailles, der lange, zermürbende Marsch durch die Wüste der Wirtschaftsnot, das ratlose Zaudern und Zagen in der Handhabung der öffentlichen Geschäfte, der Überdruß am Parteigetriebe und Parteigezänke, die unablässige, schonungslose Kritik an dem Werk der 14 Jahre, das Hervortreten und Hervorkehren der kommunistischen Gefahr, die Millionen von Nichtwählern an die Urne trieb, die Sehnsucht nach dem »Führer«, der Glaube an die Diktatur oder das Dritte Reich, der Aufstand der Jugend, die Einsetzung des Regierungsapparates und des Rundfunks für die Regierungsparteien, endlich und nicht zum wenigsten die nationalsozialistische Parteiorganisation, die, militärisch erdacht, mit technischer Meisterschaft bis in das kleinste Dorf, bis in die Reihen der Schulkinder durchgeführt war und in unermüdlicher Agitation ihre Gefolgschaft mit Begeisterung und Siegeszuversicht erfüllte. [...]

Jede Revolution muß, will sie nicht die Herrschaft der bloßen Gewalt und damit die Anarchie verewigen, zu den wesentlichen Gesetzen des staatlichen Lebens zurückfinden. Mit Recht schrieb der ›Deutschnationale Pressedienst‹ am 8. April 1933: »Revolution ist kein Zustand und kann niemals ein Zustand sein und bleiben. Revolution ist eine Bewegung, um einen andern Zustand, einen Zustand neuer Ordnung zu schaffen; so muß auch die deutsche Revolution beendet werden, auf daß das Neue das werde, was es sein soll, eben die neue Ordnung.« Auch die gewaltigste Revolution muß versanden, wenn der Entfesselung einer großen Volksbewegung nicht die staatsmännische Leistung folgt, die nie das glückliche Geschenk einer günstigen Stunde, sondern nur das Ergebnis reiflicher Erwägung, geduldiger, beharrlicher Arbeit und ausgleichender Versöhnung sein kann.

Wenn also die Revolution ihr erstes Werk vollbracht hat, alte Formen umzustürzen und die Machtverteilung zu ändern, beginnt die weit schwierigere Aufgabe: der Neubau des Staates. Das ist eine positive Aufgabe und erfordert positive Kräfte. An ihr können und sollen auch diejenigen Volksgenossen mitwirken, die an der Revolution nicht beteiligt waren oder sie verurteilen, einerlei, ob nun ihre Partei in der neuen Regierung vertreten ist oder nicht. Solche Mitarbeit verdient keineswegs den Tadel des Opportunismus, wenn sie nicht aus feiger oder eigennütziger Liebedienerei gegen die herrschende Partei erfolgt, sondern aus Liebe und Treue zu dem Volke, in das wir hineingestellt und für dessen Wohl wir mitverantwortlich sind. [...] Es hat keinen Sinn, aus Trotz oder Wehleidigkeit sich gegen vollendete Tatsachen zu stemmen, sondern es gilt, auf neuer Grundlage seine eigenen Kräfte für eine gesunde Neuordnung des Staates einzusetzen. [...]

Ergibt sich die Geneigtheit zur positiven Mitarbeit schon aus allgemeinen Erwägungen und der Gesamtrichtung des katholischen Glaubens, so sprechen in der gegenwärtigen Lage Deutschlands noch besondere Gründe dafür, warum ein so großer Volksteil wie der katholische sich nicht der Sorge um die Gestaltung der öffentlichen Verhältnisse entziehen darf.

[...] Bei dem feierlichen Staatsakt in Potsdam am 21. März sagte Reichskanzler *Hitler:* »Wir wollen alle wirklich lebendigen Kräfte des Volkes als die tragenden Faktoren der deutschen Zukunft erfassen, wollen uns redlich bemühen, diejenigen zusammenzufügen, die eines guten Willens sind, und diejenigen unschädlich zu machen, die dem Volke zu schaden versuchen.« Der Sinn solcher Aufforderung zur Mitarbeit kann nur der sein, die Streitigkeiten der Vergangenheit möglichst der Vergessenheit anheimzugeben und die gesammelte Kraft der Nation für den Neubau des Staates einzusetzen. [...] Das gesamte Ziel der Rettung Deutschlands verlangt [...] gebieterisch die Zurückstellung der trennenden politischen Gegensätze. Die Erfahrung und Sachkunde *jedes* Deutschen muß in solcher Stunde willkommen sein. Da dürfen natürlich die deutschen Katholiken nicht zurückstehen, denen christlich, national und sozial von jeher vertraute und verpflichtende Begriffe sind.

Die Not des deutschen Volkes ist aber nicht nur politischer oder wirtschaftlicher Art. [...] Wer z.B. den Kommunismus wirksam bekämpfen will, darf nicht nur die Faust in Tätigkeit setzen, sondern muß auch und vor allem mit Kopf und Herz den Quellen nachspüren, aus denen der Haß gegen die »Gesellschaft« gespeist wird. Nicht nur Haussuchungen kommen hier in Betracht, sondern auch Hausbesuche in den Elendsvierteln unserer Städte, um zu verstehen, wie Kommunisten werden; denn das kommunistische Ungeheuer nährt sich von den Ungerechtigkeiten und Lieblosigkeiten der Welt.

Endlich bietet auch das Programm der neuen Regierung den Katholiken Möglichkeiten und Antriebe zur Mitarbeit. [...] Überdies hat die Reichsregierung durch den Mund des nationalsozialistischen Führers die Erklärung abgegeben, daß sie die Rechte der Kirche nicht schmälern und ihre Stellung zum Staat nicht ändern wolle, daß sie im Christentum die unerschütterlichen Fundamente der Moral und Sittlichkeit des Volkes sehe und größten Wert auf freundschaftliche Beziehungen zum Heiligen Stuhle lege. Diese feierlichen Zusicherungen waren ja für die deutschen Bischöfe der Anlaß, ihre früheren Warnungen vor dem Nationalsozialismus nicht mehr als notwendig zu betrachten. Nicht als ob die Bischöfe damit eine positive Aufforderung an die Katholiken ergehen lassen wollten, sich nun dem Nationalsozialismus anzuschließen. Sie wollten den Katholiken den Weg freimachen für eine friedliche, aufbauende Zusammenarbeit in oder mit dem Nationalsozialismus, unter voller Aufrechterhaltung der katholischen Grundsätze.

Die Zusammenarbeit mit dem Nationalsozialismus ist nun nicht so zu verstehen, als ob die Katholiken das Gesetz des Handelns einfachhin aus der Hand geben sollten. Es ist und bleibt unter allen Umständen die Pflicht der Katholiken, aus dem Geist ihrer Kirche in die Welt zu wirken und ihre geistigen Kräfte in den Prozeß des nationalen Lebens einzuschalten. [...]

Wie ich bereits im Oktober 1932 in *dieser* Zeitschrift zur Frage der »nationalen Konzentration« bemerkte, ist das Problem der nationalen Einigung, sowohl innen- als außenpolitisch betrachtet, die eigentliche Schicksalsfrage des deutschen Volkes. Nur einer großen Staatskunst kann es gelingen, in einem so zerklüfteten Volke eine Einigung zu schaffen, die Bestand haben und als ein Segen, nicht als eine Zwangsjacke empfunden werden soll. Das wird nur dann möglich sein, wenn Kräfte wirksam werden, die auf die politischen, sozialen und konfessionellen Gegensätze mildernd und ausgleichend wirken. Das ist aber die gegebene Aufgabe des katholischen Volksteils, der aus dem Geiste des Christentums allem Fanatismus und aller Gehässigkeit abhold ist und als Minderheit ein natürliches Interesse daran hat, daß die nationale Einigung nicht zu Unduldsamkeit führt und in einer mechanischen, erzwungenen Einerleiheit den Geist und die Selbständigkeit vernichtet. [...]

Ein zweites wichtiges Gebiet, auf das die Katholiken immer wieder die Aufmerksamkeit hinlenken müssen, ist das Recht. Jede Revolution ist zunächst Gewalt, Umsturz des bisher geltenden Rechts, aber sie muß, da der erste Zweck des Staates der Rechtsschutz ist, ein neues Recht schaffen, das für alle Bürger in gleicher Weise gilt und wirksam gegen jedermann geltend gemacht werden kann. Dadurch allein werden die Grundlagen des Rechtsstaates wiederhergestellt und die Organe der öffentlichen Gewalt an Gesetz und Verfassung gebunden. Es handelt sich also hier um eine Angelegenheit von höchstem, entscheidendem Wert. Dabei genügt es freilich nicht, daß die Gesetze in formaljuristischer Weise zustande kommen. Die staatliche Ordnung, die nie die Tarnung willkürlicher Macht sein darf, muß sich auf den ewigen Rechtsgrundsätzen aufbauen, die Gott selbst in jedes Menschen Herz hineingeschrieben hat und die schon längst Gemeingut aller gesitteten Völker geworden sind. Mit schlichten, kurzen Worten spricht das Sächsische Landrecht von 1572 diese Forderung und zugleich die Ansicht des deutschen Rechtes aus, indem es sagt: »Satzung kann kein natürlich Recht verdrängen.« Als Bürge und Wächter des Rechts aber hat die Unabhängigkeit der Richter zu gelten, die daher bis aufs äußerste zu verteidigen ist. [...]

Das Recht ist zugleich die Grundlage und das Maß der Freiheit, die als drittes, wertvolles Gut von allen Katholiken zu verteidigen ist. Freiheit ist nicht gleichbedeutend mit Willkür, die sich an kein Gesetz bindet. Freiheit ordnet sich aus Verantwortungsbewußtsein dem Gesamtwohl unter, ist ein Dienen, freilich nicht aus äußerem Zwang, sondern aus innerer Überzeugung. Freie Bürger im freien Staate beanspruchen daher einen Spielraum, in dem sie sich nach eigenem Ermessen betätigen können und in dem sie ohne triftigen, sachlichen Grund nicht beschränkt werden dürfen. Es ist aber selbstverständlich, daß von Freiheit nicht die Rede sein kann, wenn alles im Staate von der Spitze bis zu den letzten Verzweigungen des öffentlichen Lebens autoritär geregelt und befohlen wird. Dabei ist ferner wohl zu beachten, daß das Maß und das Bewußtsein der Freiheit im Staate wesentlich von der Freiheit abhängt, die der *Minderheit* verstattet ist.

Politische Freiheit ist im modernen Staat untrennbar von der freien Meinungsäußerung in Wort und Schrift. Mit Recht hat die »Neue Zürcher Zeitung« (Nr. 687 v. 16. April 1933) darauf hingewiesen, »daß mit der Ausschaltung der Pressefreiheit der empfindlichste Punkt im öffentlichen Leben gebildeter Nationen berührt wird«. Natürlich kann kein Staat, der auf Autorität und Ordnung hält, eine absolute Pressefreiheit zugestehen; er würde sich dadurch selbst das Grab schaufeln. Aber so verderblich und verwerflich eine schrankenlose Pressefreiheit ist, ebenso schlimm wäre es, wenn die freie Meinungsäußerung unterdrückt würde und wahres Gefühl sich kaum noch durch Verstummen kundgäbe. [. . .] Ohne geistige und materielle Unabhängigkeit kann die Presse ihre Aufgabe nicht erfüllen, ein getreues Spiegelbild der Wirklichkeit zu sein, Vorschläge zu machen, vor Mißgriffen zu warnen und die verhängnisvollen Folgen falscher Entscheidungen im voraus aufzuzeigen. Nur in der Freiheit kann die Auseinandersetzung mit den geistigen Strömungen der Zeit in jener Klarheit und Tiefe erfolgen, die zu einer wirklichen Lösung schwieriger Fragen unerläßlich ist. [. . .] Am 6. April 1933 hat Reichskanzler *Hitler* zur Presse gesagt: »Das Recht zur Kritik muß eine Pflicht zur Wahrheit sein.« Dem Wort ist beizustimmen, aber es muß auch in der Umstellung gelten: »Die Pflicht zur Wahrheit muß ein Recht zur Kritik sein.«

Wenn wir Katholiken von Freiheit sprechen, so denken wir dabei besonders an die Freiheit unserer Kirche. Die katholische Kirche wird jederzeit dem Staate geben, was des Staates ist; sie wird daher auch dem neuen Staate aus freiem Entschluß ihre stützende und aufbauende Hilfe leihen. Niemals aber kann sie vom Staat in seinen Dienst gezwungen werden. [. . .] In dieser Hinsicht können wir uns durchaus die mannhaften Worte zu eigen machen, die der Generalsuperintendent der Kurmark, *Otto Dibelius,* in einem vertraulichen Schreiben vom 8. März 1933 an seine Pfarrer gerichtet hat: »Darin müssen wir einig sein, daß das Evangelium nicht den eigenmächtigen Menschen, sondern den gerechtfertigten Sünder anerkennt, daß es nicht den Haß, sondern die Liebe predigt, daß nicht das Volkstum, sondern das Gottesreich Gegenstand evangelischer Verkündigung ist. Wir werden darin einig sein, daß das Evangelium im Gegensatz zu jeder menschlichen Ideologie steht, sie mag nationalsozialistisch oder sozialistisch, liberal oder konservativ sein, daß das Evangelium den Menschen in seinen selbstischen Wünschen nicht bestätigt, sondern richtet.« [. . .]

Je mehr der unmittelbare politische Einfluß der deutschen Katholiken zurückgedrängt ist, desto mehr Veranlassung liegt vor, die großen staatspolitischen Gedanken, die sich aus dem Eigengut der katholischen Weltanschauung ergeben, im geistigen Leben der Nation zur Geltung zu bringen. Denn was zur Erneuerung Deutschlands notwendig ist, das kann weder aus der Ideenwelt des Protestantismus noch aus dem Geiste Friedrichs des Großen ausschließlich abgeleitet werden. Dem neuen Deutschland liegt die Gefahr einer nationalistischen Verengung nicht fern. Auch wäre es notwendig, das Gesunde und Berechtigte an dem Rassegedanken vor allen Einseitigkeiten und Überspitzungen zu bewahren und ihn so in Einklang mit dem auch von den Nationalsozialisten betonten positiven Christentum zu halten. Ein Deutschland, das sich geistig, wirtschaftlich und politisch von der Außenwelt abschließen wollte, hätte keine Zukunft. Aber ein Deutschland, das Verbindungen nach allen Seiten hat und pflegt, erfüllt das Gesetz seines Wesens, das Land der Mitte und ein Hort des Friedens zu sein.

288. »Es wird ein Glück sein, wenn diese Bewegung bald zu der von ihr erstrebten Totalität kommt«
Aus Ausführungen des Reichsministers und Oberbefehlshabers der Wehrmacht von Blomberg in Bad Wildungen am 1. Juni

1. So oft wie möglich an Kommandeure herantreten, diese mit ihren Offizierkorps, um die innerpolitische Lage zu besprechen. Falsch, wenn Deutschnationale und Zentrum von »Regierungswechsel« sprechen. Kein Wechsel, sondern *völliger Umschwung*. Anspruch der Deutschnationalen auf Gleichberechtigung verfehlt. Der Umschwung ist von der Nazibewegung allein gemacht. *Es wird ein Glück sein, wenn diese Bewegung bald zu der von ihr erstrebten Totalität kommt.* Viele Schwierigkeiten würden dadurch erspart. Gedankengang der Nazi dabei ist: Die innenpolitische Erfüllung der Revolution gehört bis zu äußersten Konsequenzen ihrer Bewegung. Erst, wenn sie bis in letzte Verästelungen durchgedrungen, kann und soll das wertvolle Personal der früheren Epoche wieder ausgenutzt werden. Daher zu wünschen, daß Deutschnationale und Zentrum bald verschwinden. *Daß beim Umschwung an die Wehrmacht nicht gerührt wurde, liegt nur daran, daß wir unpolitisch waren.*

Dieses Unpolitischsein hatte ja nie die Bedeutung, daß wir mit dem System der früheren Regierungen einverstanden waren. Es war vielmehr ein Mittel, uns vor zu enger Verstrickung in dieses System zu bewahren. *Jetzt ist das Unpolitischsein vorbei* und es bleibt *nur eins: der nationalen Bewegung mit aller Hingabe zu dienen.* [...]

2. Es besteht ein vom Reichskanzler unterschriebener Befehl, daß in L-Angelegenheiten (Landesschutz) alle Wehrverbände den Anordnungen des Reichsministers zu folgen haben. Nicht veröffentlicht, da mit Rücksicht auf Behandlung der Verbände in Genf z. Z. ganz unmöglich. Durchführung im einzelnen wird Schwierigkeiten machen (Grenzschutz, Waffen, Mobilmachung). [...] Besonders heikler Punkt Waffenfrage. Am 17. 5. in Berlin – Besprechung mit SA-Führern festgelegt, daß nur Gewehre und Pistolen in dem erforderlichen Umfange in Händen der Verbände bleiben sollen, nicht schwere Waffen. Sinn war, daß nicht alle Waffen in Händen der Verbände bleiben sollen, sondern nur so viele, wie die Verbände für ihre Ausbildung und ihre innerpolitischen Aufgaben nötig haben.

Von dem Prinzip, daß alle Waffen der Wehrmacht gehören und daß gesamte Landesverteidigung allein Sache der Wehrmacht ist, darf um keinen fingerbreit abgewichen werden.

3. Neuer – zunächst aber nicht veröffentlichter – Titel des Reichswehrministers ist »Reichsminister und Oberbefehlshaber der Wehrmacht«. [...] In den nächsten Jahren wird die Wehrmacht völlig in der Aufgabe aufzugehen haben, die Reserven zu schaffen, die uns bisher zu schaffen nicht möglich war. [...] Panzerwaffen und Flieger werden entwickelt werden. Das Fliegeroffizierkorps soll Elitekorps mit stürmischem Angriffsgeist werden. Seine Bevorzugung auf allen Gebieten ist nötig und muß von anderen Zweigen der Wehrmacht verstanden werden. [...]

6. Divisionskommandeuren wird Sorge für gutes, noch besser »herzliches« Verhältnis zu den Reichsstatthaltern dringend ans Herz gelegt. Das Reichsstatthaltergesetz muß mit Leben erfüllt werden, gleichgültig, welches z. Z. die Persönlichkeiten der Reichsstatthalter sind. Erwägungen über Möglichkeiten, ihre Stellung zu heben (z. B. militärische Postengestellung).

7. Arierparagraph im Beamtengesetz gilt zwar nicht für Soldaten. Daran vorübergehen können wir aber nicht. Vor allem in zwei Richtungen: Heiraten und Auswahl der Fahnenjunker. [...]

9. Bei Mißhandlungen und Mißbrauch der Dienstgewalt gibt es keine Nachsicht, auch wenn es sich um die tüchtigsten Offiziere oder Unteroffiziere handelt. Dies ist nicht Allgemeingut bei allen Vorgesetzten; sonst nicht möglich, daß Fälle an das Ministerium kommen, wo Stellungnahme der Zwischenvorgesetzten überhaupt fehlt oder aus ihr zu erkennen ist, daß Vorgesetzter diese Angelegenheit auf leichte Schulter nimmt (Erwähnung von zwei Einzelfällen).

289. »Ich muß anonym arbeiten, nur weil ich religiöser Sozialist war, eine jüdische Frau habe«
Aus dem Tagebuch Jochen Kleppers (Berlin) vom 5. Juni

Ich werde im Funk von Braun und Arenhövel mühevoll durchgehalten, habe keine Aussichten, habe ein Einkommen, das nach der Meinung der Zuständigen in keiner Weise meiner Tätigkeit und meinen Leistungen entspricht. Ich muß anonym arbeiten. Hörfolgen, ganze Zyklen, die von A bis Z mein geistiges Eigentum sind, immer stärker meinen Stempel tragen, laufen unter dem Namen anderer – träger und unbegabter – Autoren!

Auch in der Regie muß ich anonym bleiben, muß alles in Kauf nehmen, nur weil ich religiöser Sozialist war, eine jüdische Frau habe.

290. »Neugierige sind hiemit nochmals gewarnt«
Eine Presseverlautbarung des Dachauer Sonderkommissars und Beauftragten der obersten SA-Führung Friederichs vom 2. Juni

Warnung!
Am 30. Mai wurden an der Umgebungsmauer des Konzentrationslagers in Dachau zwei Personen beobachtet, die versuchten, über die Mauer hinwegzuschauen. Selbstverständlich wurden sie sofort festgenommen. Sie erklärten, aus Neugierde, wie das Lager von innen aussehe, über die Mauer geschaut zu haben. Um ihren Wissensdurst befriedigen zu können, und ihnen hiezu Gelegenheit zu geben, wurden sie eine Nacht im Konzentrationslager behalten.

Hoffentlich ist ihre Neugierde nunmehr befriedigt, wenn dies auch auf etwas unvorhergesehene Weise geschehen ist.

Sollten weitere Neugierige sich nicht abhalten lassen, dem Verbot zuwiderhandelnd über die Mauer zu schauen, so sei ihnen jetzt schon zur Befriedigung ihrer Neugierde mitgeteilt, daß die Folgenden nicht nur eine Nacht, sondern länger Gelegenheit zum Studium des Lagers bekommen werden.

Neugierige sind hiemit nochmals gewarnt.

291. *»›Ihr könnt mir Amt und Stellung nehmen, aber nicht meine Seele‹«*
Aus einem Brief Julius Lebers (Lübeck) aus dem Untersuchungsgefängnis vom 7. Juni

Du weißt, daß mich die Haft nicht irgendwie bedrückt. Was sollte ich zur Zeit draußen anfangen? Mit gedemütigtem Herzen und eingezogenen Schultern den traurigen Blicken der Lübecker Arbeiter achselzuckend standhalten und ihnen sagen, daß ich es auch nicht ändern konnte? Da ist es schon besser, selbst äußerlich unfrei zu sein und innerlich mit stolzer Seele das Gesicht der Zukunft zuzuwenden. Für mein Ideal bin ich in den vier Wänden meiner engen Zelle mehr, als ich draußen in voller äußerlicher Freiheit je sein könnte. – Arndt hatte schon recht, als er aus seiner Haft schrieb: Ihr könnt mir Amt und Stellung nehmen, aber nicht meine Seele! Und ich hätte hinzuzusetzen: und nicht meinen Willen!

292. *»Es ist, als wäre aller Geist, alle Seele aus der Welt verschwunden«*
Aus einem Brief Hans Carossas (Weimar) an Hedwig Kerber vom 10. Juni

Er [Ernst Bertram] u. Frau Kippenberg sind so von Hitler erfüllt, daß es nicht viel Sinn hat, mit ihm zu diskutieren; Kippenberg dagegen ist sehr vernünftig und denkt wie ich. Auch hier ist in den Buchhandlungen und in den andren Geschäften der schauerlichste Hakenkreuzkitsch ausgestellt; es ist, als wäre aller Geist, alle Seele aus der Welt verschwunden.

293. *»Gleichschaltung« und »totaler Staat«*
Aus einer Rede Goebbels' im Königsberger Rundfunkhaus vom 12. Juni

Nachdem die politische Reinigung vollzogen ist, hat die nationalsozialistische Revolution die Aufgabe, die revolutionären Kräfte auf die anderen Gebiete des öffentlichen Lebens überzuleiten. Das ist auch der Sinn der Gleichschaltung. Die Gleichschaltung, um dies viel mißbrauchte Wort zu benutzen, ist die revolutionäre Umgestaltung des Staates, der Republik, der Partei, der Interessenverbände. Das ist nicht das Werk von irgendwelchen Zeitgenossen, die ihren Einfluß geltend machen wollen, sondern das sind die ersten Konturen eines Zustandes, der einmal der Normalzustand in Deutschland sein wird, daß es in Deutschland nur eine Meinung, eine Partei, eine Überzeugung gibt, daß diese Meinung, dies Volk, diese Überzeugung sich nicht gegen den Staat richten dürfe, daß der Staat an sich die oberste Organisation des öffentlichen wie des privaten Lebens ist, daß der Staat das Volk darstellt, und daß alle Kräfte des öffentlichen Lebens sich in den Staat ein- oder sich ihm unterordnen müssen, ja, daß sie außerhalb des Staates keine Existenzmöglichkeit mehr besitzen. Ich scheue aber auch nicht den Begriff des totalen Staates. Der Staat stellt ein Totalitätsprinzip dar. Das liegt im Wesen der Revolutionen, daß sie keine Kompromisse kennen. Der Parlamentarismus lebte vom Kompromiß. Wohin er führte, das haben wir in 14 Jahren genugsam durch eigene Augen feststellen dürfen. Es ist nicht wahr, daß die revolutionären Kräfte, die zum Umsturz führten, dadurch gefördert würden, daß sie sich mit den reaktionären Kräften nach dem Siege wieder vereinigten. Das wäre ein falscher, fauler Friede, und dieser faule Friede würde, wenn er in der Tat geschlossen würde, sich wie ein lauwarmer Schleier über das öffentliche Leben legen und jede große und heroische Äußerung des Volksbewußtseins allmählich zur Erstarrung bringen.

Wir müssen hinter unsere Idee das ganze Volk stellen und dürfen uns nicht mit 50 oder 51% oder 51½% begnügen. Uns genügt nicht die bürgerliche Auffassung, die in solchem Falle glaubt: Wir haben die Mehrheit.

Wir werden erst zufrieden sein, wenn wir das Volk besitzen, wenn wir wissen, daß das ganze Volk uns versteht und in uns seine vornehmsten Sachwalter erkennt, wenn das Volk durchdrungen ist davon, daß wir seine höchsten Diener sein wollen, daß wir wohl irren können, wie alle Menschen irren können, daß wir aber keinen Irrtum aus Bosheit begehen, sondern daß der Irrtum auch noch aus dem besten Wissen und Gewissen entspringt.

294. *»Vor der Geschichte stelle ich fest, daß ein solcher Eingriff in die religiöse Freiheit der Kirche in der Rätezeit von 1919 nicht vorgekommen ist«*
Ein Protestbrief von Kardinal Michael Faulhaber (München) an Hitler, den bayerischen Ministerpräsidenten Ludwig Siebert, den bayerischen Innenminister Adolf Wagner und den politischen Polizeikommandeur von Bayern, Heinrich Himmler, vom 12. Juni

Als Bischof erhebe ich lauten Einspruch dagegen, daß am Sonntag Trinitatis [11. Juni] der Gottesdienst, der den Deutschen Gesellentag [der katholischen Kolpingvereine] in München abschließen sollte, nicht mehr gehalten werden konnte. Die Leitung des Gesellentages hat den Gottesdienst abgesagt, weil sie nach den Vorgängen der letzten Tage und Nächte ihre Mitglieder den Anrempelungen und tätlichen Angriffen der SA-Truppen nicht aussetzen wollte, die sich zu Haufen in der Nähe der für den Gottesdienst bestimmten Halle ansammelten, und weil auf wiederholten Anruf das Polizeipräsidium einen Schutz des polizeilich genehmigten Gottesdienstes nicht zusagte.

Vor der Geschichte, deren Zeugnis für die Wahrheit nicht so leicht unterdrückt werden kann wie die Pressestimmen der öffentlichen Meinung, stelle ich fest, daß ein solcher Eingriff in die religiöse Freiheit der Kirche, die einen für den Sonntag pflichtmäßigen Gottesdienst abhalten will, in der Rätezeit von 1919 nicht vorgekommen ist. Damals wurden wohl Glockentürme erbrochen und eine rote Fahne an einem Turm des Domes ausgehängt, der Gottesdienst aber konnte sogar am 5. November 1921 bei der Beisetzung von König Ludwig trotz aller vorausgehenden Drohungen ohne Störung seitens der Kommunisten abgehalten werden.

Über parteipolitische Ziele oder Äußerungen des Gesellentages kann nicht ein einziges Zeugnis beigebracht werden. Der Gesellentag war in seinen Reden und in seiner ganzen Veranstaltung ein flammendes Bekenntnis zum nationalen Staat und zur Mitarbeit. Die Einrede, es handle sich hier um eine Schutztruppe der Bayerischen Volkspartei, muß als eine leere Ausrede zurückgewiesen werden. Die Gesellen aus nichtbayerischen Ländern, also der größte Teil der Gäste, und vollends die Gesellen aus Ungarn, Holland und der Schweiz haben wohl von der Bayerischen Volkspartei überhaupt nichts gewußt. Die Schutzbeamten des öffentlichen Sicherheitsdienstes waren entweder überhaupt nicht zu sehen oder sie haben den wehrlos Angegriffenen keine Hilfe geleistet, obwohl der Herr Reichskanzler dem Gesellentag einen guten Verlauf gewünscht und die Stadt München die Gesellen mehrmals als Gäste begrüßt hatte. Im Jahre 1922 konnte der Gesellenverein einen Gesellentag in Köln unter der französischen Besatzung ohne Störung abhalten und durfte damals, zum ersten Mal in Köln, sogar die deutsche Reichsflagge in seinem Zuge mitführen und 1933 wird derselbe Gesellenverein auf den Straßen von München als »schwarze Bande« und »schwarze Hunde« begrüßt und werden die Kolpingsfahnen zerrissen, nachdem Kolping im Jahre 1849 gerade gegen Karl Marx und dessen ersten Kongreß in Köln den ersten Gesellenverein gegründet hatte. Ich weiß, daß derartige Vorkommnisse und derartige Störungen des Gottesdienstes nicht im Sinne unseres Herrn Reichskanzlers liegen, zu dem auch die Katholiken des Reiches mit Vertrauen emporschauen.

295. *Aufruf zur »Adolf-Hitler-Spende der deutschen Wirtschaft«*
Aus einem Rundschreiben des Reichsverbandes der Automobilindustrie vom 12. Juni

Der Reichsverband der deutschen Industrie gibt uns davon Kenntnis, daß nach eingehenden Verhandlungen von den Spitzenverbänden der deutschen Wirtschaft der Beschluß gefaßt worden ist, zur Vereinheitlichung des Sammlungswesens für die Zwecke der NSDAP durch eine große einheitliche Sammlung die Einzelsammlungen abzulösen und die durch diese einheitliche Sammlung aufkommenden Gelder dem Herrn Reichskanzler unter dem Titel »Adolf-Hitler-Spende der deutschen Wirtschaft« zur Verfügung zu stellen.

Präsident des Kuratoriums der Adolf-Hitler-Spende ist der Vorsitzende des Reichsverbandes der deutschen Industrie, Herr Dr. Krupp v. Bohlen und Halbach. [...]

In Ausführung der Beschlüsse der Spitzenverbände der deutschen Wirtschaft überreichen wir unseren Mitgliedern in der Anlage ein Exemplar des Aufrufs zur Beteiligung an der genannten Spende mit der Bitte, entsprechend dem anliegenden Aufruf den unter II Ziffer 2 errechneten Beitrag an den unter Ziffer 3 angegebenen Zeitpunkten zu leisten.

296. Gegensätze zwischen politischem Katholizismus, katholischer Kirche und Nationalsozialismus
Aus einem Bericht des amerikanischen Geschäftsträgers in Berlin, Gordon, an Außenminister Hull vom 17. Juni

Ich habe die Ehre, zu berichten, daß die Zukunft der Zentrumspartei wie die aller anderen Parteien in Deutschland, denen es bisher gelang, einen Anschein von Unabhängigkeit zu bewahren, alles andere als hoffnungsvoll ist. Es gibt vielerlei Anzeichen, daß die Nazis die Zeit für gekommen halten, in Übereinstimmung mit ihrer Philosophie eines »totalen Staates«, in dem neben der Nazi-Partei kein Raum mehr für eine andere sein kann, alle anderen Parteien vollständig »aufzusaugen«. [...]

Aus verschiedenen Teilen des Landes wurden Verhaftungen katholischer Führer und die Unterdrückung katholischer Zeitungen gemeldet. In Baden wurde der frühere Finanzminister Köhler, ein führendes Mitglied der Zentrumspartei, angeblich »zu seiner eigenen Sicherheit«, in Schutzhaft genommen, weil eine große Menschenmenge sich vor seinem Haus versammelt und eine drohende Haltung eingenommen hatte. Das führende Organ der Zentrumspartei in Baden wurde für eine Woche verboten, während in Bayern eine Ausgabe des offiziellen Organs der Bayerischen Volkspartei [...] beschlagnahmt worden ist. [...]

Der derzeitige Konflikt zwischen dem Reich und Österreich hat zusätzlich dazu beigetragen, die Feindseligkeit der Nazis gegen die zwei katholischen Parteien zu verstärken. Die Nazis werfen jetzt dem Zentrum vor, zusammen mit dem Dollfuß-Regime in Österreich gegen sie zu konspirieren. Dr. Bolz, Chef der württembergischen Regierung, und der ehemalige Reichskanzler Wirth sind in diesem Zusammenhang die hauptsächlichen Zielscheiben der Nazis. Die Nazis im Reich verlangen als Vergeltung für die Maßnahmen, die die Dollfuß-Regierung gegen die österreichischen Nazis ergriffen hat, repressive Maßnahmen gegen die Zentrumspartei.

Am vergangenen Sonntag wurde ein Hirtenbrief der katholischen Bischöfe Deutschlands von den Kanzeln aller katholischen Kirchen verlesen. In diesem Hirtenbrief wiesen die Bischöfe darauf hin, daß die deutschen Katholiken es nicht nötig hätten, im Gefolge der nationalen Revolution eine neue Einstellung gegenüber dem Vaterland einzunehmen. [. . .] Die Katholische Kirche, in der der Wert der Autorität und der Sinn für sie besonders zur Geltung gekommen sei, erwarte jedoch, daß die staatliche Autorität die menschliche Freiheit nicht stärker beschneide als im Interesse des Gesamtwohls notwendig sei, sondern Gerechtigkeit übe und dadurch jedem staatlichen Untertan sein Eigentum, seine Ehre und Freiheit gewähre. Die Bischöfe lehnten das Rasseprinzip als die einzige Grundlage der nationalen Einheit ab und erklärten, daß rassische Diskriminierung zu Ungerechtigkeit führen müsse. In verschiedenen anderen wesentlichen Punkten konnten sich die katholischen Bischöfe mit den proklamierten Zielen und der Politik der Nazis nicht einverstanden erklären.

297. *»Lebensangst hat noch immer zum Erlösungsgedanken geführt, zum Messiasglauben«*
Aus einem Brief Julius Lebers (Lübeck) aus dem Untersuchungsgefängnis vom 20. Juni

Alles Gerede und Geschreibe täuscht mich nicht über die Tatsache hinweg, daß unsere politische Entwicklung innerlich völlig stillsteht. Die Regierung hat die äußere Macht so vollkommen wie noch nie eine deutsche Regierung seit Abschaffung des absoluten Königtums. (Bismarck hatte nicht entfernt so große Befugnisse wie Hitler.) Damit haben sich vielleicht 80% des deutschen Volkes abgefunden, aber abgefunden sozusagen auf Vorschuß. Denn die innere Entwicklung ist auch heute noch nur eine Funktion der außenpolitischen und wirtschaftlichen Zukunft. [. . .]

Das deutsche Volk ist seit den Tagen der großen Inflation seine Existenz- und Lebensangst nie mehr ganz losgeworden. Und Lebensangst hat noch immer zum Erlösungsgedanken geführt, zu Messiasglauben usw. Das ist nicht neu. Die republikanischen Machthaber hatten nur Witze für diese tiefe seelische Flutung. Als es 1924 und 25–29 gelungen war, wenigstens teilweise diese Lebensangst zu betäuben oder zu dämpfen, zog plötzlich Ruhe ein in das deutsche Staatswesen und in die deutsche Politik. Die neue Krise 1930 und 31 ließ aber plötzlich wieder alle Quellen der seelischen Wirrnisse hervorbrechen, und jetzt stürzte alles unaufhaltsam dem Erlösungsglauben zu, politisch gesehen dem großen Experiment.

298. Mißhandlungen durch SA, »Inschutzhaftnahme«, Verbote
Aus dem Halbmonatsbericht (1.–15. Juni) der Regierung von Niederbayern und Oberpfalz vom 20. Juni

Die revolutionäre Stimmung verleitet immer noch in manchen Fällen jüngere Leute zu unbedachten Handlungen. Ein besonders schwerer Fall hat in der vergangenen Woche die Landshuter Bevölkerung stark aufgeregt. Dort drangen einige SA-Männer in die Wohnung des volksparteilichen Landtagsabgeordneten Dr. Schlögl, der in Urlaub abwesend war, ein und zerstörten die gesamte Wohnungseinrichtung. Nachdem die Leute etwa ¾ Stunden in der Wohnung gewütet hatten, fuhren 5 von ihnen mit Kraftwagen nach Tittling, BezA. Passau, wo sich Dr. Schlögl z. Zt. aufhält und mißhandelten diesen so, daß er das Krankenhaus aufsuchen mußte.

In den nationalsozialistischen Kreisen der Stadt Straubing besteht große Mißstimmung gegen Rechtsanwalt Dr. Pfeiffer, den früheren Rechtsberater des anfangs März ermordeten jüdischen Güterhändlers Selz. Da mit Ausschreitungen gegen Dr. Pfeiffer gerechnet werden mußte, wurde er in Schutzhaft genommen. Die Ereignisse am Schlusse des kath. Gesellentags in München werden auf dem Lande in sehr übertriebener und entstellter Form erzählt und erwecken so bei der kath. Bevölkerung große Entrüstung und Aufregung, die dadurch gesteigert wird, daß die Presse nur kurze Andeutungen von den Vorfällen bringt, wodurch der Phantasie der Erzählenden weiter Spielraum gelassen wird.

Am 11. 6. gegen Abend kam es am Bahnhof Landau a. d. Isar zu Reibereien zwischen SA-Leuten und von München zurückkehrenden Gesellenvereinsmitgliedern. Das Ordinariat Passau verbot darauf für die Stadt Landau die Abhaltung der Fronleichnamsprozession außerhalb der Kirche, hat aber dieses Verbot später wieder zurückgezogen.

Ein beabsichtigter Gautag des kath. Burschenvereins Ransbach, BezA. Neumarkt i. d. OPf., wurde nach Rückfrage des

Sonderkommissars Breitenbach beim politischen Polizeikommandeur in München verboten.

299. *Zur Haltung der katholischen Geistlichkeit gegenüber dem Nationalsozialismus*
Aus dem Halbmonatsbericht des Bezirksamts Eichstätt vom 20. Juni

Das ganze Verhalten der katholischen Geistlichkeit [...] zeigt deutlich, daß diese trotz aller gegenteiligen Beteuerungen den Nationalsozialismus im Grunde ihres Herzens ablehnt. Ja, die brüske Zurückweisung der Hitler-Jugend von der Fronleichnamsprozession stellt eine direkte feindliche Haltung der Geistlichkeit gegenüber den nationalsozialistischen Jugendorganisationen dar, die zu den ernstesten Bedenken Anlaß geben muß. Zieht man nun in Betracht, daß die katholischen Jugendorganisationen unter der Leitung und unter dem Einfluß einer solchen Geistlichkeit stehen, so kann man sich ohne weiteres auch ein Bild von der Einstellung dieser Organisation selbst machen. [...] Da der Staat ein Interesse daran haben muß, daß die Jugend im staatsbejahenden Sinn erzogen wird, ist es allmählich höchste Zeit, daß die Jugend denen aus der Hand genommen wird, die sich nur widerwillig in den Staat einfügen oder ihn gar bekämpfen. Ein alsbaldiges Verbot aller nicht nationalsozialistischen Jugendverbände ist m. E. ein Gebot der Stunde.

Bezeichnend für die Einstellung der katholischen Geistlichkeit wenigstens von Eichstätt – anderwärts wird es wohl kaum anders sein – zum heutigen Staat ist auch die Tatsache, daß die sämtlichen kirchlichen Gebäude in den Landesfarben, nie in den Reichsfarben beflaggt werden. Ich erblicke darin eine bewußt beabsichtigte Sabotierung der Reichsfarben und eine bewußte Ablehnung des heutigen Staates.

300. *»Dachau, wo's Konzentrationslager is, gehört nicht zu Deutschland«?*
Ein Pressebericht aus Dachau vom 20. Juni

Das berühmte Dachau. Ein Münchner Lehrer erzählt: Als ich bei meinen Jungen (1. Schulklasse) auf das neue Deutschland zu sprechen kam, regte meine Frage: Wißt ihr denn auch deutsche

Städte? allerhand Antworten an: München, Rosenheim, Ingolstadt, Berlin ...Da rief ein kleiner Frechdachs dazwischen: »Gelns, Herr Lehrer, aber Dachau, wo 's Konzentrationslager is, gehört nicht zu Deutschland.«

301. »Es ist eine neue Bereitschaft, sein Gut in den Dienst der Volksgemeinschaft zu stellen«
Aus einem Brief Peter Dürrenmatts (Spiekeroog) vom 21. Juni

Am Montag war für unsere Gruppe der Hitlerjugend Fahnenweihe in der Kapelle [Aula], zu der ich als Heimleiter eingeladen war. Es war eine Feier, wie ich sie etwa von den Pfadfindern her kenne. In einem aber ganz verschieden: Diese Feier war nicht vaterländisch, sondern parteimäßig. Das Vaterländische war ausgehängt. Worauf man aber die Gefolgschaft zur Fahne verpflichtete und verlangte, das war erstens der Führer, zweitens die Partei und auch so nebenbei das Vaterland. Die Rede, die der Scharführer hielt, war die Agitationsrede eines Parteimannes. [...]

Einer meiner Jungen, späterer Erbe eines großen Gutes, sagte mir neulich, er trage sich mit dem Gedanken, Nazi zu werden. Er müsse aber noch seinen Vater umstimmen, denn als Nationalsozialist könnte er später sehr wohl in den Fall kommen, sein Gut zu Siedlungszwecken aufteilen zu müssen. Und wenn die Lage es erfordere, werde er es auch tun. Wohlverstanden: das ist nicht nur kindlicher Idealismus, sondern es ist eine Gesinnung, die bei vielen wirklich da ist. Es ist eine neue Bereitschaft, sein Gut in den Dienst der Volksgemeinschaft zu stellen. Auch ein Sozialismus, nur kein aus Theorien aufgebauter, sondern ein gesinnungsmäßig entstandener, der sicher nicht wertloser als der andere ist. [...]

Neulich hörte ich allerdings eine Anekdote, die drastisch jene andere, weniger hoffnungsvolle Stimmung wiedergibt, wie sie hauptsächlich durch die Wirtschaft der unteren Provinzbonzen hervorgerufen wird.

In der Schule gab der Lehrer nach dem Umschwung den Kindern die Aufgabe, ein Gedicht über die nationale Revolution zu machen. Am nächsten Tag fragte er, wer etwas zusammen gekriegt habe, und richtig, es meldete sich der kleine Max. Folgendes hatte er gedichtet:

»Unsere Katz hat Junge,
Sieben an der Zahl.
Sechse sind für Hitler,
Eines ist neutral.«

Der Lehrer war sehr erfreut. »In den nächsten Wochen«, sagte er zu Max, »da kommt der Schulrat. Dem mußt Du Dein Gedicht aufsagen.« Nach 4, 5 Wochen kam also der Schulrat, und der Lehrer sagte ihm gleich am Anfang, er hätte einen Schüler, den Max, der ein sehr schönes Gedicht über die nationale Revolution verfertigt habe. »Na, Max, laß hören«, sagte der Schulrat, und Max legte los:

»Unsere Katz hat Junge,
Sieben an der Zahl.
Sechse sind für – Hindenburg,
Eines ist neutral.«

Der Schulrat machte ein sehr langes und abweisendes Gesicht und der Lehrer war fassungslos. Nach der Stunde holte er den Max heran. »Aber Max, Max, Du hast ja Dein Gedicht ganz anders gesagt. Vor 5 Wochen hieß es doch nicht so.« – »Ja«, sagte Max, »das stimmt, aber damals waren die Katzen noch blind.«!

302. ». . . ein Verstoß gegen verfassungsmäßige Grundrechte« Ein Protest des »Stellvertretenden Führers« der Deutschnationalen Front, von Winterfeld, bei Reichsminister Göring vom 21. Juni

Zu den bei Deutschnationalen Geschäftsstellen und bei Mitgliedern der Deutschnationalen Front in Berlin und in anderen Städten Preußens vorgenommenen Haussuchungen stelle ich folgendes fest:

1. Jeder Verdacht, daß die Deutschnationalen Kampfringe jemals irgendwelche gegen den Bestand der nationalen Regierung gerichtete Bestrebungen verfolgt hätten, ist völlig unbegründet.

2. Haussuchungen, die zur Nachprüfung des Schriftverkehrs des Kampfringes von der Polizei vorgenommen wurden, durften keinesfalls, wie es geschehen ist, zur Durchsuchung und Beschlagnahme von Akten führen, die zweifelsfrei zum Schriftverkehr der Deutschnationalen Front selbst gehören.

3. Die Vornahme von Haussuchungen bei Reichstags- und Landtagsabgeordneten ist ein Verstoß gegen verfassungsmäßige Grundrechte.

Namens der Deutschnationalen Front lege ich hiermit Verwahrung ein.

303. »keine partei sondern Herren machen umwälzungen«
Aus einem Brief von Oberleutnant Claus Graf Schenk von Stauffenberg an Stefan George vom 21. Juni

Im übrigen hat die letzte – wie jede revolution – gelegenheit zu recht interessanten betrachtungen menschlicher werte gegeben. Bei aller verstellungskunst – bei revolutionen kann der bürger sich nicht mehr verstellen. Im übrigen: bei aller gleichschaltung und dem gesetz der totalität: für uns ist das alles nicht neu und schon jetzt ist zu sehen: keine partei sondern Herren machen umwälzungen und jeder der für seine Herrschaft einen sicheren sockel sich baut ist ob seiner klugheit zu loben.

304. Verbot der SPD als »staats- und volksfeindlicher Partei«
Die amtliche Begründung von Reichsinnenminister Frick vom 22. Juni

Die Vorgänge der letzten Zeit haben den unumstößlichen Beweis dafür geliefert, daß die deutsche Sozialdemokratie vor hoch- und landesverräterischen Unternehmungen gegen Deutschland und seine rechtmäßige Regierung nicht zurückschreckt. Führende Persönlichkeiten der SPD., wie Wels, Breitscheid, Stampfer, Vogel, befinden sich seit Wochen in Prag, um von dort aus den Kampf gegen die nationale Regierung in Deutschland zu führen. Wels hat eine Erklärung veröffentlicht, daß sein Austritt aus dem Büro der zweiten Internationale nur fingiert gewesen sei. Er hat an den Vorsitzenden der Arbeitergruppe auf der Internationalen Arbeitskonferenz in Genf ein Telegramm gerichtet, in dem er in verleumderischer Weise die Arbeiterschaft der übrigen Länder gegen die nationale deutsche Regierung aufzuhetzen versucht. Die erweiterte Parteileitung der SPD. hat sich auf einer vor einigen Tagen in Berlin abgehaltenen Sitzung lediglich nach außen von diesen Leuten wie Wels, Breitscheid usw. distanziert, es aber bezeichnenderweise unterlassen, diese Personen wegen ihres landesverräterischen Verhaltens wirklich abzuschütteln und aus der Partei auszuschließen. Im Gegenteil ist in einer von der Polizei überraschten Geheimversammlung sozialdemokratischer Führer in Hamburg ebenfalls landesverräterisches Material gefunden worden. Dies alles zwingt zu dem Schluß, die Sozialdemokratische Partei Deutschlands als eine staats- und volksfeindliche Partei anzusehen, die keine andre Behandlung mehr beanspruchen kann, wie sie der Kommunistischen Partei gegenüber angewandt worden ist. Der Reichsminister des Innern hat daher die Landesregierungen ersucht, auf Grund der Verordnung des Reichspräsidenten zum Schutz von Volk und Staat vom 28. Februar 1933 die notwendigen Maßnahmen gegen die SPD. zu treffen. Insbesondere sollen sämtliche Mitglieder der SPD., die heute noch den Volksvertretungen und Gemeindevertretungen angehören, von der weitern Ausübung ihrer Mandate sofort ausgeschlossen werden. Den Ausgeschlossenen werden selbstverständlich die Diäten gesperrt. Der Sozialdemokratie kann auch nicht mehr die Möglichkeit gewährt werden, sich in irgendeiner Form propagandistisch zu betätigen. Versammlungen der Sozialdemokratischen Partei sowie ihrer Hilfs- und Ersatzorganisationen werden nicht mehr erlaubt werden. Ebenso dürfen sozialdemokratische Zeitungen und Zeitschriften nicht mehr herausgegeben werden. Das Vermögen der Sozialdemokratischen Partei und ihrer Hilfs- und Ersatzorganisationen wird, soweit es nicht bereits in Verbindung mit der Auflösung der freien Gewerkschaften sichergestellt worden ist, beschlagnahmt. Mit dem landesverräterischen Charakter der Sozialdemokratischen Partei ist die weitere Zugehörigkeit von Beamten, Angestellten und Arbeitern, die aus öffentlichen Mitteln Gehalt, Lohn oder Ruhegeld beziehen, zu dieser Partei selbstverständlich unvereinbar.

305. »Auch sogenannte katholische und evangelische Arbeitervereine sind als Staatsfeinde zu betrachten«
Ein Erlaß des Leiters der Deutschen Arbeitsfront, Robert Ley, vom 22. Juni

Es ist der Wille des Führers, daß außer der Deutschen Arbeitsfront keinerlei Organisationen mehr, weder der Arbeitnehmer noch Arbeitgeber existieren. Ausgenommen sind der ständige [muß heißen: ständische] Aufbau und Organisationen, die einzig und allein der Fortbildung im Berufe dienen.

Alle übrigen Vereine, auch sogenannte katholische und evangelische Arbeitervereine, sind als Staatsfeinde zu betrachten, weil sie den großen Aufbau hindern und hemmen. Deshalb gilt ihnen unser Kampf, und es ist höchste Zeit, daß sie verschwinden.

306. »Die Todesursache erscheint nicht hinreichend geklärt«
Aus dem Tatbestandsbericht der Kriminalpolizei Berlin-Köpenick vom 22. Juni über den angeblichen Selbstmord des von SA verschleppten Gewerkschaftssekretärs Johann Schmaus (SPD)

Leichensache. Selbstmord Schmaus, Johann betreffend.
Schmaus, Johann, Gewerkschaftssekretär, 5. 12. 79 zu München geb., in Köpenick, Alte Bahlwitzerstr. 2 wohnhaft gewesen, wurde am 22. 6. 33 gegen 11.30 Uhr von der Ehrenwache der S. A. in seinem Stall erhängt aufgefunden. Bericht des Scharführers Roy, 1/15 (37/5) ist beigefügt. (Bl. 2).

Wie am Tatort festgestellt, hatte der Sch. einen Strick um den Hals und war er bereits von einem in ca. 2.50 m hohen Balken abgeschnitten worden. Der Rest des Strickes befand sich noch am Balken. Der Tote lag am Boden des kl. Stalles. Er hatte (anscheinend schwere) Verletzungen am Kopfe. Der Balken weist starke Einschnürungen, durch den Strick hervorgerufen, auf. Die zum Aufhängen verwendete Wäscheleine ist von dem im Stalle liegenden Wäscheleinebrett mittels eines scharfen Gegenstandes, vermutlich einem Messer, abgeschnitten worden. Ein Messer wurde im Stall nicht vorgefunden.

Der Tatort ist versiegelt worden. Die Leiche wurde beschlagnahmt und nach dem Leichenschauhaus, Berlin, Hannoverschestr. gebracht.

Die Todesursache erscheint nicht hinreichend geklärt. Der Stall an sich macht einen sauberen aufgeräumten Eindruck. Irgendwelche Spuren von Gewalt waren nicht sichtbar.

In der Küche lagen zusammengefegte Porzellanscherben, die nach Aussage von S. A.-Leuten der Sch. nach seinem Tobsuchtsanfall selbst zusammenfegen mußte. Weiter befand sich in der Küche noch ein vollkommen zerschlagener Stuhl. Ferner lag hier ein dem Sch. gehörendes blutiges Jackett. Nach dem

Bericht der S. A. soll sich der Tote die Verletzungen selbst beigebracht haben. (Infolge seines Tobsuchtsanfalls).

Nach dem S. A.-Bericht ist der Tod von dem Arzt Dr. Stiebener, Köpenick, Bahnhofstr. festgestellt worden.

Die Küche ist ebenfalls versiegelt worden. Die Ehefrau des Verstorbenen, Katharina, geb. Walch, soll in den frühen Morgenstunden von der S. A. in Haft genommen worden sein. Die 13-jährige Tochter wurde von der S. A. zu Verwandten nach Erpetal (Hirschgarten) gebracht. Das Landhäuschen wurde von der hiesigen Verwaltungspolizei verschlossen, da niemand mehr im Hause anwesend ist.

307. Eine Einschätzung der Lage durch Reichskanzler a.D. Heinrich Brüning und Reichsminister a.D. Gottfried R. Treviranus

Aus einem Bericht des amerikanischen Geschäftsträgers in Berlin, Gordon, an Außenminister Hull vom 23. Juni

Brüning war tief beunruhigt durch die letzten Geschehnisse und speziell durch die apathische Haltung, die Reichspräsident v. Hindenburg und seine unmittelbare Umgebung zeigen. Brüning und Treviranus berichteten, daß vor zwei Nächten SA-Einheiten gegen verschiedene Gutsnachbarn des Reichspräsidenten, der auf seinem Sommersitz in Neudeck in Ostpreußen ist, in einer Weise vorgegangen seien, daß man es nur als eine regelrechte Herausforderung und als einen Versuch verstehen könne, zu sehen, wie weit sie gehen könnten. Der Reichspräsident hat überhaupt nicht reagiert; für Brüning war dies ein klares Anzeichen dafür, daß Hindenburg nicht mehr Herr der Lage sei und daß man nicht mehr länger von ihm erwarten könne, er werde seine Stimme erheben, um an das Volk zu appellieren oder die Reichswehr aufzurufen, gesetzlose Aktionen der Nazis zu verhindern. [. . .] Bislang hatte Brüning immer noch die Hoffnung, daß, wenn es zum schlimmsten komme, die Lage durch das Eingreifen des Reichspräsidenten gerettet werden könne; aber er glaubt jetzt, daß diese Hoffnung nicht länger gerechtfertigt sei und daß binnen kurzem die Möglichkeit zu einem derartigen Handeln, selbst wenn der Wille dazu bestehe, nicht mehr vorhanden sein werde. [. . .]

Ich erhielt den Eindruck, daß nach der Auffassung von Dr. Brüning die aggressiven Führer in der Nazi-Partei, die Vertreter der SA ebenso wie die anderen nichtmilitärischen zügellosen und kommunistischen Elemente in der Partei auf längere Sicht die Oberhand über Hitler dank ihrer Entschlossenheit und Hartnäckigkeit behalten würden; das heißt, selbst wenn es ihm gelänge, ihrer revolutionären Hetze bei verschiedenen Gelegenheiten [...] zu widerstehen, würden sie beharrlich ihre Forderungen wiederholen, bis er zuletzt kapituliere und den illegalen Aktionen zustimme, die sie [...] beabsichtigten.

308. *»Im Reichstag lernte ich die Macht des Mittelmaßes kennen und die noch größere Indolenz der sogenannten Radikalen«*

Aus einem Brief Julius Lebers (Lübeck) aus dem Untersuchungsgefängnis vom 23. Juni

Meine drei ersten Lübecker Jahre des unerbittlichen Kampfes gegen die reaktionäre Indolenz bürgerlichen Durchschnittsgeistes und zugleich gegen die passive Mittelmäßigkeit der eigenen Partei sind, gerade von heute aus gesehen, meine einheitlichsten und folgerichtigsten, wenn sie mir auch den Ruf geschaffen haben, für den ich heute sozusagen büßen soll. (Der Staatsanwalt hat es offen ausgesprochen!) Diese drei Jahre sind im Rückblick deshalb auch politisch die befriedigendsten. Damals war ich revolutionär, was von den meisten, vielleicht auch unbewußt von mir, mit »radikal« im Parteisinn gleichgesetzt wurde. Im Reichstag lernte ich dann die Macht des Mittelmaßes kennen und die noch größere Indolenz der sogenannten Radikalen in unseren Reihen. Mit einem Ruck riß ich mich auch stimmungsmäßig von *diesem* Radikalismus los und steuerte ganz behutsam auf eine Revolutionierung zu, die in anderer Richtung lag. [...]

In der letzten Zeit reiften allmählich einige erste Früchte, und es gab eine stets wachsende Gruppe in der Fraktion, die allmählich einen Begriff bekam von positiven Notwendigkeiten und vor allem von der Wichtigkeit des stimmungsmäßigen Glaubens in einer Massenbewegung, während man bis dahin nur eine kleine Zwischenschicht dieser Masse mit viertelwissenschaftlichen Allgemeinheiten gefüttert hatte, solange überfüttert hatte, bis, wie vor einiger Zeit ein Nationalsozialist richtig sagte, der Marxismus langweilig wurde und dem naiven Massenglauben in seiner doktrinären Erstarrung nichts mehr zu bieten hatte. [...]

Seit dem 28. Februar hat Hitler die ganze Macht vom Reichspräsidenten übertragen, und mehr als die *ganze* Macht kann er nicht bekommen. Alle Gegenkräfte geistiger Art sind ausgeschaltet, und wenn die jetzige Regierung nun dazu überginge, die SPD oder auch alle Parteien außer der NSDAP aufzulösen oder zu verbieten, so wäre auch das keine wesentliche Weiterentwicklung, sondern [...] nur eine Fortsetzung der Propaganda mit anderen Mitteln. Wenn aber der Propaganda alle Gegenwirkungen weggenommen sind, so wird sie schließlich selbst in sich ohne Sinn. Und dann wird erst recht offenbar, daß die Schicksalsfrage für die neue Regierung auf einem ganz, ganz anderen Gebiet liegt: in der Auflösung jener Komplexe, die im deutschen Volk aus Kriegsverlust, Inflation, Reparation, Versailles und vor allem der ewigen Lebensangst erwachsen sind. Das aber sind alles außenpolitische oder wirtschaftliche Fragen. Hier liegt Hitlers *absolute* Aufgabe! [...] Und über die Lösung dieser Aufgabe wird nicht durch Verbote, nicht durch Aufmärsche, nicht durch Ansprachen entschieden, sondern durch die Entwicklung der deutschen und der Weltwirtschaft im Laufe dieses Jahres.

309. Hungerstreik im Konzentrationslager Moringen
Aus Berichten des Lagerkommandanten bzw. des Landrats von Northeim an die Bezirksregierung Hannover bzw. den preußischen Innenminister vom 25./26. Juni

Die Lage im hiesigen Konzentrationslager ist unverändert, der Hungerstreik dauert noch voll und ganz an. Die Wasserleitung ist am 24. d. Mts., um 19 Uhr auf Anordnung des Herrn Regierungspräsidenten in Hannover abgesperrt worden, so daß die Schutzhäftlinge seit dieser Zeit ohne Trinkwasser sind. Ein Häftling ist heute zusammengebrochen und in die Sanitätsstelle des Prov. Werkhauses gebracht worden. Todesfälle sind noch nicht zu verzeichnen.

Es wurde heute mittag um 12 Uhr sämtlichen Häftlingen eine Suppe, bestehend aus Haferflocken, Milch, Zucker und Butter auf die Stuben gebracht und ihnen zur Einnahme angeboten. Die Suppe ist von allen verweigert worden. Sie ist auf den Tagesräumen belassen worden, damit jeder Gelegenheit hat, eine Mahlzeit einzunehmen.

Am 22. verweigerte [...] die Gesamtheit der Insassen (340) die Annahme des Morgenkaffees und erklärte, solange nicht essen zu wollen, bis

a) die wegen Arbeitsverweigerung in Einzelhaft genommenen Häftlinge freigelassen wären,

b) ihnen eine schriftliche Verfügung vorgezeigt würde, daß sie zur Arbeit verpflichtet sind.

Wie alsdann festgestellt worden ist, ist die Hetze von 15 aus dem Regierungsbezirk Osnabrück am 20. d. Mts. neu eingelieferten kommunistischen Funktionären ausgegangen, welche bereits in Osnabrück einmal einen Hungerstreik inszeniert hatten [...] und als besonders gefährliche und intrigante kommunistische Hetzer bekannt sind.

310. »Die schwarzen Saboteure in Schutzhaft«
Ein Bericht des ›Bayerischen Kuriers‹ vom 26. Juni

Wie schon berichtet wurde, hat die Bayerische Politische Polizei vor einigen Tagen bei den Funktionären der Bayerischen Volkspartei Haussuchungen vorgenommen, da begründeter Verdacht bestand, daß die *Bayerische Volkspartei in engster Fühlung mit der Dollfuß-Regierung* und der Heimatwehr in Österreich stehe, und daß sie für das Verbot der NSDAP in Österreich mitverantwortlich sei. *Bei den Suchungen wurde umfangreiches Material gefunden.*

Auf Grund des Ergebnisses der vorläufig gesichteten Schriften sah sich die Bayerische Politische Polizei genötigt, die *Festnahme der Reichs- und Landtagsabgeordneten der Bayerischen Volkspartei sowie weiterer wichtiger Funktionäre in ganz Bayern anzuordnen.* Die Festnahme wurde inzwischen durchgeführt.

Die Aktion gegen den politischen Katholizismus hat *eindeutig den Beweis* erbracht, daß es diesen Kreisen mit ihren Beteuerungen, sich restlos hinter die nationale Regierung zu stellen und am Neuaufbau Deutschlands mitzuarbeiten, in keiner Weise ernst ist. Die Untersuchungen haben vielmehr ergeben, daß der *Katholizismus* bestrebt ist, in jeder Weise die *Anordnungen der Regierung zu sabotieren* und *ihr sogar entgegenzuarbeiten.* Es steht fest, daß diese Kreise jede Gelegenheit, insbesondere jede sich etwa ergebende politische Krise dazu ausnützen werden, ihre verlorene Machtstellung wiederzugewinnen. Es ist ferner festgestellt worden, daß *Versammlungsverbote umgangen,* und daß *verbotene Wehrorganisationen illegal weitergeführt* werden.

Es werden Nachrichten durch Hinausgabe illegaler Zeitungen systematisch vorbereitet, wodurch der *Greuelpropaganda* und der Verbreitung unrichtiger Meldungen Tür und Tor geöffnet sind. Die *Angehörigen der Bayernwacht* wurden aufgefordert, dem Stahlhelm beizutreten, nicht etwa um diese Organisation zu stärken, mit der sie ja ideologisch in keiner Weise sich verbunden fühlt, sondern um *diese Organisation zu durchsetzen* und dann als Sprungbrett für ihre politischen Machtgelüste zu benützen.

Unter den in *München* in Schutzhaft genommenen BVP-Mitgliedern befindet sich der ehemalige Staatsrat Fritz *Schäffer,* der Bayernwacht-Führer *von Lex,* der Generalsekretär der BVP Dr. *Pfeiffer,* Hans *Stimmer,* Fürst Karl *von Wrede,* Baron *Hirsch* von Planegg und Dr. *Hundhammer.*

311. Protest der Köpenicker Ärzte gegen den SA-Terror
Aktenvermerk der Kriminalpolizei Berlin vom 26. Juni

Um 9.45 Uhr wurde ich von dem prakt. Arzt Dr. Lehmann, Köpenick, Oberspreestr. 182 (F 4 0203) fernmündlich davon benachrichtigt, daß in Köpenick von der SA. in der letzten Nacht zahlreiche Übergriffe stattgefunden hätten. Dr. Lehmann erklärte unter Berufung darauf, daß er im Einverständnis mit anderen rechtsstehenden Ärzten Köpenicks handle, daß die Art der Verletzungen vom medizinischen Standpunkte aus nicht mehr länger angesehen werden könnte. In der letzten Nacht seien von ihm 11 Leute behandelt worden, von denen 9 in Krankenhäusern hätten untergebracht werden müssen, ein Mann (Spitze) sei im Krankenhaus Köpenick an den Folgen der Mißhandlungen verstorben. Dr. Lehmann bat im eigenen Namen und im Auftrage der übrigen Ärzte Köpenicks um sofortiges Eingreifen der Polizei, da die Erregung über das Vorgehen der SA auch in nationalen Kreisen sehr groß sei.

312. Selbstauflösung der Deutschnationalen Front »in vollem Einverständnis mit dem Reichskanzler«
Mitteilung der Reichspressestelle der NSDAP vom 27. Juni

In vollem Einvernehmen mit dem Reichskanzler und in Erkenntnis der Tatsache, daß der Parteienstaat überwunden ist, hat die Deutschnationale Front heute ihre Auflösung beschlossen. Sie wird bei den nötigen Maßregeln zur Abwicklung nicht behindert werden.

Die ehemaligen Angehörigen der Deutschnationalen Front werden vom Reichskanzler als voll- und gleichberechtigte Mitkämpfer des nationalen Deutschland anerkannt und vor jeder Kränkung und Zurücksetzung beschützt. Das gilt insbesondere für alle Beamten und Angestellten. Die wegen politischer Vergehen in Haft befindlichen ehemaligen Mitglieder der Deutschnationalen Front werden unverzüglich in Freiheit gesetzt und unterliegen keinerlei nachträglicher Verfolgung.

Die Fraktionen des Reichstages und der Landtage der NSDAP und der bisherigen DNF sichern eine einheitliche Stellungnahme durch Abordnung von einem oder mehreren Mitgliedern der ehemaligen DNF in die Vorstände der Fraktionen der NSDAP (Reichstag und preußischer Landtag je zwei). Sinngemäß wird in den gemeindlichen Selbstverwaltungskörpern verfahren.

313. Die Kirche ist »die naturgemäße Grenze jedes, auch des totalen Staates«
Aus der Kampfschrift ›Theologische Existenz heute!‹ von Prof. Karl Barth (Bonn) von Ende Juni

Ich meine, wir haben [. . .] dringendere und ernsthaftere Sorgen als die, die »Deutschen Christen« theologisch widerlegen und belehren zu wollen. Mögen sie so schlimm sein, wie sie wollen, viel schlimmer scheint mir die Art zu sein, wie sich die evangelische Kirche bis jetzt mit ihnen auseinandergesetzt hat. Wenn die evangelische Kirche gesund wäre, hätte hier Anderes geschehen müssen als geschehen ist. Was hat sich nämlich zugetragen?

Auf der einen Seite das Ereignis einer geradezu verblüffenden Widerstandslosigkeit, in der Pfarrer und Gemeindeglieder und Kirchenführer, Theologieprofessoren und Theologiestudenten,

Gebildete und Ungebildete, Alte und Junge, Liberale, Positive und Pietisten, Lutheraner und Reformierte in Scharen dem Ansturm dieser Bewegung erlegen sind, erlegen, wie man eben einer echten, rechten Psychose erliegt. Erlegen die Einen im aufrichtigen Glauben, nun endlich geradezu messianische Botschaft vernommen zu haben, die Anderen mit irgend einer sehr tiefen philosophischen Begründung, wie man sie gerade dann am sichersten zu finden pflegt, wenn man sich wieder einmal aufs gründlichste von der »Wirklichkeit« hat überrennen lassen, die Dritten in der simplen Überlegung, was auf politischem Gebiet recht, werde gewiß auch auf kirchlichem billig sein, die Vierten in der ängstlichen Klugheit, die nur ja nicht »ausgeschaltet« sein, ihre wertvolle Kraft nicht müßig gehen lassen wollte, da nun einmal Alles in dieser Richtung lief, die Fünften mit weisem Vorbehalt nur »das Gute« an der Bewegung bejahend, die Sechsten in der etwas hinterhältigen Absicht, beizutreten, um alsbald die »nötige Opposition« zu machen, die »Einseitigkeiten« der Bewegung »von innen heraus zu überwinden« – aber alle miteinander erlegen einer Sache, die den Stempel der Verkehrtheit so deutlich auf der Stirn trägt, daß in einer gesunden Kirche schon ein Konfirmand hätte merken müssen, daß er da weder mit dem lutherischen noch mit dem Heidelberger Katechismus in der Hand nur eine Stunde dabei sein und unter irgend einem Vorwand mittun könne. Und wie haben auch die, die *nicht* geradezu mitgingen, vielfach gemeint, diese Sache so blutig ernst nehmen, ihr nur ja nicht ungerecht werden zu sollen, die persönliche Lauterkeit und Begeisterung mancher ihrer Führer und Anhänger (die übrigens auch ich gewiß nicht bezweifeln möchte!) doch ja nicht zu wenig zu betonen, sich zu freuen an dem »Leben«, das da plötzlich in die Kirche gekommen sei – kurz, so recht zu beweisen, daß sie keine Engherzigen seien, sondern offen für alles Neue und Echte, daß sie nicht nur Neues sondern Echtes hier in der Tat vorfänden und also den Glauben dieser Glaubensbewegung immerhin für eine höchst diskutable Sache halten müßten. Wo war die schlichte aber entscheidende Frage nach der christlichen *Wahrheit*, als dies Alles möglich wurde? [...] Ist sie etwa völlig untergegangen in einem einzigen Jubel oder Stöhnen von Aufbruch, Wirklichkeit, Leben, Geschichtsmächtigkeit und wie diese alle christliche Kritik ersticken wollenden Worte sonst noch lauten mögen? [...] Ist das etwa gerade das Schöne an dieser Bewegung, daß ihr gegenüber Tausende nach der christlichen Wahrheit offenbar gar nicht erst gefragt haben? Aber wie tief und gründlich würden wir, gerade wenn das etwa gelten sollte, noch immer in der »Glaubensbewegung« des 18. und 19. Jahrhunderts stecken, deren höchste Weisheit eben darin bestand: daß in der Kirche nach so etwas wie Wahrheit nicht zu fragen sei und auch nicht gefragt werden könne, weil das nur zu Streit und Unduldsamkeit führe und weil über Wahrheit und Unwahrheit hier doch nichts auszumachen sei, während auf das »Leben« Alles ankomme!

[... Dem deutschen Volk] ist heute Außerordentliches in Aussicht gestellt: daß es sich selbst finden, einig und frei werden solle auf einem Weg, den seine Führer zu kennen ihm erklärt haben und den mit ihnen zu gehen, es sich entschlossen hat. Aber das deutsche Volk wird der Mahnung und des Trostes des Wortes Gottes bedürfen, auch wenn jenes Ziel erreicht sein wird, um wieviel mehr heute, da es am Anfang des Weges dazu steht. Und das umsomehr, als ihm um jener Verheißungen willen heute viel genommen werden mußte, dessen es sich früher freuen durfte und auch wohl allzu töricht und unverantwortlich gefreut hat. Wo ist alles das hingekommen, was noch vor einem Jahr und vorher hundert Jahre lang Freiheit, Recht und Geist hieß? Nun, das sind zeitliche und irdische Güter. Alles Fleisch ist wie Gras ... Kein Zweifel: schon manches Volk in alter und neuer Zeit hat diese Güter entbehren müssen und dann auch entbehren können, wenn das kühne Unternehmen des »totalen Staates« es von ihm verlangte. »*Aber* das Wort unseres Gottes bleibt ewiglich.« Und darum ist es jeden Tag – denn jeder Tag eilt zur Ewigkeit – wahr und unentbehrlich. Darum kann die Kirche, kann die Theologie auch im totalen Staat keinen Winterschlaf antreten, kein Moratorium und auch keine Gleichschaltung sich gefallen lassen. Sie ist die naturgemäße Grenze jedes, auch des totalen Staates.

314. »Katholischer Zugang zum Nationalsozialismus«
Aus einem Königsberger Vortrag von Prof. Joseph Lortz (Braunsberg) von Ende Juni

Das tiefere Wesen des Nationalsozialismus wurde der breiteren Öffentlichkeit zuerst einigermaßen deutlich durch seinen heftigen und tätlichen Widerspruch gegen den Bolschewismus. Der Bolschewismus ist die Radikalisierung des marxistischen Programms durch die Umkehrung des sozialdemokratischen Liberalismus in einen despotischen Dogmatismus unter der Führung diktatorialer Gewalt. Er erstrebt bewußt die Ausdehnung seiner materialistischen Gewaltherrschaft auf die ganze Welt. Für die Verwirklichung dieses Planes ist das wichtigste Land Deutschland als Zentrum Europas. Man muß es providentiell nennen, daß gerade hier in der NSDAP dem Bolschewismus ein siegreicher Gegner erstand, gleichermaßen fern dem kraftlosen Liberalismus wie der Bolschewismus, aber ebenso erbitterter Hasser von dessen Materialismus. In kürzester Zeit hat er den »Kommunismus« als Organisation und weitgehend auch bereits als Gesinnung überwunden. Das Geheimnis des Erfolges: Angriff und positiver Aufbau als besserer Ersatz für den gestürzten Götzen. – Es belegt die bis zum Tod gediehene Erweichung der wurzelhaft echten Kräfte im alten Europa, daß dem Nationalsozialismus diese einfach lebensrettende Tat noch so wenig gedankt wird. Die volle innere Überwindung des Kommunismus kann selbstredend nicht von der Gewalt allein geleistet werden. Aber, daß Terror nur durch Gewalt zu brechen ist, diese vergessene Binsenwahrheit, die allerdings den Einsatz des Lebens verlangt, hat Hitler wieder richtig entdeckt. Und vorläufig ist seine Tat die Rettung Deutschlands und dadurch Europas vor dem Chaos des Bolschewismus, d. h. der Zerstörung des christlichen Europas.

Schon diese eine ungewöhnliche Kraftäußerung des Nationalsozialismus zeigt, wie sehr er in wichtigen Dingen zu gleichen Zielen strebt wie die Kirche. Niemand hat vordem in unbeirrbarer Konsequenz stärkere Verurteilungen des Kommunismus und der »klassischen« Sozialdemokratie ausgesprochen als der römische Papst, die Bischöfe und die katholische Theologie. Der Nationalsozialismus hat diese katholischen Forderungen eingelöst: eine eminent »kirchliche« Tat, die zwingt, aufzumerken und anzuerkennen.[. . .]

Ganz unabhängig von jedem wenn und aber gilt schließlich immer wieder ein Doppeltes:

1. Der Nationalsozialismus ist heute nicht nur die rechtmäßige Gewalt in Deutschland, er ist zum überwiegenden Teile Deutschland selbst: doppelte Gewissensverpflichtung, zu ihm ein volles »Ja« zu sprechen;

2. entweder reißt diese Bewegung hindurch zur Rettung, oder wir landen im Chaos. Niemand leugnet mehr diese unerbittliche Konsequenz. Das Chaos aber wäre die Vernichtung der

Nation und der Ruin der deutschen Kirche. Das schließt die Diskussion.

315. Polizeiprotokoll über die Durchsuchungen bei den Kaplänen Scheper und Wallmeier (Münster) am 1. Juli 1933

Auftragsgemäß wurde am 1. 7. 33 bei dem Kaplan Scheper, hier Wolbeckerstraße Nr. 125 wohnhaft, eine Durchsuchung nach Schriften vorgenommen. Vorgefunden wurden 25 Druckschriften und 3,75 Mark des Jung männerverbandes. Die Sachen wurden beschlagnahmt und erklärte sich Scheper mit der Einziehung einverstanden.

Weiter wurde am gleichen Tage eine Durchsuchung bei dem Kaplan Wallmeier, hier Amselstraße Nr. 2 wohnhaft, vorgenommen. Vorgefunden wurden 36 Druckschriften und eine Menge Programme zu einem Fest. Außerdem 1,75 Mk. des Jungmännerverbandes. Diese Sachen wurden ebenfalls beschlagnahmt und erklärte sich Wallmeier mit der Einziehung einverstanden. Die Durchsuchungen wurden im Beisein eines SA-Mannes vorgenommen.

316. »Strafantrag gegen den SS-Führer B in W wegen Freiheitsberaubung und Amtsanmaßung«
Aus der Anzeige eines »Stahlhelm«-Führers an die Staatsanwaltschaft Trier vom 1. Juli

In der Nacht vom 20. zum 21. Juni 1933 erschienen vor meiner Wohnung eine Anzahl SS-Männer unter Führung des benannten B und verlangten Öffnung der Haustür. Auf meine Frage, zu welchem Zweck sie Einlaß begehrten, wurde mir von dem Führer geantwortet, daß ich dies schon noch erfahren würde. Nachdem ich dem Verlangen nachgekommen war, folgten mir die SS-Männer und B als Wortführer verlangte von mir die in meinen Händen befindlichen Stahlhelmakten. Nach Herausgabe derselben eröffnete mir B, daß ich mich sofort anzuziehen habe und ihm folgen müsse. Auf meine Frage, ob er zu meiner Festnahme berechtigt sei und insbesondere, ob er einen Haftbefehl vorzeigen könne, wurde mir von B erwidert, daß er dies nicht nötig habe. Ich mußte mich daraufhin in Gegenwart der Leute anziehen. [...] Meiner Frau wurde [...] von B das Verlassen der Wohnung untersagt und zu diesem Zwecke ein SS-Posten mit Gewehr vor die geöffnete Wohnungstür gestellt. Als Vertreter meiner Frau erstatte ich auch hier Anzeige wegen Freiheitsberaubung und Amtsanmaßung. Nach meiner Einlieferung auf dem Landratsamt konnte mir niemand, auch nicht der anwesende Vertreter des Landrats, einen Grund zu meiner Verhaftung angeben. Ich wurde ohne ersichtlichen Grund von 4 Uhr morgens bis 8 Uhr festgehalten und um 8 Uhr auf Anordnung des Vertreters des Herrn Landrats ... entlassen. [Die Staatsanwaltschaft Trier stellte am 14. August 1933 fest, daß »zu einem Einschreiten keine Handhabe geboten« sei und sie »demgemäß das Verfahren eingestellt« habe].

317. Verbot katholischer Organisationen durch die Gestapo Eine Mitteilung des Amtlichen Preußischen Pressedienstes vom 1. Juli

Das Geheime Staatspolizeiamt hat im Laufe des Samstag in ganz Preußen die Geschäftsstellen folgender Verbände geschlossen und deren Schriftenmaterial und sonstiges Vermögen sichergestellt:

Friedensbund deutscher Katholiken, Windthorstbund, Kreuzschar, Sturmschar, Volksverein für das katholische Deutschland und Volksvereins-Verlag, G.m.b.H., Katholischer Jungmännerverband sowie Personenvereinigungen, die als Fortsetzung dieser Vereinigungen und Verbände anzusehen sind.

Diese Maßnahmen waren notwendig, da sich herausgestellt hat, daß die genannten konfessionellen Hilfsverbände des Zentrums sich staatsfeindlich betätigt haben und durch eine systematische Hetze die natürliche Eingliederung großer Teile des katholischen Volkes in das nationale Deutschland zu sabotieren suchten. Durch diesen Mißbrauch religiöser und kirchlicher Einrichtungen für parteipolitische Zwecke mußte das Verhältnis zwischen dem nationalen Staat und der katholischen Kirche ernstlich gefährdet werden. Nicht berührt von den Maßnahmen bleiben die rein kirchlichen Vereine, die sich von einer parteipolitischen Einmischung fernhielten und lediglich sozialen und karitativen Zwecken dienten.

318. »In Wahrheit ist der Mann natürlich politisch verschreckt«
Aus dem Tagebuch Erich Ebermayers (Leipzig) vom 1. Juli

Mein dringender Wunsch ist, daß der Thomanerchor bei der Trauerfeier singt. Wenn je, so erscheint es mir in diesem Fall berechtigt, da ein hervorragender Leipziger Bürger, nach dem eine Straße der Stadt benannt ist, bestattet wird, der außerdem noch der Vater eines früheren Thomaners ist.

Ich rufe den Rektor der Thomasschule, Dr. Tittel, an. Er war in den letzten zwei Jahren meiner Schulzeit mein Rektor und in der Prima mein Deutschlehrer. [...]

Herr Dr. Tittel ist sehr ungnädig. Er verweigert auf meine Bitte rundweg die Teilnahme der Thomaner an der Trauerfeier. Er begründet dies damit, der Chor sei zur Zeit überanstrengt, die Jungen versäumten zuviel Unterricht, und ähnliche alberne Ausreden. In Wahrheit ist der Mann natürlich politisch verschreckt. Als Leser der ›Leipziger Tagespost‹ hat er das »Wie lange noch, Herr Ebermayer –?« im Ohr [...], fürchtet er Schwierigkeiten.

Dieser Schlag ins Gesicht ausgerechnet von meiner alten geliebten Thomasschule [...] verletzt mich. Ich empfinde dieses penetrante und bornierte Nein als eine Beleidigung gegen mich, noch mehr gegen meinen Vater.

Ich breche das Gespräch mit dem Oberstudiendirektor Dr. Tittel ab, nachdem ich ihm erklärt habe, ich würde mich an den Stadtschulrat und gegebenenfalls an den Oberbürgermeister wenden. Es ist kurz nach zwei Uhr. Trotzdem rufe ich sofort den Stadtschulrat in seiner Wohnung an. [...] Er sagt mir zu, sich mit dem Oberbürgermeister in Verbindung zu setzen, was nötig sei, nachdem der Rektor sich geweigert habe, den Thomanerchor zur Verfügung zu stellen.

Nach zehn Minuten geht das Telephon. Oberbürgermeister Dr. Goerdeler ist selbst am Apparat. Nachdem er mir sehr herzlich kondoliert hat, erklärt er in scharfem Ton, es sei eine *Selbstverständlichkeit,* daß die Thomaner bei der Trauerfeier eines Mannes sängen, nach dem die Stadt Leipzig eine Straße benannt habe, sofern dies mein Wunsch wäre. Er habe bereits soeben den Rektor »angewiesen«, das Erforderliche zu veranlassen; der Präfekt der Thomaner werde sich noch heute mit mir in Verbindung setzen. Ich danke dem aufrechten, verehrten Manne.

319. Die »Inschutzhaftnahme« von BVP-Mitgliedern
Aus dem Halbmonatsbericht (16.–30. Juni) der Regierung von Oberbayern vom 4. Juli

Die Inschutzhaftnahme der der BVP angehörenden Kreis-, Bezirkstags- und Stadtratsmitglieder und die Verhaftung von Führern und Funktionären der SPD, sowie die damit zusammenhängenden Haussuchungen sind im gesamten Regierungsbezirk ohne Störung verlaufen, wenn auch die Verhaftung der Mitglieder der BVP in einzelnen Bezirken Aufsehen und Aufregung hervorgerufen hat. Die Verhafteten haben meist ihre Mandate niedergelegt und ihren Austritt aus der BVP erklärt. In den meisten Fällen ist die Schutzhaft im Benehmen mit den örtlichen Beauftragten des Sonderkommissars bzw. der bayerischen politischen Polizei alsbald wieder aufgehoben worden. [...]

In Verbindung mit der Aktion gegen die BVP wurde noch eine Reihe weiterer Persönlichkeiten in Schutzhaft genommen. [...]

In Wasserburg wurden ein Handwerksmeister und mehrere junge Burschen, die am Gesellentag in München teilgenommen hatten, wegen Verbreitung falscher Gerüchte über die Vorgänge bei dieser Tagung in Schutzhaft genommen und nach mehrtägiger Haft im Benehmen mit dem Sonderbeauftragten wieder entlassen. Die Sache wird vom Sondergericht weiter behandelt werden.

320. Die Selbstauflösung der Bayerischen Volkspartei
Für die Landesleitung der BVP von Staatsminister a.D. Eugen Graf von Quadt-Isny (MdR) gezeichnete Erklärung vom 4. Juli

Im Benehmen mit der bayerischen Staatsregierung erkläre ich als Bevollmächtigter der Landesparteileitung der Bayerischen Volkspartei, daß mit dem heutigen Tage *jede Tätigkeit der Bayerischen Volkspartei aufgehört* hat und ihre Mitglieder aus dem *Treueverhältnis zur Partei entlassen* sind. Der Zweck, für den die nachgenannten Organe und Einrichtungen der Partei geschaffen wurden, ist damit weggefallen. [...]

Es ist jedermann verboten, sich weiterhin unter der Bezeichnung Bayerische Volkspartei oder im Sinne des Programms derselben, soweit dieses mit dem Programm der NSDAP im Widerspruch steht, irgendwie politisch zu betätigen.

Die Partei ist damit *praktisch aufgelöst.* Ihre einzelnen Organe und Organisationen haben sofort die notwendige technische und finanzielle Abwicklung (Personalkündigungen, Kündigungen gemieteter Räume, Bezahlung offener Rechnungen usw.) einzuleiten und raschestens durchzuführen, sowie die erforderliche Löschung im Vereinsregister zu veranlassen.

Durch die nationalsozialistische Revolution gibt es außerhalb der NSDAP *keine politische Wirkungsmöglichkeit* mehr. Es ist deshalb für jeden bisherigen Angehörigen der Bayerischen Volkspartei der Weg frei, unter der unmittelbaren Führung Adolf Hitlers am Aufbau des neuen Deutschland mitzuarbeiten.

321. Die Weimarer Republik »stürzte zusammen wie ein Kartenhaus«
Aus einem Bericht des französischen Botschafters in Berlin, François-Poncet, an Außenminister Paul-Boncour vom 4. Juli

In einer großen Rede, von der die Zeitungen bewundernd berichten, daß sie drei Stunden dauerte, hat Reichskanzler Hitler am 1. Juli in Reichenhall erklärt, daß die von ihm geführte nationale Revolution an ihrer dritten Phase angelangt sei. Die erste sei die Vorbereitung des Kampfes gewesen, die zweite die Erringung der politischen Macht, die dritte sei charakterisiert durch die Herstellung der Totalität des Staates.

In der Tat konnte sich Hitler zum Zeitpunkt seiner Rede rühmen, alles, was in Deutschland außerhalb der nationalsozialistischen Partei existierte, zerstört, zerstreut, aufgelöst, angegliedert oder aufgesaugt zu haben. Einer nach dem anderen mußten sich die Kommunisten, die Juden, die Sozialisten, die Gewerkschaften, die Mitglieder des »Stahlhelms«, die Deutschnationalen, die Frontkämpfer des »Kyffhäuserbundes«, die Katholiken in Bayern und im Reich und die evangelischen Kirchen unter sein Gesetz beugen. Er hat alle Polizeikräfte in seiner Hand [. . .]. Eine unerbittliche Zensur hat die Presse vollständig gezähmt. Die letzten Blätter, die noch Zeichen von Unabhängigkeit zeigten, die ›Deutsche Allgemeine Zeitung‹, die ›Germania‹ und die ›Tägliche Rundschau‹ haben sich der folgsamen

Herde der anderen Zeitungen angeschlossen. Hitler beherrscht die einzelnen deutschen Länder durch die Statthalter, die er an ihre Spitze gestellt hat. Die Städte werden von jetzt an verwaltet durch Bürgermeister und Stadträte aus seiner Anhängerschaft. Die Regierungen der Länder und die Landtage sind in den Händen seiner Parteigänger. Alle öffentlichen Verwaltungen wurden gesäubert. Die politischen Parteien sind verschwunden. Der Reichstag setzt sich nur mehr aus einer einzigen riesigen Partei von Braunhemden zusammen, die mehr als zwei Drittel des Plenums ausmacht und die auf diese Weise legal alle Verfassungsänderungen vornehmen kann, die ihr gefallen.

Wenn man sich die politische Situation ins Gedächtnis ruft, wie sie am 1. Februar bestand, und die Bedingungen, unter denen Hitler die Kanzlerschaft erlangte, sowie die Zusammensetzung der Regierung, die er leitete und in der er eingerahmt war von Männern, die den Auftrag hatten, ihn zu lenken und zu überwachen, wird man zustimmen, daß der Führer erfolgreich ein blitzartiges Manöver durchgeführt hat. Die Zeitungen schreiben zu Recht davon, daß er in fünf Monaten eine Wegstrecke zurückgelegt hat, für die der Faschismus fünf Jahre brauchte. [. . .]

Adolf Hitler hat daher gewonnenes Spiel, und er hat diese Partie mit geringem Aufwand gewonnen: Er mußte nur pusten – das Gebäude der deutschen Politik stürzte zusammen wie ein Kartenhaus.

322. Protestschreiben von Kaplan Josef Degener (Münster/Westf.) an die Polizeiverwaltung Münster vom 4. Juli wegen des Vorwurfs der Staatsfeindlichkeit

Auf Grund des Auftrages der Polizei mache ich Ihnen hiermit die Mitteilung, daß ich unsere Mitglieder [des katholischen Jungmännervereins] von dem Vorgefallenen durch beiliegendes Schreiben in Kenntnis gesetzt habe.

Zugleich bin ich, soweit ich selbst Klarheit bekommen konnte, falschen Gerüchten entgegen getreten zur Beruhigung weiterer Kreise.

Gegen den Vorwurf der Staatsfeindlichkeit erhebe ich hiermit als deutscher Priester und deutscher Offizier energisch Protest und gebe Ihnen die Gewissenserklärung, daß ich nie in meinem Leben, weder geheim noch öffentlich, weder gelegentlich noch systematisch, irgendwie gegen den Staat gearbeitet habe.

Ich fühle mich in meiner Ehre schwer verletzt und bitte deshalb gegenüber dem in aller Öffentlichkeit gegen mich erhobenen Vorwurf, auch als Jugendführer und Vereinsleiter von Hl. Kreuz, *wenigstens* um eine *persönliche* schriftliche Erklärung, daß in den bei mir beschlagnahmten Schriften nichts Staatsfeindliches steht.

323. »Begeistert von Hitler«
Aus einem Brief von Lisa Keitel (Helmscherode) an ihre Mutter vom 5. Juli

Wilhelm [Keitel] kehrte gestern früh sehr angetan von Reichenhall, der großen SA-Führertagung, heim. Er war richtig vergnügt u. so energisch. Er hat länger mit Hitler gesprochen, war oben bei s. Häuschen und ist direkt begeistert von Hitler. Die Augen wären fabelhaft u. wie der Mensch redete ...

324. »Das Deutsche Zentrum ist nicht mehr«
Abschlußkundgebung der Reichsleitung der Deutschen Zentrumspartei vom 5. Juli

Das Deutsche Zentrum ist nicht mehr.

Sein Rücktritt vom Schauplatz der politischen Geschichte erfolgt wie seine Geburt vor nunmehr sieben Jahrzehnten unter den Stürmen einer neuen Zeit.

Fest und tief im katholischen Volksteil verwurzelt und auch auf seine Volksverbundenheit oft hart erprobt, hat das Zentrum stets vermocht, Millionen Deutscher mit Achtung vor der Obrigkeit, mit Liebe zum Vaterland, mit Respekt vor der Überzeugung der Mitmenschen zu einem Staatsbürgerbewußtsein zu erziehen, das auch für das neue Reich von unermeßlichem Vorteil ist.

Diese zur Staatstreue und zum selbstlosen Dienst am Volksganzen erzogenen Millionen sind ein so wertvolles Element im Gemeinschaftsleben, daß sie auf die Dauer weder übersehen werden können, noch übersehen werden wollen, wenn es gilt, die Volkskräfte unauflöslich ineinander zu schweißen und Staat und Volk gegen die feindlichen Mächte der Zersetzung zu schützen.

Im ehrlichen Streben, am Neuaufbau des Staates und der Volksgemeinschaft mitzuwirken, dürfen und werden sich die ehemaligen Zentrumsleute auch heute von niemandem übertreffen lassen.

Die Stunde des Abschieds sei eine Stunde ehrfurchtsvollen Gedenkens an unsere großen Führer und aufrichtigen Dankes an alle, die treu zur alten Fahne gestanden haben. Wenn wir jetzt den zeitbedingten Rahmen der Partei lösen, so tun wir das in dem festen Willen, auch weiterhin dem Volksganzen zu dienen, getreu unserer stolzen Überlieferung, die stets Staat und Vaterland über die Partei gestellt hat.

Heil Deutschland!

325. »Die Revolution ist kein permanenter Zustand«
Aus der Rede Hitlers vor den Reichsstatthaltern über den »Abschluß der Revolution« vom 6. Juli

Die politischen Parteien sind jetzt endgültig beseitigt. Dies ist ein geschichtlicher Vorgang, dessen Bedeutung und Tragweite man sich vielfach noch gar nicht bewußt geworden ist. Wir müssen jetzt die letzten Überreste der Demokratie beseitigen, insbesondere auch die Methoden der Abstimmung und der Mehrheitsbeschlüsse, wie sie heute noch vielfach bei den Kommunen, in wirtschaftlichen Organisationen und Arbeitsausschüssen vorkommen, und die Verantwortung der Einzelpersönlichkeit überall zur Geltung bringen.

Der Erringung der äußeren Macht muß die innere Erziehung der Menschen folgen. Man muß sich davor hüten, rein formale Entscheidungen von heute auf morgen zu fällen und davon eine endgültige Lösung zu erwarten. Die Menschen vermögen leicht die äußere Form in ihre eigene geistige Ausprägung umzubiegen. Man darf erst umschalten, wenn man die geeigneten Personen für die Umschaltung hat. Es sind mehr Revolutionen im ersten Ansturm gelungen, als gelungene aufgefangen und zum Stehen gebracht worden. Die Revolution ist kein permanenter Zustand, sie darf sich nicht zu einem Dauerzustand ausbilden. Man muß den freigewordenen Strom der Revolution in das sichere Bett der Evolution hinüberleiten. Die Erziehung der Menschen ist dabei das wichtigste. Der heutige Zustand muß verbessert und die Menschen, die ihn verkörpern, müssen zur nationalsozialistischen Staatsauffassung erzogen werden. Man darf daher nicht einen Wirtschaftler absetzen, wenn er ein guter Wirtschaftler, aber noch kein Nationalsozialist ist; zumal dann nicht, wenn der Nationalsozialist, den man an seine Stelle setzt, von der Wirtschaft nichts versteht! In der Wirtschaft darf nur das Können ausschlaggebend sein. Die Aufgabe des Nationalsozialismus ist die Sicherstellung der Entwicklung unseres Volkes. Man soll aber nicht herumsuchen, ob noch etwas zu revolutionieren ist, sondern wir haben die Aufgabe, Position um Position zu sichern, um sie zu halten und allmählich mustergültig zu besetzen. Wir müssen dabei unser Handeln auf viele Jahre einstellen und in ganz großen Zeiträumen rechnen. Durch theoretische Gleichschaltungen schaffen wir keinem Arbeiter Brot. Die Geschichte aber wird ihr Urteil über uns nicht danach abgeben, ob wir möglichst viele Wirtschaftler abgesetzt und eingesperrt haben, sondern danach, ob wir es verstanden haben, Arbeit zu schaffen. [...]

Die Ideen des Programms verpflichten uns nicht, wie Narren zu handeln und alles umzustürzen, sondern klug und vorsichtig unsere Gedankengänge zu verwirklichen. Auf die Dauer wird die machtpolitische Sicherheit um so größer sein, je mehr es uns gelingt, sie wirtschaftlich zu untermauern. Die Reichsstatthalter haben dafür zu sorgen und sind dafür verantwortlich, daß nicht irgendwelche Organisationen oder Parteistellen sich Regierungsbefugnisse anmaßen, Personen absetzen und Ämter besetzen, wofür allein die Reichsregierung, also in bezug auf die Wirtschaft allein der Reichswirtschaftsminister zuständig ist.

Die Partei ist jetzt der Staat geworden. Alle Macht liegt bei der Reichsgewalt. Es muß verhindert werden, daß das Schwergewicht des deutschen Lebens wieder in einzelne Gebiete oder gar Organisationen verlagert wird. Es gibt keine Autorität mehr aus einem Teilgebiet des Reiches, sondern nur aus dem deutschen Volksbegriff.

326. Verhaftungen durch »unbekannte Personen«
Aus einer Morgenmeldung der Polizei Hannover vom 6. Juli

Gegen 20 Uhr – Die Ehefrauen D. F., wohnhaft Welfenstr. 14 und M. W., wohnhaft Welfenstr. 17, erschienen auf der Wache des 9. Polizei-Reviers und zeigten an, daß ihre Ehemänner am 4. 7. gegen 15.30 Uhr von 3 unbekannten Personen aus ihren Wohnungen fortgeholt seien. Eine dieser unbekannten Personen habe die S. A.-Uniform I/73 getragen, die beiden anderen hätten sich als Kriminalbeamte ausgegeben, legitimiert hätten diese sich aber nicht.

Nach Angabe der Ehefrauen sind ihre Männer zunächst in das Schanklokal Schlote, Alemannstr. 8, und von dort mit einem Kraftwagen fortgeschafft.

Am 5. 7. gegen 14 Uhr sei ein S. A.-Mann in ihren Wohnungen erschienen und habe erklärt, daß sich die Ehemänner im S. A.-Heim Podbielskistr. befänden. I A hat Kenntnis.

327. »Es kann niemand irgend einen anderen ins Lager bringen«
Eine Bekanntmachung des Beauftragten des Dachauer Sonderkommissars Sturmbannführer Rank vom 6. Juli

Es kommt immer wieder vor, daß bei irgendwelcher Gelegenheit jemand behauptet, er werde dafür Sorge tragen, daß dieser oder jener ins Dachauer Konzentrationslager kommt.

Es kann niemand irgend einen anderen ins Lager bringen. Lediglich der Sonderkommissar bestimmt nach dieser Richtung hin in Verbindung und auf Anordnung der zuständigen Behörden. Ich werde in Zukunft rücksichtslos denjenigen in Schutzhaft nehmen und dafür Sorge tragen, daß er das Lager kennen lernt, der irgend einen anderen damit bedroht.

328. *»Der Hirtenbrief des katholischen Episkopats über Kirche und Staat«*
Aus einem Artikel der ›Allgemeinen Evangelisch-Lutherischen Kirchenzeitung‹ vom 7. Juli

Wir haben von diesem Hirtenbrief [vom 3. Juni] schon Notiz genommen, möchten ihn aber heute ausführlicher wiedergeben, weil er für die ruhige und entschlossene Haltung der katholischen Kirche gegenüber dem Staat bezeichnend ist. [...]

Der Hirtenbrief führt einleitend aus, daß die deutschen Katholiken »keine Neueinstellung dem Volk und Vaterland gegenüber brauchen, sondern höchstens bewußter und betonter fortsetzen, was wir bisher schon als unsere natürliche und christliche Pflicht erkannten und erfüllten«. Auch der Wert und Sinn der Autorität komme gerade in der katholischen Kirche ganz besonders zur Geltung. Es falle deshalb den deutschen Katholiken nicht schwer, sich der neuen starken Betonung der Autorität im deutschen Staatswesen zu unterwerfen. »Wir dürfen andererseits aber auch erwarten, daß die staatliche Autorität, nach dem Vorbild der Autorität innerhalb der katholischen Kirche, die menschliche Freiheit nicht mehr beschneide, als es das Gesamtwohl verlangt, sondern sich mit der Gerechtigkeit schmükke, und damit jedem Untertanen das Seine, sei es Eigentum, Ehre oder Freiheit, gebe und lasse. Jeder Mißbrauch der Autorität führt zu ihrer eigenen Schwächung und Auflösung.«

Ebenso begrüßt das Hirtenschreiben das Ringen der neuen Staatsautorität um die Freiheit unseres Volkes nach außen und um die Stärkung der eigenen Volkskraft. Endlich finde auch der Wille des Staates, die Zerrissenheit innerhalb unseres Volkes endlich durch Einheit und Geschlossenheit zu überwinden, im deutschen Katholizismus einen verständnisvollen und opferwilligen Helfer. »Nur glauben wir, daß eine Volkseinheit sich nicht nur durch die Blutsgleichheit, sondern auch durch die Gesinnungsgleichheit verwirklichen läßt, und daß bei der Zugehörigkeit zu einem Staatswesen die ausschließliche Betonung der Rasse und des Blutes zu Ungerechtigkeiten führt, die das christliche Gewissen belasten, vor allem, wenn sie Mitmenschen treffen, die in Christus durch das heilige Sakrament der Taufe wiedergeboren sind und ›ein neues Geschöpf‹ in ihm wurden. (2. Kor. 5, 17.)«

329. *»Es darf nichts gebracht werden«*
Eine Presseanweisung des Reichspropagandaministeriums vom 7. Juli

Alle Meldungen über das Konkordat sind verboten. Es darf nichts gebracht werden, auch keine Sonderberichte aus Rom und anderen Ländern usw., bis eine amtliche Wolff-Meldung über den Stand der Konkordat-Verhandlungen kommt, die möglicherweise noch heute nacht erwartet werden kann. Diese Bestellung ist besonders dringlich, Zuwiderhandlungen sind mit schwersten Strafen bedroht.

330. *Verfügung Hitlers zugunsten katholischer Organisationen anläßlich des Abschlusses des Reichskonkordats vom 8. Juli*

Durch den Abschluß des Konkordats zwischen dem Heiligen Stuhl und der deutschen Reichsregierung erscheint mir genügende Gewähr dafür gegeben, daß sich die Reichsangehörigen des römisch-katholischen Bekenntnisses von jetzt an rückhaltlos in den Dienst des neuen nationalsozialistischen Staates stellen werden.

Ich ordne daher an:

1. Die Auflösungen solcher katholischer Organisationen, die durch den vorliegenden Vertrag anerkannt sind und deren Auflösung ohne Anweisung der Reichsregierung erfolgte, sind sofort rückgängig zu machen.

2. Alle Zwangsmaßnahmen gegen Geistliche und andere Führer dieser katholischen Organisationen sind aufzuheben. Eine Wiederholung solcher Maßnahmen ist für die Zukunft unzulässig und wird nach Maßgabe der bestehenden Gesetze bestraft.

Ich bin glücklich in der Überzeugung, daß nunmehr eine Epoche ihren Abschluß gefunden hat, in der leider nur zu oft religiöse und politische Interessen in eine scheinbar unlösliche Gegensätzlichkeit geraten waren.

Der zwischen dem Reich und der katholischen Kirche abgeschlossene Vertrag wird auch auf diesem Gebiet der Herstellung des Friedens dienen, dessen Alle bedürfen.

Ich habe die starke Hoffnung, daß die Regelung der das evangelische Glaubensbekenntnis bewegenden Fragen in kurzer Zeit diesen Akt der Befriedung glücklich vollenden wird.

331. Konkurrenz mit jüdischen Studenten um Hörsaalplätze
Aus einer Eingabe der Studentenschaft der Universität Freiburg i. Br. an das Badische Ministerium für Kultus und Unterricht vom 8. Juli

Von den deutschen Studenten der Universität Freiburg wird ständig darüber Klage geführt, daß die jüdischen Studierenden neben einem frechen und herausfordernden Betragen in der Universität und in den Instituten sich auch noch stets die besten Plätze in den Hörsälen, Arbeitsräumen und Demonstrationskursen sichern. Sie belegen die ersten Bankreihen und besten Plätze schon lange vor Beginn der Übungen resp. Vorlesungen mit ihren Mappen oder Büchern und geben, auch wenn sie auf das Unstatthafte ihrer Handlungsweise aufmerksam gemacht werden, die Plätze nicht frei. Dazu kommt noch, daß einzelne Juden gleich mehrere Plätze für später kommende jüdische Studierende zu belegen pflegen. [. . .]

Die Ruhe und Sicherheit an der Universität, speziell innerhalb der klinischen Anstalten und der Institute, kann nach Ansicht der Studentenschaft nur gewahrt werden, wenn das Ministerium die Platzfrage durch eine Verordnung des Ministeriums regelt. Daher ersucht die Studentenschaft der Universität Freiburg i. Br. das Ministerium für Kultus und Unterricht um die Herausgabe folgender Anordnung:

1. Die ersten Bankreihen in den Vorlesungs-, Arbeits- und Demonstrationsräumen dürfen nur von deutschen Studierenden und Ausländern besetzt werden.
2. Das Belegen von Plätzen in den Vorlesungen für andere ist allgemein verboten.

332. Nach der Selbstauflösung der Deutschen Staatspartei auch Erlöschen ihrer Reichstagsmandate?
Schreiben der Reichstagsabgeordneten Dietrich, Heuss und Lemmer an Reichsinnenminister Frick vom 10. Juli

Nach amtlicher Verlautbarung sollen in Verfolg des Betätigungsverbots für die sozialdemokratische Partei Deutschlands auch die Reichstagsmandate der Deutschen Staatspartei für erloschen erklärt werden.

Die Deutsche Staatspartei hat sich im Rahmen der politischen Gesamtentwicklung am 28. Juni 1933 aufgelöst und an diesem

Tag sofort den Herrn Abgeordneten Landahl, Hamburg, beauftragt, mit dem Herrn Reichstagspräsidenten und Preuß. Ministerpräsidenten Göring und mit dem Herrn Reichsminister Dr. Frick eine Besprechung herbeizuführen, in der unsere Auffassung über die Rechtslage dargestellt und die Voraussetzungen weiterer parlamentarischer Mitarbeit geklärt werden sollten, wie das bei den übrigen Gruppen, die seinerzeit für das Ermächtigungsgesetz gestimmt hatten und jetzt als Fraktionslose oder Hospitanten der NSDAP in der Volksvertretung sitzen, geschehen ist. [...]

Die Begründung für die angekündigte Aberkennung der staatsparteilichen Mandate wird darin gefunden, daß auch die Mitglieder der Deutschen Staatspartei auf den Wahlvorschlägen der sozialdemokratischen Partei Deutschlands gewählt worden seien.

Wir legen gegen diese Auffassung Verwahrung ein, da wir ihre rechtlichen und politischen Voraussetzungen als nicht gegeben erachten. Es ist nicht richtig, daß wir auf Grund von Wahlvorschlägen der sozialdemokratischen Partei gewählt worden sind. Wir sind vielmehr gewählt worden auf Grund der Stimmen, die am 5. März d. J. für die Kreiswahlvorschläge der Deutschen Staatspartei unter diesem Kennwort abgegeben wurden und die lediglich auf dem Reichswahlvorschlag der sozialdemokratischen Partei technisch verrechnet worden sind. [...] Es ist denn auch ausdrücklich zwischen der sozialdemokratischen Partei und der Deutschen Staatspartei vereinbart und veröffentlicht worden, daß mit diesem technischen Abkommen keinerlei politische Bindung verknüpft ist, sondern beiden Gruppen volle Selbständigkeit der Entscheidung zusteht. In der Abstimmung des 23. März (Ermächtigungsgesetz) ist dies ja auch unzweideutig zum Ausdruck gekommen. Unsere Mandate sind *ausschließlich* aus den für die staatsparteilichen Kreiswahlvorschläge abgegebenen Stimmen hervorgegangen und von keiner einzigen sozialdemokratischen Stimme abhängig gewesen.

Das Betätigungsverbot gegen die sozialdemokratische Partei wurde in dem Beschluß des Kabinetts begründet mit dem Hinweis auf die Bildung einer sozialdemokratischen Parteivorstandschaft in Prag und auf illegale Vorgänge bei der sozialdemokratischen Partei Hamburgs. Wir empfinden es als ein menschliches und sachliches Unrecht, daß von einer Aktion, die aus diesen Anlässen beschlossen wurde, auch die parlamentarischen Mitglieder der staatsparteilichen Gruppe getroffen werden sollen, die personell und ideell diesen Dingen so fern stehen, wie das Mitglied irgendeiner anderen Partei.

Wir haben uns erlaubt, im Vorstehenden unsere rechtliche und sachlich-politische Auffassung eingehend darzustellen und bitten um die Möglichkeit einer Aussprache über den ganzen Fragenkomplex.

333. »Die deutsche Revolution ist abgeschlossen«
Rundschreiben von Reichsinnenminister Frick an alle Reichsstatthalter und Landesregierungen sowie an den Ministerpräsidenten und den Innenminister von Preußen vom 11. Juli

In seiner Ansprache an die SA.-Führer und an die Reichsstatthalter hat der Herr Reichskanzler eindeutig festgestellt, daß die deutsche Revolution abgeschlossen ist. Soweit neben der Nationalsozialistischen Deutschen Arbeiterpartei noch politische Parteien bestanden, haben sie sich selbst aufgelöst. Wiederkehr oder Neubildung ist für alle Zeiten ausgeschlossen. Die Nationalsozialistische Deutsche Arbeiterpartei ist damit der alleinige Träger geworden. Alle Macht dieses Staates liegt in den Händen der von dem Herrn Reichskanzler allein geführten Reichsregierung, in der alle entscheidenden Ämter mit zuverlässigen Nationalsozialisten besetzt sind.

Damit ist die siegreiche deutsche Revolution in das Stadium der Evolution, d. h. normale gesetzmäßige Aufbauarbeit getreten. Wichtigste Aufgabe der Reichsregierung ist es nunmehr, die in ihr vereinigte totale Macht geistig und wirtschaftlich zu untermauern.

Diese Aufgabe wird jedoch aufs schwerste gefährdet, wenn weiterhin noch von einer Fortsetzung der Revolution oder von einer zweiten Revolution geredet wird. Wer jetzt noch so redet, muß sich darüber klar sein, daß er sich damit gegen den Führer selbst auflehnt und dementsprechend behandelt wird.

Solche Äußerungen stellen eine glatte Sabotage der nationalen Revolution dar und sind insbesondere geeignet, die deutsche Wirtschaft, die dank der von der Reichsregierung zur Lösung des Arbeitslosenproblems getroffenen Maßnahmen im erfreulichen Wiederaufbau begriffen ist, neuen Beunruhigungen auszusetzen und damit das deutsche Volk in seiner Gesamtheit zu schädigen. [...]

Jeder Versuch einer Sabotage der deutschen Revolution, wie er namentlich in unbefugten Eingriffen in die Wirtschaft und Nichtachtung von Anordnungen der Träger der Staatsautorität zu erblicken ist, muß daher auf Grund der Verordnung zum Schutz von Volk und Staat vom 28. Februar 1933 mit den schärfsten Maßnahmen, mindestens Schutzhaft, gegen wen immer geahndet werden.

Soweit Eingriffe notwendig und berechtigt sind, dürfen sie von nun an nur von den Trägern der Staatsautorität und auf ihre ausdrückliche Anordnung und unter ihrer alleinigen Verantwortung erfolgen. Aufgabe der neuen Reichsstatthalter und der Landesregierungen, insbesondere der zuständigen Minister des Innern, ist es, wie der Herr Reichskanzler am letzten Julisonntag dieses Jahres ausdrücklich betont hat, mit allen Mitteln zu verhindern, daß irgendwelche Organisationen oder Parteistellen sich künftig noch Regierungsbefugnisse anmaßen. Anderseits besteht die Gefahr, daß die Gegner des Nationalsozialismus, insbesondere Kommunisten und Marxisten, versuchen werden, sich in die NSBO. oder in die Deutsche Arbeitsfront oder in sonstige Organisationen einzuschleichen, um unter ihrem Schutz die deutsche Wirtschaft fortgesetzt zu beunruhigen und der Regierung der nationalen Revolution Schwierigkeiten zu bereiten.

Im besonderen Auftrag des Herrn Reichskanzlers ersuche ich die Herren Reichsstatthalter und die Landesregierungen, die Autorität des Staates auf allen Gebieten und unter allen Umständen sicherzustellen und jedem Versuch, diese Autorität zu erschüttern oder auch nur anzuzweifeln, woher er auch kommen mag, rücksichtslos und unter Einsatz aller staatlichen Machtmittel entgegenzutreten.

334. Abschluß der Verfassung der Deutschen Evangelischen Kirche und Beilegung des preußischen Kirchenkonflikts Ein Telegramm Hitlers an Hindenburg vom 12. Juli

Nachdem gestern das Verfassungswerk der Deutschen Evangelischen Kirche zum Abschluß gebracht ist, sind heute die Verhandlungen über die Beilegung des preußischen Kirchenkonflikts in einer für Staat und Kirche gleichermaßen befriedigenden Weise zu Ende geführt worden. Die auch mir besonders am Herzen liegende innere Freiheit der Kirche wird durch Zurückziehung der Kommissare und Unterkommissare des Staates außer Zweifel gestellt. Der innere Neubau der Landeskirchen wird nach kirchlichem Recht durch freie Wahl des evangelischen Kirchenvolkes einer baldigen Vollendung entgegengeführt werden. Ich bin glücklich, Euer Exzellenz berichten zu können, daß nunmehr Gewähr gegeben ist, Ihren auch von mir und allen Beteiligten gehegten Wunsch nach Befriedigung des evangelischen Kirchenlebens binnen kürzester Frist erfüllt zu sehen.

335. Eine neue Beamtenschaft »revolutionärer, preußischer Prägung«
Aus einem Schreiben von Fritz-Dietlof Graf von der Schulenburg an den Oberpräsidenten und Gauleiter von Ostpreußen, Erich Koch, vom 12. Juli

[Ebenso muß auch die] Beamtenschaft, die heute noch ein völlig uneinheitliches Durcheinander darstellt, durch rücksichtslose Revision und schärfstes Anpacken in der Arbeit, durch dauernde Schulung, am besten zusammen mit den Führern der PO, und durch brutale militärische Disziplinierung zu einem einheitlichen Ganzen revolutionärer, preußischer Prägung zusammengeschweißt werden ...

336. Sippenhaft
Aus einer Pressemeldung vom 13. Juli

Fünf Verwandte des Sozialdemokraten Scheidemann wurden in ein Konzentrationslager gebracht als Akt der Staatsnotwehr gegen einen deutschfeindlichen Artikel Scheidemanns in der ›New York Times‹.

337. Zur Stimmung der katholischen Bevölkerung nach Auflösung der BVP und Abschluß des Reichskonkordats
Aus dem Halbmonatsbericht (1.–15. Juli) der Regierung von Mittelfranken vom 19. Juli

Die Auflösung der BVP hatte überall klärend und beruhigend gewirkt und wird nun auch in den Bezirken mit größerer katholischer Bevölkerung nach und nach die Gegensätze beseitigen. Der größte Teil der Anhänger der BVP scheint sich mit der Auflösung der Partei abgefunden zu haben; ihre innerliche Einstellung zum neuen Staat wird sich selbstverständlich erst nach und nach ändern. So berichtet das Bezirksamt Hilpoltstein: »Die Entwicklung der letzten Tage, insbesondere der Abschluß des Reichskonkordats und die Anweisung der Bischöfe an die katholische Geistlichkeit, sich der Einmischung in die Politik zu enthalten, hat zu einer völligen Befriedung des öffentlichen Lebens im Bezirk geführt. Es wird allerdings noch jahrelanger Arbeit bedürfen, den breiten Massen der seitherigen Wählerschaft der BVP Sinn und Gehalt des Nationalsozialismus so nachdrücklich zu vermitteln, daß die Volksteile bewußte und überzeugte Träger der neuen Staatsidee werden.«

338. Hitler-Gruß – Deutscher Gruß
Aus einer Pressemeldung vom 14. Juli

Reichsinnenminister Dr. Frick ersuchte in einem Rundschreiben die Reichsbehörden und Landesregierungen anzuordnen, daß die Beamten sich des Hitler-Grußes bedienen. In einem weiteren Rundschreiben wies der Minister darauf hin, es sei allgemeine Übung geworden, beim Singen des Deutschland- und Horst-Wessel-Liedes den Hitler-Gruß zu erweisen, ohne Rücksicht, ob der Grüßende Mitglied der NSDAP ist oder nicht. Wer nicht in Verdacht kommen wolle, sich bewußt ablehnend zu verhalten, werde daher den Hitler-Gruß erweisen.

339. Die Besiegelung des nationalsozialistischen Einparteienstaates
Das Gesetz gegen die Neubildung von Parteien vom 14. Juli

Die Reichsregierung hat das folgende Gesetz beschlossen, das hiermit verkündet wird:

§ 1

In Deutschland besteht als einzige politische Partei die Nationalsozialistische Deutsche Arbeiter-Partei.

§ 2

Wer es unternimmt, den organisatorischen Zusammenhalt einer anderen politischen Partei aufrechtzuerhalten oder eine neue politische Partei zu bilden, wird, sofern nicht die Tat nach anderen Vorschriften mit einer höheren Strafe bedroht ist, mit Zuchthaus bis zu drei Jahren oder mit Gefängnis von sechs Monaten bis zu drei Jahren bestraft.

340. »Der Ausgang der Parteien«
Aus einer Zwischenbilanz von Theodor Heuss in der Zeitschrift ›Die Hilfe‹ vom 15. Juli

Die Gestaltung der innenpolitischen Machtlage Deutschlands muß mit vollkommener Nüchternheit gesehen werden: der Vorstoß der nationalsozialistischen Partei, der an sich die alten Parteibestände erschüttert hatte, war zum letzten Sieg gekommen, als die beiden großen bürgerlichen Parteien, die deutschnationale Front und das Zentrum, ihre Auflösung beschlossen hatten. Die übrigen Zwischengruppen bildeten, worüber eine Illusion dem klaren Blick schon lange nicht mehr erlaubt war, nur mehr Gesinnungsverbände, ohne Chance eines politischen Einsatzes. Auch die Sozialdemokratie war »abgeschrieben«, seit der Lähmung ihrer Presse; manche ihrer Führer haben dies klar erkannt und nach den Möglichkeiten gesucht, Bestände zu erhalten, die unter dem psychologischen Druck einer starken Gegenwirkung standen. Diese Bemühung mußte mißlingen, als die Emigranten-Aktion, in völligem Verkennen der innerdeutschen Lage, begann. Freilich kann vermutet werden, daß die Auseinandersetzung gelegentlich oder bald einen anderen Punkt gefunden haben würde, von dem aus das Schicksal ähnlich abgerollt wäre.

In diesem Akt des Endes der Parteien überqueren sich zwei Tendenzen, eine machtpolitisch-staatliche und eine psychologische. Es ist nicht anzunehmen, daß die Regierung, in der Beobachtung möglicher aktiver Gegenkräfte, den »Kampfring junger Deutschnationaler«, die katholische »Kreuzschar«, den Windthorstbund und ähnliche Gruppen überschätzte. Aber indem sie durch polizeilichen Zugriff, durch Verbot und Beschlagnahme, die Verbände zerschlug, traf sie seelisch die Kernparteien. Denn gerade bei ihnen war, das lag im Zuge der Zeit, die Heroisierung dieser Jugend mit gepflegt worden, man blickte auf sie, man lobte ihre Unverdrossenheit – nun mußte man machtlos zusehen, wie sie das Opfer einer energisch zugreifenden, sehr eindeutigen Staatsräson wurden. Die jungen Menschen schauten nach Schutz um, und sie schauten in verlegene Augen. Man wird nicht finden können, daß Hugenberg den Stil der großen Tragik besitze – als er das Communiqué ausgab, er könne sich die Begründung der Aktion gegen seine junge Anhängerschaft nicht zu eigen machen, mußte er einem fast leid tun.

In diesem Augenblick vollzog sich eine schmerzhafte Desillusionierung. Der Staat blickte an den eigentlichen Parteien vorüber, sie sollten nicht gestört werden. Aber sie mußten sich vorkommen wie die Mannschaft einer Festung, bei der alle Aussenwerke, Forts und Tore besetzt sind – ihre taktische Bewegungsfähigkeit war abgebunden, eine strategische Planung unmöglich geworden. So entschlossen sie sich, in glanzloser Resignation zu kapitulieren, eingeschüchtert und vom Zweifel an eine sinnvolle Möglichkeit weiterer politischer Gruppenarbeit seelisch ausgehöhlt. Das ist der Tatbestand. Man muß ihn sehen, wie er ist. [. . .]

Ob in Deutschland das parlamentarische System zugrunde gehen *mußte,* braucht heute nicht weiter untersucht zu werden. Naumann hatte im Weimarer Verfassungsausschuß warnend seine Stimme gegen den Proporz erhoben, als einziger, weil er von ihm eine Zerbröselung der politischen Nation erwartete und das Ausweichen vor eindeutigen Machtverantwortungen. Er hat in weitem Maße recht behalten, aber es wäre natürlich sinnlos, zu glauben, daß die Geschichte mit dem elastischeren englischen System, das er forderte, *ganz anders* gelaufen wäre. Die Ursachen, die ihren Weg bestimmten, sind tieferer Art. Der Parteien-Parlamentarismus ist in Detuschland nicht erkämpft worden (und nur der Kampf, nicht die Lehre schult im politischen Bereich), er ist, durch die Zwiespältigkeit der politischen

Führung während des Krieges vorbereitet, Wirklichkeit geworden inmitten des Zerbrechens der europäischen Ordnung. Und das Unglück, das Versailles heißt, wurde im Volksgefühl weithin Weimar zur Last geschrieben – es ist unsere tiefe Überzeugung, daß die den Tageswirren entfernte spätere Geschichtsbetrachtung gerechter scheiden wird zwischen Schuld und Schicksal, als es dieser Gegenwart gegeben scheint.

Noch ist die kommende Statik des deutschen Staates in seinen währenden Elementen nicht gewiß sichtbar; die dynamischen Kräfte des Wandels in Zerstörung und Gestaltung sind noch in lebhaftester Bewegung. Man wird sich hüten müssen, unter die Propheten oder Projektenmacher zu gehen. Bestimmte Linien zeichnen sich ab, die mit einer berufsständischen Regelung auch eine Legitimation öffentlich-staatlicher Funktionen verbunden wissen wollen. Doch ist noch nicht deutlich erkennbar, wie, dem Staate zugewandt, die theoretische Ansage, die uns ja längst vertraut ist, sich in ein juristisches System von Macht und Zuständigkeit, von Aufgabe und Grenze verwandelt. Wird dies deutlicher geworden sein, so ergeht an jeden der Anruf, mitzudenken und mitzuwirken, daß das neue Werden erfüllt bleibe oder werde von genossenschaftlichem Leben. Denn es liegt auf der Hand, daß die Lehre vom »Klassenkampf« die eine unselige Belastung der deutschen Politik gewesen ist, sich in der Form berufsständischer Reibungen und Interessenkonflikte erneuern könnte.

Für das alte, auf freie Werbung und Gewinnung von Anhängern abgestellte Parteienschema ist, wenn die Entwicklung sich so vollzieht, kein Raum mehr. Das muß, über die Würdigung des augenblicklichen Tatbestandes hinaus, nüchtern gesehen werden. Aber ganz gewiß ergreift eine solche denkbare und bildbare, sicher erzwingbare Ordnung nur eine Teilfunktion des Menschen. Es bleiben unberührt von ihr seine religiösen Bindungen, seine staatlichen Leidenschaften, seine kulturellen Zielsetzungen und Bedürfnisse. Sind die Parteien als die Heimat von Einheitsgefühlen und Traditionen zerstört, so ist viel Einsamkeit und Heimatlosigkeit die Folge, wenn all dies an Werten des verantworteten Willens außer Ansatz bleiben sollte.

So aber ist die Lage nicht. Formen sind zerbrochen oder zerbrochen worden, aber die Menschen sind geblieben, manche auch zerbrochen in dem Sturm der Zeit, andere abwartend, andere in ihrem Willen erregt. Indem sie die Machtverlagerung anerkennen, wissen sie: es ist auch *unser* Vaterland, dessen Zukunft in neuer Gestaltung ringt. Man kann wohl die staatliche Macht monopolisieren, aber nicht die Verpflichtung, die Volksgeschichte in der eigenen Seele als Aufgabe zu empfinden. Denn diese bleibt *jedem* gestellt, gleichviel wo er gestern stand und morgen seinen geistigen Platz finden will und wird.

I. *Das Schrumpfen der politischen Mitte in der Weimarer Republik* Nach: Hagen Schulze, Weimar. Berlin 1982.

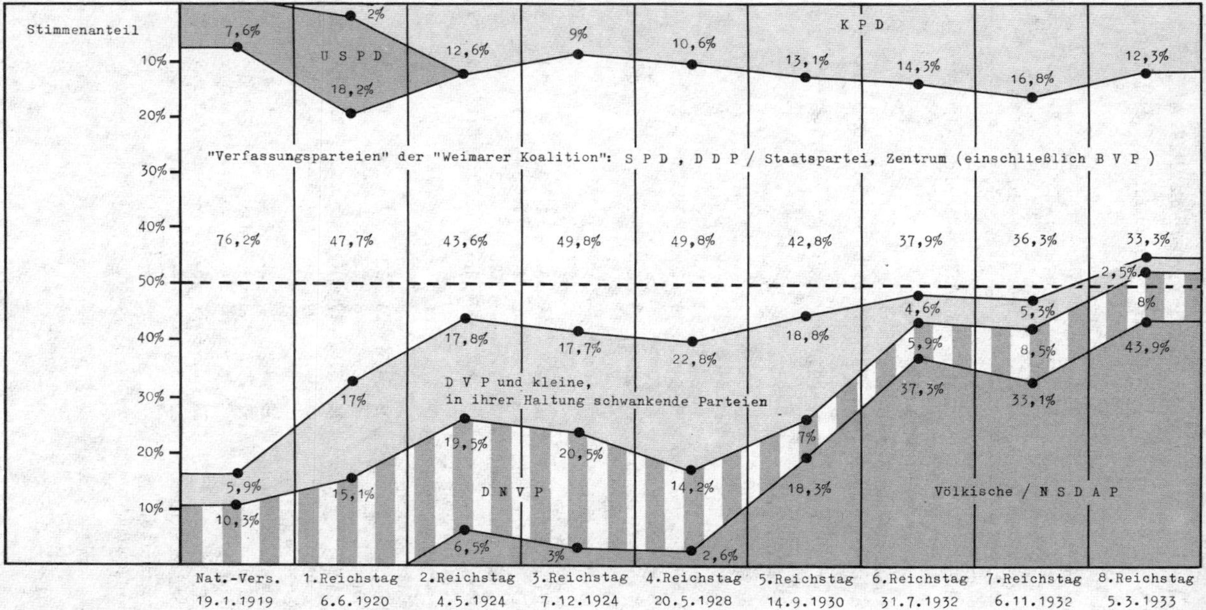

II. Die Ergebnisse der Reichstagswahlen 1928–1933

Nach: Gebhardt, Handbuch der deutschen Geschichte, Bd. 4, S. 833

	4. Reichstag 20. Mai 1928		5. Reichstag 14. Sept. 1930		6. Reichstag 31. Juli 1932		7. Reichstag 6. Nov. 1932		8. Reichstag 5. März 1933	
Wahlberechtigte in Mill.	41,2 Mill.		43,0 Mill.		44,2 Mill.		44,4 Mill.		44,7 Mill.	
Wahlbeteiligung in %	75,6%		82,0%		84,1%		80,6%		88,8%	
Gesamtzahl der gültigen Stimmen	30,8 Mill.		35,0 Mill.		36,9 Mill.		35,5 Mill.		39,3 Mill.	
NSDAP	12	2,6	107	18,3	230	37,4	196	33,1	288	43,9
DNVP (1933: Kampffront Schwarz-Weiß-Rot)	73	14,2	41	7,0	37	5,9	52	8,9	52	8,0
Kons. Volkspartei	–	–	4	0,8	–	–	–	–	–	–
Christ.-soz. Volksd.	–	–	14	2,5	3	1,0	5	1,2	4	1,0
Bauern- und Weingärtnerbund	3	0,6	3	0,6	2	0,3	2	0,3	1	0,2
Dt. Landvolk (1928: Christl.-nat. Bauern- u. Landvolkpartei)	10	1,9	19	3,2	1	0,3	–	0,1	–	–
Dt. Bauernpartei	8	1,6	6	1,0	2	0,4	3	0,4	2	0,3
Volksrechtpartei	2	1,6	–	0,8	1	0,1	–	–	–	–
DVP	45	8,7	30	4,5	7	1,2	11	1,9	2	1,1
Wirtschaftspartei (1928: einschließl. Bayer. Bauernbund)	23	4,5	23	3,9	2	0,4	1	0,3	–	–
Dt.-hann. Partei	3	0,6	3	0,5	–	0,1	1	0,2	–	0,1
BVP	16	3,1	19	3,O	22	3,2	20	3,1	19	2,7
Zentrum	62	12,1	68	11,8	75	12,5	70	11,9	73	11,2
DDP (seit 1930 Dt. Staatspartei)	25	4,9	20	3,8	4	1,0	2	1,0	5	0,9
SPD	153	29,8	143	24,5	133	21,6	121	20,4	120	18,3
USPD	–	0,1	–	–	–	–	–	–	–	–
KPD	54	10,6	77	13,1	89	14,5	100	16,9	81	12,3
Splitterparteien	2	3,1	–	0,7	–	0,1	–	0,3	–	–
Gesamtzahl der Abgeordneten	491		577		608		584		647	

III. Die Ergebnisse der Wahlgänge für das Amt des Reichspräsidenten am 13. März und 10. April 1932

Aus: Gebhardt, Handbuch der deutschen Geschichte, Bd. 4, S. 834

	1. Wahlgang am 13. 3. 1932		2. Wahlgang am 10. 4. 1932	
Wahlberechtigte	43,9 Mill.		44,1 Mill.	
Wahlbeteiligung	86,2%		83,5%	
Gültige Stimmen	37,6 Mill.		36,5 Mill.	
	Anzahl der gültigen Stimmen	%	Anzahl der gültigen Stimmen	%
Duesterberg (Kampfblock Schwarz-Weiß-Rot)	2,558 Mill.	6,8%	–	–
Hindenburg	18,651 Mill.	49,6%	19,360 Mill.	53,%
Hitler (NSDAP)	11,339 Mill.	30,1%	13,419 Mill.	36,8%
Thälmann (KPD)	4,983 Mill.	13,2%	3,707 Mill.	10,2%
Winter	0,111 Mill.	0,3%	–	–
Splitterstimmen	0,005 Mill.	0,0%	0,005 Mill.	0,0%

IV. Die Entwicklung von Produktion und Beschäftigung, Preisen und Löhnen im Deutschen Reich während der Weltwirtschaftskrise (1928 = 100)

Aus: Petzina/Abelshauser/Faust, Sozialgeschichtliches Arbeitsbuch, Bd. 3, S. 84

	1929	1930	1931	1932	1933	1934
Produktion und Beschäftigung						
Produktionsgüter	103	86	61	46	54	77
Investitionsgüter	103	84	54	35	45	75
Verbrauchsgüter des elastischen Bedarfs[a]	97	91	87	74	80	90
Verbrauchsgüter des unelastischen Bedarfs[b]	101	101	95	85	88	98
Beschäftigte	99	92	80	71	74	85
Preise und Löhne						
Produktionsgüter	102	101	96	86	83	83
Konsumgüter	98	91	80	67	64	67
Lebenshaltung	102	98	90	80	78	80
Reallohn	101	97	93	87	91	95

a Einkommensschwankungen beeinflussen Nachfrage überproportional (Luxusgüter).

b Einkommensschwankungen beeinflussen Nachfrage unterproportional (Güter des täglichen Bedarfs).

V. Entwicklung der Arbeitslosigkeit im Deutschen Reich 1913–1939

Nach: Petzina/Abelshauser/Faust, Sozialgeschichtliches Arbeitsbuch, Bd. 3, S. 119

Jahr	abhängige Erwerbspersonen[a]	Arbeitslosigkeit		
		Arbeitslose	in % d. Gewerkschaftsmitglieder	in % d. abhängigen Erwerbspersonen
	1000	1000		
1913	14556[b]		2,9	
1914	16917		7,2	
1915	14584[b]		3,2	
1916	14278[b]		2,2	
1917	15052[b]		1,0	
1918	15383[b]		1,2	
1919	16950[b]		3,7	
1920	18367[b, c]		3,8	
1921	19126[d]	346	2,8	1,8
1922	20184[e]	215	1,5	1,1
1923	20000	818	9,6	4,1
1924	19122	927	13,5	4,9
1925	20176	682	6,7	3,4
1926	20287	2025	18,0	10,0
1927	21207	1312	8,7	6,2
1928	21995	1391	8,4	6,3
1929	22418	1899	13,1	8,5
1930	21916	3076	22,2	14,0
1931	20616	4520	33,7	21,9
1932	18711	5603	43,7	29,9
1933	18540	4804	(46,3)[g]	25,9
1934	20090	2718		13,5
1935[f]	20886	2151		10,3
1936	21507	1593		7,4
1937	22347	912		4,1
1938	23222	429		1,9
1939	24372	119		0,5

a Anhand der Statistik der gesamten Kassenversicherungsmitglieder der reichsgesetzlichen Krankenkassen, Knappschaftskassen, Ersatzkassen und ab 1928 der Seekrankenkasse.
b Ohne die Ersatzkassenmitglieder, deren Anzahl 1914 : 391 Tsd. betrug.
c Ohne Saarpfalz.
d Ohne Saargebiet.
e Ohne abgetretenen Teil Oberschlesiens.
f Einschließlich Saargebiet, ohne Saarknappschaft.
g Bezogen auf das 1. Halbjahr.

VI. Zur Sozialstruktur der NSDAP

Nach: Petzina/Abelshauser/Faust, Sozialgeschichtliches Arbeitsbuch, Bd. 3, S. 130f.

A. Die soziale Struktur der NSDAP im Reich vor 1933 (Erwerbspersonen nach sozialen Berufsgruppen)

Erwerbspersonen	Im Reichsgebiet 1925	In der NSDAP vor Reichstagswahl 1930		Neue NSDAP-Mitglieder: Reichstagswahl 1930 – Kanzlerschaft Hitlers		% der NSDAP-Mitglieder unter den Erwerbspersonen vor der Kanzlerschaft Hitlers
	%	1000	%	1000	%	
Arbeiter	45,1	34	28,1	233	33,5	1,9
Selbständige						
Land- u. Forstwirtsch.	6,7	17,1	14,1	90	13,4	4,9
Industrie u. Handwerk	5,5	11	9,1	56	8,4	3,9
Handel u. Verkehr	3,7	9,9	8,2	49	7,5	4,9
Freie Berufe	1,5	3,6	3,0	20	3,0	4,9
Beamte						
Lehrer	1,0	2	1,7	11	1,7	4,0
Andere	3,3	8	6,6	36	5,5	
Angestellte	15,9	31	25,6	148	22,1	3,4
Mithelfende Fam.-Angehörige (meist weibl.)	17,3	4,4	3,6	27	4,9	0,6
Insgesamt	100	121	100	670	100	2,5

B. Berufliche Herkunft (erste Berufstätigkeit) nationalsozialistischer Führer vor 1934 in Prozentzahlen

Berufsgruppe (Herkunft)	Propagandisten[a]	Spitzenfunktionäre in der Parteiverwaltung[b]	Sonstiges Führungspersonal
Öffentl. Dienst	9,0	13,2	27,7
Akademische Berufe	9,0	17,2	27,0
Gewerbe/Industrie	8,0	23,2	18,9
Parteiangestellte der NSDAP	16,0	15,9	6,9
Militär	1,0	14,6	3,1
Kommunikationssektor	51,0	2,6	7,5
Handwerk	1,0	2,0	0,0
Bauern	3,0	7,3	5,0
Sonstige und unbekannt	1,0	4,0	3,8

a Den Parteipropagandisten sind folgende Personen zugerechnet: Führende Vertreter des Propagandaministeriums, Funktionäre der Reichskulturkammer und deren Untergliederungen, Rundfunk- und Presseangehörige, Zeitungsverleger, Schriftsteller, Funktionäre der Reichspropagandaleitung der NSDAP sowie Propagandafunktionäre anderer Parteistellen.

b Dazu zählen Angehörige der Reichsleitung der NSDAP, Gauleiter, Gauarbeitsführer, Landesbauernführer, Spitzenfunktionäre von Untergliederungen der NSDAP einschließlich der Parteiverwaltungsebene der Länder, bzw. Einzelstaaten.

VII. Reichskabinette seit dem Scheitern der Großen Koalition 1930

	Präsidialkabinett mit parlamentarischer Tolerierungsmajorität	Präsidialkabinette ohne parlamentarische Tolerierungsmajorität		
	30. März 1930–30. Mai 1932	1. Juni–17. Nov. 1932	3. Dez. 1932–28. Jan. 1933	30. Jan. 1933
Reichskanzler	Brüning (Z)	v. Papen (Z/parteilos)	v. Schleicher (parteilos)	Hitler
Vizekanzler	Dietrich (DDP/DStP)	unbesetzt	unbesetzt	v. Papen (parteilos/DNVP) bis 7. Aug. 1934
Außenminister	Curtius (DVP), ab 9. Okt. 1931 Brüning	v. Neurath (parteilos)	v. Neurath	v. Neurath bis 5. Febr. 1938
Innenminister	Wirth (Z), ab 9. Okt. 1931 Groener (parteilos)	v. Gayl (DNVP)	Bracht (parteilos)	Frick (NSDAP) bis 1943
Finanzminister	Moldenhauer (DVP), ab 26. Juni 1930 Dietrich	Graf Schwerin v. Krosigk (parteilos)	Graf Schwerin v. Krosigk	Graf Schwerin v. Krosigk bis 23. Mai 1945
Wirtschaftsminister	Dietrich, ab 26. Juni 1930 Trendelenburg, ab 9. Okt. 1931 Warmbold	Warmbold (parteilos)	Warmbold	Hugenberg (DNVP) bis 29. Juni 1933 Schmitt (parteilos) bis 3. Aug. 1934
Arbeitsminister	Stegerwald (Z)	Schäffer (parteilos) ab 6. Juni	Syrup (parteilos)	Seldte (Stahlhelm/NSDAP) bis 30. April 1945
Justizminister	Bredt (WP), ab 5. Dez. 1930 Joel (parteilos)	Gürtner (DNVP)	Gürtner	Gürtner bis 29. Jan. 1941
Reichswehrminister	Groener (parteilos)	v. Schleicher (parteilos)	v. Schleicher	v. Blomberg (parteilos) bis 5. Febr. 1938
Postminister	Schätzel (BVP)	Eltz v. Rübenach (parteilos)	Eltz v. Rübenach	Eltz v. Rübenach bis 2. Febr. 1937

Präsidialkabinett mit parlamentarischer Tolerierungsmajorität		Präsidialkabinette ohne parlamentarische Tolerierungsmajorität		
30. März 1930–30. Mai 1932		1. Juni–17. Nov. 1932	3. Dez. 1932–28. Jan. 1933	30. Jan. 1933
Verkehrsminister	v. Guérard (Z), ab 9. Okt. 1931 Treviranus (KVP)	Eltz v. Rübenach	Eltz v. Rübenach	Eltz v. Rübenach (wie oben)
Ernährungs- u. Landwirtschaftsminister	Schiele (DNVP/CLV)	v. Braun (DNVP)	v. Braun	Hugenberg (wie oben)
Ohne Geschäftsbereich, seit 28. April 1933 Reichsluftfahrtminister				Göring (NSDAP) bis 24. April 1945
Reichsminister für Volksaufklärung u. Propaganda seit 13. März				Goebbels (NSDAP) bis 30. April 1945

VIII. Zum Wahlverhalten der Deutschen

(Alle folgenden Schaubilder und Tabellen nach: J. W. Falter, Hitlers Wähler. München 1991)

Entwicklung der politischen Lager

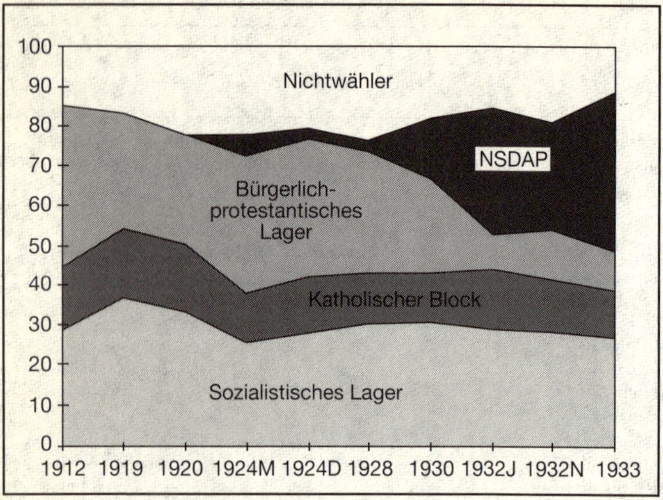

Beitrag der Nichtwähler zum NS-Erfolg

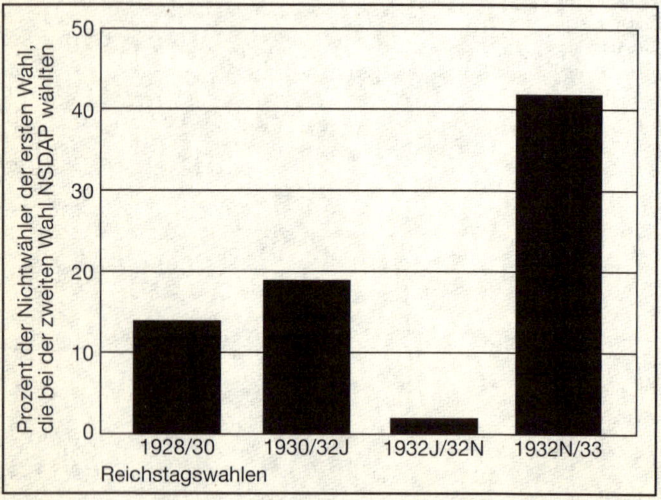

Wählerwanderungen zur NSDAP

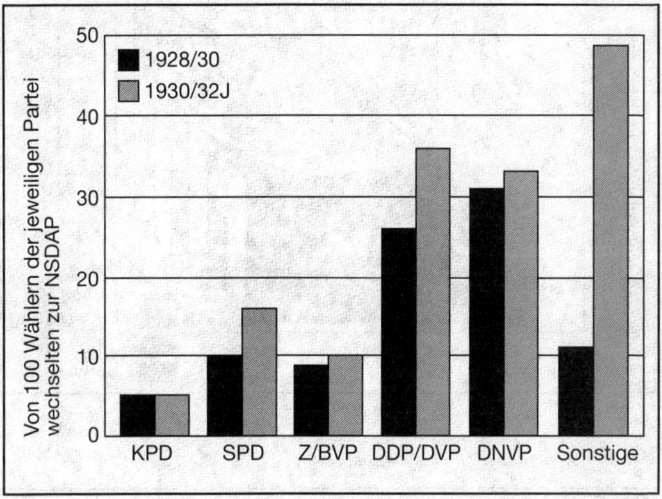

Die soziale Zusammensetzung der NSDAP-Wählerschaft zwischen 1928 und 1933

	1928	1930	1932J	1932N	1933	Alle
Selbständ./Mithelfd.	26	27	31	30	31	24
Angestellte/Beamte	12	13	11	12	12	15
Arbeiter	30	26	25	26	26	32
Berufslose	13	17	17	17	16	13
Hausfrauen etc.	17	17	16	16	16	17
Alle	98	100	100	100	101	101

Angaben: Prozent der NSDAP-Wähler der jeweiligen Wahl, die aus der jeweiligen Sozialschicht kommen (mit kleinen Rundungsvarianzen).

Konfession und NSDAP-Wahl

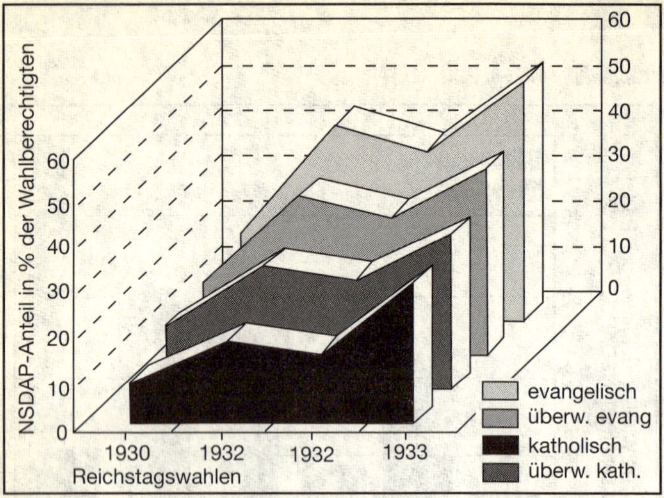

Arbeiteranteil an der NSDAP-Wählerschaft

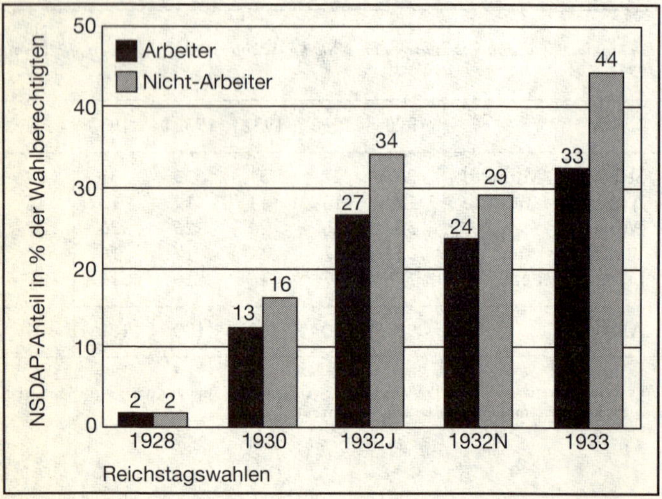

Quellennachweise und Erläuterungen zu den Dokumenten

1. Julius Leber: Ein Mann geht seinen Weg. Schriften, Reden und Briefe. Hg. von seinen Freunden. Berlin 1952, S. 90. In der Nacht vom 30. zum 31. Januar wurde Leber bei einer tätlichen Auseinandersetzung mit Nationalsozialisten schwer verletzt und unter Mißachtung seiner Immunität als Reichstagsabgeordneter bis Mitte Februar inhaftiert. Vgl. auch Nr. 291, 297 und 308.
2. Harry Graf Kessler: Tagebücher 1918–1937. Hg. v. Wolfgang Pfeiffer-Belli. Frankfurt am Main 1961, S. 703f. – »Kaiserhof«: Hotel Hitlers bei seinen Berlin-Aufenthalten.
3. Werner Jochmann (Hg.): Nationalsozialismus und Revolution. Ursprung und Geschichte der NSDAP in Hamburg 1922–1933. Dokumente. Frankfurt a. M. 1963, S. 421.
4. Horst Laschitza, Siegfried Vietzke: Deutschland und die deutsche Arbeiterbewegung 1933–1945. Mit einem Anhang. Berlin (DDR) 1964, S. 285f. – »Proletarische Einheitsfront«: Dem Einheitsfront-Angebot der KPD an die SPD fehlte die Glaubwürdigkeit, nachdem die KPD im Rahmen der »Sozialfaschismus«-These der Komintern den Hauptfeind nicht in der NSDAP, sondern in der SPD gesehen hatte. Vgl. auch Nr. 18.
5. Wolfgang Luthardt (Hg.): Sozialdemokratische Arbeiterbewegung und Weimarer Republik. Materialien zur gesellschaftlichen Entwicklung 1927–1933. Bd. 1, Frankfurt a. M. 1978, S. 202.
6. Jochen Klepper: Unter dem Schatten Deiner Flügel. Aus den Tagebüchern 1932–1942. Stuttgart 1956, S. 36.
7. Vorwärts, vom 31. Januar 1933. Nach: Geschichte der deutschen Arbeiterbewegung in acht Bänden. Hg. v. Institut für Marxismus-Leninismus beim Zentralkomitee der SED. Bd. 5, Berlin (DDR) 1966, S. 442.
8. Johannes Hohlfeld (Hg.): Deutsche Reichsgeschichte in Dokumenten 1849–1934. Urkunden und Aktenstücke zur inneren und äußeren Politik des Deutschen Reiches in vier Bänden. Bd. 4, Berlin 1934, S. 570.
9. Klaus Scholder: Die Kirchen und das Dritte Reich. Bd. 1, Frankfurt a. M., Berlin, Wien 1977, S. 279f.
10. Hohlfeld (wie Nr. 8), S. 573–78.
11. Documents on British Foreign Policy 1919–1939. Second Series, Bd. IV, London 1950, S. 401f. (Dieser Text wie die übrigen im Folgenden gedruckten Auszüge aus der diplomatischen Korrespondenz der amerikanischen, britischen und französischen Botschaften in Berlin wurden – sofern nicht anders vermerkt – von den Herausgebern unter Mitwirkung von Tilman Becker ins Deutsche übertragen).
12. Foreign Relations of the United States. Diplomatic Papers 1933, Bd. 2, Washington 1949, S. 186.
13. Thilo Vogelsang: Neue Dokumente zur Geschichte der Reichswehr 1930–1933. In: VZG 2 (1954), S. 434f. (Handschriftliche Aufzeichnungen von Generalleutnant Liebmann. Die Abkürzungen des Originals sind in diesem Abdruck aufgelöst).
14. Vogelsang (wie Nr. 13), S. 432ff.
15. Der deutsche Volkswirt 7 (1932/33) S. 563 u. 566.
16. Peter Dürrenmatt: Schweizerbriefe aus Deutschland 1933–1934. In: Urs Altermatt, Judit Garamvölgyj (Hgg.): Innen- und Außenpolitik. Primat

oder Interdependenz? Festschrift zum 60. Geburtstag von Walther Hofer. Bern, Stuttgart 1980, S. 670.
17. Schwäbische Volkszeitung (Augsburg) vom 7. Februar 1933.
18. Hagen Schulze (Hg.): Anpassung oder Widerstand? Aus den Akten des Parteivorstands der deutschen Sozialdemokratie 1932/33. Bonn-Bad Godesberg 1975, S. 161–65.
19. Jochmann (wie Nr. 3), S. 422.
20. Carl v. Ossietzky: Rechenschaft. Publizistik aus den Jahren 1913–1933. Frankfurt a. M. 1972, S. 239–42.
21. Geschichte der deutschen Arbeiterbewegung (wie Nr. 7), S. 446f.
22. Der deutsche Volkswirt 7 (1932/33), S. 599f.
23. Georg Kretschmar (Hg.): Dokumente zur Kirchenpolitik des Dritten Reiches. Bd. I: Das Jahr 1933. Bearb. v. Carsten Nicolaisen. München 1971, S. 7f.
24. Helmut Heiber (Hg.): Goebbels-Reden. Bd. 1: 1932–1939. Düsseldorf 1971, S. 67–70. – Die Zusätze Heibers über die akustische Kulisse sind hier in runden Klammern wiedergegeben. »Welch eine Wendung durch Gottes Fügung«: Telegramm König Wilhelms I. an Königin Augusta mit der Mitteilung des Sieges von Sedan und der Kapitulation Napoleons III. am 1./2. September 1870. Die Wendung wurde 1933 häufig in der politischen Propaganda zitiert.
25. Cuno Horkenbach (Hg.): Das Deutsche Reich von 1918 bis heute. Bd. 4, Berlin 1935, S. 53f.
26. Jochmann (wie Nr. 3), S. 424f.
27. Erich Ebermayer: Denn heute gehört uns Deutschland ... Persönliches und politisches Tagebuch. Von der Machtergreifung bis zum 31. Dezember 1935. Hamburg, Wien 1959, S. 21f.
28. Ursachen und Folgen. Vom deutschen Zusammenbruch 1918 und 1945 bis zur staatlichen Neuordnung in der Gegenwart. Eine Urkunden- und Dokumentensammlung zur Zeitgeschichte. Hg. u. bearb. von Herbert Michaelis u. Ernst Schraepler unter Mitwirkung von Günter Scheel. Bd. 9, Berlin o. J., S. 31f.
29. Klepper (wie Nr. 6), S. 37.
30. Rudolf G. Binding: Die Briefe. Ausgew. u. eingel. v. Ludwig Friedrich Barthel. Hamburg 1977, S. 173. – »Kampfbund für deutsche Kultur« (KfDK): Im Dezember 1928 von Alfred Rosenberg gegründete Organisation mit dem Ziel, »gegen die kulturzersetzenden Bestrebungen des Liberalismus« anzukämpfen. Er wurde im Mai 1933 als offizielle Kulturorganisation der NSDAP anerkannt und ging 1934 in der »NS-Kulturgemeinde« auf.
31. Mitteilungen des Hauptvereins der Konservativen, Nr. 2, März 1933. Nach: Erich Matthias, Rudolf Morsey (Hgg.): Das Ende der Parteien 1933. Düsseldorf 1960 (Neudruck: 1979), S. 635f.
32. Ebermayer (wie Nr. 27), S. 23.
33. Walter Först: Robert Lehr als Oberbürgermeister. Ein Kapitel deutscher Kommunalpolitik. Düsseldorf, Wien 1962, S. 259.
34. Jochmann (wie Nr. 3), S. 425. – »Genf«: Deutsch-französische Kontroverse auf der Abrüstungskonferenz über die Priorität von Sicherheit (so Frankreich) oder Abrüstung.
35. Privatbesitz Prof. Dr. Anneliese Thimme (München), der wir für die Überlassung dieses Briefes wie der Nrn. 220 und 269 sehr danken.
36. Josef Goebbels: Vom Kaiserhof zur Reichskanzlei. Eine historische Dar-

stellung in Tagebuchblättern vom 1. Januar 1932 bis 1. Mai 1933. München 1933, S. 263.

37. Dürrenmatt (wie Nr. 16), S. 671.
38. Joseph Roth: Briefe 1911–1939. Hg. u. eingel. v. Hermann Kesten. Köln, Berlin 1970, S. 249.
39. Bernhard Stasiewski (Hg.): Akten deutscher Bischöfe über die Lage der Kirche 1933– 1945. Bd. 1, Mainz 1968, S. 3–6.
40. Ebermayer (wie Nr. 27), S. 26.
41. Die Hilfe 39 (1933), S. 102f. – Der Verfasser dürfte Theodor Heuss sein.
42. Ursachen und Folgen, Bd. 10, S. 38f.
43. Fränkisches Volksblatt und Würzburger Generalanzeiger vom 20. Februar. Die Passagen aus dem Bericht des Generalanzeigers sind durch ⟨ ⟩ gekennzeichnet.
44. Die Hilfe 39 (1933), S. 99ff. (18. Februar 1933). – ›Begräbnis eines ermordeten SA.-Mannes‹: vgl. Nr. 53.
45. Jochmann (wie Nr. 3), S. 425.
46. Hugo Stehkämper (Bearb.): Der Nachlaß des Reichskanzlers Wilhelm Marx. Teil I. Köln 1968, S. 149.
47. Friedrich Meinecke: Werke. Bd. VI: Ausgewählter Briefwechsel. Hg. u. eingel. v. Ludwig Dehio, Peter Classen. Stuttgart 1962, S. 137f.
48. Stehkämper (wie Nr. 46), S. 150.
49. Der Prozeß gegen die Hauptkriegsverbrecher vor dem Internationalen Militärgerichtshof Nürnberg, 14. 11. 1945–1. 10. 1946. Bd. 35, Nürnberg 1949, S. 42ff. und 46ff.
50. Der Prozeß (wie Nr. 49), S. 48. – Ergebnis dieses Treffens war die Zeichnung namhafter Geldbeträge der beteiligten Industriellen und der von ihnen vertretenen Unternehmen für die Wahlkasse der NSDAP. Die »Wahlkasse«, zu deren Zustandekommen vor allem H. Schacht beitrug und für die offensichtlich die gesamte Schwerindustrie spendete, umfaßte schließlich mindestens 3 Millionen RM, möglicherweise auch das Doppelte oder Dreifache.
51. Rudolf Morsey: Adenauer und der Nationalsozialismus. In: Hugo Stehkämper (Hg.): Konrad Adenauer – Oberbürgermeister von Köln. Festjahr der Stadt Köln zum 100. Geburtstag ihres Ehrenbürgers am 5. Januar 1976. Köln 1976, Reproduktion Nr. 60.
52. Leonidas E. Hill (Hg.): Die Weizsäcker-Papiere 1933–1950. Frankfurt a. M., Berlin, Wien 1974, S. 60.
53. DBFP (wie Nr. 11), S. 425–28, unter Berücksichtigung einer Übersetzung in: Ursachen (wie Nr. 28), S. 41–44.
54. Kessler (wie Nr. 2), S. 707f.
55. Waldemar Besson: Württemberg und die deutsche Staatskrise 1928–1933. Eine Studie zur Auflösung der Weimarer Republik. Stuttgart 1959, S. 335.
56. Gedruckt nach: Gerhard Hauptmann: Diarium 1917 bis 1933. Hg. v. Martin Machatzke. Frankfurt a. M. u. a. 1980, S. 224f.
57. Foreign Relations (wie Nr. 12), S. 198.
58. Horkenbach (wie Nr. 35), S. 68. – »Preußischer Staatsrat«: Gemäß der Verfassung Preußens von 1920 Vertretung der preußischen Provinzen mit dem Recht der Mitwirkung in Gesetzgebung und Verwaltung. – »Runderlaß vom 10. Februar«: Durchführungsbestimmungen Görings für die Notverordnung vom 4. Februar, wonach die »hinter der Regierung der nationalen Erhebung stehenden Volkskreise in ihrer willkommenen und notwendigen Mitarbeit« durch die Einschränkung der Presse- und Versammlungsfreiheit

nicht »behindert« werden sollten; »Runderlaß vom 17. Februar«: »Schießerlaß« Görings (Nr. 41).

59. Welt am Abend vom 24. Februar. Nach: Der Zeitspiegel. Halbmonatsschrift für politische Bildung 2 (1933), S. 72.
60. Fränkisches Volksblatt (Würzburg) vom 24. Februar.
61. Martin Buber: Briefwechsel aus sieben Jahrzehnten. Bd. 2, Heidelberg 1973, S. 471.
62. Matthias/Morsey (wie Nr. 31), S. 234f.
63. Heinz Blankenburg: Politischer Katholizismus in Frankfurt a.M. 1918–1933. Mainz 1981, S. 284f.
64. Foreign Relations (wie Nr. 12), S. 199.
65. Ebermayer (wie Nr. 27), S. 31f.
66. Kessler (wie Nr. 2), S. 709.
67. Jochmann (wie Nr. 3), S. 426f.
68. Documents Diplomatiques Français 1932–1939. Première Série, Bd. II. Paris 1966, S. 705f.
69. Ebermayer (wie Nr. 27), S. 32f.
70. Kessler (wie Nr. 2), S. 709ff.
71. Hohlfeld (wie Nr. 8), S. 590f.
72. Hellmut v. Gerlach: Hitlers Außenpolitik. In: Die Weltbühne 29, (1933, Nachdruck 1978), S. 305–08. – Gerlachs Darstellung der außenpolitischen Konzeption Hitlers trifft in den Grundzügen zu. Vgl. dazu die in der Auswahlbibliographie angegebenen Arbeiten von Hildebrand, Hillgruber, Jäkel und Schreiber.
73. Ludwig Volk (Hg).: Akten Kardinal Michael Faulhabers 1917–1945. Bd. 1, Mainz 1975, S. 651ff. – »Seine Majestät«: Kronprinz Rupprecht von Bayern.
74. Jochmann (wie Nr. 3), S. 427f.
75. DDF (wie Nr. 68), S. 706, Anm. 2.
76. Zeitspiegel (wie Nr. 59), S. 102.
77. Foreign Relations (wie Nr. 12), S. 201f.
78. Hermann Göring: Reden und Aufsätze. Hg. v. Erich Gritzbach. 8. Aufl. München 1943, S. 27f.
77. Wolfram Köhler: Der Chef-Redakteur. Theodor Wolff. Ein Leben in Europa 1868–1943. Düsseldorf 1978, S. 264f.
80. Klepper (wie Nr. 6), S. 40.
81. Die Hilfe 39 (1933), S. 135f. – »Piemont der gesamtdeutschen Demokratie«: Im Prozeß der nationalen Einigung Italiens nach 1848 spielte das Königreich Sardinien-Piemont die Rolle, die Preußen bei der kleindeutschen Einigung in den 1860er Jahren übernahm.
82. Margret Boveri: Wir lügen alle. Eine Hauptstadtzeitung unter Hitler. Olten, Freiburg i. Br. 1965, S. 73. –»Der Reichspräsident«: Hindenburgs Antwort auf die Beschwerde des katholischen Episkopats wurde am 3. März bekannt.
83. Jochmann (wie Nr. 3), S. 431f. – »Glocken der Schloßkirche«: Vgl. Nr. 90.
84. Ebermayer (wie Nr. 27), S. 35.
85. Ebermayer (wie Nr. 27), S. 36. – Prozentsätze der NS-Stimmen: Bei einem Reichsdurchschnitt von 43,9% errang die NSDAP in den Wahlkreisen Hamburg 38,9%, Bremen 32,8%, Berlin 31,3%, Bayerns 41,9%, Württemberg 42,0%, Westfalens 34,3%, Köln-Aachen 30,1%, Koblenz-Trier 38,4%, Düsseldorfs 36,3%, Ostpreußen 56,5%, Pommern 56,3%, Schle-

siens 49,1%, Schleswig-Holstein 53,2%, Hannover-Braunschweigs 51,5%. Den größten Wahlerfolg verbuchte die NSDAP in Ostpreußen (wobei die Resultate für die katholische Diaspora-Enklave Ermland in drei Bezirken unter 30%, in einem Bezirk unter 40% lagen). Mit über 50% NS-Stimmen votierten auch die Wahlkreise Frankfurt/O. (55,2%), Liegnitz (54%), Breslau (50,2%), Chemnitz-Zwickau (50%). Die ungünstigsten Gesamtergebnisse in den Wahlkreisen erreichte Hitler in Köln-Aachen, Berlin und Westfalen.

86. Laschitza/Vietzke (wie Nr. 4), S. 292ff.
87. DDF (wie Nr. 68), S. 744f.
88. Hans Galen, Joachim Kuropka, Helmut Lahrkamp (Hgg.): Die Machtergreifung der Nationalsozialisten. Dokumente, Fragen, Erläuterungen, Darstellung. Münster o.J. (ohne Seitenzählung).
89. Klepper (wie Nr. 6), S. 40f.
90. K. Barth-Archiv Basel (dank frdl. Vermittlung v. Dr. H. Stoevesandt).
91. Zentralblatt der christlichen Gewerkschaften Deutschlands 33, (1933), S. 61 (15. März 1933).
92. Goebbels (wie Nr. 36), S. 277f.
93. Foreign Relations (wie Nr. 12), S. 209.
94. Matthias/Morsey (wie Nr. 31), S. 239.
95. Hohlfeld (wie Nr. 8), S. 596.
96. Allgemeine Evangelische Lutherische Kirchenzeitung 66 (1933), Sp. 233.
97. Allgemeine Evangelische Lutherische Kirchenzeitung 66 (1933), Sp. 235.
98. Hohlfeld (wie Nr. 8), S. 596f.
99. Otfried Brügge u. a. (Hgg.), Hannover wird nationalsozialistisch. Ein Quellenlesebuch zur Machtübernahme. Hannover 1981, S. 45.
100. Magdeburger Amtsblatt 10 (1933), S. 97. Nach: Ernst Reuter: Schriften, Reden. Hg. v. Hans E. Hirschfeld, Hans J. Reichhardt. Mit einem Vorwort von Willy Brandt. Bd. II, Berlin 1973, S. 417.
101. Thomas Mann: Briefe 1889–1936. Hg. v. Erika Mann. Frankfurt a. M. 1962, S. 328f.
102. Volk (wie Nr. 73), S. 666ff.
103. Schulze (wie Nr. 18), S. 167–80. – »Fall Sollmann«: Der ehemalige Reichsinnenminister (SPD) war am 8. März von Nationalsozialisten mißhandelt und anschließend in Schutzhaft genommen worden.
104. Martin Broszat, Elke Fröhlich, Falk Wiesemann (Hgg.): Bayern in der NS-Zeit. Soziale Lage und politisches Verhalten der Bevölkerung im Spiegel vertraulicher Berichte. München, Wien 1977, S. 432.
105. Felix Somary: Erinnerungen aus meinem Leben. Zürich 4. Aufl. 1959, S. 230.
106. Klaus-Jürgen Müller: General Ludwig Beck. Studien und Dokumente zur politischen-militärischen Vorstellungswelt und Tätigkeit des Generalstabschefs des deutschen Heeres 1933–1938. Boppard 1980, S. 339.
107. Die Hilfe 39 (1933), S. 165.
108. Kasimir Edschmid (Hg.): Briefe der Expressionisten. Frankfurt a. M., Berlin 1964, S. 119.
109. Thomas Mann: Tagebücher 1933–1934. Hg. v. Peter de Mendelssohn. Frankfurt a. M. 1977, S. 10f.
110. Ebermayer (wie Nr. 27), S. 44.
111. Dachauer Volksblatt vom 6. April 1933.
112. Kurt Werner, Karl Heinz Biernat: Die Köpenicker Blutwoche 1933. Mit einem Anhang. Berlin (DDR) 1960, S. 94–99.

113. Ebermayer (wie Nr. 27), S. 47. – »Nikolaikirche«: Hier fand der protestantische Gottesdienst vor der Reichstagseröffnung statt (vgl. Nr. 114).
114. Günther van Norden: Der deutsche Protestantismus im Jahr der nationalsozialistischen Machtergreifung. Gütersloh 1979, S. 52–55.
115. Walther Hubatsch (Hg.): Hindenburg und der Staat. Aus den Papieren des Generalfeldmarschalls und Reichspräsidenten von 1878 bis 1934. Göttingen 1966, S. 374.
116. Ursachen (wie Nr. 28), S. 135.
117. DBFP (wie Nr. 11), S. 470ff., unter Benutzung einer Übersetzung aus Ursachen (wie Nr. 28), S. 400ff.
118. Foreign Relations (wie Nr. 12), S. 211.
119. Völkischer Beobachter vom 22. März 1933. Nach: Kretschmar, Nicolaisen (wie Nr. 23), S. 22f.
120. Frankfurter Zeitung vom 23. März 1933.
121. Frankfurter Zeitung vom 23. März 1933.
122. Hans Carossa: Briefe. II: 1919–1936. Hg. v. Eva Kampmann-Carossa. o.O. 1978, S. 278.
123. Bundesarchiv Koblenz, Nachlaß Schwertfeger 569 (frdl. Hinweis von Frau Prof. Dr. A. Thimme, München).
124. Josef Becker: Zentrum und Ermächtigungsgesetz. In: VZG 9 (1961), S. 208ff. – »St. Peter-und-Paul-Kirche«: Hier fand der katholische Gottesdienst vor der Eröffnung des Reichstags in der Garnisonkirche statt. – »Kroll-Oper«: Tagungsort des Reichstags nach dem Reichstagsbrand. – »Fraktionszimmer«: Die Fraktionszimmer waren durch den Reichstagsbrand nicht beschädigt worden. – »Spartakus«: Bund revolutionärer Sozialisten in der Revolution 1918/19.
125. Ursachen (wie Anm. 28), S. 145.
126. Ursachen (wie Nr. 28), S. 146ff. – »Berner Konferenz«: Erster Nachkriegskongress der II. Internationale, auf dem die Auseinandersetzungen um die Kriegsschuldfrage und die Kriegspolitik der einzelnen Staaten und nationalen Parteien im Zentrum standen.
127. Ursachen (wie Nr. 28), S. 148f. – »Sturmwolken um Deutschland«: Anspielung auf Indizien für Erwägungen der polnischen Regierung, mit Rückendeckung oder Unterstützung Frankreichs einen militärischen Präventivschlag gegen das NS-Regime zu führen.
128. Ursachen (wie Nr. 28), S. 150f.
129. DBFP (wie Nr. 11), S. 12f.
130. Hill (wie Nr. 52), S. 70.
131. Ebermayer (wie Nr. 27), S. 48. – »444 zu 94 Stimmen«: richtig: 441.
132. Reinhard Neebe: Großindustrie, Staat und NSDAP 1930–1933. Paul Silverberg und der Reichsverband der Deutschen Industrie in der Krise der Weimarer Republik. Göttingen 1981, S. 181f.
133. Hermann Kesten (Hg.): Deutsche Literatur im Exil. Briefe europäischer Autoren 1933–1949. Frankfurt a. M. 1973, S. 22.
134. Kessler (wie Nr. 2), S. 713.
135. Allgemeine Evangelisch-Lutherische Kirchenzeitung 66 (1933), Sp. 280f. – »Verordnung des greisen Reichspräsidenten«: Am Volkstrauertag (12. März) bestimmte Hindenburg, daß ab 13. März bis zu einer endgültigen Regelung der Reichsfahnen die schwarz-weiß-rote Flagge und die Hakenkreuz-Fahne gemeinsam zu hissen seien. – »Gemeindewahlen in Preußen«: Außer in Westfalen und in der Rheinprovinz erreichten NSDAP und DNVP bei den Gemeindewahlen am 12. März die absolute Mehrheit.

136. Walter Görlitz (Hg.): Generalfeldmarschall Keitel – Verbrecher oder Offizier? Erinnerungen, Briefe, Dokumente des Chefs OKW. Göttingen 1981, S. 52.
137. Das Evangelische Deutschland 10 (1933), S. 116.
138. Ebermayer (wie Nr. 27), S. 49.
139. DBFP (wie Nr. 11, Bd. V.), S. 3–6.
140. Hohlfeld (wie Nr. 8), S. 621–24. – »Revolution der Novembermänner«, »Geiselerschießungen«: Eine Diffamierung der SPD-Politiker, da diese »Novembermänner« an Geiselerschießungen nicht beteiligt waren; im übrigen verursachte der »weiße Terror« in München mehr Opfer als der »rote Terror« während der kurzlebigen Räteherrschaft 1919.
141. Klepper (wie Nr. 6), S. 45.
142. Klepper (wie Nr. 6), S. 46f.
143. Volk (wie Nr. 73), S. 683f. – In der gleichen Angelegenheit wandte sich Faulhaber auch an Kardinal Hayes, New Vork.
144. Ricarda Huch: Ein undenkbarer Schritt. Briefwechsel zwischen Ricarda Huch und der Preußischen Akademie der Künste. In: Die Wandlung 4 (1949), S. 166ff.
145. Foreign Relations (wie Nr. 12), S. 340f.
146. DBFP (wie Nr. 11, Bd. V), S. 14.
147. Armin Boyens: Kirchenkampf und Ökumene 1933–1939. Darstellung und Dokumentation. München 1969, S. 42. Eine ähnliche Unterscheidung (zwischen »vordringlichen und zweitrangigen Pflichten« und ein entsprechendes »Schwanken zwischen Ethik und Taktik«) charakterisierte auch die Haltung Kardinal Faulhabers im Zusammenhang mit dem Judenboykott vom 1. April (vgl. Ludwig Volk: Der bayerische Episkopat und der Nationalsozialismus 1930–1934. Mainz 1965, S. 81).
148. Stasiewski (wie Nr. 39), S. 42f. und Volk (wie Nr. 147), S. 77. – Die »schriftliche Darlegung« Oskar Wassermanns ist hier nicht gedruckt. – Bertram dürfte das Problem der Judenverfolgung in einer Audienz bei Hindenburg am 6. April zur Sprache gebracht haben. Vgl. im übrigen die Erläuterung zu Nr. 188 sowie die öffentliche Reaktion auf den nationalsozialistischen Antisemitismus (Ablehnung der »Volkseinheit« durch die »Blutsgleichheit«) in dem Pfingsthirtenbrief der Fuldaer Bischofskonferenz vom 3. Juni (Nr. 196 und 328).
149. Brügge (wie Nr. 99), S. 32. – »Sondergericht«: Errichtet (an der Grenze des Rechtsstaats) auf Grund einer Verordnung des Reichspräsidenten vom 21. März 1933. – Am gleichen Tag auch die »Verordnung zur Abwehr heimtückischer Angriffe gegen die Regierung der nationalen Erhebung«.
150. Neebe (wie Nr. 132), S. 194.
151. Hermann Hesse: Gesammelte Briefe. In Zusammenarbeit mit Heiner Hesse hg. v. Ursula u. Volker Michels. Bd. 2, Frankfurt a. M. 1979, S. 383.
152. Max Pribilla S. J.: Verfassungstreue. In: Stimmen der Zeit 125 (1933), S. 57 und 59ff. Nachdrucke dieses Artikels führten zum zeitweiligen Verbot mehrerer katholischer Zeitungen.
153. Galen/Kuropka/Lahrkamp (wie Nr. 88) (ohne Seitenzählung). – »§ 20«: Danach konnten Druckschriften, deren Inhalt geeignet war, »die öffentliche Sicherheit und Ordnung zu gefährden«, polizeilich beschlagnahmt oder eingezogen werden. – »Nationalsozialistische Betriebszellen-Organisation« (NSBO): NS-Gegenorganisation zu den anderen Gewerkschaften.
154. Paul Sauer (Hg.): Dokumente über die Verfolgung der jüdischen Bürger in

Baden-Württemberg durch das nationalsozialistische Regime 1933–1945. Bd. 1, Stuttgart 1966, S. 5f.
155. Günther van Norden: Kirche in der Krise. Die Stellung der Evangelischen Kirche zum nationalsozialistischen Staat im Jahre 1933. Düsseldorf 1963, S. 59.
156. Johannes Haller: Reden und Aufsätze zur Geschichte und Politik. 2., durchges. u. verm. Aufl. Stuttgart 1942, S. 417–22. – »Sarg Friedrichs des Großen«: In der Potsdamer Garnisonkirche (21. März).
157. Boyens (wie Nr. 147), S. 42 Anm. 31.
158. van Norden (wie Nr. 155), S. 60. – Nach van Nordens Urteil gibt dieser Brief die »Stimmung und Einstellung einer beträchtlichen Mehrheit im deutschen Protestantismus« wieder.
159. Kretschmar/Nicolaisen (wie Nr. 23), S. 30. – »Angriffe des Generalsuperintendenten«: vgl. Nr. 90.
160. Horkenbach (wie Nr. 35), S. 157f.
161. Zeitspiegel (wie Nr. 59), S. 122.
162. Bibliothek des World Council of Churches, Genf. – »Geistliche als Kugelfang«: Max Hölz selbst hat diesen Vorwurf bestritten. – »Herzliche Zustimmung« der »führenden Männer der Regierung« zur Predigt am 21. März: In seinen Erinnerungen druckt Dibelius als »entscheidende Stelle« die Absätze 4 und 5 von Dok. Nr. 114 und kommentiert: »Die Nationalsozialisten sahen mich feindselig an. Sie haben mir diese Worte nie vergessen. Nur Göring schüttelte mir die Hand, als wir den Reichspräsidenten hinausbegleiteten. ›Das war‹, sagte er, ›die beste Predigt, die ich in meinem Leben gehört habe!‹« (Ein Christ ist immer im Dienst. Erlebnisse und Erfahrungen in einer Zeitenwende. Stuttgart 2. Aufl. 1963, S. 172f.)
163. Hans Müller: Katholische Kirche und Nationalsozialismus. Dokumente 1930–1935. Mit einer Einleitung von Kurt Sontheimer. München 1963, S. 89.
164. DDF (wie Nr. 68, Bd. III), S. 155 u. 157–61.
165. DBFP (wie Nr. 11, Bd. V), S. 24f.
166. Sauer (wie Nr. 154), S. 118.
167. DDF (wie Nr. 68, Bd. III), S. 169–72. – »Wels«: Der SPD-Vorsitzende trat am 30. April für sich persönlich aus dem Bureau der Sozialistischen Arbeiterinternationale aus, um negative Rückwirkungen von Resolutionen der SAI für die SPD zu vermeiden, machte diesen taktischen Austritt indessen nach seiner Emigration (Mai) wieder rückgängig.– »Fulda«: Zur Erklärung der Fuldaer Bischofskonferenz vom 28. März vgl. Nr. 171.
168. Goebbels (wie Nr. 36), S. 294f.
169. Carossa (wie Nr. 122), S. 280.
170. Sauer (wie Nr. 154), S. 120.
171. Allgemeine Evangelisch-Lutherische Kirchenzeitung 66 (1933), Sp. 325ff. und 330.
172. Die Hilfe 39 (1933), S. 198f.
173. Brügge (wie Nr. 99), S. 33.
174. Sauer (wie Nr. 154), S. 120f.
175. Mann (wie Nr. 109), S. 45f.
176. Kurt Tucholsky: Ausgewählte Briefe. 1913–1935. Hg. v. Mary Gerold-Tucholsky u. Fritz J. Raddatz. Hamburg 1962, S. 250.
177. Schulthess' Europäischer Geschichtskalender. Hg. v. Ulrich Thürauf. Bd. 74, München 1934, S. 77f.
178. DBFP (wie Nr. 11, Bd. V), S. 36.

179. Erich Kosthorst: Jakob Kaiser. Der Arbeiterführer. Stuttgart u.a. 1967, S. 271–80.
180. Dachauer Volksblatt bzw. Amper Bote (Dachau) vom 13. und 14./15. April. – »Bewachungsänderung«: Am 2. April unterstellte Himmler das Lager sich selbst als dem Führer der politischen Hilfspolizei. Damit ging das KZ aus dem Kompetenzbereich der Polizei in den der SS über, die neben der SA als Hilfspolizei eingesetzt wurde. Die »Bewachungsänderung« hing auch damit zusammen, daß Hauptmann Schlemmer, der Leiter der Hundertschaft der Landespolizei, die seit dem 21. März den Wachdienst versah und die Gefangenen offensichtlich korrekt behandelte, dem Münchener Gauleiter den Vorwurf machte, »daß die Landespolizei zu einer Maßnahme mißbraucht werde, die weder eine gesetzliche Grundlage habe noch in irgendeiner Verlautbarung verankert sei«. Vermutlich noch im April wurde der erste SS-Lagerkommandant Wäckerle eingesetzt, der mit seinen »Sonderbestimmungen« für die Behandlung der Häftlinge die politischen Gefangenen der Willkür des Lagerkommandanten und der SS-Mannschaft auslieferte. Vgl. Günther Kimmel: Das Konzentrationslager Dachau. Eine Studie zu den nationalsozialistischen Gewaltverbrechen. In: Broszat/Fröhlich (wie Nr. 104), S. 354f. u. 359.
181. Sauer (wie Nr. 154), S. 121.
182. Neebe (wie Nr. 132), S. 187.
183. DBFP (wie Nr. 11, Bd. V), S. 38–44.
184. Ernst-August Roloff: Bürgertum und Nationalsozialismus 1930–1933. Braunschweigs Weg ins Dritte Reich. Hannover 1961, S. 156.
185. Gertrud Bäumer: Des Lebens wie der Liebe Band. Briefe. Hg. v. Emmy Beckmann. Tübingen 1956, S. 49f.
186. Dietrich Bonhoeffer: Gesammelte Schriften. Hg. v. Eberhard Bethge. Bd. 1, München 1965, S. 37f.
187. Roloff (wie Nr. 184), S. 157.
188. Friedrich Wilhelm Kantzenbach: Widerstand und Solidarität der Christen in Deutschland 1933–1945. Eine Dokumentation zum Kirchenkampf aus den Papieren des D. Wilhelm Freiherrn von Pechmann. Neustadt/Aisch 1971, S. 39. – »Von katholischen Kirchenfürsten im Westen und Osten«: Bezugnahme auf zwei Kundgebungen, die die Metropoliten der Kölner und Paderborner Kirchenprovinzen wie der Bischof von Osnabrück und Kardinal Bertram (Breslau) kurz nach der Verkündung des Gesetzes »über die Wiedererstellung des Berufsbeamtentums« veröffentlichten. In ihnen äußerten die Bischöfe ihre »tiefste Kümmernis und Sorge, wie die Tage nationaler Erhebung zugleich für viele treue Staatsbürger und darunter auch gewissenhafte Beamte unverdientermaßen Tage des schwersten und bittersten Leidens geworden sind« (Müller – wie Nr. 163, S. 95f.). In der NS-Presse wurden diese Erklärungen als »›oberhirtliche Kundgebungen‹ für Parteibuchbeamte und Judentum« interpretiert.
189. Dachauer Volksblatt vom 15. April. Die graphische Gestaltung dieser Meldung legt die Vermutung nahe, die Redaktion habe dem Flugblatt zu einer größeren Resonanz verhelfen wollen: In übergroßen Fettlettern ist die Flugblattüberschrift ›Scheußliche Zustände im Konzentrationslager Dachau‹ gesetzt; in kleineren Fettlettern gedruckt sind die durch ‹ › gekennzeichneten Passagen. Das ›Dachauer Volksblatt‹ war unter das Verbot der SPD-Presse gefallen und konnte vom 21. März bis 6. April nicht erscheinen. – Bei dem Namen des »Vorsitzenden des Gefangenen-Ausschusses« dürfte es sich um ein Pseudonym handeln.

190. Ebd.
191. Luthardt (wie Nr. 5), S. 218.
192. Morsey (wie Nr. 51), Abbildung 65.
193. van Norden (wie Nr. 155), S. 61 f. – »›Aufbruch der tiefsten Kräfte‹«: Zitat aus der Ansprache des Oberkirchenrats der Evangelischen Kirche der Altpreußischen Union vom 11. April; gedr. in: van Norden (wie Nr. 116), S. 60f. – »Römische Bischöfe des Oberrheins«: Bezugnahme auf eine Kundgebung vom 15. April, mit der sich die Bischöfe der oberrheinischen Kirchenprovinz die bei Nr. 188 zitierten Erklärungen des west- und ostdeutschen Episkopats zueigen machten (vgl. Müller – wie Nr. 163 –, S. 96f.).
194. Luthardt (wie Nr. 5), S. 218.
195. Dachauer Volksblatt vom 20. April 1933.
196. Boyens (wie Nr. 147), S. 292ff. – Als seine Gesprächspartner in Berlin bezeichnet Henriod den Präsidenten des Deutschen Evangelischen Kirchenausschusses H. Kapler, Oberkirchenrat G. Burghart, Generalsuperintendent O. Dibelius, den Präsidenten des »Evangelisch-Sozialen Kongresses« W. Simons sowie den Gesandten und den Konsul der Schweiz in Berlin. – »Anspielungen des Generalsuperintendenten Dibelius«: vgl. Nr. 90 u. 114.
197. van Norden (wie Nr. 116), S. 76f. Ein entsprechendes Schreiben des katholischen Episkopats (bzw. des Vorsitzenden der Fuldaer Bischofskonferenz) konnte erst für den 50. Geburtstag Hitlers 1939 ermittelt werden.
198. Matthias/Morsey (wie Nr. 31), S. 646. – »Weiterbestehen der gegenwärtigen Reichsregierung«: Zu dieser Illusion Hugenbergs (und Papens) über eine Nichtigkeit des Ermächtigungsgesetzes im Falle seines Ausscheidens aus der Regierung (und damit über eine Art Vetorecht der konservativen Kabinettsmitglieder) vgl. Nr. 121.
199. Martin Broszat, Elke Fröhlich, Falk Wiesemann (Hgg.): Bayern in der NS-Zeit. Soziale Lage und politisches Verhalten der Bevölkerung im Spiegel vertraulicher Berichte. München, Wien 1977, S. 210.
200. Dachauer Volksblatt und Amper Bote (Dachau) vom 20. April. – Diese Verlautbarung dürfte bereits auf den neuen SS-Lagerkommandanten Wäkkerle (vgl. Nr. 180) zurückgehen.
201. Dürrenmatt (wie Nr. 16), S. 672.
202. Zentralblatt der christlichen Gewerkschaften Deutschlands 33 (1933), S. 105.
203. Hans-Adolf Jacobsen, Werner Jochmann (Hgg.): Ausgewählte Dokumente zur Geschichte des Nationalsozialismus 1933–1945. 8 Lieferungen. Loseblatt-Sammlung. Bielefeld 1961–1966, ohne Seitenangabe.
204. Der Deutsche Volkswirt 7 (1932/33), S. 811ff.
205. Goebbels (wie Nr. 36), S. 302.
206. Die Hilfe 39 (1933), S. 217f.
207. Die Hilfe 39 (1933), S. 220f. – »Scharfer Vorstoß gegen die Mitgliedschaft bei der NSDAP«: Schreiben des Mainzer Generalvikars Dr. Mayer an die Geschäftsstelle der Gauleitung der NSDAP in Offenbach vom 30. September 1930; Mayer verneinte die drei Fragen: »Kann ein Katholik eingeschriebenes Mitglied der Hitler-Partei sein? Kann ein katholischer Pfarrer gestatten, daß Mitglieder dieser Partei korporativ an kirchlichen Beerdigungen oder sonstigen Veranstaltungen teilnehmen? Kann ein Katholik, der sich zu den Grundsätzen dieser Partei bekennt, zu den hl. Sakramenten zugelassen werden?« (Müller, wie Nr. 163, S. 15). – »Kundgebung der Bischöfe« vom 28. März: Vgl. Nr. 171. – »Parlamentarischer ›Beirat‹«: Arbeitsausschuß

des Reichstags, dessen Bildung Hitler bei den Vorverhandlungen um das Ermächtigungsgesetz zusagte; er tagte zweimal (31. März und 2. April) und blieb völlig bedeutungslos. – »Kampfansage« der »Deutschen Christen«: vgl. Nr. 160. – »Predigt in der Potsdamer Nikolai-Kirche«: Nr. 114. – »Vertraulicher Rundbrief«: Nr. 90. – ›Jahrhundert der Kirche‹: 1927/28 in fünf Auflagen erschienenes Buch von Otto Dibelius.

208. Die Hilfe 39 (1933), S. 224–27.

209. Dürrenmatt (wie Nr. 16), S. 672f. – »Eigentümliche Erklärung des Herrn Hugenberg«: Nr. 198.

210. Martin Gilbert: Sir Horace Rumbold. Portrait of a Diplomat 1869–1941. London 1973, S. 376.

211. DDF (wie Nr. 68, Bd. III), S. 312f.

212. Oskar Schlemmer: Briefe und Tagebücher. Hg. v. Tut Schlemmer. München 1958, S. 308f.

213. Tucholsky (wie Nr. 176), S. 253. – »Gottfried Benn«: Sein Rundfunkvortrag vom 24. April ›Der neue Staat und die Intellektuellen‹ erschien noch 1933 unter diesem Titel im Druck; vgl. dazu Ernst Wulf: Literatur und Dichtung im Dritten Reich. Eine Dokumentation. Gütersloh 1963, S. 113.

214. Klaus Scholder (Hg.): Die Mittwochs-Gesellschaft. Protokolle aus dem geistigen Deutschland 1932 bis 1944. Berlin 1982, S. 68f.

215. DBFP (wie Nr. 11, Bd. V), S. 47–55. – Die in Rumbolds Depesche wiedergegebenen Zitate aus ›Mein Kampf‹ werden hier nach der deutschen Originalfassung gedruckt. Rumbolds Zitate sind ins Englische relativ frei übertragen, wobei sich eine eher abschwächende Version der drastischen Sprache Hitlers ergibt.

216. Dietrich Eichholtz, Wolfgang Schumann (Hgg.): Anatomie des Krieges. Neue Dokumente über die Rolle des deutschen Monopolkapitals bei der Vorbereitung und Durchführung des Zweiten Weltkrieges. Berlin [DDR] 1969, S. 112f.

217. Oskar Loerke: Tagebücher 1903 –1939. Hg. v. Hermann Kasack. 2. Aufl. Heidelberg, Darmstadt 1955, S. 272. – »Vortrag Benns«: vgl. Nr. 213.

218. Dachauer Volksblatt vom 27. April. – »Bei Dachau sehen wir uns wieder«: Anspielung auf ein erfolgreiches Gefecht von militärischen Einheiten der bayerischen Räterepublik unter Ernst Toller mit Reichstruppen am 16. April 1919.

219. Carossa (wie Nr. 122), S. 281.

220. Privatbesitz Prof. Dr. Anneliese Thimme (München).

221. Fritz Salm: Im Schatten des Henkers. Widerstand in Mannheim gegen Faschismus und Krieg. Frankfurt a.M. 1979, S. 51.

222. Achim Gercke: Die Lösung der Judenfrage. In: Nationalsozialistische Monatshefte 4 (1933), S. 194–97.

223. Achim Gercke: Grundsätzliches zur Mischlingsfrage. In: Nationalsozialistische Monatshefte 4 (1933), S. 197f.

224. Brügge (wie Nr. 99), S. 48. Nach einem Bericht der nationalsozialistischen Niedersächsischen Tageszeitung vom 1. Mai.

225. Walter Görlitz (Hg.): Generalfeldmarschall Keitel – Verbrecher oder Offizier? Erinnerungen, Briefe, Dokumente des Chefs des OKW. Göttingen 1961, S. 52.

226. Konstantin Hierl: Ausgewählte Schriften und Reden. Hg. v. Herbert Frhr. v. Stetten-Erb. Bd. 2, München 1941, S. 95ff. – »Allgemeine Arbeitsdienstpflicht«: Ein freiwilliger Arbeitsdienst (u.a. als Arbeitsbeschaffungsmaß-

nahme) war 1931 eingeführt worden; eine allgemeine Arbeitsdienstpflicht wurde 1935 verordnet.

227. Buber (wie Nr. 61), S. 480.
228. Jacobsen/Jochmann (wie Nr. 203), ohne Seitenangabe.
229. Ebermayer (wie Nr. 27), S. 72f.
230. Dürrenmatt (wie Nr. 16), S. 674.
231. Schulthess (wie Nr. 177), S. 119f.
232. Franz Josef Heyen: Nationalsozialismus im Alltag. Quellen zur Geschichte des Nationalsozialismus vornehmlich im Raum Mainz-Koblenz-Trier. Boppard am Rhein 1967, S. 91f.
233. Ernst Bertram: Deutscher Aufbruch. Eine Rede vor studentischer Jugend. In: Deutsche Zeitschrift 46 (1933), S. 612ff. u. 617. – »Tannenbergschlacht«: Bei Tannenberg/Ostpr. gelang es Hindenburg und Ludendorff Ende August 1914, die eingebrochenen russischen Truppen zu umzingeln und damit die Voraussetzungen für eine deutsche Offensive nach Rußland zu schaffen. Bertram berücksichtigt bei seiner Zählung nicht die Schlacht von Tannenberg 1410, bei der Polen und Litauer das Heer des Deutschen Ordens besiegten.
234. Karl Reinhardt: Vermächtnis der Antike. Gesammelte Essays. Hg. v. Carl Becker. Göttingen [2]1960, S. 389.
235. Wulf (wie Nr. 213), S. 29. – Ebenfalls ausgeschlossen wurden Alfons Paquet, Leonhard Frank, Georg Kaiser, Bernhard Kellermann, Alfred Mombert, René Schickele, Fritz v. Unruh, Ludwig Fulda, Rudolf Pannwitz, Jakob Wassermann. Freiwillig schieden u. a. aus: Heinrich Mann, Thomas Mann, Käthe Kollwitz, Alfred Döblin und Ricarda Huch.
236. Kessler (wie Nr. 2), S. 716f. – »MacDonald und John Simon in Rom«: 17.–20. März 1933.
237. Galen/Kuropka/Lahrkamp (wie Nr. 88), ohne Seitenangabe.
238. Die Hilfe 39 (1933), S. 246 u. 248f.
239. Schulthess (wie Nr. 177), S. 123f. – »Acht Millionen«: Höchststand der Arbeitslosenzahlen im Winter 1931/32: über 6 Millionen.
240. Hill (wie Nr. 52), S. 72f. – »Korrektheitserklärung« etc.: vgl. Nr. 244.
241. Meinecke (wie Nr. 47), S. 138f.
242. Carossa (wie Nr. 122), S. 281f.
243. Ebermayer (wie Nr. 27), S. 75.
244. DDF (wie Nr. 68, Bd. 3), S. 458f. – »Ost-Locarno«: Von Frankreich und Polen in Analogie zu dem Locarno-Pakt von 1925 mit seiner Garantie der »Unverletzlichkeit« der deutsch-französischen und deutsch-belgischen Grenze angestrebte »Unverletzlichkeits«-Erklärung für die deutsch-polnische Grenze.
245. Mann (wie Nr. 109), S. 79. – »Ricarda Huch«: Die Dichterin war – entgegen der Meinung Thomas Manns – freiwillig ausgeschieden (vgl. Nr. 144).
246. Ebermayer (wie Nr. 27), S. 75ff.
247. Wulf (wie Nr. 213), S. 45f.
248. Walther Hofer, Edouard Calic, Christoph Graf, Friedrich Zipfel (Hgg.): Der Reichstagsbrand. Eine wissenschaftliche Dokumentation. Bd. 2. Mit Sachverständigen-Äußerungen von Karl Stephan u. Heinz Leferenz. München, New York, London, Paris, Berlin 1978, S. 397f.
249. Kantzenbach (wie Nr. 188), S. 42.
250. Ursachen (wie Nr. 28), S. 492.
251. Amper Bote (Dachau) bzw. Dachauer Volksblatt vom 11. Mai. – Flucht Beimlers: Ein ehemaliger Kommunist, der als SA-Mann in Dachau war, soll

den KPD-Reichstagsabgeordneten in einer SA-Uniform nachts aus dem KZ geschmuggelt haben. Es wurde berichtet, daß ihm nach schweren Mißhandlungen ein Strick zum Selbstmord in die Zelle gelegt wurde, er aber um einen Tag Aufschub bat, weil gerade der Geburtstag seines Töchterchens war. Vgl. Wilhelm Hoegner: Flucht vor Hitler. Erinnerungen an die Kapitulation der ersten deutschen Republik 1933. Mit einem Nachwort von Wolfgang Jean Stock. Frankfurt a. M. 1979, S. 155. Vgl. auch den ersten publizierten Erlebnisbericht aus einem NS-KZ: Hans Beimler: Im Mörderlager Dachau. Vier Wochen in den Händen der braunen Banditen. Moskau-Leningrad 1933. – »Bei Dachau ...«: Vgl. Nr. 218. – »Gerichtskommission«: Wegen zwölf gewaltsamer Todesfälle im KZ im April/Mai (Erschießungen »auf der Flucht« oder »in Notwehr« bzw. »Selbstmorde«) wurden staatsanwaltliche Ermittlungen gegen den Lagerkommandanten Wäckerle und Angehörige der Lagermannschaft eingeleitet, später jedoch ohne Verurteilungen eingestellt. Wegen dieser Ermittlungen löste Himmler Wäckerle durch SS-Oberführer Eicke ab, der nach der Mitwirkung an der Ermordung Röhms »Inspekteur der KL« wurde, die Lagerordnung von Dachau zum Modell für die übrigen KZ machte und von Dachau aus die »SS-Totenkopfverbände« als spezielle KZ-Wachtruppe aufbaute (vgl. Kimmel, wie Nr. 180, S. 360–368). – Nach einem Gedenkwerk über die »Toten von Dachau« (1947) fanden im Jahre 1933 21 Häftlinge einen gewaltsamen Tod.

252. Gilbert (wie Nr. 210), S. 380.
253. Carl Schmitt: Das gute Recht der deutschen Revolution. In: Westdeutscher Beobachter vom 12. Mai 1933.
254. Peter Gutjahr-Löser, Hans-Helmuth Knütter, Friedrich Wilhelm Rothenpieler (Hgg.): Theodor Litt und die Politische Bildung der Gegenwart. München 1981, S. 117f. (Zeitgenössisches Gedächtnisprotokoll eines Studenten).
255. Toni Stolper: Ein Leben in Brennpunkten unserer Zeit. Wien-Berlin-New York. Gustav Stolper 1888–1947. Tübingen 1960, S. 317.
256. Ebermayer (wie Nr. 27), S. 85f.
257. Carossa (wie Nr. 122), S. 284.
258. Dachauer Volksblatt vom 18. Mai 1933 – »Gerichtskommission«: vgl. Nr. 251.
259. Axel Friedrichs (Bearb.): Die nationalsozialistische Revolution 1933. Berlin 1935, S. 95f.
260. Zeitspiegel (wie Nr. 59), S. 166.
261. Görlitz (wie Nr. 225), S. 52f.
262. Elly Heuss-Knapp: Bürgerin zweier Welten. Ein Leben in Briefen und Aufzeichnungen. Hg. v. Margarethe Vater. Tübingen 1961, S. 228.
263. Dachauer Volksblatt vom 19. Mai 1933 – »Allmähliche Bewährung«: Nach einer Meldung der Frankfurter Zeitung vom 8. Dezember 1933 wurden damals 400 Dachauer Häftlinge entlassen, »die sich bisher einwandfrei geführt haben und von denen erwartet wird, daß sie sich als nützliche Mitglieder der Volksgemeinschaft erweisen werden ...« (nach Kimmel, wie Nr. 180, S. 355, Anm. 39). Die Entlassenen wurden in der Regel zum Stillschweigen über die Verhältnisse in den Konzentrationslagern verpflichtet und hielten sich im allgemeinen daran, um nicht eine erneute »Schutzhaft« zu riskieren. Am 1. Januar 1934 belief sich die Zahl der »Schutzhäftlinge« in Dachau noch auf 2325 (vgl. Volk – wie Nr. 147 –, S. 82).
264. Die Hilfe 39 (1933), S. 266f.

265. Francis L. Carsten: Reichswehr und Politik 1918 –1933. Köln, Berlin, 3. Aufl. 1964, S. 450. Bis zum Sommer 1934 wurden 70 Offiziere und Mannschaften auf Grund des »Arier-Paragraphen« aus der Wehrmacht entlassen. (Vgl. Manfred Messerschmidt: Die Wehrmacht im NS-Staat. Zeit der Indoktrination. Hamburg 1969, S. 45).
266. ›Dachauer Volksblatt‹ vom 23. Mai 1933.
267. Brügge (wie Nr. 99), S. 69f.
268. Ebermayer (wie Nr. 27), S. 94f.
269. Privatbesitz Prof. Dr. Anneliese Thimme (München). – »Verschiedene Erzbischöfe«; vgl Nr. 82.
270. Klepper (wie Nr. 6), S. 59.
271. Dürrenmatt (wie Nr. 16), S. 675.
272. Germania vom 26. Mai 1933. Nach: Ernst-Wolfgang Böckenförde: Kirchlicher Auftrag und politische Entscheidung. Freiburg i. Br. 1973, S. 40, Anm. 11. – »Verfassungsänderndes Gesetz«: Ermächtigungsgesetz, das am 18. Mai im Preußischen Landtag verabschiedet wurde.
273. Martin Heidegger: Die Selbstbehauptung der deutschen Universität. Rede, gehalten bei der feierlichen Übernahme des Rektorats der Universität Freiburg i. Br. am 27. 5. 1933. Breslau 1933, S. 13ff., 17 u. 20ff. Nachtrag zur 2. Auflage: Vgl. jetzt die »durchgesehene Neuauflage des Druckes von 1933« und die damit verbundene »Erstveröffentlichung einer Niederschrift aus dem Jahre 1945«, hg. v. Heideggers Sohn Hermann: Die Selbstbehauptung der deutschen Universität. Das Rektorat 1933/34. Frankfurt a. M. 1983 und generell: H. Ott: Martin Heidegger – Unterwegs zu seiner Biographie. Frankfurt a. M., New York 1988, V. Farias: Heidegger und der Nationalsozialismus. Mit einem Vorwort v. J. Habermas. Frankfurt a. M. 1989, A. Gethmann-Siefert, O. Pöggeler (Hgg.): Heidegger und die praktische Philosophie. Frankfurt a. M. 1988 und B. Martin: Martin Heidegger und das Dritte Reich. Darmstadt 1989.
274. Amper Bote (Dachau) vom 27. Mai 1933 – Der Kaufmann Karl Lehrburger hatte zunächst verheimlichen können, daß er Jude war. Als der Lagerkommandant Wäckerle dies feststellte, ließ er Lehrburger in eine Arrestzelle bringen und befahl einem SS-Mann, Lehrburger zu erschießen mit der Begründung, dieser sei ein für den Bakterienkrieg ausgebildeter russischer Agent. Der SS-Mann vollzog den Befehl nach einigem Zögern durch einen Schuß in die Stirn. Vgl. Kimmel (wie Nr. 180), S. 359f.
275. Klepper (wie Nr. 6), S. 62f.
276. Sauer (wie Nr. 154), S. 233.
277. Buber (wie Nr. 61), S. 483f.
278. Ebermayer (wie Nr. 27), S. 96f.
279. Buber (wie Nr. 61), S. 484f.
280. Carl Schmitt: Die deutschen Intellektuellen. In: Westdeutscher Beobachter vom 31. Mai 1933.
281. Böckenförde (wie Anm. 272), S. 49.
282. Alfred Rosenberg: Die Volkwerdung der Deutschen. In: Nationalsozialistische Monatshefte 4 (1933), S. 244.
283. Wilhelm Frick: Der Sinn unserer Zeit. In: Nationalsozialistische Monatshefte 4 (1933), S. 246.
284. Walter Buch: Der Führer. In: Nationalsozialistische Monatshefte 4 (1933), S. 250f.
285. Ernst Röhm: SA und deutsche Revolution. In: Nationalsozialistische Monatshefte 4 (1933), S. 251–54.

286. Allgemeine Evangelisch-Lutherische Kirchenzeitung 66 (1933), Sp. 573 (16. Juni).
287. Max Pribilla S. J.: Nationale Revolution. In: Stimmen der Zeit 125 (1933), S. 156–165.
288. Jacobsen/Jochmann (wie Nr. 203), ohne Seitenzählung (Aufzeichnung von General v. Liebmann).
289. Klepper (wie Nr. 6), S. 64f.
290. Amper Bote (Dachau) vom 2. Juni 1933.
291. Julius Leber: Schriften, Reden, Briefe. Hg. v. Dorothea Beck und Wilfried F. Schoeller. Mit Vorwort von Willy Brandt und Gedenkrede von Golo Mann. München 1976, S. 255. – Leber war zwar vom Gericht für den Zusammenstoß in der Nacht vom 30. zum 31. Januar (Nr. 1) Notwehr zugebilligt worden; im Hinblick auf den Tod des Nationalsozialisten bei diesem Zusammenstoß wurde Leber jedoch als »geistiger Urheber« einer Entwicklung, die zu solchen Kampfmethoden geführt habe, zu einer Gefängnisstrafe von 20 Monaten verurteilt, nach deren Verbüßung er bis 1937 in den Konzentrationslagern Esterwegen und Oranienburg gefangengehalten wurde.
292. Carossa (wie Nr. 122), S. 288.
293. Zeitspiegel (wie Nr. 59), S. 198.
294. Stasiewski (wie Nr. 39), S. 249f.
295. Eichholtz/Schumann (wie Nr. 216), S. 114.
296. Foreign Relations (wie Nr. 12), S. 230–33.
297. Leber (wie Nr. 291), S. 256f.
298. Walter Ziegler (Bearb.): Die kirchliche Lage in Bayern nach den Regierungspräsidentenberichten 1933–1943. Bd. IV, Mainz 1933, S. 10f.
299. Helmut Witetschek (Bearb.): Die kirchliche Lage in Bayern nach den Regierungspräsidentenberichten 1933–1943. Bd. II, Mainz 1967, S. 10.
300. Amper Bote (Dachau) vom 20. Juni. – Diese Meldung ist offensichtlich als regimekritisch zu verstehen.
301. Dürrenmatt (wie Nr. 16), S. 676ff.
302. Matthias/Morsey (wie Nr. 31), S. 651.
303. Christian Müller: Oberst i. G. Stauffenberg. Eine Biographie. Düsseldorf 1970, S. 106.
304. Hohlfeld (wie Nr. 8), S. 655. – »Austritt aus dem Büro der zweiten Internationale«: vgl. Nr. 167.
305. Kretschmar/Nicolaisen (wie Nr. 23), S. 66f.
306. Werner/Biernat (wie Nr. 112), S. 100f. Auch Frau Schmaus wurde (in Gegenwart ihrer Tochter) brutal mißhandelt; auf eine Nachforschung der Polizei erklärte die SA, sie habe Frau Schmaus »zu ihrer eigenen Sicherheit in polizeiliche Schutzhaft genommen. Da sie hilfsbedürftig und krank war, mußte sie in das Krankenhaus eingeliefert werden. Eine eingehende Begründung kann in dienstlichem und staatlichem Interesse nicht gegeben werden.« (A. a. O. S. 40).
307. Foreign Relations (wie Nr. 12), S. 234ff.
308. Leber (wie Nr. 291), S. 258ff.
309. Brügge (wie Nr. 99), S. 38.
310. Matthias/Morsey (wie Nr. 31), S. 514f.
311. Werner/Biernat (wie Nr. 112), S. 103.
312. Matthias/Morsey (wie Nr. 31), S. 652.
313. Karl Barth: Theologische Existenz heute! München 1933, S. 26ff. u. 40.
314. Joseph Lortz: Katholischer Zugang zum Nationalsozialismus. Münster i. W. 1934, S. 3f. u. 26.

315. Galen/Kuropka/Lahrkamp (wie Nr. 88), ohne Seitenzählung.
316. Heyen (wie Nr. 232), S. 103f.
317. Kretschmar/Nicolaisen (wie Nr. 23), S. 100.
318. Ebermayer (wie Nr. 27), S. 125f. – »Wie lange noch ...«: vgl. Nr. 268.
319. Helmut Witetschek (Bearb.): Die kirchliche Lage in Bayern nach den Regierungspräsidentenberichten 1933–1943. Bd. I, Mainz 1966, S. 3ff.
320. Matthias/Morsey (wie Nr. 31), S. 515f.
321. DDF (wie Nr. 68, Bd. III), S. 822 u. 825.
322. Galen/Kuropka/Lahrkamp (wie Nr. 88), ohne Seitenzählung.
323. Görlitz (wie Nr. 225), S. 53.
324. Matthias/Morsey (wie Nr. 31), S. 439f.
325. Friedrichs (wie Nr. 259), S. 58f.
326. Brügge (wie Nr. 99), S. 36f.
327. Amper Bote (Dachau) vom 6. Juli 1933.
328. Allgemeine Evangelisch-Lutherische Kirchenzeitung 66 (1933), Sp. 640f.
329. Kretschmar/Nicolaisen (wie Nr. 23), S. 102.
330. Alfons Kupper (Hg.): Staatliche Akten über die Reichskonkordatsverhandlungen 1933. Mainz 1969, S. 219f.
331. Sauer (wie Nr. 154), S. 234f.
332. Matthias/Morsey (wie Nr. 31), S. 96f.
333. Hohlfeld (wie Nr. 8), S. 675ff.
334. Kretschmar/Nicolaisen (wie Nr. 23), S. 675ff.
335. Albert Krebs: Fritz-Dietlof Graf von der Schulenburg. Zwischen Staatsräson und Hochverrat. Hamburg 1964, S. 99f.
336. Horkenbach (wie Nr. 35), S. 284. – Scheidemann erreichte die Freilassung seiner Verwandten durch ein Dementi des fraglichen Artikels. Der erste Ministerpräsident der Weimarer Republik zählte zu den im Ausland lebenden Deutschen, die auf Grund des Gesetzes »über den Widerruf von Einbürgerungen und die Aberkennung der deutschen Staatsangehörigkeit« vom 14. Juli mit einer Verfügung des Reichsinnenministers vom 23. August der deutschen Staatsangehörigkeit für verlustig erklärt wurden.
337. Witetschek (wie Nr. 299), S. 11f.
338. Horkenbach (wie Nr. 35), S. 284.
339. Hohlfeld (wie Nr. 8), S. 683.
340. Theodor Heuss: Der Ausgang der Parteien. In: Die Hilfe 39 (1933), S. 361f. u. 365f.

Auswahlbibliographie

Erinnerungen

M. J. Bonn: So macht man Geschichte. München 1953
O. Braun: Von Weimar zu Hitler. Hamburg 1949
A. Brecht: Aus nächster Nähe. 2 Bde. Stuttgart 1966/67
H. Brüning: Memoiren 1918–1934. Stuttgart 1970
F. Friedensburg: Lebenserinnerungen. Bd. 1, Frankfurt a. M. 1969
O. Gessler: Reichwehrpolitik in der Weimarer Zeit. Stuttgart 1958
Th. Heuss: Erinnerungen 1905–1933. Tübingen 1963
H. Köhler: Lebenserinnerungen des Politikers und Staatsmannes 1878–1949. Hg. v. J. Becker. Stuttgart 1964
L. Graf Schwerin von Krosigk: Es geschah in Deutschland. Menschenbilder unseres Jahrhunderts. Tübingen, Stuttgart 1951
L. Graf Schwerin von Krosigk: Memoiren. Stuttgart 1977
P. Löbe: Der Weg war lang. Lebenserinnerungen. Berlin 1954
H. Luther: Vor dem Abgrund 1930–1933. Reichsbankpräsident in Krisenzeiten. Berlin 1964
O. Meissner: Staatssekretär unter Ebert, Hindenburg, Hitler. Der Schicksalsweg des deutschen Volkes von 1918–1945, wie ich ihn erlebte. Hamburg 1950
E. Niekisch: Gewagtes Leben. Begegnungen und Begebnisse. Köln, Berlin 1958
F. v. Papen: Der Wahrheit eine Gasse. München 1952
H. Pünder: Von Preußen nach Europa. Lebenserinnerungen. Stuttgart 1968
H. Schacht: 76 Jahre meines Lebens. Bad Wörishofen 1953
P. Schmidt: Statist auf diplomatischer Bühne 1923–1945. Erlebnisse des Chefdolmetschers im Auswärtigen Amt mit den Staatsmännern Europas. Bonn 1943
C. Severing: Mein Lebensweg. 2 Bde, Köln 1950
A. Speer: Erinnerungen. Frankfurt a. M. 1969

Darstellungen

D. Abraham: The Collapse of the Weimar Republic. Political Economy and Crisis. Princeton 1981
U. D. Adam: Judenpolitik im Dritten Reich. Düsseldorf 1972
D. Albrecht (Hg.): Katholische Kirche im Dritten Reich. Eine Aufsatzsammlung. Mainz 1976
P. Ayçoberry: La question nazie. Essai sur les interprétations du national-socialisme (1922–1975). Paris 1979
A. Barkai: Das Wirtschaftssystem des Nationalsozialismus. Der historische und ideologische Hintergrund 1933–1936. Köln 1977
J. Becker (Hg.): Fünfzig Jahre danach – Die NS-Machtergreifung in historischer Perspektive. München 1983
J. Becker, K. Hildebrand (Hgg.): Internationale Beziehungen in der Weltwirtschaftskrise 1929–1933. München 1980
W. Besson: Württemberg und die deutsche Staatskrise 1928–1933. Eine Studie zur Auflösung der Weimarer Republik. Stuttgart 1959
R. Binion: Hitler among the Germans. New York 1976, deutsch 1978

K. D. Bracher: Die Auflösung der Weimarer Republik. Eine Studie zum Problem des Machtverfalls in der Demokratie. Villingen 5. Aufl. 1971
K. D. Bracher: Die deutsche Diktatur. Entstehung, Struktur, Folgen des Nationalsozialismus. Köln, Berlin 5. Aufl. 1976
K. D. Bracher: Die Krise Europas 1917–1975. Propyläen-Geschichte Europas, Bd. 6, Berlin 1976
K. D. Bracher, W. Sauer, G. Schulz: Die nationalsozialistische Machtergreifung. Studien zur Errichtung des totalitären Herrschaftssystems in Deutschland 1933/34. Köln 2. Aufl. 1962
K. D. Bracher: Zeitgeschichtliche Kontroversen. Um Faschismus, Totalitarismus, Demokratie. München 1976
M. Broszat: Der Staat Hitlers. Grundlegung und Entwicklung seiner inneren Verfassung, München 10. Aufl. 1982
A. Bullock: Hitler. Eine Studie über Tyrannei. Düsseldorf, vollst. überarb. Neuausgabe 1971
E. Calic: Reinhard Heydrich. Schlüsselfigur des Dritten Reiches. Düsseldorf 1982
F. L. Carsten: Reichswehr und Politik 1918–1933. Köln, Berlin 1964
J. S. Conway: Die nationalsozialistische Kirchenpolitik 1933–1945. Ihre Ziele, Widersprüche und Fehlschläge. München 1969
W. Conze, H. Raupach (Hgg.): Die Staats- und Wirtschaftskrise des Deutschen Reiches 1929/33. Stuttgart 1967
K. Corino (Hg.): Intellektuelle im Bann des Nationalsozialismus. Hamburg 1980
Die deutsche Universität im Dritten Reich. Eine Vortragsreihe der Universität München. 8 Beiträge, München 1966
K. D. Erdmann: Deutschland unter der Herrschaft des Nationalsozialismus und der Zweite Weltkrieg. Gebhardt, Handbuch der deutschen Geschichte, 9., neu bearbeitete Auflage, Bd. 4. Stuttgart 1976
K. D. Erdmann, H. Schulze (Hgg.): Weimar. Selbstpreisgabe einer Demokratie. Eine Bilanz heute. Düsseldorf 1980
J. C. Fest: Hitler. Eine Biographie. Berlin, Frankfurt a. M. 1973
M. Funke (Hg.): Hitler, Deutschland und die Mächte. Materialien zur Außenpolitik des Dritten Reiches. Düsseldorf 1976
D. Gessner: Agrardepression und Präsidialregierungen in Deutschland 1930–1933. Probleme des Agrarprotektionismus am Ende der Weimarer Republik. Düsseldorf 1977
M. Geyer: Aufrüstung oder Sicherheit. Die Reichswehr und die Krise der Machtpolitik 1924–1936. Wiesbaden 1980
K. Gotto, K. Repgen (Hgg.): Kirche, Katholiken und Nationalsozialismus. Mainz 1980
A. Grosser: Hitler. La presse et la naissance d'une dictature. Paris 1972
E. Hennig: Bürgerliche Gesellschaft und Faschismus in Deutschland. Ein Forschungsbericht. Frankfurt a. M. 1977
V. Hentschel: Weimars letzte Monate. Hitler und der Untergang der Republik. Düsseldorf 1978
Th. Heuss: Hitlers Weg. Eine Schrift aus dem Jahre 1932. Neu hrsg. und eingel. von E. Jäckel. Stuttgart 1968
K. Hildebrand: Deutsche Außenpolitik 1933–1945. Kalkül oder Dogma? Stuttgart, Berlin, Köln, Mainz [4]1980
K. Hildebrand: Das Dritte Reich. München, Wien 1979
A. Hillgruber: Die »Endlösung« und das deutsche Ostimperium als Kernstück

des rassenideologischen Programms des Nationalsozialismus (1972). Jetzt in: Ders.: Deutsche Großmacht- und Weltpolitik im 19. und 20. Jahrhundert. Düsseldorf 1977
A. Hillgruber: Die gescheiterte Großmacht. Eine Skizze des Deutschen Reiches 1871–1945. Düsseldorf 1980
W. Hofer, E. Calic, K. Stephan, F. Zipfel (Hgg.): Der Reichstagsbrand. Berlin 1972
W. Horn: Führerideologie und Parteiorganisation in der NSDAP 1919–1933. Düsseldorf 1972
H.-A. Jacobsen: Nationalsozialistische Außenpolitik 1933–1938. Frankfurt a. M. 1968
E. Jäckel: Hitlers Weltanschauung. Entwurf einer Herrschaft. 2. Aufl. Stuttgart 1981
G. Jasper (Hg.): Von Weimar zu Hitler 1930–1933. Köln, Berlin 1968
A. J. Kamiński: Konzentrationslager 1896 bis heute. Eine Analyse. Stuttgart, Berlin, Köln, Mainz 1982
M. R. Lepsius: From Fragmented Party Democracy to Government by Emergency Decree and National Socialist Takeover: Germany. In: J. J. Linz and A. Stepan (Hg.): The Breakdown of Democrativ Regimes. Baltimore and London 1978
E. Matthias, R. Morsey (Hgg.): Das Ende der Parteien 1933. Düsseldorf 1960
W. Michalka (Hg.): Nationalsozialistische Außenpolitik. Darmstadt 1978
W. Michalka, G. Niedhart (Hgg.): Die ungeliebte Republik. Dokumentation zur Innen- und Außenpolitik Weimars 1918–1933. München 1980
H. Mommsen, D. Petzina, B. Weisbrod (Hgg.): Industrielles System und politische Entwicklung in der Weimarer Republik. Düsseldorf 1974
H. Mommsen: Der Reichstagsbrand und seine Folgen. In: VfZg 3 (1964)
R. Morsey: Der Untergang des politischen Katholizismus. Die Zentrumspartei zwischen christlichem Selbstverständnis und »Nationaler Erhebung«. Stuttgart, Zürich 1977
R. Neebe: Großindustrie, Staat und NSDAP 1930–1933. Paul Silverberg und der Reichsverband der Deutschen Industrie in der Krise der Weimarer Republik. Göttingen 1981
H.-J. Rautenberg: Deutsche Rüstungspolitik vom Beginn der Genfer Abrüstungskonferenz bis zur Wiedereinführung der allgemeinen Wehrpflicht 1932–1935. Bonn 1973
N. Rich: Hitler's War Aims. 2 Bde, New York 1973–1974
T. Schnabel (Hg.): Die Machtergreifung in Südwestdeutschland. Das Ende der Weimarer Republik in Baden und Württemberg 1928–1933. Stuttgart, Berlin, Köln, Mainz 1982
D. Schoenbaum: Die braune Revolution. Eine Sozialgeschichte des Dritten Reiches, 2. Aufl. München 1981
K. Scholder: Die Kirchen und das Dritte Reich. Bd. 1: Vorgeschichte und Zeit der Illusionen 1918–1934. Frankfurt a. M. u. a. 1977
G. Schulz: Aufstieg des Nationalsozialismus. Krise und Revolution in Deutschland. Berlin, Frankfurt a. M. 1975
G. Schulz: Deutschland seit dem Ersten Weltkrieg 1918–1945. Göttingen 1976
H. Schulze: Otto Braun oder Preußens demokratische Sendung. Eine Biographie. Frankfurt a. M, Berlin, Wien 1977
M. Stürmer (Hg.): Die Weimarer Republik. Belagerte Civitas. Königstein/Ts. 1980
Studien zur Geschichte der Konzentrationslager. Mit Beiträgen von H. Timpke,

W. Johe, G. Rabitsch, J. Arndt, E. Kolb, M. Bornemann, M. Broszat. Stuttgart 1970
H. A. Turner jr.: Faschismus und Kapitalismus in Deutschland. Studien zum Verhältnis zwischen Nationalsozialismus und Wirtschaft. Göttingen 1972
L. Volk: Das Reichskonkordat vom 20. Juli 1933. Von den Ansätzen in der Weimarer Republik bis zur Ratifizierung am 10. September 1933. Mainz 1972
H. Weber: Hauptfeind Sozialdemokratie. Strategie und Taktik der KPD 1929–1933. Düsseldorf 1982
K. F. Werner: Das NS-Geschichtsbild und die deutsche Geschichtswissenschaft. Stuttgart 1967
W. Wippermann: Faschismustheorien. Zum Stand der gegenwärtigen Diskussion. Darmstadt 3. Aufl. 1976
J. R. C. Wright: »Über den Parteien«. Die politische Haltung der evangelischen Kirchenführer 1918–1933. Göttingen 1977

Bibliographischer Nachtrag zur zweiten Auflage

K. Bachmann (Hg.): 1933. Texte, Fotos, Chronik. Frankfurt a. M. 1983
U. Backes u. a.: Reichstagsbrand. Aufklärung einer historischen Legende. München 1986
H. Becker u. a. (Hgg.): Die Universität Göttingen unter dem Nationalsozialismus. Das verdrängte Kapitel ihrer 250jährigen Geschichte. München 1987
K. D. Bracher u. a. (Hgg.): Nationalsozialistische Diktatur 1933–1945. Eine Bilanz. Bonn 1983
K. D. Bracher u. a. (Hgg.): Die Weimarer Republik 1918–1933. Politik, Wirtschaft, Gesellschaft. Bonn 1987
K. D. Bracher u. a. (Hgg.): Deutschland 1933–1945. Neue Studien zum NS-Herrschaftssystem. Düsseldorf 1992
E. Breit (Hg.): Aufstieg des Nationalsozialismus, Untergang der Republik, Zerschlagung der Gewerkschaften. Köln 1984
I. Brodersen u. a. (Hgg.): Wie die Deutschen Hitler zur Macht verhalfen. Reinbek 1983
M. Broszat u. H. Möller (Hgg.): Das Dritte Reich. Herrschaftsstruktur und Geschichte. München 1983
M. Broszat: Die Machtergreifung. Der Aufstieg der NSDAP und die Zerstörung der Weimarer Republik. München 1984
A. Bullock: Hitler und Stalin. Parallele Leben. Berlin 1991
Th. Eschenburg u. a.: Der Weg ins Dritte Reich 1918–1933. München 1983
W. Eschenhagen (Hg.): »Die Machtergreifung«. Tagebuch einer Wende nach Presseberichten vom 1. Januar bis 6. März 1933. Darmstadt 1982
J. W. Falter: Hitlers Wähler. München 1991
N. Frei: Der Führerstaat. Nationalsozialistische Herrschaft 1933 bis 1945. München 1987
M. Funke u. a. (Hgg.): Demokratie und Diktatur. Geist und Gestalt politischer Herrschaft in Deutschland und Europa. Bonn 1987
G. J. Giles: Students and National Socialism in Germany. Princeton 1985
J. Goebbels: Die Tagebücher. Sämtliche Fragmente. Hg. v. E. Fröhlich. Teil I, Bd. 2. München 1987

P.-M. de La Gorce: La prise du pouvoir par Hitler 1928–1933. Paris 1983
G. Goriely: Hitler prend le pouvoir. Brüssel 1982
H. Heiber: Universität unterm Hakenkreuz. Bd. 1. Der Professor im Dritten Reich. München 1991
H. Hofmann: Legitimität gegen Legalität. Der Weg der politischen Philosophie Carl Schmitts. Berlin [2]1992
E. Jäckel: Hitlers Herrschaft. Vollzug einer Weltanschauung. Stuttgart 1986
Chr. Jansen: Professoren und Politik. Politisches Denken und Handeln der Heidelberger Hochschullehrer 1914–1935. Göttingen 1992
G. Jasper: Die gescheiterte Zähmung. Wege zur Machtergreifung Hitlers 1930–1934. Frankfurt a. M. 1986
E. John u. a. (Hgg.): Die Freiburger Universität in der Zeit des Nationalsozialismus. Freiburg, Würzburg 1991
I. Kershaw: The ›Hitler Myth‹. Image and Reality in the Third Reich. Oxford 1987
I. Kershaw: Der NS-Staat. Geschichtsinterpretationen und Kontroversen im Überblick. Reinbek 1988
Th. Koebner: Weimars Ende. Prognosen und Diagnosen in der deutschen Literatur und politischen Publizistik 1930–1933. Frankfurt a. M. 1982
F. Krause-Brewer (Hg.): Als Hitler kam ... 50 Jahre nach dem 30. Januar 1933. Erinnerungen prominenter Augenzeugen. Freiburg i. Br. 1982
R. Lill und H. Oberreuther (Hgg.): Machtverfall und Machtergreifung. Aufstieg und Herrschaft des Nationalsozialismus. München 1983
St. Lorant: Ich war Hitlers Gefangener. Ein Tagebuch 1933. München 1985
K. Malettke (Hg.): Der Nationalsozialismus an der Macht. Aspekte nationalsozialistischer Politik und Herrschaft. Göttingen 1984
Th. Mann: An die gesittete Welt. Politische Schriften und Reden im Exil. Nachwort von H. Helbling. Frankfurt a. M. 1986
W. Michalka (Hg.): Die nationalsozialistische Machtergreifung. Paderborn 1984
W. Michalka (Hg.): Das Dritte Reich. Dokumente zur Innen- und Außenpolitik. 2 Bde. München 1985
H. Möller: Weimar. Die unvollendete Demokratie. München 1985
H. Mommsen: Adolf Hitler als ›Führer‹ der Nation. Tübingen 1984
R. Morsey (Hg.): Das »Ermächtigungsgesetz« vom 24. März 1933. Quellen zur Geschichte und Interpretation des »Gesetzes zur Behebung der Not von Volk und Reich«. Düsseldorf 1992
W. Niess: Machtergreifung 33. Beginn einer Katastrophe. Stuttgart 1982
H.-G. Richardi: Schule der Gewalt. Das Konzentrationslager Dachau 1933–1934. München 1983
V. Rittberger (Hg.): 1933. Wie die Republik der Diktatur erlag. Stuttgart 1983
B. Scholem – G. Scholem: Mutter und Sohn im Briefwechsel 1917–1946. Hg. von I. Shedletzky. München 1989
G. Schreiber: Hitler-Interpretationen 1923–1983. Ergebnisse, Methoden und Probleme der Forschung. Darmstadt [2]1988
M. Steinert: Hitler. Paris 1991
H.-U. Thamer: Verführung und Gewalt. Deutschland 1933–1945. Berlin 1986
W. Treue und J. Schmädeke (Hgg.): Deutschland 1933. Machtverfall der Demokratie und Nationalsozialistische »Machtergreifung«. Berlin 1984
J. Tröger (Hg.): Hochschule und Wissenschaft im Dritten Reich. Frankfurt a. M. 1984

H. A. Turner jr.: Die Großunternehmer und der Aufstieg Hitlers. Berlin 1985
L. Volk: Katholische Kirche und Nationalsozialismus. Ausgewählte Aufsätze, hg. von D. Albrecht. Mainz 1987
B.-J. Wendt: Großdeutschland. Außenpolitik und Kriegsvorbereitung des Hitler-Regimes. München 1987
H. A. Winkler: Der Weg in die Katastrophe. Arbeiter und Arbeiterbewegung in der Weimarer Republik 1930 bis 1933. Berlin 1987
R. Zitelmann: Hitler. Selbstverständnis eines Revolutionärs. Stuttgart 1987

Abkürzungen

ADGB	Allgemeiner Deutscher Gewerkschaftsbund (1919 gegründete Dachorganisation der sozialistischen Gewerkschaften).
ADLV	Allgemeiner Deutscher Lehrerinnen-Verein.
BVP	Bayerische Volkspartei (nach der Novemberrevolution 1918 aus der bayerischen Landesorganisation der Deutschen Zentrumspartei hervorgegangene föderalistisch-katholische Partei).
Christ.-Soz. Volksdienst	Christlich-Sozialer Volksdienst (1929 gegründete protestantisch-konservative Partei).
CLV	Christliches Landvolk, andere Bezeichnung für: Deutsches Landvolk (Christlich-Nationale Bauern- und Landvolkpartei, 1928 gegründet).
DAF	Deutsche Arbeitsfront, durch R. Ley im Mai 1933 als eine Art Ersatz- und Gegenorganisation zu Gewerkschaften und NSBO gegründeter Wirtschaftsverband, der (auf formal freiwilliger Basis) einschließlich der Unternehmer alle in Industrie, Handel und Gewerbe Tätigen zu erfassen und im Sinne des Nationalsozialismus zu beeinflussen suchte.
DAZ	Deutsche Allgemeine Zeitung (Berlin).
DDP	Deutsche Demokratische Partei (1918 gegründete linksliberale Partei, 1930 umgebildet zur DStP).
DEK	Deutsche Evangelische Kirche, am 11. Juli 1933 gegründeter Zusammenschluß aller dt. ev. Landeskirchen als Nachfolgeorganisation des Dt. Ev. Kirchenbundes von 1922.
Dt.-Hann. Partei	Deutsch-Hannoversche Partei (1869/70 gegründete konservativ-föderalistische Partei, die in der welfischen Tradition des 1866 von Preußen annektierten Königreichs Hannover für die Wiederherstellung der Selbständigkeit Hannovers/Niedersachsens eintrat).
DNF	Deutschnationale Front, seit 3. Mai 1933 offizielle Bezeichnung der DNVP.
DStP	Deutsche Staatspartei (1930 durch Umbildung der DDP entstandene Partei).
DVP	Deutsche Volkspartei (nach der Novemberrevolution 1918 gegründete rechtsliberale Partei).
DNVP	Deutschnationale Volkspartei (nach der Novemberrevolution 1918 gegründete konservative Partei, am 3. Mai 1933 in Deutschnationale Front umbenannt).
FDGB	Freier Deutscher Gewerkschaftsbund, 1945 in der Sowjetischen Besatzungszone gegründete Einheitsgewerkschaft, in der nach kurzer Zeit die nichtkommunistischen Kräfte aus der Führung verdrängt wurden und die Umwandlung in die Staatsgewerkschaft der DDR erfolgte. Im Zuge der Wiedervereinigung 1990 aufgelöst.
GPU	Russische Abkürzung für »Staatliche politische Verwaltung«, 1922–1934 politische Polizei der UdSSR mit nahezu unbegrenzten Vollmachten.
Kons. Volkspartei	Konservative Volkspartei (1930 durch Abspaltung von der

	DNVP entstandene gemäßigt-konservative Partei, die 1931–33 als zahlenmäßig unbedeutende Volkskonservative Vereinigung fortbestand).
NSBO	Nationalsozialistische Betriebszellen-Organisation, 1931 gegründete gewerkschaftsähnliche Kampftruppe der NSDAP, 1935 in die Deutsche Arbeitsfront übergeführt.
NSDAP	Nationalsozialistische Deutsche Arbeiterpartei.
RDI	Reichsverband der Deutschen Industrie (1919 gegründete Dachorganisation aller industriellen Interessenverbände).
RGO	Revolutionäre Gewerkschafts-Opposition (1928 gegründete Kampforganisation der KPD gegen die SPD-orientierten freien Gewerkschaften).
RSFSR	Russische Sozialistische Föderative Sowjetrepublik, aus Lenins Oktoberrevolution 1917 hervorgegangener Nachfolgestaat des Zarenreiches 1918–22, Vorläuferin der UdSSR.
SA	Sturmabteilung, paramilitärischer Kampfverband der NSDAP mit Propaganda- und Terroraufgaben, 1921 von Hitler als »Ordnerdienst« gegründet, 1934 zugunsten der SS entmachtet.
SAI	Sozialistische Arbeiter-Internationale, 1923–40 Dachorganisation sozialdemokratischer und sozialistischer Parteien.
SBZ	Sowjetisch besetzte Zone (1945–49).
Sopade	Bezeichnung f. d. Exil-SPD nach der NS-Machtergreifung.
SS	Schutzstaffel, 1925 als Elitekader der NSDAP zum Schutz Hitlers und zur Störung gegnerischer Parteiversammlungen gegründet, wandelte sich unter Himmler (seit 1929 Reichsführer) zur Parteipolizei, die 1934 aus der Unterstellung unter den Stabschef der SA gelöst wurde und sich schließlich zur mächtigsten Organisation im »Dritten Reich« entwikkelte.
UdSSR	Auf der Basis der RSFSR 1922 entstandene »Union der Sozialistischen Sowjet-Republiken«, 1991 aufgelöst.
Ufa	Abkürzung für Universum-Film AG, 1917 gegründetes größtes deutsches Filmunternehmen, dessen Grundkapital mehrheitlich in der Hand der Hugenberg-Gruppe war und 1936/37 vom Reich übernommen wurde.
USPD	Unabhängige Sozialdemokratische Partei Deutschlands (Sammelpartei der Kriegsgegner, 1917 durch Abspaltung von der SPD entstanden, 1922 mit der SPD wiedervereinigt, als kleine Splitterpartei fortbestehend).
VZG	Vierteljahrshefte für Zeitgeschichte.
WP	Wirtschaftspartei (Reichspartei des deutschen Mittelstandes-Wirtschaftspartei, 1920 gegründete Partei, die in der Schlußphase der Weimarer Republik zur Bedeutungslosigkeit herabsank).
Z	Deutsche Zentrumspartei (1870 gegründete politische Interessenvertretung der kirchlich engagierten Katholiken).
ZDF	Zweites Deutsches Fernsehen (gegr. 1961).

Artikel 48 der Weimarer Reichsverfassung: »Wenn ein Land die ihm nach der Reichsverfassung oder den Reichsgesetzen obliegenden Pflichten nicht erfüllt, kann der Reichspräsident es dazu mit Hilfe der bewaffneten Macht anhalten.
Der Reichspräsident kann, wenn im Deutschen Reich die öffentliche Sicherheit und Ordnung erheblich gestört oder gefährdet wird, die zur Wiederherstellung der öffentlichen Sicherheit und Ordnung nötigen Maßnahmen treffen, erforderlichenfalls mit Hilfe der bewaffneten Macht einschreiten. Zu diesem Zwecke darf er vorübergehend die in den Artikeln 114, 115, 117, 118, 123, 124 und 153 festgesetzten Grundrechte ganz oder zum Teil außer Kraft setzen.
Von allen gemäß Abs. 1 oder Abs. 2 dieses Artikels getroffenen Maßnahmen hat der Reichspräsident unverzüglich dem Reichstag Kenntnis zu geben. Die Maßnahmen sind auf Verlangen des Reichstags außer Kraft zu setzen.
Bei Gefahr im Verzuge kann die Landesregierung für ihr Gebiet einstweilige Maßnahmen der in Abs. 2 bezeichneten Art treffen. Die Maßnahmen sind auf Verlangen des Reichspräsidenten oder des Reichstages außer Kraft zu setzen.
Näheres bestimmt ein Reichsgesetz.«

Bayernwacht: Wehrorganisation der BVP, 1932 aufgebaut.

Bekennende Kirche: Sammlung innerhalb der DEK gegen die Deutschen Christen und staatliche Eingriffe in die Kirche bei politischer Loyalität gegenüber »Führer und Reich«. Wichtige Etappen waren (unter dem Einfluß K. Barths) die Gründung des Pfarrernotbundes durch M. Niemöller (Sept. 1933) und das »Barmer Bekenntnis« (Mai 1934). Der Widerstand der Bekennenden Kirche (u.a. gegen Arierparagraph und Führerprinzip in der Kirche) bereitete den Neuaufbau der Evangelischen Kirche nach 1945 vor.

Bendlerstraße: Hauptsitz des Reichswehrministeriums.

Braunes Haus: Seit 1931 Sitz der Reichsleitung der NSDAP in München (Brienner Straße).

Deutsche Christen: Von Anhängern der NSDAP gegründete »Glaubensbewegungen« in der DEK (1932) mit dem Ziel, eine evangelische Reichskirche auf der Grundlage von Rasse, Volkstum und Führerprinzip zu schaffen. Nach großen Anfangserfolgen 1933 rückläufige Bedeutung auf Grund der Gegenwirkung der Bekennenden Kirche, innerer Gegensätze und der zunehmend antikirchlichen Haltung der NS-Führung.

Dezember-Abkommen 1932: Vereinbarung zwischen Deutschland, Frankreich, Großbritannien, Italien und den USA, wonach dem Deutschen Reich im Rüstungssektor die »Gleichberechtigung« zu gewähren sei »in einem System, das allen Nationen Sicherheit bietet«.

Dolchstoßlegende: Nach dem Ersten Weltkrieg verbreitete Auffassung, daß der Krieg durch den Verrat der Heimat an der (unbesiegten) Front verloren wurde (»Dolchstoß« der Novemberrevolution von 1918).

Einheitsfront (proletarische): 1933 von der KPD proklamierte Taktik der Zusammenarbeit mit der SPD und den sozialistischen Gewerkschaften ohne grundsätzliche Preisgabe der »Sozialfaschismusthese«, wonach Sozialdemokratie und NSDAP (Faschismus) »Zwillingsbrüder« (Stalin 1924) seien.

Eiserne Front: Als Reaktion auf die Bildung der Harzburger Front 1931 gegründeter Zusammenschluß von Reichsbanner Schwarz-Rot-Gold, ADGB und Arbeitersportbund ohne feste Organisation (Emblem: Drei Pfeile).

Evangelischer Bund: 1886 innerhalb des deutschen Protestantismus gegründete Vereinigung »zur Wahrung der deutsch-protestantischen Interessen«.

Genfer Abrüstungskonferenz: Im Rahmen des Völkerbunds vorbereitete Konferenz, die im Februar 1932 eröffnet wurde und nach dem Austritt des nationalsozialistischen Deutschen Reichs am 14. Oktober 1933 im Jahr 1934 endgültig scheiterte.

Große Koalition: Regierungsbündnis aus SPD, DDP, Z, (BVP) und DVP; bestand in der Weimarer Republik lediglich von August bis Oktober 1923 (unter Gustav Stresemann, DVP) und von Juni 1928 bis März 1930 (unter Hermann Müller, SPD).

Harzburger Front: Zusammenschluß der sog. Nationalen Opposition (NSDAP, DNVP, Stahlhelm, Alldeutscher Verband und Vaterländische Verbände) gegen die Regierung Brüning in Bad Harzburg am 11. Oktober 1931. Sie zerbrach über der Frage des Reichspräsidentschaftskandidaten 1932, wurde aber zum Grundmuster für die Regierung der »nationalen Konzentration« vom 30. Januar 1933.

Hirsch-Dunckersche Gewerkschaften: 1868 gegründete liberal-demokratische Gewerkschaften, die in der Weimarer Republik bis 1930 zur DDP, danach zur SPD tendierten.

Kampffront Schwarz-Weiß-Rot: Am 10. Februar 1933 gebildetes Wahlbündnis zwischen DNVP und Stahlhelm, auf dessen Liste auch Vizekanzler von Papen für die Reichstagswahl am 5. März 1933 kandidierte.

Kapp(-Lüttwitz)-Putsch: Rechtsradikaler Staatsstreichversuch vom März 1920.

Konservative Revolution: Geistig-politische Bewegung in der Weimarer Republik; zählte mit ihren antidemokratischen, antiparlamentarischen und sozialromantischen Tendenzen zu den Wegbereitern der NSDAP.

Korridor (polnischer): 30–90 km breiter Landstreifen zwischen Pommern und der Weichsel, der durch den Versailler Vertrag dem wiedergegründeten Polen zugesprochen wurde, diesem den direkten Zugang zur Ostsee sicherte und Ostpreußen vom Deutschen Reich trennte. Die »Korridor«-Gebiete (Westpreußen, Kulmer Land, Netze-Distrikt) waren durch die erste Polnische Teilung 1772 an Preußen gefallen.

Locarno-Politik: Nach den Locarno-Verträgen vom Oktober 1925 benannte Politik, in deren Rahmen Gustav Stresemann die im Versailler Vertrag gezogene deutsche Westgrenze als »unverletzlich« anerkannte, eine ähnliche Anerkennung für die deutsche Ostgrenze aber ablehnte. Die Locarno-Politik scheiterte wegen der Unvereinbarkeit der Ziele der deutschen und der französischen Politik (Revision bzw. Zementierung des Versailler Systems).

Mainlinie: Auf die Zeit der kleindeutschen Reichsgründung zurückgehendes Schlagwort, das die Trennung Norddeutschlands (im Norddeutschen Bund) von den international unabhängigen süddeutschen Staaten nach dem Krieg von 1866 bezeichnete. Eine Wiederkehr der Mainlinie wurde als Konsequenz der Niederlage und der Revolution von 1918 befürchtet.

Osthilfe: 1928 als »Ostpreußenhilfe« begonnene, seit 1931 als »Osthilfe« fortgeführte Maßnahmen des preußischen Staates und des Reichs zugunsten der unter strukturellen Schwierigkeiten wie unter der Weltwirtschaftskrise leidenden ostdeutschen Landwirtschaft. Die Osthilfe war mit zahlreichen Skandalen verknüpft, in die auch die unmittelbare Umgebung des Reichspräsidenten Hindenburg verwickelt schien.

Parlamentarischer Rat: Aus Delegierten der westdeutschen Landtage zusammengesetzte Verfassungsgebende Versammlung, die 1948/49 unter Vorsitz K. Adenauers das Grundgesetz für die Bundesrepublik Deutschland ausarbeitete.

Pfalzwacht: Vgl. Bayernwacht.

»Preußenschlag«: Absetzung der preußischen Minderheitsregierung Braun durch die Reichsregierung auf Grund einer Notverordnung vom 20. Juli 1932 und Übernahme der preußischen Regierungsgeschäfte durch Reichskanzler Papen (bei Fortdauer der Vertretung Preußens im Reichsrat durch die Regierung Braun).

Reichsbanner Schwarz-Rot-Gold: 1924 als Selbstschutzverband der Linken (SPD unter schwacher Beteiligung von Z und DDP) gegründet. War aktiver Träger der Eisernen Front, zerfiel aber widerstandslos im Frühjahr 1933.

Röhm-Putsch: Angeblicher Putsch-Versuch des Stabschefs der SA E. Röhm mit dem Ziel einer »Zweiten Revolution«, von Hitler als Vorwand benutzt, um Röhm mit anderen SA-Führern (als innerparteiliche Konkurrenten) gemeinsam mit Gegner des NS-Regimes ermorden zu lassen (30. Juni 1934).

Schund- und Schmutzgesetze: Das »Gesetz zur Bewahrung der Jugend vor Schund- und Schmutzschriften« von 1926 und die damit zusammenhängende Problematik des Jugendschutzes spielten in den innenpolitischen Auseinandersetzungen in der Endphase der Weimarer Republik eine nicht unerhebliche Rolle.

»Schutzhaft«: Bezeichnung für die Haft, die auf Grund der Reichstagsbrandverordnung nicht zur Ahndung strafbarer Handlungen, sondern als »vorbeugende« Polizeimaßnahme zur Ausschaltung der von »staatsfeindlichen Elementen drohenden Gefahren« verhängt wurde. Sie war gerichtlich nicht nachprüf- und revidierbar und wurde in Verbindung mit den Konzentrationslagern zum Hauptinstrument nationalsozialistischer Gegnerverfolgung.

Spartakisten: Anhänger des 1915 um Rosa Luxemburg und Karl Liebknecht sich bildenden Spartakusbundes, der 1918/19 maßgeblich an Gründung und Aufbau der KPD beteiligt war.

Stahlhelm, Bund der Frontsoldaten: Rechtsorientierter Wehrverband, 1918 von F. Seldte gegründet. Stand der DNVP nahe und war 1931 an der Gründung der »Harzburger Front« beteiligt. 1933 durch Seldte im Kabinett Hitler vertreten, 1934 in den Nationalsozialistischen Deutschen Frontkämpferbund umgewandelt, 1935 aufgelöst.

Summus episcopus: Im protestantischen Landeskirchentum der Zeit vor 1918 generell dem Landesfürsten (»Notbischof«) zustehendes Amt des obersten »Kirchenregiments«.

Vierzehn Punkte: Programm des amerikanischen Präsidenten W. Wilson für den Friedensschluß und eine künftige Weltfriedensordnung vom Januar 1918. Von der Reichsleitung zunächst abgelehnt, dienten sie den deutschen Regierungen später (wegen der Proklamation des Selbstbestimmungsrechts der Völker) als Instrumente bei den Bemühungen um eine Revision des Versailler Vertrags.

Die Weltbühne: 1905 gegründete Berliner Zeitschrift, die unter der Leitung Carl von Ossietzkys (seit 1925) zum bedeutendsten linksorientierten Periodikum wurde.

Young-Plan: Nach dem amerikanischen Finanzier O. D. Young benannter Plan zur Endregelung der Reparationsfrage von 1929, der im März 1930 in Kraft trat, zur Räumung des Rheinlandes durch die alliierten Truppen im Sommer 1930 führte, in der deutschen Öffentlichkeit aber heftig umstritten war. Im Juni 1932 auf der Lausanner Konferenz aufgehoben.

28. Jan.: Reichspräsident Hindenburg verweigert Reichskanzler Schleicher die Auflösungsordre für den Reichstag und nimmt den Rücktritt des Präsidialkabinetts Schleicher an.

30. Jan.: Nach Vermittlungsbemühungen Papens ernennt Hindenburg Adolf Hitler zum Reichskanzler eines Präsidialkabinetts.

31. Jan.: Hitler führt Scheinverhandlungen mit der Deutschen Zentrumspartei über deren eventuellen Regierungseintritt bzw. eine Tolerierung im Reichstag.

1. Febr.: Reichstagsauflösung. Hitler spricht zur Verlesung des »Aufrufs der Reichsregierung an das deutsche Volk« erstmals im Rundfunk.

2. Febr.: Göring erläßt für Preußen ein Demonstrationsverbot für die KPD und verbietet eine SPD-Kundgebung in Berlin. Demonstrationsverbote für die KPD auch in den NS-regierten Ländern Anhalt, Braunschweig, Mecklenburg-Schwerin und Thüringen. Auf drei Tage Verbot des ›Vorwärts‹ (SPD) wegen Veröffentlichung des SPD-Wahlaufrufs. Beginn der 2. Genfer Abrüstungskonferenz.

4. Febr.: NS-Antrag auf Selbstauflösung des preußischen Landtags wird von Z, DStP, SPD und KPD abgelehnt. Auflösung der preußischen Gemeindeparlamente durch Papen. Notverordnung »zum Schutze des deutschen Volkes« mit der bislang stärksten Einschränkung der Versammlungs- und Pressefreiheit.

6. Febr.: Hindenburg überträgt durch Notverordnung die der preußischen Regierung Braun/Severing (SPD) nach dem 20. Juli 1932 verbliebenen Rechte auf Papen und dessen Beauftragte (»Zweiter Preußenschlag«). Auflösung des preußischen Landtags gegen die Stimme des Staatsratspräsidenten K. Adenauer.

8. Febr.: Der bayerische Landtag nimmt mit den Stimmen der SPD einen NS-Antrag an, die Großbanken zu verstaatlichen. Hitler und Blomberg setzen im Reichskabinett den Vorrang der Aufrüstung bei allen wirtschaftspolitischen Maßnahmen durch.

10. Febr.: Eröffnung des Wahlkampfes durch Hitler im Berliner Sportpalast. Gründung einer »Kampffront Schwarz-Weiß-Rot« durch Hugenberg, Papen und Seldte. Die Reichsarbeitsgemeinschaft der deutschen Presse wendet sich gegen die Notverordnung vom 4. Februar.

12. Febr.: »Blutsonntag« in Eisleben mit einem Toten und vielen Verletzten als Folge von schweren Auseinandersetzungen zwischen SA und KPD. Wegen des Inhalts der Berichterstattung hierüber Verbot des ›Vorwärts‹ (SPD) bis 22. Februar. Dieses wie viele andere Presseverbote werden vom Reichsgericht wieder aufgehoben oder in ihrer Dauer verkürzt.

14. Febr.: Sprengung des Überwachungsausschusses des Reichstags durch die NSDAP. Göring überträgt einem Sonderkommissar die Leitung der gesamten staatlichen und kommunalen Polizei in den Provinzen Rheinland und Westfalen.

17. Febr.: »Schießerlaß« Görings für die preußische Polizei.

18. Febr.: Dreitägiges Verbot von rund 600 Zentrumsblättern, die einen Aufruf katholischer Organisationen vom 17. Februar veröffentlicht hatten (aufgehoben am 19. Februar). Monarchistische Manifestationen in Bayern.

20./21. Febr.: Schwere Zusammenstöße zwischen SA und Pfalzwacht bei einer Wahlveranstaltung von BVP/Z in Kaiserslautern, nach der Brüning unter

Polizeischutz aus der Stadt geleitet werden muß. Treffen Hitlers und Görings mit führenden Industriellen und Bankiers wegen der Schaffung eines Wahlfonds. Störung einer Z-Versammlung in Krefeld durch SA mit Tätlichkeiten gegen den Redner Stegerwald.

22. Febr.: Göring ordnet die Bildung einer preußischen »Hilfspolizei« (vorwiegend aus SA und SS) an. In Preußen wird der Religionsunterricht in den Berufs- und Fortbildungsschulen ab Ostern 1933 eingeführt, sog. weltliche Schulen werden abgebaut.

23. Febr.: Durchsuchung und Schließung der Parteizentrale der KPD (Karl-Liebknecht-Haus). Appell des preußischen Staatsrats an den Reichspräsidenten wegen der Verordnungen vom 4., 6., 10. und 17. Februar.

27. Febr.: Reichstagsbrand.

28. Febr.: Verhängung des Ausnahmezustandes durch die Notverordnung »zum Schutz von Volk und Staat«, Verschärfung der Vorschriften gegen Landesverrat und Verrat militärischer Geheimnisse durch die Notverordnung »gegen Verrat am deutschen Volke und hochverräterische Umtriebe«. Massenverhaftung kommunistischer Politiker und linksorientierter Intellektueller. Unterdrückung der kommunistischen Presse, Verbot der SPD-Presse in Preußen auf 14 Tage.

2. März: Auf Ersuchen Fricks verbieten alle Landesregierungen kommunistische Druckschriften und KPD-Versammlungen. Ein Berliner Landgericht untersagt Goebbels als dem Herausgeber des ›Angriff‹ unter Androhung einer Geldstrafe, den (ehemaligen) preußischen Ministerpräsidenten Braun und Innenminister Severing (beide SPD) der persönlichen Bereicherung mit Steuergeldern zu verdächtigen.

3. März: Rücktritt der Hamburger SPD-Senatoren wegen Verbots der SPD-Presse.

4. März: Der (ehemalige) preußische Ministerpräsident Braun geht in die Schweiz. Hitler hält in Königsberg am »Tag der erwachenden Nation« die letzte, vom Rundfunk übertragene Wahlkampfrede.

5. März: Letzte, nur mehr halbfreie Mehrparteienwahl zum Reichstag und zum preußischen Landtag. In beiden Parlamenten erreicht die NSDAP nur im Bündnis mit der DNVP die absolute Mehrheit (43,7 bzw. 43 + 8 bzw. 9 Prozent). Frick erzwingt Übergabe der Leitung der Hamburger Polizei an einen Nationalsozialisten, anschließend Rücktritt des Regierenden Bürgermeisters (DStP) und des Polizeisenators (DVP). Flaggenhissungen der SA auf vielen staatlichen und kommunalen Gebäuden leiten im allgemeinen die Machtübernahme der NSDAP in den Ländern und Städten ein.

6.–11. März: Machtübernahme der NSDAP in den Ländern durch die Einsetzung von Reichskommissaren (zunächst für die Polizei) auf Grund der Reichstagsbrandverordnung und anschließende Regierungsneubildung. Die »Gleichschaltung« der Länder ist begleitet von entsprechenden Aktionen in den Städten mit erzwungenen Rücktritten oder der Beurlaubung politisch mißliebiger Beamter. Gleichzeitig Verhängung der »Schutzhaft« für zahlreiche Sozialdemokraten und Pazifisten.

6. März: Verbot des »Reichsbanners« und des »Centralvereins deutscher Staatsbürger jüdischen Glaubens« in Thüringen. – Die Verstärkung der polnischen Besatzung der Westerplatte bei Danzig trägt in den folgenden Wochen zu Gerüchten über den Plan eines polnisch-französischen Präventivschlags gegen das neue Regime im Reich bei.

8. März: Aktionen von SA und SS gegen sozialdemokratische Partei- und Gewerkschaftsbüros sowie gegen jüdische Geschäfts- und Warenhäuser.

11. März: Verbot des Reichsbanners in Bayern, Braunschweig und Sachsen. Besetzung des Amts- und Landgerichts in Breslau durch die SA.

12. März: Hindenburg ordnet an, daß bis zur endgültigen Festlegung der Reichsfarben die schwarz-weiß-rote Fahne des Kaiserreichs und die Hakenkreuzflagge gemeinsam zu hissen sind. Hitler wendet sich gegen »Einzelaktionen« der Parteiorganisationen, da die »Säuberung« des Reichs »planmäßig und von oben« geleitet werde. Bei den preußischen Provinzialwahlen erringen NSDAP und DNVP bei Verlusten von KPD und SPD in allen Provinzen mit Ausnahme von Rheinland und Westfalen (wo das Zentrum zur stärksten Partei wird) die absolute Mehrheit. Ähnlich sind die Ergebnisse bei den preußischen Kommunalwahlen.

13. März: Goebbels wird Reichsminister für Volksaufklärung und Propaganda. Der Kölner Oberbürgermeister Adenauer wird beurlaubt.

14. März: Das Verbot der preußischen SPD-Presse wird um 14 Tage verlängert; Verbot der Zentrumszeitungen in Marburg und Limburg/Lahn für zwei Wochen.

15. März: Gnadenerlaß für »Kämpfer der nationalen Erhebung«, darunter fünf SA-Männer, die im August 1932 wegen Ermordung eines kommunistischen Arbeiters in Potempa zum Tode verurteilt worden waren.

16. März: Ablösung des Reichsbankpräsidenten Hans Luther durch Hjalmar Schacht.

17. März: Nach der Erschießung eines Polizeibeamten durch einen SPD-Abgeordneten in Freiburg werden alle badischen Landtags- und Reichstagsabgeordneten von SPD und KPD »bis auf weiteres« in »Schutzhaft« genommen sowie die gesamte SPD-Presse und die Organisationen der SPD verboten. Der NS-Staatskommissar für Berlin ordnet an, daß die jüdischen Ärzte aus den Berliner Krankenhäusern so rasch wie möglich zu entlassen sind.

20. März: Der kommissarische Münchener Polizeipräsident kündigt der Presse die Errichtung des ersten Konzentrationslagers in Dachau an.

21. März: Feierliche Eröffnung des neuen Reichstags in der Potsdamer Garnisonkirche (»Tag von Potsdam«). Anschließend erste Sitzung des Reichstags in der Kroll-Oper. Drei neue Notverordnungen des Reichspräsidenten: 1. über eine Amnestie für »Straftaten, die im Kampfe für die nationale Erhebung des deutschen Volkes, zu ihrer Vorbereitung oder im Kampfe für die deutsche Scholle« begangen wurden; 2. »Zur Abwehr heimtückischer Angriffe gegen die Regierung der nationalen Erhebung«; 3. über die Bildung von Sondergerichten.

22. März: Goebbels übernimmt die Überwachung des Rundfunks. Einrichtung eines Referats für Rassenhygiene im Reichsinnenministerium.

23. März: Der Reichstag nimmt mit 441 gegen die 94 Stimmen der SPD ein umfassendes Ermächtigungsgesetz für die Regierung Hitler an (»Gesetz zur Behebung der Not von Volk und Reich«). Anschließend widerspruchlose Kenntnisnahme des Gesetzes durch den Reichsrat. Der RDI erklärt sich bereit, die Reichsregierung beim »nationalen Aufbau« tatkräftig zu unterstützen. Die »Vereinigung deutscher Arbeitgeberverbände« versichert, bei der Beseitigung des Klassenkampfes mit allen Kräften mitzuwirken.

24. März: Auflösung aller Wehrverbände in Bayern mit Ausnahme von SA, SS und Stahlhelm. Anordnung der NSDAP zur Unterbindung von »Einzelaktionen« gegen Interessenverbände der Wirtschaft oder einzelne Firmen.

26. März: Eine Rundfunkübertragung der Rede des preußischen Staatssekretärs und Reichsjugendführers der DNVP von Bismarck über die Wiederherstellung der Monarchie wird abgelehnt.

28. März: Aufruf der Parteileitung der NSDAP zu einem Judenboykott am 1. April. Auflösung des Stahlhelm in Braunschweig und Verhaftung des Landesverbandsführers. Kurzfristige Verhaftung von Stahlhelm-Führern in der Pfalz. Kundgebung der Fuldaer Bischofskonferenz hebt die früheren kirchlichen Sanktionen gegen Mitglieder der NSDAP auf unter Aufrechterhaltung weltanschaulicher Vorbehalte gegen den Nationalsozialismus.

29. März: Verlängerung des Verbots der SPD-Presse in Preußen »bis auf weiteres«. Gesetz über Verhängung und Vollzug der Todesstrafe dehnt Geltung der Todesstrafe nach der Reichstagsbrandverordnung (§ 5) rückwirkend auch auf Taten für die Zeit zwischen 31. Januar und 28. Februar aus.

30. März: Besuche von Journalisten bei den verhafteten C. von Ossietzky, L. Renn und E. Torgler zur Widerlegung von Meldungen über deren Mißhandlung. In Preußen ca. 10000 Personen in »Schutzhaft«.

31. März: »Vorläufiges Gesetz zur Gleichschaltung der Länder mit dem Reich« über die Neubildung der Länderparlamente und Kommunalvertretungen entsprechend den Reichstagswahlergebnissen vom 5. März und erweiterte Gesetzgebungsvollmachten der Landesregierungen. Gesetz über die Betriebsvertretungen und wirtschaftlichen Vereinigungen bricht die Monopolstellung der Gewerkschaften. Der Reichskommissar für das preußische Justizministerium ordnet die sofortige Beurlaubung jüdischer Richter und die Zulassung jüdischer Rechtsanwälte entsprechend dem Anteil der Juden an der Gesamtbevölkerung an. Eine gleiche Anordnung ergeht in Bayern. Bis Ende 1933 emigrieren 37000 Juden.

1. April: Judenboykott im ganzen Reich. Schächtverbot. Errichtung eines Außenpolitischen Amtes der NSDAP unter A. Rosenberg. Bericht der ›Times‹ über die Mißhandlung der Köpenicker Gemeindefunktionärin M. Jankowski (SPD) durch SA. Im März/April Gleichschaltung der Wirtschaftsverbände (RDI, Industrie- und Handelskammern).

3. April: Erste Reichstagung der »Glaubensbewegung Deutsche Christen« in Berlin. Rücktritt des Frankfurter Universitäts- und des Braunschweiger Hochschulrektors.

4. April: Ein Gesetz »zur Abwehr politischer Gewalttaten« dehnt Todesstrafe auf Sprengstoffattentate und Brandanschläge aus. Gleichschaltung der deutschen Bauernorganisationen.

5. April: Schirach, Reichsjugendführer der NSDAP, übernimmt Geschäftsführung des Reichsausschusses der deutschen Jugendverbände, schließt die jüdischen und sozialistischen Vereine aus und leitet die Auflösung aller nichtnationalsozialistischen Jugendorganisationen ein.

7. April: Das »Zweite Gesetz zur Gleichschaltung der Länder mit dem Reich« »Reichsstatthaltergesetz« beläßt von dem föderalistischen Aufbau kaum mehr als die regionale Gliederung. Papen tritt als Reichskommissar für Preußen zurück. Bis Ende Mai Ernennung und Vereidigung von Reichsstatthaltern in den Ländern. Ein »Gesetz zur Wiederherstellung des Berufsbeamtentums« gibt die rechtliche Grundlage für die »Säuberung« der Beamtenschaft von »politisch unzuverlässigen« und jüdischen Beamten, sofern letztere nicht schon vor 1914 im Dienst oder im Ersten Weltkrieg Frontkämpfer waren bzw. Söhne von Frontkämpfern sind (»Arierparagraph«). Ein »Gesetz über die Zulassung zur Rechtsanwaltschaft« legt in einer ähnlichen Weise Ausnahmebestimmungen für Juristen »nichtarischer Abstammung« fest. Das Reichskabinett beschließt, den 1. Mai zum »Tag der nationalen Arbeit« zu erklären. Papen reist nach Rom, um Verhandlungen über ein Reichskonkordat mit dem Vatikan in die Wege zu leiten.

8. April: Selbstauflösung der DVP in Westfalen und im Rheinland mit der Empfehlung an die Mitglieder, in die NSDAP einzutreten.

9. April: Göring proklamiert vor der NSBO nach der »nationalen« die »nationalsozialistische Revolution«.

10. April: Übernahme der Führung der Beamtenverbände durch die NSDAP. Der preußische Staatssekretär von Bismarck (DNVP) wird zur Disposition gestellt.

11. April: Göring wird preußischer Ministerpräsident. Selbstauflösung des Bayerischen Bauern- und Mittelstandsbundes.

14. April: Auf Grund des Gesetzes vom 7. April wurden 16 preußische Professoren beurlaubt, darunter M. J. Bonn, H. Heller, M. Horkheimer, H. Kelsen, S. Marck, H. Sinzheimer und P. Tillich. Weitere Beurlaubungen folgen. Deutsche Studenten müssen künftig vor ihrer Immatrikulation eine Erklärung über ihre »arische Abstammung« abgeben (nach Beschluß der Rektorenkonferenz).

22. April: Einsetzung eines Staatskommissars für die evangelische Kirche in Mecklenburg-Schwerin »zum Zwecke der Gleichschaltung des Kirchenregiments mit dem Regiment in Staat und Reich«, am 25. April rückgängig gemacht.

23. April: Beschluß des Zentralvorstandes der DVP, die Partei aufrechtzuerhalten.

24. April: Die Braunschweiger DNVP beschließt den Übertritt zur NSDAP.

25. April: Das »Gesetz gegen Überfremdung der Schulen und Hochschulen« legt (analog zu den Bestimmungen des Gesetzes vom 7. April) den maximalen Anteil von »Nichtariern« bei Neuzulassungen zu Schulen und Fakultäten auf 1,5 Prozent fest. Der bayerische Justizminister Frank wird zum »Reichskommissar für die Gleichschaltung der Justiz in den Ländern und für die Erneuerung der Rechtsordnung« ernannt.

26. April: Gründung eines Geheimen Staatspolizeiamtes durch Göring in Preußen. Neuwahl des SPD-Parteivorstandes mit Wels und Vogel als Vorsitzenden.

27. April: Seldte tritt in die NSDAP ein, nachdem er zuvor den zweiten Bundesführer des Stahlhelm Duesterberg wegen »nichtarischer Abstammung« abgesetzt hatte. Hugenberg fordert von Hitler Gleichberechtigung für sich und die DNVP.

28. April: Göring wird Reichsminister für Luftfahrt. Verabschiedung eines Ermächtigungsgesetzes im bayerischen Landtag gegen die Stimmen der SPD, aber mit deren Versicherung, zur »pflichtbewußten« Zusammenarbeit mit der Regierung bereit zu sein. Selbstauflösung des Allgemeinen freien Angestelltenbundes. Ernennung eines Reichssportkommissars zur Gleichschaltung der Sportverbände.

29. April: Göring veranlaßt die Gründung eines Reichsluftschutzbundes.

30. April: Gleichschaltung des Reichsverbandes der deutschen Presse; Annahme eines Antrags, wonach künftig Juden und Marxisten nicht mehr Mitglieder des Verbandes werden können und über den Verbleib derzeitiger Mitglieder von Fall zu Fall entschieden wird. Gleichschaltung des Verbandes der Deutschen im Ausland.

1. Mai: »Tag der nationalen Arbeit«.

2. Mai: Gleichschaltung der Freien Gewerkschaften und Verhaftung von Gewerkschaftsführern. Gleichschaltung des Zentralverbandes des deutschen Bank- und Bankiergewerbes. In einer Unterredung mit dem polnischen Gesandten ist Hitler um eine Entspannung der deutsch-polnischen Beziehungen bemüht.

3. Mai: Reorganisation der DNVP als DNF. Gleichschaltung des Reichsverbandes des deutschen Handwerks.

4. Mai: Gründung eines gleichgeschalteten »Reichsstandes des deutschen Handels«.

5. Mai: Gesetzliche Einführung des »Arier-Paragraphen« für Steuerberater. Verlängerung des Berliner Vertrages von 1926 mit der Sowjetunion (erster außenpolitischer Vertragsabschluß Hitlers).

6. Mai: H. Brüning wird zum »Führer« der Zentrumspartei gewählt. Umgestaltung der preußischen Dichterakademie im Sinne der NSDAP.

9. Mai: Gleichschaltung des Vereins deutscher Ingenieure und des Reichsverbandes Deutscher Zeitschriften-Verleger. Beschlagnahme des Gesamtvermögens der SPD und des Reichsbanners.

10. Mai: 1. Kongreß der »Deutschen Arbeitsfront«, die sich zu einer Zwangsorganisation für Arbeiter und Unternehmer entwickelt. Verbrennung »undeutscher Bücher« durch den Kampfausschuß der deutschen Studentenschaft in den Universitätsstädten.

15. Mai: Der bayerische Innenminister Wagner kündigt an, daß er in Zukunft keine Parteien mehr dulden werde. Gesetz über das Erbhofrecht in Preußen. Übernahme der Konsumvereine durch die Deutsche Arbeitsfront. Gleichschaltung des Börsenvereins.

17. Mai: Hitler findet für seine außenpolitische »Friedensrede« im Reichstag die Zustimmung aller anwesenden Abgeordneten.

18. Mai: Annahme eines umfassenden Ermächtigungsgesetzes im preußischen Landtag gegen die Stimmen der SPD.

19. Mai: »Gesetz über die Treuhänder der Arbeit« zur Regelung der Lohn- und Arbeitsbedingungen in der Wirtschaft. »Gesetz zum Schutz der nationalen Symbole«. Gründung eines »Aufklärungsamtes für Bevölkerungspolitik und Rassefragen« bei den Spitzenverbänden der deutschen Ärzteschaft in Berlin.

26. Mai: Gesetz über die Einziehung kommunistischen Vermögens.

27. Mai: Einführung des Visumzwangs für die Ausreise nach Österreich (Gebühr 1000 DM) als Repressalie gegen das Vorgehen der österreichischen Regierung gegen die NSDAP. Designation Bodelschwinghs zum evangelischen Reichsbischof.

30. Mai: Beschlagnahme und Verbot der DAZ auf drei Monate.

31. Mai: Gesetz zur Verminderung der Arbeitslosigkeit. Bis Ende Juni Rückgang der Arbeitslosigkeit auf Grund der Konjunkturwende und von Arbeitsbeschaffungsmaßnahmen von über 6 Millionen um rund eine Million. Gesetz zur Entschuldung der Landwirtschaft.

3. Juni: Hirtenbrief des katholischen Gesamtepiskopats über die Stellung der Katholiken zum Staat.

8. Juni: Verabschiedung eines Gesetzes »gegen den Verrat an der deutschen Volkswirtschaft« im Zusammenhang mit der Verhängung der Devisensperre. Annahme eines Ermächtigungsgesetzes im Stuttgarter Landtag bei Stimmenthaltung der SPD.

9. Juni: Annahme eines Ermächtigungsgesetzes im badischen Landtag gegen die Stimmen der SPD. Übertritt führender Deutschnationaler zur NSDAP.

10. Juni: Entscheidung der SPD-Führung, entgegen einem Beschluß emigrierter Parteiführer (Wels, Breitscheid) den Parteivorstand nicht nach Prag zu verlegen.

11. Juni: Vorzeitiger Abbruch des 1. Deutschen Gesellentages in München nach tätlichen Auseinandersetzungen zwischen SA und Kolpingmännern.

15. Juni: Verbot des Deutschnationalen Kampfrings in Dortmund auf Grund der Reichstagsbrandverordnung. Der Vorstand der SPD distanziert sich von Erklärungen des Prager Emigrationsvorstandes der Partei.

17. Juni: Hitler ernennt von Schirach zum »Jugendführer des Deutschen Reiches«. Die Spitzenverbände der deutschen Wirtschaft organisierten eine »Adolf-Hitler-Spende der deutschen Wirtschaft«.

19. Juni: Neuwahl eines Vorstandes der SPD, der jede Verantwortung für Erklärungen emigrierter Parteimitglieder ablehnt. Zusammenschluß des RDI und der Vereinigung der deutschen Arbeitgeberverbände zum »Reichsstand der deutschen Industrie«.

21.–26. Juni: Bei der »Köpenicker Blutwoche« werden von SA und SS 91 Personen (vorwiegend KPD und SPD) ermordet und mehrere hundert verletzt.

21. Juni: Reichsweite Polizeiaktion gegen die Deutschnationalen Kampfringe und zum Teil gegen den Stahlhelm. Eingliederung des Stahlhelm in die »nationalsozialistische Bewegung«. Durchsuchungen in den Fraktionsräumen und bei Funktionären der BVP.

22. Juni: Betätigungsverbot für die SPD, Kassierung ihrer Abgeordnetenmandate, Unterdrückung ihrer Presse, Verhaftung zahlreicher Mitglieder.

23. Juni: Gesetz über die Errichtung eines Unternehmens »Reichsautobahnen«.

24. Juni: Der preußische Kultusminister Rust ernennt einen Kommissar für die evangelischen Landeskirchen; daraufhin Amtsverzicht des designierten Reichsbischofs v. Bodelschwingh. Gleichschaltung der Christlichen Gewerkschaften.

25. Juni: »Schutzhaft« für die Reichs- und Landtagsabgeordneten und wichtigsten Funktionäre der BVP.

27. Juni: Hugenberg reicht seinen Rücktritt ein; Selbstauflösung der DNF.

28. Juni: Selbstauflösung der DStP.

29. Juni: Der ostpreußische Wehrkreispfarrer Müller übernimmt als Bevollmächtigter Hitlers die Leitung des Deutschen Evangelischen Kirchenbundes. Als Nachfolger Hugenbergs werden K. Schmitt und W. Darré zum Reichswirtschafts- bzw. zum Reichsminister für Ernährung und Landwirtschaft ernannt. Der bayerische Kultusminister Schemm beschuldigt die inhaftierten BVP-Führer des Landesverrats. Es wird bekannt, daß vier SA-Unterführer wegen des Versuchs, durch Einwirkung auf Handelskammern und Wirtschaftsunternehmen »dem Führer die Freiheit notwendiger Entschließungen« zu rauben, aus der Partei ausgeschlossen und in ein KZ eingeliefert wurden.

1.–3. Juli: Auf einer Tagung der höheren SA- und SS-Führer in Bad Reichenhall wendet sich Hitler gegen die Forderung der SA nach einer »zweiten Revolution« und bekräftigt, daß das Reichsheer »alleiniger Waffenträger der Nation« bleibe. Unterstellung des gesamten Stahlhelm unter die Oberste SA-Führung.

1. Juli: Selbstauflösung des Christlich-Sozialen Volksdienstes und der Deutsch-Hannoverschen Partei. Verlust der Krankenkassen-Zulassung für alle Mitglieder des Sozialdemokratischen Ärztevereins. Verbot katholischer Organisationen und Beschlagnahme ihres Vermögens.

2. Juli: Konstituierung einer Reichsrechtsanwaltskammer.

3. Juli: Gründung einer »Akademie für Deutsches Recht« und einer Nationalsozialistischen Rundfunkkammer.

4. Juli: Selbstauflösung der BVP und der DVP. Gleichschaltung des Langnamvereins der Eisen- und Stahlindustrie und des Hansabundes.

5. Juli: Selbstauflösung des Zentrums als letzter nichtnationalsozialistischer Partei.

6. Juli: Auf einer Berliner Tagung der Reichsstatthalter verkündet Hitler die Überleitung der nationalsozialistischen Revolution »in das sichere Bett der Evolution«.

8. Juli: Paraphierung eines Reichskonkordats durch Papen und Kardinalstaatssekretär Pacelli im Vatikan. Aufhebung des Verbots der katholischen Vereine vom 1. Juli durch Hitler. Hitlers Stellvertreter Heß untersagt allen NS-Gliederungen Aktionen gegen Warenhäuser und ähnliche Betriebe.

11. Juli: Annahme einer neuen Kirchenverfassung (Deutsche Evangelische Kirche) für die im Deutschen Evangelischen Kirchenbund zusammengefaßten Landeskirchen. Der amtliche Preußische Pressedienst beziffert die Zahl der »Schutzhäftlinge« im Reich auf 18000, davon 12000 in Preußen; intern ermittelte das Reichsinnenministerium für den Zeitpunkt des Abschlusses der offen terroristischen Phase der Machtergreifung Ende Juli 26789 »Schutzhäftlinge« in Deutschland, davon 14906 in Preußen (Sachsen: 4500, Bayern: 4152, Württemberg: 971, Hamburg: 682, Baden: 539, Braunschweig: 248, Bremen: 229, Oldenburg: 170, Hessen: 145, Anhalt: 112, Mecklenburg-Schwerin: 35, Lübeck: 27, Schaumburg-Lippe: 24, Lippe-Detmold: 17, Mecklenburg-Strelitz: 16, Thüringen: 16).

14. Juli: Das Reichskabinett verabschiedet 30 neue Gesetze, darunter die Gesetze »gegen die Neubildung von Parteien«, »über den Widerruf von Einbürgerungen und die Aberkennung der deutschen Staatsbürgerschaft«, »über die Einziehung volks- und staatsfeindlichen Vermögens«, »über die Neubildung deutschen Bauerntums« und »zur Verhütung erbkranken Nachwuchses«. Frick ersucht die Reichsbehörden und Landesregierungen um eine Anordnung, daß sich die Beamten des »Hitler-Grußes bedienen«. Außerdem solle beim Singen des Deutschland- und Horst-Wessel-Liedes der »Hitler-Gruß« bezeugt werden.

Personenregister

Die Namen der Autoren von Dokumenten sind durch Versalien, Kapitälchen hervorgehoben. Fett gedruckte Ziffern verweisen auf die Zählung der Dokumente, magere auf Seitenzahlen.